RECHERCHES

SUR LA VIE ET SUR LES OEUVRES

DU P. MENESTRIER.

IMPRIMERIE DE LOUIS PERRIN, A LYON.

CL FR MENESTRIER
de la Compagnie de Jesus

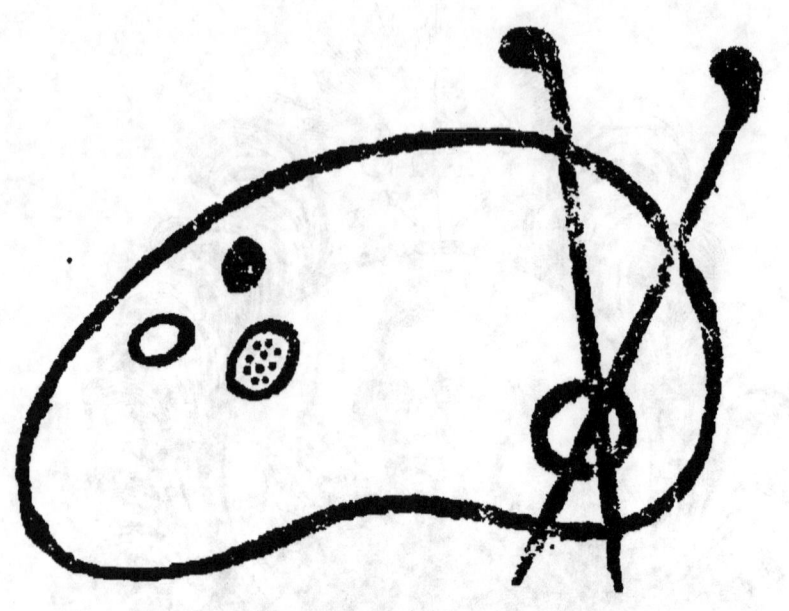

Original en couleur
NF 7 43-120-8

RECHERCHES
SUR LA VIE ET SUR LES OEUVRES

DU P. CLAUDE-FRANÇOIS

MENESTRIER

De la Compagnie de Jésus;

Suivies d'un Recueil de Lettres inédites
de ce Père à Guichenon, & de quelques autres
Lettres de divers Savans de son temps,
inédites aussi.

A LYON
Chez N. SCHEURING & Cie, Libraires-Éditeurs,
rue Boissac, n° 9.

M D CCC LVI

NOTICE

SUR LE COLLEGE

DE LA TRES SAINTE TRINITE.

> Ubi sunt omnes illi domini & magistri quos bene novisti dum adhuc viverent & studiis florerent? jam eorum præbendas alii possident; & nescio utrum de iis recogitant. In vita sua aliquid esse videbantur, & modo de illis tacetur. (DE IMIT. CHRISTI, lib. 1, cap. 3.)

L est si souvent question, dans ces *Recherches*, du Collége de la Très Sainte Trinité, où le P. Menestrier puisa dès son enfance les vastes connoissances dont il a rempli ses écrits, que j'ai cru que le lecteur lyonnois verroit sans peine ici une courte *Notice* sur la fondation & les progrès de cette maison, dont

a

l'histoire fourniroit la matière d'un juste volume, si on vouloit la suivre dans ses phases diverses, ou composer seulement la bibliographie des principaux savants qui s'y sont fait par leurs travaux un nom célèbre dans la république des lettres.

Ce collége dut son origine & son nom à une pieuse confrérie établie à Lyon dès le commencement du quatorzième siècle, sous le vocable de la Très Sainte Trinité. Quelques citoyens notables, dans le but d'étendre la dévotion à ce saint mystère que l'Eglise de Lyon venoit d'honorer d'un culte particulier, formèrent une congrégation pour laquelle ils élevèrent, à leurs frais, un oratoire auprès du cimetière de St-Nizier; ils y tinrent régulièrement leurs assemblées jusqu'à l'édit de 1527, par lequel le roi François Premier détruisoit les confréries, sans doute parce que dans ces temps de discordes civiles elles pouvoient servir de prétexte aux agitateurs pour troubler la paix publique. Cet édit portoit que tous les biens appartenant aux confréries seroient appliqués à l'entretien ou à la fondation d'un collége ou d'un hôpital.

Le Consulat, cédant aux instances & aux pressantes sollicitations de deux hommes éminents par leur savoir & leur mérite, Symphorien Champier & Claude de Bellièvre, & d'accord avec l'archevêque François de Rohan, se décida pour la fondation d'un collége. Déjà la ville étoit redevable à Champier d'un collége ou plutôt d'une agrégation de médecins; Bellièvre, qui devint plus tard premier président du Parlement de Dauphiné, occupoit alors la charge d'avocat du roi, dans laquelle il rendit des services signalés à ses concitoyens qui voulurent honorer sa vieillesse & ses vertus en le nommant pour sa vie échevin honoraire, distinction qui ne fut accordée à nul autre ni avant ni après lui. Jusque-là, Lyon n'avoit pas eu de collége: les jeunes gens qui vouloient se former à l'étude des lettres & de la philosophie, étoient obligés d'aller à Paris, à Montpellier ou à Toulouse, à Bourges, ou même à Pavie & à Padoue dont les universités déjà fameuses attiroient la jeunesse des contrées les plus éloignées, la plupart des villes de France étant dépourvues de tout moyen d'instruction.

A une époque encore barbare, je parle du

quatorzième & du quinzième siècle, où les rares manuscrits des auteurs profanes & des Saints Pères se vendoient au poids de l'or, à peine trouvoit-on, en dehors des écoles cléricales créées par les évêques, quelque rhéteur, quelque grammairien, ou pédagogue hérissé de grec & de latin, passant sa vie à commenter & à gloser, & propre tout au plus à enseigner les premiers rudiments des lettres; & lorsque la découverte de l'imprimerie vint régénérer l'esprit humain en répandant dans le monde entier les chefs-d'œuvre de l'antiquité, un demi-siècle s'écoula encore avant que nos pères, obéissant à l'impulsion donnée par l'édit de 1527 & par les sages conseils de Symphorien Champier & de Claude de Bellièvre, se décidassent à doter Lyon d'un collége. Ces deux grands citoyens, qui aimoient les lettres & qui savoient que par elles seules les hommes peuvent arriver à la connoissance du vrai & du beau, déploroient depuis longtemps l'état d'ignorance où le plus grand nombre étoit comme plongé, & ce fut grâce à leur influence que le Consulat comprit enfin la nécessité d'assurer à Lyon le bienfait de l'instruction & de l'éducation publique.

Les consuls traitèrent de gré à gré avec la confrérie de la Très Sainte Trinité, qui possédoit des biens-fonds considérables, entre autres des granges & des vignes sur les bords du Rhône, à l'extrémité de la rue Neuve. Il fut convenu que ces fonds seroient employés à l'établissement & à l'entretien d'un collége public qui recevroit le nom de la Très Sainte Trinité, en mémoire des donataires; que tous les jours de l'année on réciteroit le Salve Regina pour les confrères vivants, & un De profundis à perpétuité pour tous les confrères trépassés; enfin, que, dans le cas où le collége seroit supprimé, tout ce qui constituoit la donation feroit retour à la confrérie, qu'on laissa sans doute végéter lorsqu'on l'eut dépouillée, car je la trouve encore existante en 1562. A cette époque, les Huguenots détruisirent de fond en comble ou ruinèrent les édifices consacrés au culte catholique: la chapelle de la Très Sainte Trinité fut démolie, & la confrérie dispersée. Lorsque les Réformés furent chassés de Lyon en 1563, elle choisit pour le lieu de ses assemblées une chapelle de l'église collégiale de St-Nizier, où elle se maintint encore quelques années. En 1527, il y avoit eu un accord passé sous forme d'acte entre le Consulat & la confrérie, acte que le P. Colonia dit avoir eu entre les mains.

On s'occupa sans retard de la fondation du collége. Ce que j'ai dit de la difficulté de trouver des hommes capables d'enseigner étoit si vrai pour Lyon, que le Consulat, dans son embarras, fut obligé de faire venir des professeurs des villes qui possédoient une université; presque tous furent envoyés de Bourges, où Melchior Volmar, luthérien zélé, répandoit adroitement le poison de ses fausses doctrines. L'enseignement de ces nouveaux professeurs, parmi lesquels étoit le fameux Barthelemy Aneau, auteur de Picta poesis & de Lyon marchant, ne relevant d'aucune autorité supérieure, puisqu'ils étoient laïques & ne dépendoient que du Consulat, ne tarda pas à inspirer des inquiétudes aux bons citoyens. En effet, la réforme y comptoit des adeptes & des propagandistes, non encore hautement avoués, il est vrai, le moment n'étoit pas venu de lever le masque, mais saisissant toutes les occasions de produire les idées nouvelles, & profitant de leur ascendant sur les enfants qui leur étoient confiés, pour les corrompre & les entraîner dans les voies de l'erreur.

Les choses furent ainsi jusqu'en 1561. Le parti huguenot, qui n'avoit pas cessé ses menées & ses intrigues, se voyant à la veille d'un triomphe assuré, ne garda plus de mesure. Le 5 juin, jour de la Fête-Dieu, au moment où la procession de St-Nizier tournoit dans la rue Grenette, un homme de métier se jeta comme un furieux sur le prêtre qui portoit le Saint-Sacrement, & s'efforça d'arracher de ses mains le ciboire ou reliquaire dans lequel il étoit placé. Le capitaine des deux cents arquebusiers qui escortoient la procession, plus pour la garder de toute insulte que pour lui faire honneur, s'empara de ce frénétique & le conduisit en prison; la populace s'émut & courut sus à tous ceux qui étoient soupçonnés d'être de la religion. Pour l'apaiser on fut obligé de livrer le coupable à la justice, qui le condamna à être pendu le jour même sur la place St-Nizier, après avoir fait amende honorable à la porte de l'église. Malgré cet exemple, les Huguenots renouvelèrent à diverses reprises *les mêmes attaques contre les processions, & ce fut à ce point que, le même jour, le prêtre qui portoit le Saint-Sacrement fut contraint de se réfugier dans la chapelle de l'hôpital du pont du Rhône, pour souſtraire la sainte Hoſtie aux profanations de ces fanatiques.*

Pendant ce temps-là, comme la procession de St-Pierre passoit par la rue Neuve, les Catholiques, irrités de l'insolence des Huguenots, enfoncèrent les portes du collége, qu'on disoit être leur quartier général & le foyer de l'héréſie; le principal, Barthelemy Aneau, fut entraîné sur la place & maſſacré impitoyablement par la multitude. On a prétendu qu'une pierre avoit été lancée d'une fenêtre du collége contre le Saint-Sacrement; le P. Meneſtrier & le P. de Colonia racontent ce fait, qu'ils mettent, l'un à la date de 1564, l'autre à celle de 1565 : tous les deux se sont trompés, comme on le voit par ce récit extrait du Regiſtre des actes consulaires (1). Les professeurs s'évadèrent pour se souſtraire aux colères des Catholiques, & ils ne reparurent que l'année suivante,

---

(1) V. Actes & documents pour servir à l'hyſtoire de Lyon, par A Péricaud

lorsque Lyon tomba au pouvoir du baron des Adrets; en effet, le 21 décembre 1562, l'oraison doctorale fut prononcée dans l'église de St-Nizier, transformée en prêche, par André Martin, qui avoit remplacé Barthelemy Aneau comme principal du collége.

En 1563, les Calvinistes ayant quitté la ville de Lyon, & les Catholiques reprenant le dessus, le collége fut sans doute fermé & les professeurs furent renvoyés. Le Consulat se souvint alors de la recommandation faite par le cardinal de Tournon lorsqu'il occupoit le siége de Lyon, & dont une expérience récente n'avoit que trop prouvé la sagesse, à savoir : qu'on devoit incessamment & sans relâche combattre l'hydre de l'hérésie toujours prête à reparoître sous toutes les formes, & que le plus sûr moyen de mettre la jeunesse à l'abri de ses séductions, étoit de la confier au zèle, à la vigilance & aux lumières des Pères de la Société de Jésus, qui, placés par leur institut à l'avant-garde, sauroient veiller sur l'intégrité de la foi catholique. Antoine d'Albon, alors archevêque de Lyon, étoit dans les mêmes opinions que son prédécesseur, & il proposa au Consulat d'appeler les Jésuites à Lyon & de leur céder le collége de la Sainte Trinité. Le Consulat ayant déféré à la proposition du prélat, reçut du pape Pie IV un bref dans lequel le Saint Père louoit sa fidélité au Saint-Siége, & sa résolution de conserver pure & intacte la religion de ses aïeux. Mais ce qui contribua davantage à la décision prise par les consuls, fut le souvenir des immenses services rendus à la cité par le P. Emond Auger & par le P. Possevin : ce dernier, durant les troubles, avoit prêché tous les jours dans l'église des Dominicains, & n'avoit pas craint d'affronter les menaces & les vengeances des Calvinistes, qui plus d'une fois l'insultèrent dans la chaire de vérité & ourdirent des complots pour se défaire d'un adversaire qui les réduisoit à l'impuissance. Il falloit, dit le P. de Colonia, que deux chevaliers de St-Jean de Jérusalem, bien armés & postés au pied de la chaire pendant qu'il prêchoit, veillassent à son insu pour le préserver de leurs tentatives criminelles. En 1562, lors de la surprise de Lyon par les Réformés, il avoit été arrêté & jeté dans un cachot. Sa qualité d'étranger le sauva; les négociants italiens établis à *Lyon* le réclamèrent au nom du duc de Savoie, & il dut son salut à leur entremise : le comte de Sault, tout puissant en ce moment, favorisa son évasion (1). Le P. Emond Auger n'avoit pas moins de droit que le P. Possevin à la reconnoissance des Lyonnois : il avoit conservé & rétabli la religion catholique en 1563, après le départ des Calvinistes, & bien souvent au péril de sa vie, environné qu'il étoit d'embûches & de périls. Lors de la peste de 1564, qui, au rapport des historiens, emporta 50 à 60,000 habitants, il avoit fait preuve d'un dévouement & d'une énergie qui arrachèrent à la mort un grand nombre de malheureux. A l'apparition du fléau, il offrit ses services au Consulat & se voua tout entier aux pestiférés, au milieu desquels il s'établit, pour les soutenir, les soigner, les consoler, les instruire & leur administrer les sacrements ; il fonda une Société de dames pieuses pour le soulagement des pauvres & des malades, & ses soins charitables s'étendirent sur les dissidents avec le même amour que sur les Catholiques ; il in-

---

(1) *Histoire littéraire de Lyon*, t. II, p. 676-79.

diqua des précautions & des mesures sanitaires, & veilla lui-même à leur exécution ; enfin, il ne rentra dans sa retraite que lorsque la contagion eut entièrement disparu. Plus tard, en septembre 1567, il devoit sauver encore Lyon d'un danger qui auroit causé sa ruine sans sa fermeté : je veux parler de la conspiration préparée dans l'ombre & le secret par les Calvinistes pour s'emparer de nouveau de la ville. L'heure de minuit sonnée à l'horloge de St-Nizier étoit le signal auquel ils devoient se précipiter en armes dans les rues, surprendre les postes catholiques & les égorger. Le P. Emond Auger, ayant eu connoissance de ce projet, fit détraquer pendant cette nuit la sonnerie de toutes les horloges de la ville ; celle de St-Nizier fut arrêtée. Les conjurés, déroutés par les différentes sonneries & surtout par le silence de l'horloge de St-Nizier, tombèrent dans l'indécision & crurent que la prise d'armes étoit ajournée. Pendant qu'ils délibéroient sur ce qu'ils avoient à faire, les Catholiques eurent le temps de s'armer & de se réunir, & les Calvinistes, pris au dépourvu, furent dispersés & forcés de fuir à la faveur de la nuit. Le P. de

Colonia dit que cet expédient du P. Emond Auger est digne de figurer parmi les stratagèmes de Frontin (1).

Le P. Emond Auger, alors provincial à Lyon, avoit tant fait pour la défense de l'ordre & de la religion, que le Consulat n'hésita plus à lui offrir le collége : les clefs lui en furent remises le 1ᵉʳ mai 1565, sous la réserve que tous les ans, à la fête de la Trinité, le recteur présenteroit un cierge au Consulat en signe de redevance. Le premier recteur fut le P. William Creigthon, jésuite écossois. A son retour de Rome où il étoit allé pour les affaires de la Société, le P. Emond Auger ramena le P. Per-

---

(1) « Ne voila-t-il pas un singulier « eloge appliqué a une chose aussi im- « portante ? (a dit a ce sujet M. A. Jal, l'auteur du *Résumé de l'histoire du Lyonnois;* Paris, 1826, in-12, page 280, note 2). Le nom d'un valet « fripon sous la plume d'un jesuite est « une de ces bizarreries qui éton- « nent, il y a, dans ce rapprochement « des stratagèmes de Frontin & de la « scene dont il s'agit, scène qui finit « par le sang, la mort & la terreur, « quelque chose de burlesque & d'o- « dieux qui repugne. Les facéties des « bons Peres ne furent pas toujours « d'un goût très delicat »

Ne voila-t-il pas, pourroit-on dire aussi, une etrange préoccupation pour un homme qui a la pretention d'être un historien grave ? M. Jal ne connoissoit pas sans doute les *Strategemata* de Sext. Jul. Frontinus, à moins qu'on ne veuille dire qu'il a fait semblant de les ignorer pour avoir un prétexte de noircir les Jesuites. Ce qu'on peut croire, c'est que si le P. de Colonia connoissoit mieux les *Strategemata* de Frontin que M. A. Jal, en revanche les ruses de Frontin, valet de comédie, etoient plus familieres a M. A. Jal

piñà, plus connu en France sous le nom de Perpinien. Ce fut le 3 octobre suivant que le collége de la Sainte Trinité fut inauguré solennellement ; le P. Perpiñà prononça le discours d'ouverture, qui a été imprimé parmi ses OEuvres, sous le titre : De retinenda veteri religione, ad Lugdunenses. On raconte que le jour où les consuls introduisirent les Jésuites dans le collége pour les mettre en possession, ils lurent, écrit en gros caractères sur le trumeau de la cheminée de la chambre de Barthelemy Aneau : Intùs vinum, foris ignis, & que le P. Perpiñà fit inscrire à la place de cette sentence un peu trop épicurienne : Intùs preces, foris labor.

Le collége des Jésuites ne tarda pas à avoir de nombreux élèves, & à justifier pleinement les espérances que le Consulat avoit fondées sur la Compagnie de Jésus. Mais une tempête que celle-ci n'avoit pu prévoir vint fondre tout-à-coup sur elle, au moment où elle la redoutoit le moins, & lorsqu'elle s'occupoit de réaliser les améliorations qu'elle avoit méditées pour la conduite des études. Trente années s'étoient écoulées à peine, & le 29 décembre 1594, le Parlement de Paris rendoit un arrêt par lequel les Jésuites étoient condamnés à quitter leurs colléges dans un délai de trois jours, & à vider le royaume dans les quinze jours qui suivroient la publication. Cet arrêt fut rendu à l'occasion de l'exécrable attentat de Jean Chatel, qu'on prétendoit avoir été élevé dans les colléges de la Compagnie. Les Jésuites, accusés d'enseigner la doctrine abominable du régicide, sortirent de Lyon le 31 janvier 1595 & se retirèrent dans les terres papales, à Avignon : tous leurs biens furent confisqués. Le Consulat avisa aussitôt à la reconstitution du collége, mais le choix qu'il avoit à faire n'étoit pas sans difficulté. Il est certain qu'il ne voulut pas remplacer les Jésuites par des laïques, car, le 4 février suivant, il écrivoit au chanoine Minières, du Chapitre de St-Just, pour le prier de se mettre à la tête du collége. Celui-ci n'accepta pas alors la mission qui lui étoit offerte, ce ne fut que plus tard qu'il se rendit à l'appel du Consulat ; car Jacques Severt, théologal de l'Eglise de Lyon, auteur de la Chronologie de nos archevêques, étoit encore principal du collége, le 10 novembre 1596, & le 17 avril 1597 il avertissoit le Consulat qu'il étoit rappelé par ses supérieurs au collége de Sorbonne. Le 17 décembre de cette année le Consulat renouvela ses propositions au chanoine Minières, qui lui répondit le 27 du même mois qu'il acceptoit (1). Je ne trouve plus aucun document sur notre collége jusqu'au rappel des PP. Jésuites. En septembre 1603, un arrêt du même Parlement qui les avoit chassés, les rappela; &, le 3 juillet 1604, le Consulat traitoit de nouveau avec eux pour leur rendre la direction du collége de la Trinité. Pendant les neuf années de leur exil, cet établissement étoit tombé dans un tel état d'abandon & d'avilissement, qu'en 1603 il y avoit un économe qui ne savoit ni lire ni écrire, & que, en 1604, au retour des Jésuites, le nombre des élèves se trouvoit réduit à neuf.

Ce ne fut pas chose facile de réparer le mal qui avoit été fait; cependant, à force de zèle & de dévouement, & avec l'aide du Consulat, on eut bientôt porté remède au plus pressé. Les études furent restaurées, la discipline fut rétablie; il y eut quatre classes de

---

(1) *Notes & documents pour servir à l'histoire de Lyon sous le regne de Henri IV.*

grammaire & une classe d'humanités, une chaire
de rhétorique & trois de philosophie. Les élèves
reparurent bientôt, & les Jésuites, en mémoire
de leur rétablissement, firent graver l'inscription suivante au-dessus de la porte d'entrée du
collége :

```
HOC SS. TRINITATIS COLLEGIUM
HENRICO IV CHRISTIANISSIMO REGE
PHILIBERTO DE LA GUICHE GUBERNATORE
MERCAT. PRAEPOSITUS COSS. Q. LUGD.
PIETATIS DOCTRINAEQUE CAUSA
SOCIETATI JESU ADDIXERUNT.
          M. DC. IV
```

Les bâtiments, d'abord élevés sur l'emplacement qui avoit appartenu à la confrérie de
la Très Sainte Trinité, devinrent insuffisants,
on fut obligé de les agrandir. La première
pierre du collége fut posée en 1607, celle de
l'église en 1617 ; les constructions, telles qu'on
les voit aujourd'hui, ne furent achevées que
vers 1660. On construisit aussi sur les dessins
du P. Martel-Ange le magnifique vaisseau de
la Bibliothèque, qui devint, par les soins des
PP. Jésuites, une des plus riches & des plus
considérables de l'Europe : c'est la Bibliothèque

de la Ville. Mais Dieu ménageoit une autre épreuve aux PP. Jésuites, au milieu de leurs travaux. La peste, qui reparut à Lyon en 1628, leur fournit l'occasion de renouveler, au prix de leur vie, les miracles de charité & de dévouement aux pauvres dont le P. Emond Auger avoit donné un si grand exemple au monde lors de la terrible contagion de 1564. Au premier signal de l'invasion, les ordres religieux avoient offert leur concours au Consulat, & ils s'étoient partagé les divers quartiers de la ville. Tout l'espace compris entre les deux fleuves, depuis St-Nizier jusqu'aux remparts d'Ainay, fut le lot des PP. Jésuites; les PP. Recollets, les Minimes, les Carmes déchaussés, les Capucins payèrent aussi largement leur tribut: sur quarante religieux qui s'étoient consacrés au service des pestiférés, trente tombèrent victimes de leur héroïque dévouement (1). Dans ce nombre, huit Pères Jésuites succombèrent en accomplissant leur œuvre de miséricorde; parmi eux étoit le savant P. François Bouton. Il avoit composé un grand Dictionnaire hébraïque, une Théologie

---

(1) Voyez *Lugdunum lue affectum & refectum*, &c., par le P. Jean Grillot, Lyon, 1629, in-8, & M. l'abbé Cahour, *Notre-Dame de Fourvière*.

spirituelle, & traduit saint Dorothée de grec en latin: à sa mort, il laissa inachevé un grand Dictionnaire syriaque (1).

Lorsque le bras de Dieu appesanti sur notre malheureuse cité se fut enfin retiré, les Jésuites, tout entiers à l'œuvre qu'ils avoient entreprise, furent libres de s'occuper exclusivement de ce qui pouvoit former le cœur & développer l'intelligence de la jeunesse. Les rebelles tombés impuissants devant les armes triomphantes de Louis XIII, & le glorieux règne de Louis XIV, leur permirent, après tant de traverses, de jouir de quelque tranquillité ; pendant près d'un siècle & demi le collége de la Trinité brilla de tout l'éclat de la science & de la piété. Mais l'esprit de mensonge & d'erreur, longtemps comprimé par une main puissante, n'avoit pas renoncé à ses projets de réforme ou plutôt de destruction ; il n'attendoit qu'une occasion favorable, elle ne lui manqua pas. Un jour vint où la France, corrompue & avilie par les débauches & les impudicités de la Régence, étoit mûre pour l'impiété. Les hommes qui préparoient la sanglante régéné-

(1) Le P. Menestrier, Eloge historique de la ville de Lyon, p. 45.

ration de 93 comprirent d'avance que, bien que la révolution fût déjà faite dans les mœurs, elle seroit impossible dans l'Etat & dans la Religion, tant que la jeunesse continueroit à être élevée par la savante corporation qui ne croyoit pas possible de faire de bons citoyens avant d'avoir fait de bons chrétiens. Ces hommes n'ignoroient pas que tous leurs efforts seroient vains, & que leur hypocrite philanthropie seroit toujours démasquée, aussi longtemps que cette corporation resteroit debout & tiendroit dans ses mains les destinées de la jeunesse. Toutes les batteries du parti philosophe & antireligieux furent donc dressées contre la Société de Jésus; le mot d'ordre fut donné partout, & les vieilles calomnies, exhumées & propagées par de nombreux adeptes, reprirent cours dans le monde des esprits forts. On vouloit, lorsque le moment seroit venu de frapper les grands coups & d'écraser l'Infâme, que le corps social désarmé fût livré sans défense à la merci des novateurs & des prétendus régénérateurs de l'humanité; dans ce but il falloit ne rien négliger pour se défaire des courageuses sentinelles qui veilloient incessamment au salut de tous.

Le 6 août 1762, un arrêt du Parlement prononça la dissolution de la Société de Jésus. On connoît cette histoire, on sait comment la Royauté, s'abdiquant elle-même, s'abandonna au bon plaisir de ses ennemis qui devoient, de concessions en concessions, l'entraîner à sa perte & inaugurer l'ère nouvelle qu'ils avoient promise à la France, en faisant tomber par la main du bourreau la tête du saint roi Louis XVI.

Tant que les Jésuites n'avoient eu à lutter que contre les fureurs des Calvinistes & contre la peste, ils purent faire face à l'ennemi; car, lorsque l'un succomboit aux atteintes du fléau, il étoit bientôt remplacé par un autre. Mais cette fois, c'étoit au nom de la loi qu'on les frappoit, il fallut céder. Dans l'alternative où ils furent placés de renoncer, par une sorte d'apostasie, aux vœux qui les lioient devant Dieu, ou d'être persécutés, tous préférèrent la persécution, & ils reprirent le chemin de l'exil qui leur étoit connu & qu'ils devoient reprendre encore plus tard. Ceux de Lyon quittèrent donc le collége où ils avoient donné si longtemps à nos pères l'exemple de toutes les vertus, & dont ils avoient fait comme un foyer de lumière d'où les lettres, les sciences & les arts se répandoient au loin & exerçoient une influence salutaire sur les mœurs, sur les liens de famille & les relations sociales, sur le commerce même, en un mot sur la civilisation. Ils se retirèrent à Avignon.

Deux mois ne s'étoient pas écoulés & déjà le Consulat s'entendoit le 1er octobre avec les PP. de l'Oratoire, & leur conféroit les dépouilles de la Compagnie de Jésus; héritage onéreux pour les nouveau-venus, dans ce sens que le bien qui avoit été opéré étoit pour eux une obligation impérieuse de se tenir à la hauteur où leurs devanciers s'étoient placés, & de maintenir envers & contre tous le dogme & la discipline dans toute leur pureté & dans toute leur vigueur: ce qui pouvoit leur être difficile à cause des circonstances violentes dans lesquelles ils venoient prendre possession en vertu du droit du plus fort; plus encore peut-être par suite des tendances, qu'on leur attribuoit à tort ou à raison, vers les doctrines jansénistes. Quoi qu'il en soit, & l'histoire a déjà prononcé, les Jésuites furent bannis & les Oratoriens s'installèrent dans le collége fondé par le P.

Emond Auger. Peu de jours après, le collége de Notre-Dame, appelé aussi le Petit-Collége, fut remis à la Congrégation des prêtres de St-Joseph, qui ne le conservèrent pas long-temps. Un édit du 5 février 1763, suivi de lettres-patentes du 29 avril & d'un concordat entre le Consulat & les PP. de l'Oratoire, confia à ceux-ci les deux colléges; celui de la Très Sainte Trinité dut être desservi par eux à dater du 1ᵉʳ novembre. Ainsi finit la Compagnie de Jésus comme corps enseignant à Lyon.

Quels que fussent le savoir & l'expérience des Oratoriens, le collége si péniblement fondé par les Jésuites déchut graduellement de son ancienne splendeur; la pensée qui avoit présidé à son organisation, pensée constamment & invariablement appliquée & développée pendant deux siècles, n'étoit plus la même, & elle ne pouvoit l'être. Si l'on avoit prétendu continuer l'œuvre du P. Emond Auger telle qu'il l'avoit transmise à ses successeurs, ce n'eût pas été la peine d'expulser les Jésuites; d'ailleurs, on le sait, & je l'ai dit déjà, les Oratoriens avoient leurs idées & leurs systèmes à eux. Je suis loin toutefois de vouloir incriminer leurs intentions, ce n'est pas à moi qu'il appartient de les juger; je rends trop justice aux hommes éminents par leur savoir & leur piété qui ont appartenu à cette Congrégation. Ce qu'il sera permis de dire, c'est que l'expulsion de la Société de Jésus fut une victoire & un triomphe pour les prétendus philosophes, qui préludoient ainsi au renversement de la religion & de la monarchie; tandis que les Oratoriens, prenant la place des proscrits, ne portèrent pas ombrage aux persécuteurs, qui les flattèrent au contraire & leur promirent leur appui.

Les Oratoriens conservèrent la direction du collége jusqu'en 1793; lorsque vinrent les jours mauvais, plusieurs prêtèrent serment à la constitution civile du clergé. Ce gage, arraché à leur foiblesse ou à leur engouement pour les idées du jour, ne les sauva pas cependant: ceux qui l'avoient refusé furent traînés plus tard sur les échafauds dressés par la Convention, &, parmi ceux qui l'avoient prêté, plus d'un subit le même sort.

Durant ces jours de terreur & de démence, où toute loi divine & humaine avoit fait place aux instincts féroces d'une horde de cannibales, il n'y eut plus pour la jeunesse d'autre enseignement que celui des clubs & les vociférations d'une multitude effrénée; les droits de Dieu sur sa créature avoient disparu devant les droits de l'homme ravalé à la condition de la brute; les lettres, les sciences & les arts qui avoient civilisé le monde, en un mot, tout ce qui élève l'âme & ennoblit l'intelligence fut enveloppé dans la proscription générale, & la France, naguère si grande, si belle, si glorieuse par les merveilleux chefs-d'œuvre qu'elle avoit enfantés, étoit menacée de retomber dans les ténèbres de l'ignorance & de la barbarie.

Lorsque enfin la lassitude & le dégoût eurent mis fin à ces hideuses saturnales, on songea à déblayer les ruines amoncelées & à reconstituer la société. Un des premiers soins des magistrats fut de rétablir le collége; &, le 15 septembre 1796, l'Ecole centrale fut inaugurée, avec les restes de la défroque voltairienne, dans l'ancienne abbaye des Dames de St-Pierre, aujourd'hui le Palais des Arts. Cette école éphémère subsista jusqu'à l'installation du Lycée dans les bâtiments du collége de la Trinité, le 4 juillet 1803. Sous l'Empire, il reçut le nom de Lycée impérial; en 1814 il devint Collége royal, & conserva cette dénomination jusqu'en 1848, où on lui rendit celle de Lycée; aujourd'hui c'est encore le Lycée impérial.

Telles furent les vicissitudes de cette institution qui dut son existence à l'humble confrérie de la Très Sainte Trinité, & qui rendit pendant deux siècles de si grands services à notre cité, soit par les bons citoyens qu'elle lui donna, soit par les hommes illustres dans toutes les branches des connoissances humaines qu'elle appela du dehors ou qu'elle forma dans son sein. Ces hommes, tout en enseignant la jeunesse, trouvoient des loisirs pour composer des livres dont le temps, ce grand maître qui réduit tout à sa juste valeur, n'a fait qu'accroître le mérite aux yeux de la postérité. Sans rappeler encore le P. Emond Auger, le P. Possevin, le P. Perpiñà, ces trois grandes & vénérables figures de la Société de Jésus au seizième siècle, qui posèrent les bases de l'enseignement dans le collége de la Très Sainte Trinité, quelle longue liste ne pourroit-on pas donner de ces doctes religieux qui prirent une part si active au grand mouvement littéraire du dix-septième siècle, illustré par leurs travaux dans tous les genres utiles: dans les belles-lettres, la poésie & l'éloquence, l'archéologie & la numismatique, les mathématiques, la cosmographie & la géographie, la philosophie & la théologie morale ou scolastique? le P. Milieu, lyonnois, recteur, puis provincial, auteur du Moses viator; le P. Coissard, aussi recteur, auteur, entre autres ouvrages, du Thesaurus Virgilii; le P. Philibert Monet, connu par son Delectus latinitatis, & auteur d'un Traité de l'origine & de la pratique des armoiries; le P. Fichet qui, sous le titre de Chorus, fit imprimer un vaste recueil de ce que les poètes latins de l'antiquité & du Bas-Empire contiennent de plus remarquable, y compris les poètes chrétiens: c'est le Corpus poetarum expurgé. Bien que le P. de Colonia ait reproché au P. Fichet d'avoir poussé le scrupule & la délicatesse jusqu'à l'excès dans ses retranchements & ses corrections, c'est toujours un livre utile. Pour l'histoire civile & ecclésiastique de Lyon, on trouve encore: le P. Bullioud, auteur du Lugdunum sacroprophanum, le P. Jean Guesnay, le P. de Bussières, le P. de St-Aubin, le P. Menestrier, le P. Théophile Raynaud dont le P. Bertet (1) nous a donné les œuvres en dix-neuf volumes in-folio, avec un volume de tables ; le P. Labbé, le P. Columbi qui a écrit sur les antiquités des églises de Viviers, de Valence & de Die, & sur la ville de Manosque sa patrie ; le P. Bouton, les PP. Joubert & Pomey, à qui les études doivent de bons Dictionnaires latin-françois ; le P. Cotton, le P. de La Chaize, tous deux lyonnois & confesseurs de nos rois, le dernier savant numismatiste ; les PP. Milliet de Chales, Rabuel, Laval & Richard, grands mathéma-

---

(1) Le P. Bertet, né à Tarascon, professa au college des Jesuites les belles-lettres, la philosophie, les mathématiques, la théologie & la controverse. Il composoit en prose & en vers avec une egale facilité, en grec, en latin & dans presque toutes les langues de l'Europe ; aussi un poete, faisant un sonnet à sa louange, lui demandoit-il ingenieusement de quel pays il etoit, ne pouvant s'imaginer qu'il ne fût pas né dans tous les pays dont il parloit si parfaitement la langue

C'est le P. Bertet qui fit ce joli quatrain provençal sur la prise de Maestricht, qui, assiege le jour de la fête de saint Pierre, se rendit par capitulation le jour de la fête de saint Paul :

Sou Peyre eme sa testo razo,
Diguet devant Maestric l'autre jour à san Pau,
Pour combattre aujourd'hui presto me teun espazo,
Din dous jours per intra te prestaray ma clau.

Le P. Bertet ayant eu la curiosité d'aller visiter une devineresse qui faisoit parler d'elle dans tout Paris, il reçut l'ordre de ses superieurs de quitter la Société, quoiqu'il en fît partie depuis quarante-quatre ans & qu'il fût profès des quatre vœux depuis plus de vingt ans. (Voyez sa Vie par le P. Bougerel, *Mémoires pour servir à l'histoire de plusieurs hommes illustres de Provence.* Paris, 1752, in-12.)

ticiens & profondément versés dans tout ce qui se rattache à cette science; le P. de Colonia, qui a écrit l'Histoire littéraire de Lyon; & cent autres encore qui, dans la retraite du collége de la Trinité, ont bien mérité des lettres divines & humaines, sans autre vue que le bien public, sans autre récompense que la conscience d'avoir fait valoir le talent que Dieu leur avoit confié pour le bien des âmes. Les noms de ces bienfaiteurs de la jeunesse lyonnoise & de l'humanité tout entière au service de laquelle ils s'étoient dévoués, aujourd'hui oubliés, ignorés parmi nous comme par un sentiment d'humilité ils auroient voulu l'être de leur vivant, sont cependant consignés à jamais, par leurs écrits, dans les annales de la science.

Si cet aperçu rapide & bien incomplet, si cet hommage sincère rendu à la mémoire de ces doctes & pieux religieux qui jetèrent dans le cœur de nos pères les semences de foi, de vertu & de charité qui, malgré les révolutions, font encore de Lyon la ville catholique par excellence, si ces foibles efforts, dis-je, pouvoient atténuer des préventions injustes & ranimer dans les cœurs lyonnois des sentiments de respect &

de reconnoiſſance qui n'auroient jamais dû s'éteindre, ce petit écrit ne ſeroit plus ſeulement une œuvre littéraire, en ſuppoſant qu'on lui faſſe l'honneur de l'accueillir comme telle, il deviendroit encore une œuvre utile.

RECHERCHES

SUR LA VIE DU P. MENESTRIER

RECHERCHES

SUR LA VIE DU P. C.-F. MENESTRIER

OUS les biographes du P. Meneſtrier, depuis le P. de Colonia, le P. Niceron, Pernetti & les continuateurs de Moreri, juſqu'à nos jours, ont puiſé tour à tour dans les Mémoires de Trévoux du mois d'avril 1705, qui contiennent l'éloge de ce ſavant Religieux. On feroit même tenté de croire qu'ils ſe ſont bornés à ſe copier ſervilement les uns les autres, pour s'épargner la peine de remonter aux ſources; au moins eſt-il certain qu'aucun d'eux ne s'eſt inquiété d'ajouter un fait nouveau à ce qui avoit été dit avant lui.

Je comprends que le barnabite Niceron, qui travailloit pour un mince pécule & à prix fait, eût hâte d'en finir avec chacun des Illuſtres (1) dont ſon libraire lui de-

---

(1) V. *Memoires pour ſervir a l'hiſtoire des hommes illuſtres dans la republique des lettres*. Paris, 1729-45, 44 vol. in-12. L'article du P. Meneſtrier ſe trouve t. 1, p. 69.

mandoit la Vie, il lui en donnoit pour son argent ; les auteurs des additions au Dictionnaire de Moreri avoient à remplir un cadre immense, & je comprends aussi qu'ils se soient contentés le plus souvent de compiler & mettre en ordre ce qui leur tomboit sous la main. D'ailleurs, leur dessein n'avoit rien de spécial, il embrassoit non-seulement l'histoire des savants françois, mais celle des hommes célèbres de l'Europe entière. Le P. Menestrier n'étoit donc pour eux qu'un sujet de plus, &, fût-il né en Allemagne ou en Italie, ils n'auroient dit de lui ni plus ni moins qu'ils n'ont fait. Mais le P. de Colonia n'avoit pas les mêmes raisons pour s'en tenir à des banalités, & l'on ne sauroit l'excuser d'avoir été si bref lorsqu'il a parlé du P. Menestrier. Il avoit vécu avec lui ; bien plus, il avoit assez largement mis à profit ses écrits imprimés & manuscrits pour se croire obligé de rendre un hommage complet à sa mémoire & d'acquitter envers lui la dette de la reconnoissance, en conservant à la postérité l'histoire détaillée d'une vie de labeur consacrée tout entière à l'étude, & si honorable pour la Compagnie à laquelle ils appartenoient tous les deux.

Le même reproche peut être adressé à Pernetti : lyonnois, écrivant à Lyon & pour ses compatriotes ses Recherches sur les Lyonnois dignes de mémoire, n'étoient-ce pas là des motifs suffisants pour qu'il crût devoir nous transmettre, sur la vie & sur les travaux littéraires d'un de ses plus illustres concitoyens, des particularités & des détails que nous aimerions à connoître, & qu'il lui eût été si facile de recueillir de la bouche même de ceux qui avoient connu le P. Menestrier ? Tout en déplorant la négligence

de ces deux écrivains, il est juste d'ajouter qu'ils ont pleinement reconnu le mérite de ce savant homme, dans le peu de lignes qu'ils ont accordées à sa mémoire. Le P. de Colonia n'hésite pas à le placer au nombre des auteurs les plus célèbres que Lyon eût vus naître depuis plusieurs siècles : « On peut dire de lui avec justice
« qu'il a été l'homme de tous les talents, & cet homme
« universel dont on a tant parlé de nos jours, à l'occa-
« sion de Gracien (1). Un esprit vaste & orné d'une infi-
« nité de connoissances, une imagination brillante & fé-
« conde, une mémoire qui alloit jusqu'au prodige, un
« travail assidu continué pendant près de soixante
« années, une merveilleuse facilité à s'exprimer, à écrire,
« à parler en public, une infinité de recherches & de dé-
« couvertes sur les monuments anciens & modernes, un
« naturel heureux, une physionomie solaire (2), une cen-

(1) Le P. de Colonia veut parler ici du P. Balthazar Gracian, jésuite espagnol, né à Calatayud, & mort à Tarragone en 1658. Entre autres livres qui eurent un immense succes en Espagne & à l'étranger, où ils furent traduits en presque toutes les langues de l'Europe, il a écrit *El Discreto*, dont le P. de Courbeville a donné une traduction françoise sous le titre : l'*Homme universel*. Paris, 1723, in-12. Nicolas Antonio, dans sa *Bibl. Hispan. nova*, a donné la liste exacte de tous les ouvrages de Gracian : ils parurent successivement à Madrid, à Huesca, à Saragosse & à Bruxelles, sous le nom de Lorenzo Gracian son frère, qui, après sa mort, les réunit & les publia encore sous son nom, en 2 vol. in-4. Madrid, 1664. On a cru que c'étoit par un sentiment d'humilité que ce Pere n'avoit pas voulu se faire connoître ; toujours est-il que c'est ce qui a induit en erreur quelques bibliographes : le véritable surnom de l'auteur étoit Balthazar, & non pas Lorenzo.

(2) Par cette expression aujourd'hui inusitée, le P. de Colonia a vraisemblablement entendu une physionomie ouverte, un air radieux. L.-J. Leclerc, dans une note manuscrite en marge de son exemplaire de l'*Histoire littéraire de Lyon*, dit : « L'abbé d'Olivet
« est, je pense, le premier qui nous
« ait donné ce mot dans l'Eloge de

« taine d'ouvrages composés sur des matières singulières,
« sur les principes héraldiques & l'art du blason, sur l'ico-
« nologie, sur la noblesse, les tournois, les carrousels,
« les médailles, les décorations publiques, les entrées des
« princes, les pompes funèbres, sur les ballets, les hiéro-
« glyphes, les talismans, sur l'histoire générale & parti-
« culière ; tout cela ensemble le fit rechercher & chérir
« des gens de lettres, surtout des étrangers dans les ou-
« vrages desquels on le trouve éternellement cité & tou-
« jours avec éloge (1). »

Voilà, certes, un beau panégyrique, d'autant plus impartial & digne de foi, que le P. de Colonia avoit eu à
souffrir en plus d'une occasion de la critique un peu vive
du P. Menestrier qui ne ménageoit rien lorsqu'on alloit
sur ses brisées, ou lorsqu'il s'agissoit de combattre l'ignorance & l'erreur.

Pernetti n'a pas été moins explicite que le P. de Colonia,
lorsqu'il a parlé du P. Menestrier : « On venoit à lui de
« toute part, dit-il, pour les fêtes & les cérémonies écla-
« tantes. Dans plus de trente desseins qu'il donna de suite,
« il ne se copia jamais ; il avoit une abondance d'idées
« neuves qui étoit admirable. La fête que le Collége des
« Jésuites donna au feu roi en 1658, lui fit beaucoup

« M. de Harlay. Je voudrois que cet
« abbé, ou le Père (Colonia) son co-
« piste, nous eût dit ce que c'est
« qu'une physionomie solaire. »
Les auteurs du *Dictionnaire de Trévoux*, au mot SOLAIRE, ajoutent, après
avoir rapporté la phrase de d'Olivet :

« On ne parle plus ainsi. On dit par
« plaisanterie, d'un homme qui se
« plaît au soleil, qu'il est *animal*
« *solaire*. »
(1) Colonia, *Histoire litteraire de
Lyon*, t. II, p. 724.

« d'honneur ; il l'inventa & la conduifit tout feul, quoi-
« qu'il n'eût alors que vingt-fept ans.....

« Ses occupations littéraires ne l'empêchèrent pas de
« donner à la théologie toute l'application qu'elle mé-
« rite.... On ne croiroit pas qu'il ait été prédicateur, ce
« fut fon métier pendant vingt-cinq ans. Son amour pour
« l'hiftoire paroît l'avoir emporté fur tout le refte, il pro-
« fita de toutes les occafions qui fe préfentèrent pour s'y
« perfectionner.... Rien ne lui échappoit, il étoit auffi
« heureux dans fes recherches que dans les conjectures
« qu'il en a tirées pour établir des points d'hiftoire in-
« certains & même inconnus avant lui (1). »

Ces louanges méritées témoignent affez que les contemporains du P. Meneftrier avoient fu apprécier dignement fon noble caractère, fon immenfe favoir & fon génie ; mais elles ne répandent aucun jour fur fes habitudes littéraires, fur fes relations avec les érudits de fon temps, & on le regrette, parce que ces particularités, quelque futiles qu'elles puiffent paroître à certains efprits, en nous faifant connoître l'homme, nous auroient initiés au mouvement intellectuel & à la transformation qui fe préparoient dans nos provinces vers le milieu du dix-feptième fiècle, alors que les lettres, les fciences & les arts, dégagés enfin, après de longs & pénibles efforts, des ténèbres qui les avoient enveloppés durant tant de fiècles, commençoient à briller d'un vif éclat autour d'un prince dont ils devoient illuftrer le règne. Réduit à la même pénurie que les écrivains dont j'ai déploré l'infouciance, j'avoue que, fi j'avois eu feule-

---

(1) *Lyonnois dignes de memoire*, t. II, p 149

ment en vue d'écrire la Vie du P. Meneſtrier, ce n'étoit guère la peine de prendre la plume pour répéter ce que d'autres ont dit avant moi. Cependant, en parcourant les œuvres de ce docte Religieux, j'ai rencontré çà & là quelques faits qui ont échappé aux biographes, ou qu'ils ont négligé de relever. Ces faits, peu importants par eux-mêmes, ne ſont pourtant pas entièrement dénués d'intérêt, ne fût-ce que parce qu'ils donnent une idée de la vie littéraire à une époque déjà bien éloignée de nous. Alors, quand deux auteurs ſe rencontroient ſur le même terrain, pour peu qu'ils enviſageaſſent ſous des aſpects différents les matières traitées par eux, il s'enſuivoit une guerre de plume à outrance qui dégénéroit d'ordinaire en perſonnalités violentes. C'eſt ce qui eut lieu entre le P. Meneſtrier & l'ancien Prévôt de l'Ile-Barbe, Claude Le Laboureur. Leur querelle, à peine mentionnée par les biographes, fut pouſſée ſi loin, elle eut un tel retentiſſement, que, quelque peu glorieuſe qu'elle ait été pour eux, on ne pouvoit la paſſer ſous ſilence, & qu'elle exigeoit des éclairciſſements, ne fût-ce que pour montrer à quels égarements les ſuſceptibilités de l'amour-propre froiſſé purent entraîner deux eſprits élevés, & qui ſembloient par là même devoir être à l'abri de ces rivalités meſquines & vulgaires.

Les documents ſur cet incident ſont à la portée de tous, je n'ai eu qu'à les réunir pour les placer ſous les yeux du lecteur. En liſant ce qui a été écrit à ce ſujet de part & d'autre, on aſſignera à chacun le rôle qui lui appartient dans cette miſérable lutte. Mais ce n'eſt là qu'un incident, je le répète; pour le reſte, les matériaux manquent, ou ils ſont d'une rareté décourageante. Ce n'eſt donc pas la vie du P. Meneſtrier que je prétends écrire; tout en eſſayant d'en eſquiſſer les principaux traits, le but de ces Recherches eſt ſurtout de préſenter aux bibliophiles lyonnois & aux nombreux collecteurs de ſes œuvres un catalogue, auſſi complet qu'il m'a été poſſible de le faire, de tout ce qu'il a publié & de ce qu'il a laiſſé manuſcrit. Pluſieurs de ſes livres ſont peu communs, quelques-uns ſont introuvables, & je ne connois pas un cabinet où l'on ſoit parvenu à les réunir tous; le Catalogue même de la Bibliothèque de la ville, qui devroit être le plus riche, offre encore un grand nombre de lacunes. Je n'oſe donc eſpérer de les avoir ſignalés tous; mais ce que je puis dire, c'eſt que je n'ai épargné ni peines, ni ſoins, pour que rien n'échappât à mes inveſtigations.

A la ſuite de la partie bibliographique je reproduirai deux opuſcules du P. Meneſtrier qu'on ſera bien aiſe de retrouver ici, les recueils auxquels je les emprunte étant peu connus. J'y joindrai une nomenclature des groupes & des ſtatuettes qui décoroient la façade d'un grand nombre de maiſons de notre ville au dix-ſeptième ſiècle. Ce relevé fut fait ſur les lieux par le P. Meneſtrier; il y a ajouté le nom des artiſtes qui ont taillé ces images : on peut le voir écrit de ſa main à la fin d'un manuſcrit de la Bibliothèque de la ville, d'où je l'ai extrait. Aujourd'hui que la plupart de ces monuments ont diſparu ſous le marteau des niveleurs, il eſt bien, ce ſemble, d'en conſerver la mémoire.

Ce volume ſera terminé par une ſérie de lettres inédites du P. Meneſtrier, qui m'ont fourni des renſeignements précieux ſur ſes études & ſes travaux, & ſur ſon différend avec l'ancien Prévôt de l'Ile-Barbe. Je ſuis redevable de la connoiſſance de ces lettres à M. Henri Bordier, que diverſes publications hiſtoriques ont placé au premier rang parmi les jeunes érudits formés à l'Ecole des chartes d'où ſont ſortis tant de ſujets éminents. Elles ſont partie de la volumineuſe correſpondance de Guichenon, qui ſe trouve à la Bibliothèque de l'Inſtitut, & que ſon conſervateur, M. Landreſſe, a bien voulu mettre à ma diſpoſition avec une obligeance que je ſuis heureux de reconnoître ici.

Claude Meneſtrier naquit à Lyon, rue de la Lanterne, le 9 mars 1631, & il fut baptiſé le lendemain dans l'égliſe paroiſſiale de Notre-Dame de la Platière, ainſi qu'il réſulte de l'extrait du regiſtre des baptêmes de cette paroiſſe, dépoſé aux archives municipales, vol. 1629-1634, fol. 44 v°, ainſi conçu : « Claude, fils de ſieur Loys Meneſtrier « & de Suzanne Gachot, a eſté baptiſé le 10 du ſuſdit. « Fut parrain ſieur Didier Breſſon, marraine Catherine « Faſſon. Signé Barbier. »

Sa famille, originaire de la Franche-Comté, exerçoit le négoce à Lyon où ſon père étoit venu s'établir. Nous apprenons, par une lettre de Capré (1) à Guichenon, en date du 30 décembre 1659, qu'il étoit apothicaire. « Je me gouvernerai envers le Meneſtrier, écrit-il, comme vous le déſirez... Mais je vous promets que ce Meneſtrier, pour

---

(1) François Capre, preſident de la Chambre des comptes du duché de Savoie, mort en 1705. On a de lui. *Catalogue des Chevaliers de l'Ordre de l'Annonciade de Savoie, depuis ſon inſtitution en 1362 juſqu'au regne de Charles-Emmanuel* Lyon, 1654, in-fol., 542 pl. de blaſon gravées ſur bois, & *Traité hiſtorique de la Chambre des comptes de Savoie, juſtifié par titres.* Lyon, 1662, in-4. — Voyez la Correſpondance manuſcrite de Guichenon, Bibl. de l'Inſtitut.

être fils d'apothicaire, fait trop le grand feigneur & trop le héros, & je trouverai mille chofes à dire en fon fait quand je voudrai le corriger. » La mauvaife humeur de Capré provenoit de ce que le P. Meneftrier, dans le *Véritable art du Blafon* qu'il venoit de publier, avait fait la remarque que Capré s'étoit trompé en donnant aux ducs de Savoie pour cimier deux demi-colonnes couronnées d'où fortent des plumes de paon, qui eft de Saxe : « car le cimier, ajoute le P. Meneftrier, étoit fouvent fait d'une maffe de plumes de paon ou de héron, que les anciens livres de tournois appellent plumails ou plumarts. C'eft ce que le fieur Capré n'avoit pas obfervé ; que feroient des plumes fur des colonnes ? & pourquoi des colonnes pour cimier fur des armes qui n'en ont point dans l'écu ? »

Quelle que fût la modération des termes dans lefquels l'obfervation avoit été formulée, Capré s'en étoit vivement ému, & de là fon inimitié contre le jeune jéfuite. « Je vous remercie, écrivoit-il encore à Guichenon, d'avoir demandé un livre (1) au P. Meneftrier pour moi, en ayant un de Lyon pour mon argent, où j'ai vu dans les pages 167 & 168 qu'il a parlé de moi comme d'un ignorant, auffi bien que de beaucoup d'autres. Je ne penfe pas qu'il y ait un efprit plus vain ni plus téméraire au monde que celui-là, de n'avoir épargné perfonne & défobligé tous ceux qui ont écrit en ce fiècle. »

En dépit de fon extraction roturière, le P. Meneftrier avoit des prétentions à la nobleffe : il dit quelque part que fa famille avoit été anoblie par les ducs de Bourgogne :

---

(1) *Le Véritable art du Blafon*. Lyon, 1659

dans une de ses lettres à Guichenon, il parle de J.-B. Le Menestrier comme d'un de ses auteurs, bien que le nom ne fût pas le même (1), & il invoque à ce sujet le témoignage de d'Hozier & de Paillot pour prouver que sa famille avoit fourni des officiers aux états de Bourgogne. Je ne sais jusqu'à quel point pouvoient être fondées ses prétentions, n'en ayant vu aucun titre. Ce qu'il y a de certain, laissant de côté ses aïeux quels qu'ils aient été, c'est qu'il étoit issu d'une famille honnête, mais obscure, puisqu'il reconnoît lui-même (2) qu'il étoit petit-neveu de Claude Menestrier(3). Quoi qu'il en soit, il fut le fils de ses œuvres,

---

(1) Ce J.-B. Le Menestrier étoit conseiller du roi, secretaire de sa Chambre, antiquaire & numismatiste. Papillon, *Bibliotheque des Auteurs de Bourgogne*, donne son épitaphe qu'on voyoit autrefois sur une verriere de l'eglise de St-Medard, à Dijon :

Ci-gît Jean Le Menestrier.
L'an de sa vie soixante-et-dix
Il mit le pied dans l'estrier
Pour s'en aller en paradis.

Né en 1564, il mourut en 1634. On a de lui : *Médailles, monnoies & monumens antiques d'impératrices romaines*. Dijon, 1625, in-fol.; & *Médailles illustrées des anciens empereurs & impératrices de Rome*. Ces ouvrages sont depourvus de toute valeur scientifique & litteraire.

(2) Voyez *Divers Caractères des ouvrages historiques* & *Factum justificatif*.

(3) Né à Vauconcourt près de Jussey, en Franche-Comté, d'une famille de pauvres artisans, & non à Dijon, comme on le dit dans Moreri,

qui se trompe encore en l'appelant Le Menestrier. Il passa une partie de sa vie à Rome, ou il mourut en 1639, antiquaire & bibliothecaire du cardinal Barberini qui devint pape sous le nom d'Urbain VIII. On a de lui : *Symbolicæ Dianæ Ephesiæ Statua à Claudio Menestreio, ceimeliothecæ Barberinæ præfecto exposita*. Romæ, 1657, in-4. On l'a confondu quelquefois avec J.-B. Le Menestrier, & avec son neveu le P. Menestrier, qui, n'ayant reçu comme lui au baptême que le nom de Claude, y ajouta plus tard celui de François pour se distinguer. Il y a eu vers le même temps un abbé Perrenin Menestrier, né aussi dans le comté de Bourgogne, qui établit au village de Pin une imprimerie destinée surtout à reproduire & à multiplier les copies des ouvrages liturgiques que les ecclesiastiques ne pouvoient se procurer que difficilement. Il a écrit quelques ouvrages de pieté en françois & en latin

& ne dut qu'à lui feul la célébrité attachée à fon nom, ce qui l'honore bien plus que s'il avoit compté une longue fuite d'ancêtres.

Il apprit les premiers éléments des lettres au collége de la Trinité, & dès l'âge de quinze ans il fut admis dans la Compagnie de Jéfus où fa vocation l'appeloit ; ce qui témoigne de fes heureufes difpofitions & du fuccès qu'il avoit eu dans fes études. Il eut pour maître le P. de Buffières, qui mit tous fes foins à développer cette jeune intelligence. Plus tard, l'élève lui paya le tribut de fon refpect & de la reconnoiffance qu'il conferva toute fa vie des enfeignements de ce docte & bon Religieux. Voici en quels termes il parle de lui dans l'Epître dédicatoire de la *Philofophie des images énigmatiques* :

« Ne pouvant reconnoître d'autre manière les foins que prit de mon éducation dans les lettres ce favant homme, j'ai voulu en conferver le fouvenir dans quelqu'un de mes ouvrages, afin que s'ils font de quelque utilité à ceux qui les liront, ils en couronnent la fource & rapportent aux foins d'un fi bon maître tout ce qui peut être de quelque ufage dans les écrits du difciple, qui en fait un monument à la mémoire de ce grand homme, lequel s'en eft dreffé lui-même d'éternels dans fes ouvrages. »

Les fupérieurs du P. Meneftrier le deftinèrent d'abord à l'enfeignement, & il fut envoyé dans les colléges de la Compagnie comme profeffeur, à un âge où d'ordinaire on eft encore fur les bancs. Il occupa tour à tour les chaires d'humanités & de rhétorique à Chambéry, à Vienne & à Grenoble, & partout il fe fit diftinguer par fon aptitude. Rappelé à Lyon pour y fuivre un cours de théologie &

achever la dernière année de son noviciat, on trouva en lui les talents nécessaires pour la prédication ; mais auparavant on voulut qu'il professât la rhétorique au collége de la Trinité, ce qu'il fit aux applaudissements de tous ceux qui l'entendirent.

Dans le but de s'accoutumer à parler devant un auditoire nombreux & de s'exercer aux mouvements oratoires, pendant son séjour à Vienne & à Grenoble, il choisissoit, pour sujet de ses harangues d'ouverture de l'année scolaire, des événements contemporains qui lui permettoient de donner un libre cours à son éloquence & à sa brillante imagination. C'étoient tantôt (c'est lui qui nous l'apprend) les premières campagnes du roi, tantôt la levée du siége d'Arras, la prise de Mardick, la maladie & le rétablissement du roi. Ces exercices l'avoient familiarisé avec le public, & il y puisa le germe du talent qu'il déploya plus tard dans la prédication, en même temps que le goût des représentations & des solennités religieuses & littéraires dont la conduite lui fut confiée à l'occasion des canonisations, des naissances, des décès & des entrées des rois & des princes. Avant d'être rappelé à Lyon, le P. Menestrier avoit été choisi par le P. de Saint-Rigaud pour lui servir de second dans les conférences qu'il étoit chargé de soutenir contre les prétendus réformés, à Die, où leurs ministres avoient convoqué un synode, dans l'intention de faire triompher leurs doctrines & de confondre celles de l'Eglise catholique. La controverse s'engagea vivement sur les matières dogmatiques mises en question, & le jeune novice, disent les journalistes de Trévoux, justifia pleinement l'opinion qu'on avoit de lui. Les dissidents, qui comptoient fur une victoire certaine, reftèrent ftupéfaits de la facilité avec laquelle il repouffa, par des thèfes presque improvifées, les arguments fur lefquels ils avoient fait le plus de fond pour foudroyer leurs adverfaires, &, voyant leur infériorité, ils avouèrent leur impuiffance en abrégeant la durée de leur fynode brufquement interrompu & qui n'aboutit, contre toutes leurs efpérances, qu'à leur entière confufion (1).

A fon retour, il s'appliqua à la théologie, aux Saintes Ecritures & à la langue hébraïque, dont l'étude étoit confidérée alors avec raifon comme la bafe des connoiffances humaines. Doué d'une mémoire prodigieufe & d'un infatigable amour du travail, il eut bientôt furmonté toutes les afpérités de l'école, & ce qui pour d'autres n'étoit qu'un fujet de dégoût devint pour lui, dès le début, une fource intariffable de jouiffances intellectuelles. Il acquit dans cette étude une rectitude de jugement & une maturité qui, en le préfervant des écarts où fon imagination auroit pu l'entraîner, le maintinrent invariablement dans cet amour fincère du vrai qui eft refté fon caractère diftinctif. Nourri dès fon enfance à l'école des favants hommes que la Compagnie de Jéfus comptoit alors dans fon fein, & à celle des bons auteurs de l'antiquité grecque & romaine, les langues modernes ne furent plus pour lui qu'un amufement dont il fe fervoit utilement pour enrichir fes diverfes compofitions, & nous voyons par les nombreux emprunts qu'il a faits aux au-

(1) *Mémoires de Trevoux*, avril 1705

teurs allemands, italiens, espagnols, &c., qu'il possédoit parfaitement leur langue & leur littérature.

Sa mémoire étoit si sûre, que ce qu'il avoit appris, jamais il ne l'oublioit; &, pour apprendre ainsi, il lui suffisoit de lire une fois, tant il y avoit de puissance & de volonté dans cette organisation privilégiée. On raconte à ce sujet que, lors du passage à Lyon de la reine Christine de Suède en 1657, il avoit alors vingt-six ans, les Pères Jésuites la prièrent d'honorer leur collége d'une visite, & de vouloir bien assister à leurs exercices littéraires. La reine y consentit : ayant ouï parler des rares qualités mnémoniques du P. Menestrier, elle désira en faire l'essai elle-même. En conséquence, elle fit écrire à la suite l'un de l'autre trois cents mots barbares, les plus bizarres qu'on pût imaginer & ne présentant aucun sens. Ils furent mis sous les yeux du jeune novice qui, après les avoir lus une seule fois, les récita couramment & sans hésitation, dans l'ordre où ils avoient été rangés, à l'extrême étonnement de Christine & de sa suite ; puis il proposa de les répéter en commençant par la fin, ou dans tel autre ordre qu'on voudroit les placer. C'est à propos de ce tour de force que Sabatier de Castres (1), dont les jugements sont loin de faire autorité, il est vrai, n'a rien trouvé de mieux à dire du P. Menestrier, si ce n'est qu'il étoit *un grand reteneur de mots*, & que sa mémoire étoit encore plus célèbre que ses ouvrages. Un juge plus compétent, Voltaire, qui n'est pas suspect lorsqu'il rend justice à un jésuite, a pensé autrement, aussi n'a-t-il pas hésité à placer son nom

---

(1) *Les Trois siècles de notre litterature*, t. II, au mot MENESTRIER.

entre ceux des quatre auteurs lyonnois qui figurent dans son catalogue des écrivains du siècle de Louis XIV.

L'étude de la théologie n'abforboit pas tellement le P. Meneftrier qu'elle l'empêchât de fe livrer à d'autres occupations moins férieufes, confidérées par lui comme un délaffement ; il trouvoit du temps pour tout. En 1658, le roi étant venu à Lyon, les Pères Jéfuites firent repréfenter devant lui par leurs élèves, fur le théâtre du collége, le ballet des *Deftinées de Lyon*, de l'invention du P. Meneftrier, qui fut chargé auffi de diriger la mife en fcène. La Cour admira l'ingénieufe idée du ballet & la beauté des décorations ; on remarqua furtout l'ordonnance & la compofition des peintures improvifées pour l'ornement de la grande cour du collége, defquelles il avoit fourni le deffein, & dont il refte encore fur les murs quelques traces échappées aux injures du temps. Ce fut auffi à cette occafion qu'il fit repréfenter devant le roi le ballet de l'*Autel de Lyon*, élevé à Augufte par les foixante nations des Gaules & de nouveau confacré à Louis Augufte.

Le Confulat avoit fait venir de Rome le peintre Chapron pour les décorations des fêtes offertes au jeune roi pendant fon féjour à Lyon. Cet artifte étant mort, il fut remplacé par Thomas Blanchet, qu'on appela auffi de Rome fur la propofition du peintre ordinaire de la ville, Panthot. C'eft de cette époque que datent les belles peintures murales du grand efcalier & celles des plafonds qu'on admire encore à l'Hôtel-de-Ville, & qui donnèrent droit de cité parmi nous au peintre Blanchet (1). Le

---

(1) Ce qui refte des peintures de Blanchet eft affez important & affez bien confervé pour qu'on puiffe efperer que celles des plafonds feront

P. Meneftrier, dont le génie inventif avoit fait fes preuves, étoit du nombre des favants & des artiftes que le Confulat avoit chargés d'étudier & de propofer les fujets propres à embellir les fêtes royales & à en augmenter la folennité. Telle étoit la fécondité inépuifable de fon imagination, la pureté de fon goût, que fes projets furent toujours préférés; il compofa encore cette année les emblèmes de la jeuneffe d'Alexandre comparée à celle du roi, peints par Blanchet dans une des falles de l'Hôtel-de-Ville.

Jufque-là, le P. Meneftrier avoit joui de la vie modefte & paifible du collége, tout entier à fes études & à fes devoirs envers la jeuneffe confiée à fes foins & à fes enfeignements. Une circonftance imprévue vint tout-à-coup jeter le trouble dans cette exiftence intérieure, & commencer pour lui les déceptions de la célébrité en l'entraînant malgré lui fur le théâtre du monde, alors qu'il y penfoit le moins peut-être. Je veux parler de la querelle qui s'éleva entre lui & Claude Le Laboureur. L'ancien Prévôt de l'Ile-Barbe avoit publié : *Difcours de l'Origine des armes & des termes receus & ufitez pour l'explication de la fcience héraldique*. Lyon, 1658, in-8, tiré à cinq cents exemplaires & fans nom d'auteur. Lorfque ce livre parut, il ne fit ni plus ni moins de fenfation que tant d'autres publiés alors fur ces matières; on ne s'en préoccupa ni en bien ni en mal, & Le Laboureur jouiffoit en paix de

maintenues dans les reftaurations projetees de l'interieur de l'Hôtel-de-Ville, ce qui fera plus difficile peut-être pour la magnifique frefque du grand efcalier (repréfentant l'incendie de Lyon fous Neron) qui eft tres maltraitee. Voyez la defcription de ces peintures, par le P. Meneftrier, a la fuite de l'*Eloge hiftorique de Lyon*

sa paternité, attendant patiemment que son volume s'écoulât peu à peu de la boutique de Barbier, son imprimeur-libraire, & ne se défiant point des nuages qui s'amonceloient sur un point inaperçu de l'horizon pour venir bientôt éclater sur sa tête. Il y avoit un an à peine que son livre étoit publié, lorsque parut le *Véritable art du Blason*, où les règles des armoiries sont traitées d'une nouvelle méthode plus aisée que les précédentes; Lyon, Benoist Coral, 1649, in-32. Ce petit volume ne portoit pas le nom du P. Menestrier, mais on ne tarda pas à savoir qu'il étoit de lui. C'est une critique passablement dure du *Discours de l'Origine des armes*, dont les assertions y sont combattues & les erreurs relevées sans aucun ménagement & avec une assurance que l'âge de l'auteur pouvoit faire taxer d'outrecuidance. Le Laboureur, qui n'étoit pas préparé à cette attaque, fut piqué au vif en se voyant ainsi maltraité par un jeune inconnu qui débutoit dans la carrière. Au lieu de se tenir à l'abri sous le manteau de l'anonyme & de laisser passer l'orage, il se jeta étourdiment dans l'arène pour défendre ses *Origines*, &, dans son dédain, il menaça son contradicteur de le confondre & de le réduire à néant s'il ne se hâtoit de se rétracter. Mais celui-ci tint ferme & persista dans sa critique peu bienveillante, bien que Le Laboureur lui eût laissé tout le temps nécessaire pour en venir à un accommodement. Loin de s'effrayer des menaces & de faire un pas en arrière, le P. Menestrier, excité par des amis imprudents, répliqua sur le même ton. Ce ne furent plus dès-lors qu'épigrammes, bons mots & quolibets, circulant dans le public aux dépens du pauvre Prévôt, qui, poussé à bout & ne sachant de quel bois faire flèches, écrivit & publia son *Epistre apologétique*, petit in-4 de 119 pages. Quoique ce factum, tiré aussi à cinq cents exemplaires, & dont le frontispice ne porte que les initiales de l'auteur, soit sans énonciation de lieu ni de date, il est évident qu'il vit le jour à Valence en 1660; Le Laboureur en convient lui-même (1) : « Et quoi, qu'y a-t-il donc? la presse de V. roule, & pour cela falloit-il tant appréhender? » Le P. Menestrier le dit aussi dans une lettre à Guichenon, du 26 juillet 1660, en lui annonçant l'apparition de ce pamphlet. Comme les Jésuites y sont fort maltraités, il est probable qu'aucun imprimeur de Lyon ne consentit à s'en charger, dans la crainte de se brouiller avec eux & de s'attirer quelque mauvaise affaire, & que si, comme le soupçonnoit le P. Menestrier, l'imprimeur Barbier y fut pour quelque chose, il n'osa pas prêter ses presses & se borna prudemment à recommander Le Laboureur à son confrère de Valence. Le papier, les caractères employés, les fautes grossières dont le livre fourmille, tout concourt à prouver qu'il n'est pas sorti des presses lyonnoises. Il paroît aussi que cette pièce, véritable libelle diffamatoire, étoit destinée surtout à être répandue au dehors, & que l'ancien Prévôt, soit crainte, soit scrupule, ne se soucioit pas qu'elle fût vendue à Lyon, où elle ne fut débitée que clandestinement, s'il est vrai que pour la lire le P. Menestrier fut obligé d'en faire acheter des exemplaires à Valence, ainsi qu'il l'écrit à Guichenon, & le rappelle encore page 12 de l'*Art du Blason justifié*.

---

(1) *Epistre apolog*, p 4

L'Apologie de Le Laboureur, remplie de récriminations violentes & d'infinuations compromettantes pour le caractère du P. Meneſtrier, ne pouvoit qu'accroître les rancunes & rendre tout rapprochement impoſſible. Une ſimple divergence d'opinion ſur les origines du blaſon & ſur l'interprétation de certains termes héraldiques avoit dégénéré en perſonnalités honteuſes ; de part & d'autre les injures tinrent lieu de raiſons, & dans ce duel acharné, où toutes les armes étoient bonnes aux deux champions, on eſt embarraſſé de décider lequel eut le triſte avantage de l'emporter ſur ſon adverſaire, car ils échangèrent à qui mieux mieux les invectives, les groſſiers ſarcaſmes & les accuſations calomnieuſes qui, fort heureuſement pour l'un comme pour l'autre, n'avoient de fondement que dans la paſſion du moment. Le Laboureur, réduit aux abois par des attaques inceſſantes & par les traits aigus qui pleuvoient ſur lui de toutes parts, fut le premier, il faut en convenir, à donner à une controverſe littéraire le ton & les allures d'une diſpute des halles ; il dépaſſa, en effet, toutes les bornes de la décence. Le P. Meneſtrier, entraîné par les fâcheuſes inſpirations d'un amour-propre bleſſé, oubliant ce qu'il ſe devoit à lui-même auſſi bien qu'à l'âge & au caractère de l'ancien Prévôt, le ſuivit ſur ce terrain : ſon *Art du Blaſon juſtifié* (1) eſt rempli de perſifflages & d'alluſions qui écraſèrent Le Laboureur ſous le poids du ridicule. Il inventa & fit graver une ſuite d'emblèmes & de deviſes, dans leſquels, jouant ſur le nom de ſon adverſaire, il ne mit que herſes, char-

(1) Page 10

rues, jougs, aiguillons. Il est vrai que l'ancien Prévôt étoit entré le premier dans cette voie, en plaisantant sur le nom du P. Menestrier, qu'il qualifioit de flûteur, de jongleur, d'histrion, & d'autres épithètes aussi peu séantes entre des hommes sérieux.

Ces aménités de mauvais goût égayoient les oisifs aux dépens des deux acteurs. Le P. Menestrier décochoit épigrammes sur épigrammes contre Le Laboureur, qui ne se piquoit nullement d'être poète & n'avoit pas la repartie aussi prompte & aussi vive. Ces incartades rimées étoient d'ailleurs dépourvues des formes spirituelles qui auroient pu les rendre supportables & les faire excuser ; c'étoit l'injure toute nue dans l'appareil du carrefour.

Lorsque l'*Epistre apologétique* parut, le P. Menestrier répondit par ce distique :

> Monstrat Aratorem facundia digna juvencis,
>   Namque illud plenum est rusticitatis opus.

Le Laboureur avoit daté son Epître de l'Ile-Barbe, le P. Menestrier lui adressa cet autre distique qu'il prétendoit lui avoir été envoyé par un ami :

> Scriptoris ne quære locum, res obvia cuique est,
>   Insula barbariem hanc Barbara sola tulit.

Et sur-le-champ il répondoit à cet ami, faisant ainsi la demande & la réponse :

> Haccine Parthenio male prudens edita censes
>   Scripta loco, Paphio fornice digna magis?
> Barbaries ibi nulla, suos ibi Diva penates
>   Constituit, votis templa superba piis.
> Nullum virus alit terra illa, venena propinat
>   Nulla feris, non est insidiosa viris.

> Barbara Præpofito fuit illa fub hofpite quondam,
> Sancta fed ejecto rurfus ab hofte fuit (1).

A propos du terme *gueules* fur la définition duquel ils n'étoient pas d'accord, le P. Meneftrier lui envoya ce méchant quatrain qu'il fuppofoit toujours avoir été fait par le même ami :

> On vous attend fur le paffage,
> Arifte, il vous faut filer doux,
> Car cet illuftre perfonnage
> Eft plus fort en *gueule* que vous.

Le P. Meneftrier fe répondit à lui-même par cette autre épigramme auffi infipide que les précédentes :

> Lycidas, ne crains point de funefte aventure
> Des coups qui me font préparés,
> Je vois que le Prévôt avecque fa fourrure
> Ne fera que des coups fourrés.

Pour comprendre cette mauvaife pointe, il faut favoir que Le Laboureur avoit foutenu dans fon *Difcours de l'Origine des armes*, & qu'il avoit maintenu dans l'*Epiftre apologétique*, que le Gueules & le Sable font fourrures. Très fatisfait apparemment d'avoir rencontré ce pitoyable jeu de mots fur les fourrures, le P. Meneftrier fuppofa encore que fon ami Lycidas lui avoit répliqué par ces quatre bouts-rimés, comme pour excufer l'ancien Prévôt fur fon âge :

---

(1) Le Laboureur avoit accufé le P. Meneftrier de lui avoir écrit en des termes qui fentoient plutôt le b.... qu'une académie chrétienne ; celui-ci lui ripofte fur le même ton, & lui dit que fon Epître eft fortie non de l'Ile-Barbe qui eft un lieu fanctifié, mais de quelque bouge impur (*Paphio for-nice*).

> Excufez un defaut qui vient de la nature,
> Un fexagénaire en ce temps,
> A befoin de plus de fourrure
> Qu'un homme de vingt-neuf ans.

C'étoit finir par un outrage que de s'en prendre aux années de fon adverfaire & de lui oppofer fes vingt-neuf ans, c'eft-à-dire de louer l'imprudence & la légèreté du jeune âge au mépris de l'expérience & de la maturité acquifes à la vieilleffe. L'ancien Prévôt n'étoit pas affez vieux pour radoter, il avoit à peine cinquante-neuf ans, & il s'agiffoit non des travaux d'Hercule, mais d'une queftion purement fcientifique & littéraire. Le P. Meneftrier, encore fur les bancs du collége, auroit dû ne pas oublier ce qu'il avoit lu plus d'une fois dans le Traité de la vieilleffe, où Caton l'Ancien dit à fon interlocuteur : « Les vieillards n'agiffent pas de même que les jeunes gens, & il eft certain qu'ils font de meilleures & plus grandes chofes : car ce n'eft point par la force & par la légèreté du corps que les entreprifes importantes s'exécutent; c'eft par le bon fens, l'expérience & la fageffe dont non-feulement les vieillards ne font pas dépourvus, mais qu'ils poffèdent d'ordinaire à un plus haut degré que les jeunes gens (1). »

La querelle ainfi engagée devoit durer longtemps, car chaque jour ajoutoit aux griefs qu'on fe renvoyoit de part & d'autre. A cette époque, comme du temps d'Ho-

---

(1) « Non facit ea quæ juvenes. Et vero multo majora & meliora facit. Non enim viribus aut velocitatibus, aut celeritate corporis res magnæ geruntur, fed confilio, auctoritate, fententia, quibus non modo non orbati, fed etiam augere fenectus folet » (Cicero, *de Senectute*)

race, la bile des gens de lettres étoit prompte à s'échauffer : quelques exemples, pris au hafard parmi les pièces du procès, mettront le lecteur à même d'en juger.

J'ai parlé des prétentions nobiliaires du P. Meneftrier : étoient-ce ces velléités qui l'avoient porté à l'étude du blafon, ou bien lui furent-elles fuggérées par un goût inné pour tout ce qui fe rattache à la fcience héraldique ? Quoi qu'il en foit, Le Laboureur n'eut garde de les laiffer paffer inaperçues; il en profita au contraire pour lui infliger les railleries les plus fanglantes, les farcafmes les plus infultants : « Vous m'appelez au combat, & c'eft une plaifante hiftoire, que celuy qui n'agueres s'offenfoit d'eftre traité de Paladin contrefaffe aujourd'huy le Don Quixote ou le chevalier errant & cherchant les aventures. En un mot, vous m'invitez à toucher vos efcuts, ce que je n'entends pas bien ; car, n'eftant pas gentilhomme, vous ufurpez un meftier qui ne vous eft pas féant. J'ay bien pris garde que vous vous vantez de vos majeurs annoblis, qui eft déjà une mauvaife affaire : *Quem enim indulgentia principis liberat, notat;* & ce qu'il y a de plus fâcheux eft que cet annobliffement eft émané d'un duc de Bourgogne que vous qualifiez fouverain de vos annoblis. Et en outre vous errez doublement; car comme il n'y a qu'un fouverain en France, à parler proprement, auffi n'y a-t-il que ce fouverain qui eft le roy qui puiffe annoblir, fuivant les arrêts des cours fouveraines.

« Mais quand le duc de Bourgogne auroit eu ce droit par conceffion de nos rois ou autrement, vous avez dégénéré, & partant vous voilà réduit à la cartouche par vos propres loix & à la marque des marchands par l'ordonnance, & ne devez porter efcuts ny armoiries. Que fi par tolérance on vous permet l'ufage de celles de vos annoblis, comme elles font déja ridicules (1) & très dignes de voftre chapitre des *Rebus de Picardie* (2), vous les accompagnerez de mefme. Vous tymbrerez de la baffine du bonhomme (fon père), ou, fi bon vous femble, du mortier à broyer les efpices : fi de la baffine, un bras armé tenant la cullière à jetter ; fi du mortier, le mefme bras brandiffant le pilon ou le pifton, comme on parle en voftre rue, fervira de cimier Pour lambrequins, une douzaine de flambeaux peris en queüe de paon faifant la roüe. Je ne dis rien du vollet ni des ordres de chevallerie, qui fe trouveront aifément dans la boutique fans aller plus loin. Pour cry de guerre, *Refpice finem*, fans proüe & fans poupe (3). Et ainfi adoubé, je vous verray volontiers & ne vous craindray guieres. Car comme

---

(1) Il paroît que le P. Meneftrier avoit pris les armes des Le Meneftrier de Dijon, qui font armes parlantes, un lion tenant de la pate droite un etrier. Voyez, note 2, lettre du 7 juillet 1660, du P. Meneftrier a Guichenon, a la fin de ce volume.

(2) Il fait allufion au chapitre XXI du *Veritable art du Blafon* qui a pour titre : *De la Devife*, & dans lequel le P. Meneftrier en a cité un grand nombre. Le Laboureur les qualifie de Rébus de Picardie, pour donner à entendre qu'elles font triviales & amaffees fans goût ni difcernement.

(3) Au chapitre *de la Devife* cité plus haut, le P. Meneftrier avoit raconté qu'un anobli, fils d'un marchand, ayant pris pour devife : *Refpice finem*, un malin effaça la première & la dernière lettre (ce que Le Laboureur appelle la proue & la poupe), de forte qu'il ne refta plus que *Efpice fine*, qui faifoit une devife très appropriée au P. Meneftrier; car, d'après toutes ces railleries fur la baffine du bonhomme, fur le pilon, le mortier a broyer les drogues & fur la rue de la Lanterne, quartier général des droguiftes en ce temps-là, comme l'eft encore aujourd'hui la rue qui en eft le prolongement, on ne peut pas douter que fon père ne fût apothicaire ou ne fît le commerce de la droguerie.

je vous ay déja dit, outre que vous eftes nouveau au meftier des armes & affez maladroit, vous eftes eftourdy comme un hanneton. »

Il n'étoit guère poffible d'être plus mordant & plus incifif; la vanité du P. Meneftrier dut être mortifiée cruellement lorfqu'il fe vit « ainfi adoubé. » Les hoftilités ne pouvoient plus s'arrêter en fi beau chemin.

Le Laboureur avoit fait graver, p. 32 de fon *Difcours de l'Origine des armes*, les armes parlantes de la maifon Coglione; le P. Meneftrier, dans le *Véritable art du Blafon*, le tança vertement de cette incongruité, & il y revint encore dans l'*Art du Blafon juftifié*, où il allègue à ce propos contre l'ancien Prévôt les fulminations des conciles, & force exemples tirés de l'hiftoire facrée & profane, l'accufant d'impudicité, non-feulement pour avoir reproduit ces obfcénités, mais bien plus encore pour y avoir employé le burin d'une fille. Les planches de ce livre ont été gravées, en effet, par Claudine Brunant (1).

Le crime n'étoit pas irrémiffible pourtant : en faifant graver ce curieux blafon, dans lequel il eft du refte bien difficile de reconnoître ce qu'on a eu l'intention d'y repréfenter, Le Laboureur s'étoit entouré de toutes les précautions oratoires, afin d'éviter qu'on ne lui attribuât méchamment une penfée perverfe. Ces Coglioni, dont les armes parlantes ont été échangées contre trois cœurs d'argent, & dont le nom eft devenu Colleone, lorfque, à défaut

---

(1) Outre les planches des armoiries du *Difcours de l'Origine des armes*, Claudine Brunant a gravé celles du *Véritable armorial des pays de Lionnois, Forez & Beaujolois*, publié fous fon nom; Lyon, 1668, in-4. On lui doit auffi les figures d'une Vie de fainte Therèfe, imprimée à Lyon

de mœurs, la langue est devenue chaste & pudibonde, ces Coglioni, dis-je, étoient une illustre maison qui a donné de grands capitaines à l'Italie. Leurs armes devoient naturellement trouver place dans un traité des armoiries, & leur singularité, disons plus si l'on veut, leur inconvenance, n'étoit pas un motif pour les exclure. Le nom & la chose étoient peu décents, on ne sauroit le nier, mais ce n'étoit pas la faute de l'ancien Prévôt, qui, discourant de l'origine des armes, étoit bien dans son droit lorsqu'il mettoit sous les yeux de ses lecteurs les blasons qui méritoient d'être remarqués par quelque endroit. Ajoutons qu'il ne fut pas le premier à les faire connoître; le P. Menestrier ne devoit pas l'ignorer: elles sont gravées en tête de la *Vie de Barthelemy Coglioni*, écrite en italien par Pietro Spino, & imprimée à Venise en 1569. Dans cette malencontreuse exhibition qui fut un si grand sujet de scandale pour le P. Menestrier, Le Laboureur avoit encore été précédé par Edouard de La Bysse, éditeur & annotateur du traité de Nicolas Upton (1), publié il y avoit quatre à cinq ans à peine, & où l'on peut voir, p. 57 des notes sur ce traité, les armes parlantes des Coglioni telles qu'elles étoient autrefois. Edouard de La Bysse avance même à ce sujet que plusieurs de cette famille sont nés munis des trois pièces qui figurent dans leur écu (2); & il cite, à l'appui de cette

---

(1) *De Officio militari*. Londini, 1654, in-fol.

(2) *Multi enim ex hac familia tres habuisse testes perhibentur*. S'il faut en croire Cœlius Rhodiginus, le polygraphe François Philelpho étoit aussi τριόρχης: *Francisco Philelpho*, dit-il, *tres fuisse testes proditum scio*. Naudé, p. 223 de son *Mascurat*, prétend qu'un membre de la maison Colleoni avoit été dans le même cas, & que telle étoit l'origine de ces armes

bizarrerie contre nature, l'autorité d'Aldobrandus, *Monftrorum hiftoria*, de Bautrinus, *de Hermaphroditis*, & de Kornmann, *de Miraculis vivorum*. Cette note curieufe de La Byffe a trait à un paffage d'Upton, dans lequel il raconte qu'un écuyer de fon feigneur Thomas de Montaigu, comte de Sarisbury, portoit *d'argent à trois têtes de bœuf de fable*, « pro eo quod ipfe erat in bello *Vernolii cum lancia per membra genitalia totaliter transfixus* (1). »

Tout cela fe trouve dans le livre d'Upton, & il n'étoit pas venu dans la penfée des plus timorés de s'en alarmer ni de s'en fcandalifer au point d'en faire un crime à fon commentateur. On eft étonné de toutes les turpitudes qui furent écrites à cette occafion ; je voudrois en faire grâce au lecteur, mais je fuis bien obligé de fuivre les deux champions fur le terrain où ils fe placèrent. Cependant je ne répéterai pas tout ce qui fut dit ou écrit à ce fujet, car le lecteur françois veut être refpecté. Ceux qui feroient tentés de favoir jufqu'où la licence & le laiffer-aller en ces matières étoient pouffés parmi les gens de lettres les plus graves de ce temps-là, pourront s'en affurer en parcourant les lettres du préfident Capré à Guichenon, particulièrement celles datées de Chambéry, le 24 juin 1658 & le 13 novembre 1659 (2).

L'ancien Prévôt ne voulut pas refter fous le coup d'une accufation qui ne tendoit à rien moins qu'à faire fufpecter la pureté de fes mœurs ; voici en quels termes il la renvoie à fon auteur : « ..... Mais que fais-je, imprudent que je

---

(1) *Ut fupra*, p. 154.
(2) Voyez *Corresp. de Guichenon*, Bibl. de l'Inftitut.

suis ? je m'enferre sans y penser, & après avoir blessé vostre veue par un object immodeste, je me mets au hazard d'offenser vos chastes oreilles d'un récit licentieux. Il n'importe, il faut tout dire, vous m'y contraignez. C'est icy que j'ay commis ce grand & énorme crime dont je suis accusé & qui me reste à purger.

« Il est vray que ce blason des Cogliones originaires de Bergame & non de Venise, comme vous l'avez dit, est un peu estrange ; il est *couppé d'argent & de gueules, à trois paires de...... l'un dans l'autre*, en quoy pourtant je connois bien que je ne serois pas beaucoup criminel de l'avoir exposé aux yeux de mon lecteur, s'il n'avoit été buriné par une personne du sexe, puisqu'il est public & commun à Venise & à Bergame, & mesme dans les lieux *les plus saincts*. Mais ces gravures ayant esté gravées, &, comme vous avez voulu dire, dessignées par une fille, ce qui est très faux pour ce chef, vous ajoutez que les impudents font icy une question atroce, & demandent sur quel modelle ce blason deshonneste auroit esté dessiné. Certes, Monsieur, il faut avoir bien de l'impudence & de la malice pour faire cette question. Mais auparavant que d'y répondre, je vous supplie de vous souvenir de ce principe de vostre profession, que les choses atroces sont de difficile créance, & ainsi la prudence vous obligeant d'avérer le crime auparavant que l'exagérer, qui ne voit que ce prétendu reproche & cette insolente question ne peut estre autre chose qu'une vapeur pestilente qui s'est élevée de la sentine d'un cœur corrompu, & peut-estre du vostre ? Inhumain que vous estes, qui ne craignez point de perdre l'honneur d'une fille pour venger vos passions.

L'impudence & la malice vous ont-elles fafciné le jugement à ce point de croire qu'on ne puiffe tirer ces figures que fur le modelle honteux de voftre imagination ? Au fond, qui vous a dit que ces parties foient plutoft d'un homme que d'un lion ou de quelque autre animal ? Mais je veux que ce foit ce que voftre malice vous fuggère, dont je n'ay pourtant aucune certitude. L'Oracle facré nous apprend que Dieu a créé l'homme droit : il a veu fes œuvres, & il a trouvé qu'elles eftoient toutes très bonnes ; que s'il s'y rencontre quelque chofe d'obfcène, il ne procède que du défordre de nos paffions. *Omnia*, dit le véritablement grand Caffiodore parlant de ces parties, *præconialia creata funt fi peccatis pollentibus non redderentur obfcœna*. Ce qu'eftant ainfi, permettez-moi à mon tour de vous propofer une queftion qui fut autrefois faite à nos premiers parents : dites-moi un peu, Monfieur, qui faites tant le délicat, qui vous auroit appris la deshonnefteté & la vergongne de ces figures, fi vous n'aviez tâté du fruict défendu ?

« Monfieur mon cher amy, je fçay plus de vos nouvelles que vous ne croyez. Vous parlez beaucoup, comme fçavent tous ceux qui ont l'honneur de vous connoiftre. Je n'ay point encore peu apprendre ce que vous eftes jufques à préfent ; mais vous avez dit à quelqu'un qui ne vous a pas efté fidèle, que vous n'eftiez point engagé aux ordres facrés, & ainfy il y a lieu de craindre qu'il ne vous en prenne comme à ces jeunes vefves dont parle S. Paul : *Quæ cum luxuriatæ fuerint in Chrifto, nubere volunt.*

« .... Vous eftes jeune, grand, fort, robufte & quarré ; vous eftes plaifant, agréable & facétieux : après quoy je ne m'eſtonne pas ſi vous avez des penſées qui ſentent le cavalier, & ſi le bruict a couru que vous deviez bientoſt ſuivre cette vollée d'eſprits ſublimes qui n'ont pu s'aſſujettir aux maximes trop ſévères de la Compaignie que vous ſçavez (1). »

Cette ſortie étoit foudroyante pour le jeune novice, dont les mœurs, hâtons-nous de le dire, n'étoient pas moins irréprochables que celles de ſon adverſaire; mais on ne doit pas oublier qu'il l'avoit provoquée par une agreſſion à laquelle ſon zèle l'entraîna ſans doute, mais dont la prudence, le bon goût, & avant tout la charité chrétienne, lui faiſoient une loi de s'abſtenir, tant le ſujet étoit ſcabreux pour deux hommes de leur caractère.

Le Laboureur avoit encore exaſpéré le P. Meneſtrier en ſe déclarant le partiſan & l'ami de Triſtan L'Hermite de Soliers (2), & en prenant hautement ſa défenſe. Le

---

(1) *Epiſtre apol.*, pp. 9-11.

(2) Ce Triſtan, bon gentilhomme d'ailleurs s'il faut l'en croire, etoit un de ces écrivains de bas étage qui, pouſſés par la faim, couroient le monde comme les marchands d'orviétan, vendant leur plume & leur conſcience a tout venant. Guichenon écrivoit de lui a Antoine de Ruffi, auteur de l'*Hiſtoire de Marſeille & des comtes de Provence*: « Il y a longtemps que je connois L'Hermite de Soliers, dont la plume eſt vénale s'il en fut jamais. Obligez-moi de me dire ou il a fait imprimer ce dernier chef-d'œuvre de *La Ligurie françoiſe* & de *La Toſcane françoiſe*; car, quoique je penſe bien, par le jugement que vous en faites & par les lumieres que j'ai de ſon génie, que ce ne doit être rien qui vaille, toutefois il eſt bon de le voir pour y remarquer les menſonges dont ſans doute il eſt parſemé. Dans une republique bien ordonnee, on devroit défendre d'écrire à des gens faits comme cela. » Il ecrivoit encore au même Ruffi : « J'ai vu le livre de L'Hermite a Lyon : bon Dieu ! quel farrago & quelle fatraſſerie ! Le deſſein en etoit aſſez joli, mais il a eté mal menagé; & pourtant ce mechant livre ſe vend une piſtole ! L'auteur paſſa à Lyon à ſon retour de Provence, & le porta de maiſon en maiſon, afin d'en tirer la piece, dont toutefois il n'eut pas ſatisfaction. Je mourrois de faim avant de faire un ſi lâche metier. »

Lorſqu'il s'exprimoit en ces termes

P. Menestrier s'en plaignit avec amertume à d'Hozier, qui prit fait & cause pour lui : « J'ay eu le déplaisir, lui écrivoit ce dernier, d'avoir lu mesme avec horreur l'apologie du Prévost de l'Isle-Barbe. En vérité la charité chrétienne y est bien offensée, & cela est bien de mauvaise grace qu'un prestre ait écrit avec tant de bile & tant d'animosité contre un autre prestre, & fait un procès, comme les Normands, sur la pointe d'une aiguille..... » Puis il ajoutoit, faisant allusion à Tristan : « Je ne luy sçaurois pardonner aussi, & je me soucie peu qu'il le sçache, au contraire j'en ferai bien aise, qu'il ayt pris à tâche de défendre le plus achevé frippon & le plus insigne imposteur & affronteur qui soit au monde. »

Le Laboureur avoit reproché au P. Menestrier d'avoir

& vilipendoit ainsi, non sans raison, un pauvre diable dont l'industrie étoit d'exploiter la sottise & la vanité, Guichenon ne prévoyoit pas que la même accusation de vénalité seroit portée contre lui.

La Toscane françoise & *La Ligurie françoise* furent imprimées en un même volume; Arles, François Mesnier, 1658, in-4. Tristan L'Hermite y donne la généalogie & le blason des familles établies en Provence & à Lyon, & qui avoient la prétention de rattacher leur origine aux grands noms de Florence & de Gênes. Peu soucieux d'être exact & véridique, il mettoit en œuvre sans examen les mémoires & les documents que lui fournissoient les interessés, ou en forgeoit au besoin lorsqu'ils lui manquoient, on le payoit bien, & il gagnoit sa vie à ce métier de faussaire. On en a dit autant de Guichenon, de Guy Allard, de Chorier & de la plupart de ceux qui dressoient des généalogies pour de l'argent. Cette race de complaisants besoigneux s'est perpétuée jusqu'à nos jours, où les révolutions sembloient en avoir fini avec ce ridicule travers. Aussi longtemps qu'il y aura des vanités disposées à remunerer la flatterie & le mensonge, il y aura des *Livres d'or*, & on trouvera des gens avides qui se vendront à beaux deniers comptants. Il y a déjà un *Dictionnaire des ennoblissements;* Paris, 1788, 2 vol. in-8. Ce seroit un recueil curieux que celui des anoblissements & des titres improvisés *motu proprio* depuis cinquante ans, sous les divers régimes qui se sont succédé sur les ruines les uns des autres. Tristan L'Hermite a publié plu-

bassement flagorné le Chapitre de Lyon dans son *Véritable art du Blason*, uniquement pour réparer le tort qu'il croyoit lui avoir été fait par Tristan qui avoit été sur ses brisées en publiant *Les Forces de Lyon* (1) : « Vous n'auriez pas traité aussi indignement une personne du mérite du sieur Tristan, lui dit-il, si l'accueil que la ville de Lyon a fait à ses ouvrages n'avoit déconcerté le dessein que vous aviez conçu de lui présenter une bagatelle, & Dieu sçait à quelle fin (2). » Le P. Menestrier se défendit d'avoir jamais été en concurrence avec le sieur Tristan, qu'il ne connoissoit que de réputation & par les livres qu'il avoit fait imprimer : « Il en présenta un aux officiers des pennonages de cette ville pendant que j'étois en Dauphiné....., & j'ose dire que cet ouvrage n'étoit pas de nature à déconcerter mes desseins..... Je n'ai jamais eu la pensée de recueillir les armoiries des bourgeois & des marchands qui remplissent la plupart de ces charges de pennonages (3). »

L'Hermite de Soliers ne sachant comment se mettre à l'abri des traits mordants du P. Menestrier, ne trouva rien

sieurs ouvrages de ce genre. On a de lui encore l'*Histoire généalogique de la noblesse de Touraine*; il a travaillé avec Blanchard aux genealogies des premiers presidents & présidents à mortier du Parlement de Paris & à celles des maîtres des requêtes. Dans un de ses livres il se qualifie chevalier des ordres du roi & l'un des gentilshommes servant Sa Majesté. Il avoit un frere poete, qui fut un des premiers membres de l'Academie françoise, & de qui il reste quelques mechants vers & la tragedie de *Mariane*

Voyez Pelisson, *Hist. de l'Académie*, & Goujet, *Bibl. franç*, t XVI, p. 202.

(1) *Les Forces de Lyon*, avec les noms, armes & blasons de tous les chefs de la milice, du penon, etc., par Messire Jean-Baptiste L'Hermite de Soliers dit Tristan. Lyon, 1658, in-fol.

(2) *Epistre apol.*

(3) C'est pourtant ce qu'il fit plus tard lorsqu'il donna à la suite de l'*Eloge historique de la ville de Lyon* les armoiries des Echevins, qui n'etoient pour la plupart aussi que des bourgeois & des marchands.

de mieux à faire que d'écrire à Guichenon pour réclamer son intervention : sa lettre, quelque triviale qu'elle soit dans la forme, donne une idée de la prépondérance de l'historien de Bresse & de Bugey parmi les gens de lettres de la province, & à ce titre il m'a semblé utile de la reproduire. La voici textuellement, avec son orthographe(1) :

« De Lion le 18 aoust 1660.

« Monsieur,

« Quand vous ne m'auriez pas obligé depuis longtemps à me dire vostre serviteur très passionné, le rang que vous tenez entre nos demi-dieux du Parnasse historique me forceroit à cette juste offrande que je vous fais de mon livre, que toutefois je ne me serois pas pressé de vous présenter avec le nombre de fautes que l'imprimeur a adjoutées aux miennes propres, n'étoit l'insolence de mes persécuteurs qui, non contents de m'avoir dérobé tout ce qu'ils ont pu de mon travail, veulent encore offenser ma réputation & me taxent d'un excès de flatterie envers des personnes auxquelles je donne des couronnes & des ornements qu'ils n'ont jamais ni possédés ni mérités. Ce sçavant personnage (le P. Menestrier) qui se qualifie dans son livre vostre bon ami ne me fait point apréhender de corrompre l'intégrité de vostre justice en cette occasion, & j'ai tant de confiance en la sincérité de vos actions que je ne doute point que vous ne donniez sur ce sujet un jugement très équitable. M. Le Laboureur a eu la bonté de me défendre

(1) *Corresp. de Guichenon*, t. 1, n° 309 de l'Inventaire.

en mon abfence; je n'apelleré de voftre condamnation, vous reconnoiffant très compétent juge de pareils procès. Je vous demande donc très humblement cette grace ou plutôt cette juftice, & que vous faciez connoiftre à ce Révérend Père, foi-difant fi fort voftre ami, que l'efprit de préfomption fied mal à ceux de fa profeffion, & que, loin de pareftre charitable en fes corrections, il tient plus que du Turc, voulant offencer ceux qui ne lui ont jamais fait ni bien ni mal, & qui fans doute doivent connoiftre mieux que lui non pas les maréchaux ferrans, mais les maréchaux de France & autres officiers de la couronne, puifque feu mon père ni moi ne fommes nés en autre boutique que celle qui fert de berceau aux gentilshommes dedans la Cour & entre ceux qui fçavent faire la différence de fa condition. Je vous demande pardon fi la longueur de ma requefte vous importune; j'ai fujet d'eftre complaignant & de recourir à voftre tribunal en cette rencontre, puifque je ne vous reconnois pas feulement mon fouverain en cette matière mais encore celui qui depuis longtemps m'a permis de m'advouer toujours, &c.

« Le Chev[er] L'Hermite de Soliers. »

Cette humble requête ne dut pas avoir un grand fuccès auprès de Guichenon, fi nous en jugeons par l'opinion qu'il avoit émife fur le mérite du pauvre Triftan. Il refta donc en butte à ce qu'il appeloit les perfécutions du P. Meneftrier, fans autre appui que celui de l'ancien Prévôt, qui ne demandoit autre chofe que de fufciter des inimitiés & des embarras à fon adverfaire. Trente ans après, & lorsque le silence de la tombe avoit mis fin depuis longtemps à ces débats pour l'Hermite de Soliers, le P. Meneftrier s'exprimoit encore fur fon compte avec le même dégoût & le même mépris. « Ce Triftan L'Hermite (*Div. caract. des ouvr. hift.*, p. 262), qui couroit le monde pour faire de l'argent en compofant de méchants livres, particulièrement des généalogies qu'il rempliffoit de fauffetés, préfenta au Confulat, l'an 1658, *Les Forces de Lyon*, qui font les armoiries des capitaines, lieutenants & enfeignes des pennonages (1), avec beaucoup de verbiage. »

Cependant les hoftilités continuoient toujours avec le même emportement entre le P. Meneftrier & l'ancien Prévôt. Celui-ci imagina de répandre le bruit qu'il préparoit chez l'imprimeur Barbier une généalogie burlefque du P. Meneftrier, dans laquelle il le faifoit defcendre en ligne directe du héros de la Manche, & qu'il intituloit, par dérifion, *Jane la jolie* au lieu de Généalogie. Le P. Meneftrier, qui s'étoit brouillé auffi avec Barbier, fut très inquiet de cette annonce, & le pire fut que, dans l'impatience où il étoit de connoître cette pièce fatirique, il écrivit étourdiment à Le Laboureur : « Que ne m'envoyez-vous cette *Jane la jolie* que vous ne communiquez qu'à vos amis ? » Celui-ci fubftitua malicieufement au mot *communiquez*, *proftituez*, pour en tirer un fens infâme, dit le P. Meneftrier, & pour infinuer que le jeune novice n'étoit pas infenfible aux charmes des jeunes filles.

« Que voulez-vous, lui répond brutalement Le Labou-

---

(1) On appeloit Pennonage les compagnies de bourgeois organifées militairement par quartier ; chaque quartier avoit fa compagnie, fon uniforme particulier, & fon pennon ou drapeau a fes couleurs.

reur, que je pense d'un homme de vingt-huit ans qui me presse de lui envoyer je ne sais quelle *Jane la jolie*, avec des termes qui sentent plus le b..... qu'une académie chrestienne & religieuse ? Vous m'accusez d'yvrognerie par ce même billet (1). Mais vous, frère Claude, estiez-vous sobre quand vous m'escriviez cecy ? Que si vous l'avez fait à jeun & de sens rassis, que peut-on espérer de la vie & des mœurs de ceux qui font de telles équipées ? Tout de bon, monsieur Menestrier, auriez-vous pris ces leçons du P. Tambourin (2) ? Si j'estois orateur, je m'escrierois icy : O Ignace, ô Xavier, serois-je si malheureux d'estre accusé d'impureté par des efféminez, d'avarice par des clercs marchands, d'yvrognerie par des personnes à qui l'on pourroit attribuer justement ce mot du Prophète : *Fel draconum vinum eorum, & venenum aspidum insanabile.* Le lecteur jugera si cecy est dit par exagération.

« Voicy l'échantillon d'une seconde lettre, par laquelle vous me menacez de m'enyvrer de ce fiel envenimé, un

---

(1) Le P. Menestrier repond à cela : « Il veut aussi que je l'aye fait passer pour yvroigne par ce même billet. Comme cette façon d'agir est éloignée de la charité chrestienne que je professe, je veux m'en justifier. J'escrivois qu'il me seroit facile de dire par ses escrits (si j'en voulois venir aux armes empoisonnees) qu'il estoit yvre quand il escrivoit ses Origines, & voicy sur quoy je m'appuyois, c'est qu'après avoir dit (dans sa Preface) que sa pièce est *un entretien d'une apres-disnée où l'on dit avec liberté tout ce qui vient en bouche*, il met ensuite en la page 7 de cette mesme Preface : *A ces habits diaspre*; *l'on peut adjouster les écussons semez de fleurs de lys, entre autres; de fruicts comme creques, cerises, pommes de pin, estoilles, &c.* Sur quoy je disois par galanterie que de voir les estoiles entre les fruits après le disner, ce n'estoit pas estre bien sobre. » (*Art du Blason justifié*, p. 15.)

(2) Le P. Tamburini, jésuite, né a Caltanisetta en Sicile. Il a composé divers traités de théologie morale dans lesquels il fut accusé d'avoir introduit des propositions erronées. Ses œuvres ont été imprimées à Lyon en 1659, in-fol

temps auquel l'Eglife folemnife l'écoulement de ce miel célefte qui a détrempé toutes nos amertumes.

« Vous combattez une ombre, vous chantez victoire de la défaite d'un fantôme. Qu'eft devenue votre bravoure; eft-ce ainfi que vous parlez à fa R. ? Que ne m'envoyez-vous cette *Jane la jolie* que vous ne proftituez qu'à vos amis ? » Et plus bas : « Recevez ce coup d'eftocade que je vous porte; ce font des épigrammes qui ne m'ont coufté qu'un quart-d'heure, bien loin d'eftre fix mois à refpondre. » Voyons donc ces épigrammes :

> « Infâme auteur, qui dans ton livre
> As fais repréfenter en cuivre
> Les fales monuments de ta lubricité...... »

« Maître Meneftrier, je vous ay déjà dit que je ne fçay quelle eft cette *Jane la jolie;* mais fi j'avois le bien de la gouverner, je me garderois bien de vous la confier, vous la perdriez de l'humeur que vous eftes, & vous avec elle. Vous avez beau dire que vous eftes ce que l'on fçait affez; que vous eftudiez en théologie; que vous avez crié, pefté & déclamé contre l'abomination : tout cela ne m'affure pas ny vous non plus. J'ay leu le livre de ce vénérable vieillard de voftre Compagnie, *De fobria alterius fexus frequentatione* (1), & je fçay le danger qu'il y a d'approcher le feu des eftouppes, voilà pourquoy je vous confeille de vous abftenir de la converfation de cette *jolie*. Que fi toutes fois vous eftes

---

(1) Le P. Theophile Raynaud. *De fobria alterius fexus frequentatione, per facros & religiofos homines, inædificata narratione deliriorum, queis puella Veneta Guil. Poftellum feculo fuperiore infatuavit.* Lugduni, 1653, in-8.

si fort coiffé que vous ne puissiez vous en passer, préparez-vous à cette conférence comme le chaste Combabus (1) au voyage qu'il avoit fait avec la reine Stratonice vers la déesse syrienne, sinon je parie votre perte, si vous n'estes déjà perdu.

« Je ne mets point icy le reste de cet épigramme, ni les suivants qui sont aussi badins comme cettuy-ci est effronté ! Advouez-le, frère Claude, & je tâcherai d'y respondre cathégoriquement. Sçachez cependant que tout ce que vous avancez de ce thrésor de calomnie me touche fort peu… ; & vous monstrez bien que vous ne sçauriez trouver à mordre sur moy, puisqu'après trente ans de ma vie passez en veuë de toute une grande cité, vous vous en prenez aux cendres des morts dont vous déchirez la réputation pour destruire la mienne. Frère Claude, vous vous empressez, ce semble, pour sçavoir mon origine…. : elle est assez médiocre, & néantmoins la Providence a permis qu'elle ait esté insérée parmi les trophées funèbres de tout ce qu'il y a de grand & d'illustre dans nostre France (2). Que si l'auteur que vous citez quelques fois vous semble suspect

---

(1) Voyez ce mot dans Moreri, qui a emprunté ce conte à Lucien, *de Dea Syra*.

(2) Le Laboureur fait allusion à Jean Le Laboureur son oncle, qui avoit publié *Les Tombeaux des personnes illustres*, avec leurs généalogies, armes & devises ; 1641, in-4, & 1642, in-fol. Jean Le Laboureur etoit d'Enghien près de Paris, fils & petit-fils de baillis de ce lieu. Il étoit en 1644 gentilhomme servant à la Cour, & fut choisi pour accompagner en Pologne la maréchale de Guebriant : il a donné la relation de ce voyage. On a de lui aussi les *Mémoires de Castelnau*. Il avoit laissé en manuscrit *Tableaux généalogiques ou les seize Quartiers de nos rois*. Cet ouvrage, revu & augmenté par le P. Menestrier, fut publié après sa mort. Il etoit aumônier du roi & prieur de Juvigné. Son frère Louis Le Laboureur est auteur de quelques poésies assez médiocres. *Les Conquestes du duc d'Enghien*, le poème de *Charlemagne*, &c.

en cette occasion, consultez cent personnes d'honneur de tous les ordres de vostre ville sans exception, & je suis certain que vous n'apprendrez rien qui ne vous donne plus d'envie que tout ce que j'ay veü de vous jusques à présent ne me sçauroit faire de pitié (1). »

On a vu que la contestation entre ces deux savants avoit pris des allures assez dégagées, pour ne pas dire plus ; mais ce n'est pas tout : afin que rien ne manquât au scandale, il falloit encore que l'injure vînt se mêler au persifflage. Voici en quels termes Le Laboureur exhale sa colère contre le P. Menestrier : « Vous estes Lyonnois & sçavant, & en cette qualité vous ne pouvez ignorer ce qu'un citoyen de Ravenne escrivoit autrefois au docte Sidonius (2) vostre compatriote. Tant y a que c'est à ces brouillards que je m'en prends & non à vous ; c'est à ces vapeurs qui s'élèvent du sang de tant de bestes tuées en vostre quartier (3), & à cet air impur & grossier, que j'ay attribué la rudesse de vostre style & la bassesse de vos expressions, qui vous sont tellement naturelles que le commerce & la conversation de tous ces doctes qui sont à vostre solde (4), & la lecture, je ne dis pas d'*Huon de Bourdeaux* & d'*Oberon, roy de Faerie*, mais de toutes les plus belles pièces du temps, n'ont pu vous oster l'idiome de la Boucherie & le style des Terreaux (5). »

Le P. Menestrier faisoit un crime à l'ancien Prévôt d'avoir couru effrontément de porte en porte toute la rue Mercière,

---

(1) *Epistre apologétique.*
(2) Voyez *C. S. Apoll. Sidon.*, 1, 8.
(3) La rue de la Lanterne, où le P. Menestrier estoit né, touchoit à la Boucherie des Terreaux.
(4) La Bibl. des Jésuites, au collége de la Trinité.
(5) *Ubi suprà.*

pour débiter les exemplaires de son *Discours sur l'Origine des armes;* celui-ci lui répond que s'il l'a fait, on ne peut le considérer comme un marchand ni comme un colporteur, & il prend occasion de là pour invectiver la Compagnie de Jésus tout entière : « Que si c'est une chose glorieuse de composer de bons livres, il sera toujours honneste de les vendre & débiter en gros & en détail......; mais d'acheter pour revendre, quand ce seroit en gros, risquer & négocier d'espiceries, de perles & d'or aux Indes, de castors & de pelleteries de toutes sortes en Canada, c'est ce qui n'est permis qu'à ceux qui aspirent à la perfection ; mais de s'abaisser à un vil & chétif négoce, comme d'acheter des drogues, des remèdes, mesme des lavements, je ne veux pas dire le reste, c'est ce qui est extrêmement sale, infâme & sordide, & tellement sale qu'on ne le croiroit jamais, si ceux que vous sçavez n'avoient eu un procès contre les apothicaires de vostre ville pour se maintenir dans leur honteux commerce(1); Dieu le permettant ainsi pour justi-

---

(1) Guy Patin écrit a Spon le 26 octobre 1643 : « J'ai autrefois ouï dire que les Jesuites vendoient en leur maison, a tous venants, une certaine confection purgative, comme une espece de lenitif des boutiques, 8 sols l'once ; qu'ils en vendoient en si grande quantite que les apothicaires de Lyon en étoient mal contens, en tant que cela les empêchoit de vendre leur lenitif & leur catholicon ; & que quelques médecins s'en plaignoient aussi, sur ce que divers malades prenoient & usoient de ce remede a contre-temps & fort mal a propos. Je vous prie me mander ce que vous sçavez de cela ; si ces bons Peres continuent ce trafic ; ce que c'est que cette drogue, combien ils la vendent, & sçavoir si les apothicaires ou medecins de Lyon n'ont jamais fait aucune plainte contre eux la-dessus. »

Je n'ai trouve aucune trace de cette pretendue accusation portee par les apothicaires & les medecins. Si le fait eût cté avere, Guy Patin renseigné par Spon n'eût pas manqué de l'exploiter, & il n'y revient pas Il se peut donc que tout ce que Guy Patin, grand amateur d'histoires scandaleuses, & enfier le docte, pieux & généreux Hipparque (1), traité en prophète par ceux qui trouvent honnefte tout ce qui eft lucratif, de quelque cofté qu'il vienne (2). »

L'Apologie de Le Laboureur eft fur ce ton, d'un bout à l'autre ; telle étoit l'urbanité qui régnoit entre les gens de lettres à cette époque. A tant d'emportement, on pourroit croire que ces deux hommes avoient été nourris à l'école de Scioppius ou du P. Garaffe : l'un cependant avoit vieilli à l'ombre du cloître de l'Ile-Barbe, dont il a déploré fi amèrement le relâchement & la fécularifation ; l'autre étoit admis depuis quelque temps dans le fein d'un inftitut où

---

nemi déclaré des Jefuites, ecrit a Spon fur ce fujet, foit du nombre des mille contes apocryphes qu'il recueilloit complaifamment dans fes lettres pour egayer fes amis.

(1) Platon a donné le titre d'*Hipparque* à un dialogue dans lequel Socrate traite avec fon interlocuteur de l'interêt permis & de celui qui ne l'eft pas. Le P. Théophile Raynaud, à qui Le Laboureur fait allufion, a ecrit fur le même fujet : *Hipparchus, de Religiofo negotiatore difceptatio Mediaftinum inter ac Thimotheum.* Quæ negotiatio a Religiofo abhorreat ; Lucubratio Renati a Valle magiftri in theologia. — Quoique le titre porte Francopoli, ce livre fut imprimé à Chambery, 1642, in-8, fans doute fur le refus des fupérieurs d'accorder la permiffion à Lyon. Il fut publié par un ami de l'auteur, Tripier, qui en donna auffi une traduction françoife ; mais s'etant brouillé dans l'intervalle avec le P. Theophile, il joignit à fa verfion des notes tres piquantes contre les Jéfuites. Elle parut fous ce titre : *Hipparque, du Religieux marchand, difpute entre Mediaftin & Thimothée.* Sçavoir, quelle forte de négociation répugne a l'eftat religieux, par Rene de la Vallée, maiftre en théologie, traduit en francois par un des amis de l'auteur, 1645, in-12, fans nom de lieu ni d'imprimeur. La traduction de Tripier fut imprimée a Orange.

Il exifte une autre traduction avec ce titre : *Le Moyne marchand, ou Traité contre le commerce des Religieux*, nouvellement traduit du latin, du P. Theophile Raynaud, en françois ; Amfterdam, Pierre Brunet, 1714, in-12. C'eft l'ouvrage d'un proteftant qui a traduit a fa guife le texte latin, & en a fait un pamphlet.

Le P. Theophile Raynaud (*Sintagma de libris propriis*, N. XLII) fe plaint de ce qu'un ami, a qui il avoit prêté fon manufcrit, abufa de fa confiance en le faifant imprimer a fon infu.

(2) *Epiftre apologetique*

le respect des autres & de soi-même fut toujours une loi suprême. La ferveur de la vie religieuse à laquelle le P. Menestrier venoit de se consacrer ne devoit-elle pas tempérer en lui la fougue de l'âge & la passion, & les cheveux blancs de l'ancien Prévôt ne lui faisoient-ils pas un devoir de la modération? Si la violence de Le Laboureur fut inexcusable, le P. Menestrier n'eut pas des torts moins graves, car il fut trop prompt à profiter de l'avantage que son esprit satirique lui donnoit sur l'ancien Prévôt, à la décharge de qui je dois dire cependant qu'il ne publia son *Epistre apologétique* qu'à son corps défendant & à la dernière extrémité, lorsqu'il se vit accablé par un déluge de sarcasmes & de quolibets. C'est ce dont on ne sauroit douter après le témoignage de Capré qui n'aimoit pas le P. Menestrier & se réjouissoit de le voir humilié & maltraité : il écrivoit à Guichenon, le 16 août 1660, que Le Laboureur lui avoit donné l'assurance que s'ils lui avoient écrit à Valence où il se trouvoit pour l'impression de son *Apologie*, lorsqu'ils furent à Lyon pour tenter un raccommodement, il auroit sursis à tout & auroit jeté son pamphlet au feu pour se réconcilier avec le P. Menestrier. Capré ajoute : « Du reste, à mon jugement, je trouve la réponse de Mʳ Le Laboureur merveilleuse, hors de ce qui touche à la thériaque de Lyon & *Jane la jolie*. Dieu veuille qu'il n'y ait pas quelque farce là-dedans. Mais il a une plume forte, facile, & bon bec. Ils se sont noircis comme des démons, & ne sont pas sages. Véritablement le *Frà* (Menestrier) se pouvoit passer de s'être tant renchéri par dessus les autres, car il faut avoir quelque modération (1). »

---

(1) *Correspondance de Guichenon*, lettres de Capré.

Le Laboureur avoit écrit déjà de Valence à Guichenon une lettre qui témoigne de ſes diſpoſitions pacifiques, & de laquelle il réſulte que c'étoit à regret qu'il ſe décidoit à publier ſon Apologie : « Si vous euſſiez accompagné la courvée que vous vouluſtes faire aux PP. de la Trinité, d'un petit mot de lettre à Valence où je ſuis, j'aurois creu que vous preniez quelque part en mes intéreſts, & m'auriez peut-eſtre déchargé d'un travail odieux, ingrat & inutile ; néantmoins y eſtant engagé par la pétulance de ce jeune homme qui me menaçoit de nonante-ſept obſervations ſur les *Origines*, pour réparation des charretées d'injures dont il m'a chargé par ſes lettres, j'ai creu que je devois cette ſatisfaction à mes amis & à la mémoire de ceux dont il déchire la réputation pour ne pouvoir noircir la mienne. C'eſt en cette qualité d'ami que je vous envoye ce projet d'apologie, où je n'ai eu autre peine qu'au choix de la méthode.... (1). »

Le P. Meneſtrier, comptant ſur un triomphe facile, & bien convaincu qu'il ſortiroit de cette lutte avec les honneurs de la guerre, à la confuſion & aux dépens de l'ancien Prévôt, s'étoit abandonné aveuglément à tous les écarts & à tous les emportements de ſon humeur impétueuſe. A l'apparition de l'*Epiſtre apologétique* qui tomba ſur lui comme un coup de maſſue, alors qu'après les rudes eſcarmouches où Le Laboureur avoit eu du pire, il le croyoit terraſſé, réduit à l'impuiſſance & forcé de crier merci, il jeta d'abord feu & flammes avec redoublement d'injures & de menaces, &, ſe poſant en matamore, il déclara qu'il

---

(1) *Correſp. de Guichenon*, lettre de Le Laboureur, 18 juillet 1660.

feroit au Prévôt une longue & cruelle guerre & que, pour commencer, il alloit le jouer fur le théâtre de la foire, où il le repréfenteroit en prévôt dégradé, en docteur ignorant, en foldat dévalifé & en colporteur de fes œuvres. Mais cette irritation céda bientôt à de fages confeils & à la réflexion ; le P. Meneftrier comprit qu'une difpute tombée fi bas ne pouvoit fe terminer à l'avantage de l'un ni de l'autre, & que le vainqueur, quel qu'il fût, partageroit avec le vaincu la honte d'une lutte achevée dans la boue. C'étoit lui d'ailleurs qui avoit entamé la querelle avec une vivacité qui pouvoit faire croire, il faut bien le dire, que fes contradictions étoient moins fondées fur l'amour de la vérité que fur un fentiment de baffe jaloufie, comme s'il eût vu avec dépit qu'un autre s'avifât de traiter ce fujet des armoiries fur lequel il fe jugeoit feul capable d'apporter des lumières nouvelles. Malgré fa critique toujours acerbe & bien fouvent injufte du livre de Le Laboureur, ce livre eft refté un bon traité fur l'origine des armoiries ; le fien n'eft pas exempt de fautes, il ne tarda pas à le reconnoître lui-même.

Cette ridicule querelle, dans laquelle l'amour-propre étoit bien plus engagé que la fcience, fe prolongea pendant près de deux ans, de 1659 à 1661, au grand fcandale des lettres avilies & des gens de bien affligés du déplorable exemple donné par deux hommes oublieux de leur caractère & foulant aux pieds les faintes lois de la charité & de l'humilité chrétienne, desquelles moins qu'à d'autres il leur étoit permis de s'écarter. Ils pouvoient bien, ce femble, prendre la défenfe de leurs opinions, fans qu'il fût befoin de defcendre à des perfonnalités offenfantes ; mais, au lieu de combattre à armes courtoifes, ces deux blafonneurs des tournois, méconnoiffant les règles & les ufages de la chevalerie dont ils s'étoient établis les interprètes, perdirent toute pudeur & toute retenue ; ils fe vilipendèrent à l'envi l'un de l'autre, fans s'inquiéter du public qui s'amufa d'abord de la nouveauté du fpectacle & finit par fiffler les acteurs.

Si l'on veut en favoir davantage fur ces démêlés fcandaleux, dont j'aurois voulu abréger encore plus le récit, il faut lire d'abord le *Difcours de l'Origine des armes* qui fut l'occafion de tout ce bruit, puis le *Véritable art du Blafon* & les *Additions*, les lettres du P. Meneftrier à Guichenon, l'*Epiftre apologétique*, & enfin l'*Art du Blafon juftifié*. Toutes les pièces du procès font là (1).

La laffitude & le dégoût vinrent à bout de ce que la raifon avoit été impuiffante à obtenir. Le moment étoit

---

(1) On a ecrit que l'*Art du Blafon juftifié* étoit une réplique du P. Meneftrier à la critique de fon premier ouvrage par Le Laboureur dans fon *Difcours de l'Origine des armes* : c'eft une erreur a laquelle on en a ajouté une autre, en affignant au *Véritable art du Blafon* la date de 1658.

Pour s'affurer qu'au contraire la polémique fut provoquée par la critique que le P. Meneftrier fit du *Difcours de l'Origine des armes*, il n'étoit pas même neceffaire de lire les deux ouvrages, il fuffifoit de confronter les dates. Or Le Laboureur ne pouvoit en 1658, date de la publication de fon livre, attaquer celui du P. Meneftrier qui ne vit le jour que l'année fuivante 1659.

On a donné comme une réimpreffion de ce petit volume ceux qui ont paru fur le même fujet en 1661, 72 & 73, avec le même titre ou d'autres qui le rappellent. Ce livre n'a pas eu de deuxième édition : le P. Meneftrier, qui avoit trop de fens & de favoir pour s'opiniâtrer a foutenir les erreurs dans lefquelles il etoit tombé, & dont la plupart avoient eté fignalées par Le Laboureur dans fon *Epiftre apologétique*, refondit entièrement fon premier ouvrage, qu'il defavoua & qu'il ne regarda depuis que comme le coup d'effai d'un jeune homme. Peut-être même fit-il detruire les exemplaires qui reftoient encore dans la boutique de Benoift Coral ; cela expliqueroit la rareté du volume.

venu où les amis communs des deux parties belligérantes alloient pouvoir apporter leur médiation & mettre fin à ces longs débats. Le Laboureur, presque confus des derniers coups qu'il avoit portés, désiroit la paix ; le P. Menestrier, de son côté, encore tout froissé des rudes atteintes de l'*Epistre apologétique*, étoit bien aise d'avoir un prétexte honnête de signer un armistice & de se retirer d'un champ de bataille où, en définitive, il étoit le plus maltraité & où les rieurs n'étoient plus de son côté. Guichenon & Capré n'étoient pas fâchés de voir Le Laboureur & le P. Menestrier aux prises; ils n'avoient fait pour les rapprocher que de foibles tentatives, comme s'ils eussent craint de recevoir quelque éclaboussure en se mêlant même officieusement à leur querelle. Ils se tinrent donc prudemment à l'écart, « nageant entre deux eaux, » suivant l'avis de Capré, pour ne pas se compromettre, & ils attendirent le dénoûment. Chorier & le P. Columbi se présentèrent comme médiateurs. Voici comment l'historien du Dauphiné, dans un ouvrage qu'il a laissé manuscrit(1), raconte la part qu'il prit à ce raccommodement; je traduis : « Claude Le Laboureur, qui s'étoit démis quelques années auparavant de

---

(1) Nicolaï Chorerii Viennensis J. C. *Adversariorum de vita & rebus suis libri III.* Ce manuscrit, assez curieux pour les particularités qu'il contient sur les hommes de lettres contemporains de Chorier, fut trouvé à Valence parmi de vieux papiers & publié pour la première fois en 1845, à Grenoble, pp. 145-288 du t. IV du *Bulletin de la Société de statistique des Sciences naturelles & des Arts industriels du départ. de l'Isere.* Quelques exemplaires ont été tirés a part sans frontispice, & sont restés en feuilles. Les éditeurs ont eu leurs raisons pour ne pas les livrer à la circulation, un très petit nombre seulement est entre les mains de quelques amateurs. C'est un volume in-8 de 208 pp., 179 de texte, 28 pour les éclaircissements bio-bibliographiques ajoutés par le traducteur.

la prévôté de l'Ile-Barbe, avoit écrit en langue françoise un élégant discours sur l'origine des armoiries. Il différoit de sentiment sur plusieurs points avec le P. Menestrier, qui publia aussi vers le même temps un traité sur le blason. Ils m'envoyèrent leur livre l'un & l'autre. Le Laboureur ne put contenir sa mauvaise humeur & son dépit; il se plaignoit d'avoir été méchamment poussé à bout, & il répondit par un pamphlet rempli de fiel & d'amertume. Menestrier, indigné, se disposoit à riposter durement à son adversaire; j'écrivis à tous les deux, leur demandant de me permettre de travailler à leur réconciliation & de me prendre pour arbitre. Ils consentirent à accepter mon entremise, avec la promesse de ratifier tout ce que je ferois pour parvenir à un accommodement. Mais comme je fus retenu par des affaires qui ne me permirent pas de me rendre à Lyon aussi tôt que je l'avois espéré d'abord, le P. Columbi intervint d'accord avec moi, & par ses bons offices ils se réconcilièrent enfin de bonne grâce. Rien n'est plus sot, à mon avis, que ces disputes entre savants; rien de plus fâcheux pour les lettres & pour les auteurs qui se donnent ainsi inconsidérément en spectacle à la multitude. »

Durant les négociations, qui ne laissèrent pas de traîner en longueur, le P. Menestrier eut le loisir de publier l'*Art du Blason justifié*, où il ne put s'empêcher de verser à pleins bords les restes de sa bile contre l'ancien Prévôt (1). Dans l'*Abrégé méthodique*, qui parut plus tard & lorsque la paix

---

(1) « Je lui conseille, dit-il en terminant, d'imiter l'oiseau des Egyptiens qui ne se commet plus à l'air dans sa vieillesse, & qui demeure paisible dans son nid quand ses plumes commencent à tomber. »

étoit faite, il revint encore fur le paffé, avec plus de convenance toutefois, mais avec la même aigreur, tant il avoit été bleffé au vif. Il avoua pourtant qu'il avoit corrigé bien des fautes dans fon premier effai, defquelles, ajoute-t-il, fon contradicteur ne s'étoit nullement aperçu. Cet aveu tardif prouve au moins qu'il y avoit des erreurs dans fon livre, &, cela étant, Le Laboureur avoit eu raifon lorfqu'il les avoit relevées dans fon *Apologie*.

S'il faut en croire Chorier (1), le P. Meneftrier eut encore befoin de fa médiation dans un démêlé qu'il eut avec Oronce Finé de Brianville (2), toujours au fujet du blafon dont il fembloit qu'il eût la prétention de fe faire le roi d'armes exclufivement & de dicter feul les lois abfolues : « Claude Oronce Finé de Brianville étoit brouillé avec le P. Meneftrier ; comme il étoit à Poitiers lorfque j'arrivai à Paris, il m'écrivit qu'il viendroit m'y voir prochainement & qu'il pafferoit quelques jours avec moi, mais il fut retenu par des affaires imprévues.

« Il venoit de paroître un ouvrage fur le blafon ; le P. Meneftrier crut qu'Oronce Finé de Brianville en étoit l'auteur, & il l'accufa de plagiat. Celui-ci répondit qu'il n'étoit pour rien dans la publication de ce livre, ce qui ne put empêcher que la difpute ne s'échauffât de part & d'autre, fans en venir cependant à des paroles dures & outrageantes. Je voulus les raccommoder; des arbitres furent choifis, l'abbé de Clermont pour le P. Meneftrier & moi pour Brianville, qui m'écrivit qu'il s'en remettoit

(1) *Loc. cit.*, p. 135.
(2) Auteur du *Jeu d'Armoiries des fouverains & eftats de l'Europe.* Lyon, 1660.

d'avance à tout ce que je jugerois convenable ; mais le P. Meneſtrier ſe montra moins facile & moins traitable avec l'abbé de Clermont. Il n'y avoit pourtant nul ferment de haine entre eux ; je les amenai donc à entendre raiſon &, en attendant une réconciliation pleine & entière, à s'abſtenir de toute parole fâcheuſe & de tout écrit malveillant pour l'un comme pour l'autre. Les choſes en étoient là lorſque Brianville mourut. Sa mort apaiſa la rancune du P. Meneſtrier (1). »

De ces querelles, faudroit-il conclure que le P. Meneſtrier étoit d'humeur difficile & tracaſſière ? on ſeroit tenté de le ſuppoſer, lorſqu'on voit avec quelle rudeſſe acerbe il défendoit ſes opinions, & revendiquoit les idées ou les faits qu'il avoit mis en lumière & dont il croyoit que d'autres vouloient s'approprier l'initiative & le mérite. Quoi qu'il en ſoit, il eſt évident qu'il ne ſupportoit ni la critique ni la

---

(1) Rien n'étoit plus frequent alors que ces interminables querelles littéraires, dans lesquelles chacun faiſoit aſſaut de pedanterie & d'érudition a propos des queſtions les plus futiles & les plus vides d'intérêt. Ces diſputes avoient pris la place des pas d'armes & des tournois des ſiècles precedents ; l'invention de la poudre & des armes a feu avoit anéanti la chevalerie ; la decouverte de l'imprimerie inaugura l'ère de la chicane & des diſputes de mots, qui, renfermees auparavant dans l'etroite enceinte des ecoles, eurent bientôt, grâce à la typographie, un retentiſſement lointain. Vers la même epoque, l'abbe Ménage & le prêtre Baillet, bibliothécaire du prefident de Lamoignon & auteur des *Jugements des ſçavants* & d'une *Vie des Saints*, donnèrent au public le même ſpectacle que Le Laboureur & le P. Meneſtrier. Baillet avoit critiqué les ecrits de Menage ; celui-ci publia contre lui l'*Anti-Baillet*, où, dans ſon depit, il épuiſa toutes les formules de l'injure. Molière a peint admirablement les ridicules travers de ces erudits ; Vadius & Triſſotin ſont le type de ces diſputeurs pedants, hargneux, heriſſes de faux ſavoir, dont la race, heureuſement perdue aujourd'hui, neſoulèveroit plus que le degoût & le mepris.

contradiction sur les matières littéraires, & qu'il fit preuve, dans ses différends avec plusieurs auteurs, d'un caractère aussi entier & aussi irritable, qu'il se montroit poli & obséquieux toutes les fois que son amour-propre n'étoit pas provoqué.

Soit que Le Laboureur fût aussi d'une nature altière & peu endurante, soit que son esprit eût été aigri par les persécutions auxquelles il fut longtemps en butte, il avoit déjà sur les bras, lors de sa contestation avec le P. Menestrier, des affaires fâcheuses qui l'avoient forcé de se démettre de la prévôté de l'Ile-Barbe, & qui troublèrent son repos jusqu'à la fin de sa vie. D'une piété sincère, d'une foi vive, de mœurs exemplaires, on pourroit le soupçonner, ne fût-ce qu'à cause de son rigorisme, d'avoir été quelque peu imbu des doctrines de Port-Royal ; toujours est-il qu'il n'y avoit pas sympathie entre les Pères Jésuites & lui.

Il avoit présenté au cardinal-archevêque de Lyon, Alphonse de Richelieu, frère du grand cardinal, un écrit intitulé : *Notes & corrections sur le Bréviaire de l'Eglise de Lyon;* Lyon, Jean Champin, 1647, in-8. Dans ce volume il indiquoit les corrections à faire au Bréviaire imprimé par ordre de M. d'Epinac, archevêque de 1574 à 1599, & depuis par l'autorité de messire Thomas de Meschatin de la Faye, chanoine-comte & vicaire général de l'archevêque Denis-Simon de Marquemont (1613-26). Il étoit échappé à Le Laboureur, dans ses *Notes & corrections*, de manifester son étonnement « de ce qu'une Eglise si sainte & si vénérable pour sa noblesse & son antiquité eût laissé croupir, par un honteux désordre & par sa lâcheté, dans l'ordure & dans la souillure, les oracles de l'auteur de la vie (1). » Cette attaque de Le Laboureur souleva des tempêtes furieuses contre lui ; le Chapitre outragé le prit à partie & le força de renoncer à sa dignité de prévôt, en attendant qu'il eût raison de sa témérité devant les tribunaux ecclésiastiques. Bezian Arroy, docteur de Sorbonne & théologal de Lyon, qui avoit soutenu quelques années auparavant un procès contre le Chapitre (2) & qui étoit désireux de se remettre dans ses bonnes grâces, prit aussi fait & cause contre Le Laboureur, & publia : *Apologie pour l'Eglise de Lyon* contre un libelle intitulé *Notes & corrections sur le Bréviaire de l'Eglise de Lyon*, par un certain qui a caché son nom sous ces caractères muets C. L. L. P.; Lyon, Pierre Compagnon, 1650, in-8. Ce livre ne fut qu'un prétexte pour maltraiter le Prévôt & pour flatter les Comtes de Lyon à ses dépens. Le Laboureur, effrayé de l'orage que son zèle imprudent avoit attiré sur sa tête, & mieux inspiré qu'il ne le fut plus tard dans sa querelle avec le P. Menestrier, ne crut pas devoir répliquer : il dévora en silence les outrages dont il fut accablé par Bezian Arroy. Mais il n'en fut pas quitte pour ce débordement de haine & de colère ; ses ennemis le poursuivirent sans relâche, ne négligeant aucune occasion de lui faire expier l'injure dont il s'étoit rendu coupable envers un corps puissant,

---

(1) Ce reproche d'incurie, adressé par Le Laboureur aux comtes de Lyon, fut renouvelé cent ans après bien plus sévèrement encore par les Bénédictins, auteurs du recueil des *Historiens des Gaules*, qui les ont accusés dans la Preface du tome x d'avoir vendu jusqu'aux rares & précieux manuscrits oubliés depuis des siècles dans la poussière de leurs archives.

(2) La contestation de Bezian Arroy avec le Chapitre étoit fondee sur ce qu'il prétendoit avoir rang parmi les comtes de Lyon, en raison de sa qualite de théologal. Il fut débouté par arrêt du grand Conseil.

dont le reffentiment étoit d'autant plus vif que l'accufation étoit méritée. Longtemps après, & lorfque le fcandale caufé par les Notes fur le Bréviaire étoit oublié, le théologal reparut dans la lice & recommença fes agreffions. Le Laboureur venoit de publier *Les Mazures de l'Ifle-Barbe*. Ce livre, qui l'a placé au premier rang des généalogiftes & des annaliftes lyonnois, réveilla les fureurs mal affoupies de Bezian Arroy, qui écrivit encore contre fon auteur : *Briève & dévote Hiftoire de l'abbaye royale de St-Martin de l'Ifle-Barbe*; Lyon, Mathieu Libéral, 1668, in-12. Ce petit factum enflé de fiel & de déclamations, fort infipide au fond & difgracieux dans la forme, eft oublié depuis longtemps, & n'eft plus recherché que par les bibliomanes pour qui la rareté d'un livre eft le principal mérite; *Les Mazures de l'Ifle-Barbe*, au contraire, fe trouvent dans toutes les bibliothèques, & elles feront toujours eftimées & confultées par ceux qui s'occupent d'études hiftoriques & généalogiques.

Mais je reviens au P. Meneftrier.

Au milieu des agitations où le jetèrent fes longues difcuffions avec l'ancien Prévôt, il n'avoit pas ceffé de remplir avec un zèle perfévérant les devoirs de fon état, & il étoit loin de perdre de vue fa vocation religieufe, à laquelle il fe préparoit par une obéiffance aveugle à fa règle & aux décifions de fes fupérieurs. Voué à l'enfeignement, il ne négligeoit aucune occafion de ramener à la foi, par fes inftructions, ceux qui vivoient en dehors de la vérité ; il catéchifoit même les infidèles, car on voit dans les actes municipaux que le Confulat arrête, le 2 mars 1660, qu'il fera parrain d'un Turc inftruit & préparé au baptême par le P. Meneſtrier. Ce fut vers ce temps qu'il ſe lia irrévocablement & qu'il entra dans les ordres ſacrés : il fut ordonné prêtre le 28 août 1660, & dit ſa première meſſe le lendemain (1). Ce fut ſa réponſe aux perfides inſinuations de Le Laboureur (2). Il ſavoit ſi bien régler l'emploi du temps, que ſes études & ſes travaux de prédilection ne furent jamais interrompus un ſeul inſtant ; il trouvoit le moyen de ſuffire à tout. Les heures du recueillement & de la retraite étoient un ſtimulant pour cet eſprit infatigable ; le tumulte & les contrariétés de la vie extérieure, au lieu de le diſtraire du but vers lequel il marchoit, ſembloient au contraire doubler ſon ardeur & le fixer davantage ; en même temps qu'il achevoit ſa troiſième année de théologie, il profeſſoit la rhétorique au collége de la Trinité. C'étoit plus qu'il n'en falloit pour abſorber les forces d'une intelligence ordinaire ; mais telle étoit la puiſſante organiſation du P. Meneſtrier, que le travail étoit pour lui un beſoin impérieux & qu'il regardoit comme perdues les heures qu'il ne lui donnoit pas. Auſſi il avoit déjà publié en moins de trois ans un recueil ſur les ſaints que la ville de Lyon honore d'un culte particulier, pluſieurs pièces pour les fêtes données au roi pendant ſon ſéjour à Lyon, un volume des réjouiſſances de la paix, & trois ou quatre traités des armoiries, ſans compter le deſſein des peintures de l'hôtel-de-ville & du collége, & plus de quatre cents deviſes ſur les premiers événements de la vie du roi, ſon mariage avec l'infante Marie-Thérèſe, la naiſſance du dauphin, &c. (3).

(1) *Lettre à Guichenon.*
(2) *Epiſtre apol.*, p. 10.

(3) Ce fut le P. Meneſtrier qui compoſa la deviſe des Aniſſon, libraires fa-

La renommée du P. Meneftrier & le fouvenir qu'on avoit confervé de lui à Chambéry où il s'étoit fait connoître par fon enfeignement, lui valurent l'honneur d'être appelé par Madame de Savoie Chreftienne de France, fille de Henri IV & tante du roi, pour la conduite des fêtes du mariage de Mademoifelle de Valois Françoife d'Orléans avec le duc de Savoie Charles-Emmanuel. Les arcs de triomphe, le carroufel, le feu d'artifice & les peintures de la falle où fe firent les noces furent exécutées fur fes deffeins. Il y trouva le fujet de plus de cent devifes fur les événements les plus remarquables de l'hiftoire de Savoie, la fuite de fes princes & leurs alliances avec la maifon royale de France. Il déploya en cette occafion les reffources de fon génie & l'heureufe fécondité de fon imagination dans le deffein des appareils pour l'entrée de leurs Alteffes Royales & pour les réjouiffances publiques qui fuivirent. Et ce qui étonnera fans doute, ce fut encore lui qui fournit au peintre F. de La Monce l'idée des peintures allégoriques de l'alcove & du lit nuptial. Il en fit imprimer la defcription fous le titre : *L'Amour autheur & confervateur du monde*. Le fujet étoit délicat & difficile à traiter pour un jeune

meux de Lyon. « Le P. Meneftrier, qui avoit un rare talent pour tout ce qui s'appelle iconologie ou fcience des images, dit le P. de Colonia (*Hift. litt.*, t. II, p. 616), fit mettre en tête du Gloffaire grec de du Cange, imprimé à Lyon par Aniffon, un fymbole qui, par fa fingularité, mérite de trouver ici fa place. C'eft l'ancienne fleur de lys de Florence, qui fervit d'abord de marque aux Juntes, puis aux Cardon, puis enfin aux Aniffon. Cette fleur de lys, devenue la marque des Aniffon, & placée par eux dans le Gloffaire grec, eft accompagnée de ces mots italiens qu'y ajouta le P. Meneftrier, & qui font une double allufion au nom d'Aniffon & a l'ancienneté de cette fleur de lys a Lyon : *Anni fon che fiorifce*. Il y a longtemps qu'elle fleurit »

religieux : le P. Meneſtrier eut l'art de repréſenter dans ſes allégories ce que l'union de l'homme & de la femme a de chaſte & de pur lorſqu'elle eſt conſacrée par la religion.

Les années ſuivantes, il fut encore chargé de préſider aux fêtes données à Chambéry pour la naiſſance du prince de Piémont & aux ſolennités religieuſes que les monaſtères de la Viſitation d'Annecy, de Chambéry, de Grenoble & d'Embrun célébrèrent à l'occaſion de la béatification & de la canoniſation du ſaint évêque de Genève, François de Sales. Le P. Meneſtrier a donné la deſcription de toutes ces fêtes. Ses deviſes furent trouvées ſi ingénieuſes, qu'elles ſervirent encore pour les réjouiſſances faites à la même occaſion par les Dames de la Viſitation du faubourg St-Jacques, à Paris. Le P. Meneſtrier crut devoir s'en plaindre en ces termes (1) : «.....Le deſſein que j'ay de recueillir un jour en un corps tous les ſujets de diverſes décorations dont on m'a fié la conduite depuis dix ans, m'engage à dire que celuy qui a fait l'appareil d'un des monaſtères de Paris, s'eſt ſervi d'une vingtaine de deviſes & de quelques emblêmes que j'avois faits il y a quatre ans pour la béatification de ce ſaint, ſous le titre du Feu des Veſtales renouvellé, pour la ville de Chambéry.

«....L'advis que j'en donne eſt moins pour me plaindre de ce qu'il n'a pas cité les endroits dont il les a empruntées, que pour me juſtifier quand on verra dans quelques années

---

(1) Il paroît qu'a cette époque rien n'etoit plus ordinaire entre les auteurs que le plagiat. Le P. Meneſtrier lui-même ne fut pas à l'abri de cette accuſation : Andre Laroque, auteur du Traite de la nobleſſe & de la Genealogie de la maiſon d'Harcourt, s'eſt plaint a Menage que « ce Pere lui avoit voulu derober tout ſon deſſein ſur le blaſon & ſes dépendances. » —Voyez Menagiana, 1715, t. II, p 95

que je donneray au public ce que d'autres auront fait paroiftre dans leurs ouvrages. On me fit la même chofe à Bourdeaux il y a près de huit ans, où celuy qui fit danfer un ballet devant le roy, mit au bout de fon ouvrage les règles du ballet que j'avois fait imprimer quelques mois auparavant, en pareille occafion. A Langres, on imprima pour la publication de la paix une partie des devifes que j'avois faites à Lyon pour le roy, l'an 1658. A Paris, on a gravé une feuille de l'Art du blafon, tirée de mon Abrégé méthodique & de ma Méthode héraldique ; & fi l'on continue à me rendre ces bons offices, je me trouveray bientoft dépouillé du peu que j'ay pu faire jufqu'ici (1). » Les funérailles des deux ducheffes de Savoie, Chreftienne de France & Françoife d'Orléans, mortes prefque en même temps ; le fecond mariage de Charles-Emmanuel avec Mademoifelle de Nemours, Marie-Jeanne-Baptifte de Savoie ; la naiffance du prince de Piémont, la mort de la reine-mère, & l'entrée à Lyon du cardinal Flavio Chigi, neveu du Pape & fon légat *a latere* en France, furent encore pour fon efprit inventif une fource abondante où il puifa des fujets de devifes, d'emblèmes & de décorations. De retour à Lyon, il prêcha pendant quelque temps avec un grand fuccès & toujours en préfence d'un nombreux auditoire ; il prononça l'oraifon funèbre de la reine-mère, Anne d'Autriche, morceau d'éloquence dans le goût du temps, diffus & bourfoufflé, où l'on ne trouve rien de ces traits nobles & hardis, de ces images faififfantes dont le grand Boffuet & Fléchier fon émule alloient bientôt donner de fi admi-

---

(1) Voy *Advis* a la fuite de la defcription des fêtes de la canonifation de faint François de Sales, *le Nouvel aftre du ciel de l'Eglife* Grenoble, 1666, in-4

rables modèles. Si on vouloit juger le P. Menestrier comme orateur sur son premier essai dans l'éloquence sacrée, on auroit peine à admettre la brillante réputation qu'il se fit plus tard dans les chaires de Paris. Déjà alors, les prédications du P. Bourdaloue, en épurant le goût, avoient rendu le public chaque jour plus difficile ; il n'étoit plus permis aux prédicateurs ignorants de débiter en chaire des trivialités & des pointes dignes du théâtre de la foire, comme cela se pratiquoit avant lui, aux applaudissements de la foule qui n'avoit pas perdu la mémoire des traditions de la burlesque éloquence des Menot, des Maillard & du petit P. André, dont les calembours & les historiettes, parfois un peu graveleuses, égayoient la naïve piété de nos pères.

En 1667, le P. Menestrier fut nommé bibliothécaire du collége de la Trinité, à la place du P. Labbé qui avoit succédé au savant P. Milieu. Cet emploi convenoit parfaitement à son aptitude & à son amour de la vie sédentaire & de l'étude ; mais il ne le conserva pas longtemps. S'il faut en croire Pernetti, des contrariétés, sur la nature desquelles il ne s'explique pas, forcèrent le P. Menestrier à s'éloigner de sa ville natale qu'il avoit jusque-là aimée, honorée & servie avec tant de zèle & de dévouement. Peut-être aussi un secret instinct l'entraînoit-il malgré lui sur un plus grand théâtre où il comptoit trouver des ressources intellectuelles qui lui manquoient dans une ville de province, dont les habitudes commerciales & mercantiles absorboient nécessairement les intelligences. Quelles que fussent ses raisons, il quitta Lyon en 1669 pour n'y reparoître plus qu'à de longs intervalles. Il se rendit d'abord en Italie ; il visita ses villes principales, & partout il laissa sur son passage une haute idée de son savoir. A Rome il dut un accueil distingué à la mémoire de son oncle Claude Menestrier qui y avoit passé sa vie ; il étudia avec soin les monuments de l'antiquité, ceux du moyen-âge & les chefs-d'œuvre dont les grands génies du XVIe siècle avoient doté la capitale du monde chrétien ; il fouilla dans les bibliothèques publiques & privées, & revint chargé d'une ample moisson de notes précieuses & de mémoires qu'il utilisa dans la suite.

En quittant l'Italie, il voulut voir aussi l'Allemagne où il employa son temps de la même manière, & noua avec un grand nombre de savants des relations qui durèrent autant que lui ; à Munich, sur la demande de l'Electrice de Bavière, il composa une suite de devises & d'allégories pour le château de Nymphenbourg. Après avoir parcouru les divers états de l'Allemagne, où son désir de s'instruire lui faisoit espérer de trouver un aliment à sa curiosité, il revint en France, & au lieu de se diriger sur Lyon, il prit la route de Paris où nous le retrouvons en 1670. Sa réputation l'y avoit précédé, aussi fut-il admis dès son arrivée dans les assemblées littéraires qui se tenoient une fois par semaine dans les salons du premier président de Lamoignon. Pour justifier l'honneur qui lui étoit fait, il y prononça quatre discours sur l'éloquence & sur ses caractères. « Le P. Menestrier, écrit Guy Patin (1), parla hier dans l'Académie de M. le premier président, & il fit fort bien, en parlant de l'éloquence. »

Le P. Menestrier mettoit toujours avec tant d'empresse-

---

(1) *Lettres.* Paris, 1846, III, p 773

ment ses connoissances au service de tous ceux qui avoient recours à lui, que les savants & les artistes alloient souvent le consulter pour avoir son jugement & pour obtenir sa coopération. C'est ainsi qu'il composa les inscriptions latines pour les estampes de Lebrun & celles pour les batailles de Louis XIV, peintes par Van-der-Meulen ; celles des plafonds de Vaux-le-Vicomte, de cinq à six planches gravées par Audran, & de plusieurs affiches pour le collége Louis-le-Grand, historiées & ornées de médailles & de devises. On lui doit aussi le dessein des thèses du prince de Turenne qui représentent les conquêtes du roi, en emblèmes, devises & inscriptions. Ce fut lui encore qui fut chargé de rectifier les décorations des obsèques du maréchal de Turenne, dans l'église de Notre-Dame ; il composa les inscriptions, les devises & le projet du mausolée qui fut dressé dans le chœur. Ce dernier travail, ou plutôt le succès qu'il obtint, excita la jalousie de l'abbé Tallemant. Cet abbé, qui avoit acheté la charge de surintendant des devises & inscriptions, prétendoit que rien dans ce genre ne pouvoit paroître sans son aveu, & il se crut en droit de s'opposer à ce que le P. Menestrier travaillât à la décoration de Saint-Denis pour les funérailles de la reine. Il ne put pas l'en empêcher, mais il fit tant par ses intrigues qu'il parvint à obtenir de M. de Seignelay que la description faite par le P. Menestrier ne fût pas publiée ; il en fit même arrêter & saisir les exemplaires entre les mains de l'imprimeur.

Le mérite & le talent du P. Menestrier étoient déjà trop connus & trop appréciés pour qu'il se laissât intimider par ces tracasseries, il continua donc à composer les inscriptions, les emblèmes & les devises qu'on lui demandoit de toutes parts. Il publia la relation du mariage de la reine d'Espagne & de celui du Dauphin ; il fit des devises pour le mariage de Monsieur, frère unique du roi, avec la princesse Palatine, & à l'occasion de la conversion de cette princesse à la religion catholique, comme il en avoit composé déjà pour le baptême c'e M. le duc de Bourbon. Il travailla ensuite aux réjouissances pour la naissance du duc de Bourgogne, tant au collége des Jésuites que pour l'illumination des galeries du Louvre, & même pour l'appareil des feux d'artifice qui furent donnés à la même époque à la ville de Ratisbonne par le comte de Crécy, plénipotentiaire du roi. Il inventa encore les décorations & les devises pour les funérailles de la reine, au collége Louis-le-Grand ; pour les obsèques renouvelées à la mémoire du prince de Condé, dans l'église professe des PP. Jésuites à Paris; pour celles de Mademoiselle de Bouillon, dans la chapelle des Missions étrangères, où son cœur fut déposé; pour des thèses dédiées à saint Ignace, à saint François-Xavier, à saint Pierre de Luxembourg, à un grand nombre de prélats, de magistrats & de seigneurs de la cour. Il donna les desseins des peintures de diverses églises, de plusieurs galeries & cabinets dont ses amis l'avoient prié de surveiller la décoration. Ces inventions ingénieuses, fort goûtées par les beaux esprits de ce siècle, quelque futiles qu'elles puissent paroître aujourd'hui, exigeoient de l'auteur un grand fonds d'instruction & des ressources intarissables dans l'imagination. Ces conditions se trouvoient réunies au plus haut degré chez le P. Menestrier; son goût étoit si pur, son tact si délicat, que dans ce genre de composition, où il est si difficile de réussir & de plaire, il avoit l'art de charmer & de surprendre les esprits par des idées toujours neuves, exprimées sous des formes toujours piquantes & variées, sans tomber jamais dans l'affectation ni dans la trivialité.

La devise du roi: *Nec pluribus impar*, avec un soleil radieux pour emblème, fut critiquée avec tant de violence & attaquée avec tant d'acharnement, que la pension qui avoit été accordée d'abord à M. d'Ouvrier, son auteur, fut supprimée par M. de Colbert. Ce ministre espéroit apaiser ainsi les clameurs de l'envie & imposer silence aux criailleries de la malveillance, surtout à l'étranger, où l'on trouvoit cette devise trop orgueilleuse & insultante pour les autres souverains. Bien que le P. Menestrier ne connût M. d'Ouvrier que par sa devise & par les déboires qu'elle lui avoit attirés, il résolut de prendre sa défense, & il publia, en 1679, *la Devise du Roy justifiée*, qu'il adressa à l'Académie françoise. M. de Mézeray fut chargé de lui porter les remercîments de ce corps savant; le roi témoigna hautement le gré qu'il savoit au P. Menestrier d'avoir écrit en faveur d'une devise contre laquelle tant de gens se récrioient, & qu'il lui eût été impossible de quitter lors même qu'il y eût consenti; en effet, le bruit qu'on avoit fait à son sujet ne le lui permettoit plus, sans parler de la honte qu'il y auroit eu à l'effacer des monuments publics où les peintres & les sculpteurs l'avoient placée, & où tout le monde l'avoit vue.

A la mort du premier président de Lamoignon, les assemblées qui se tenoient en son hôtel, quelque temps interrompues, furent reprises chez le duc d'Aumont, premier gentilhomme de la chambre du roi; le P. Menestrier y fut introduit & présenté par le P. de La Chaise. On y proposa d'entreprendre l'histoire romaine par les médailles & les monuments. Le P. Menestrier fut chargé de la vie de Tibère, de Caligula & de Claude; les règnes de Commode & de Dèce furent confiés à Jacques Spon, qui faisoit aussi partie de ces réunions savantes. Je ne puis dire si le P. Menestrier acheva ce travail; il est certain au moins qu'il n'a jamais vu le jour.

Les auteurs des ouvrages de quelque importance ne croyoient pas pouvoir se passer du jugement & du concours du P. Menestrier, surtout lorsqu'ils vouloient orner ou plutôt illustrer leurs publications, comme on dit aujourd'hui. Il composa, pour l'Histoire de France de l'abbé de Cordemoy, des vignettes & des fleurons qui ont été gravés par Le Pautre. Je n'en finirois pas si je voulois énumérer tout ce qu'il a fait en ce genre & qu'il a cru devoir mentionner lui-même dans plusieurs de ses livres où l'on en trouve çà & là le détail. Mais ces travaux n'étoient pour lui qu'un délassement & un jeu; il ne leur consacroit que les moments perdus qu'il pouvoit dérober sans inconvénient aux devoirs de sa profession, à la prédication, à ses études historiques & à la recherche de tout ce qui se rattachoit de près ou de loin au vaste plan qu'il avoit conçu, & à l'exécution duquel venoient aboutir tous ses écrits, les plus futiles comme les plus graves & les plus sérieux.

Je ne puis mieux faire connoître le plan d'études que le P. Menestrier s'étoit tracé qu'en le laissant parler lui-même. Je me bornerai donc à reproduire l'avertissement qu'il a placé en tête de ses *Recherches du Blason*, seconde partie de l'*Usage des Armoiries*; Paris, Michallet, 1673. Il y explique ses motifs, & donne la division de son grand ouvrage tel qu'il l'avoit compris, & dans lequel il embraſſoit en quelque ſorte l'univerſalité des connoiſſances humaines. Je donne place ici d'autant plus volontiers à cette ſavante analyſe de la Philoſophie des images, que le volume dans lequel elle ſe trouve eſt un des plus rares entre tous ceux que nous avons de lui :

« Le peu de rapport qu'il y a entre un traité des armoiries & les travaux plus ſérieux auxquels je ſuis occupé depuis quelques années, dit-il, m'obligent de rendre compte au public des motifs qui m'ont porté à entreprendre cet ouvrage.

« Il y a plus de quinze ans qu'ayant fait réflexion que notre eſprit n'agit que par images en la plupart de ſes opérations, & qu'il a ſçu trouver des ſignes & des figures ſenſibles pour nous exprimer ſa penſée & ſes deſſeins les plus cachés, d'une manière ingénieuſe, je réſolus, pour ſatisfaire mon inclination & pour attacher mes études à quelque choſe d'agréable & de réglé, d'entreprendre de pénétrer dans la philoſophie des images & d'en rechercher les principes. Je donnai d'abord dans les armoiries, dans les deviſes, les emblêmes, les médailles & les hiéroglyphiques, & paſſant inſenſiblement de cet art ingénieux à tous les ſpectacles ſçavans, qui font le plaiſir de l'eſprit en faiſant le divertiſſement des yeux, je conçus enfin la penſée de faire un corps entier de ces images & de les réduire en règles. Ce fut ſur ces premières vues que je diviſai mon deſſein en quatre parties, que je voulois qui diſtinguaſſent toutes ces images ſpirituelles en quatre eſpèces différentes, à ſçavoir en général : 1° la philoſophie des images ; 2° les images des yeux & de l'eſprit ; 3° les images qui ſont propres de l'imagination ; 4° les images symboliques déjà fixées & liées à certaines règles.

« Je rangeois sous les premières toutes les opérations des sens, du jugement, de la mémoire, de l'esprit, de la volonté, des passions & des idées qui naturellement sont d'elles-mêmes des images & des expressions des choses.

« Je mettois entre les secondes les décorations d'église pour les fêtes extraordinaires, les peintures des galeries, des lieux publics & des palais; les spectacles, les tragédies, les comédies, les ballets, les réceptions des princes, les machines, les carrousels, &c.

« Je rapportois aux troisièmes les figures & les tours ingénieux de l'art de persuader, & les fictions poétiques qui sont des artifices ingénieux de l'imagination.

« Enfin je faisois les quatrièmes des énigmes, emblèmes, devises, chiffres, blasons, hiéroglyphiques & autres semblables choses.

« Je voyois que la plupart de ces images étoient assez du goût du siècle, que l'on aimoit les devises, qu'on se plaisoit aux spectacles, & que les armoiries étoient partout représentées. Il me sembla que ces peintures n'étoient pas encore bien connues après tant de traités & de recherches qui s'étoient faites sur ce sujet. Je trouvois qu'on les confondoit souvent les unes avec les autres, & que l'on ne convenoit pas assez des règles qu'on leur donnoit, faute de les avoir données d'une manière méthodique & raisonnée.

« Tout cela me fit entreprendre d'écrire sur cette matière, en un temps où mes emplois & mes occupations s'accommodoient entièrement à cette sorte d'estude

« Je publiai dès-lors quelques parties de ce grand & vaste dessein, en attendant l'occasion de les amasser en un corps. Je commençai par deux petits Traités des armoiries, que j'ai fait depuis suivre de quatre autres. Je donnai l'Art des emblêmes, un petit Traité des ballets, un grand Traité des carrousels, un Traité des feux d'artifice, la Réception d'un prince dans la capitale de ses estats ; deux ou trois Appareils funèbres, des Festes de canonization, un Traité des caractères de l'histoire, & un Plan de l'art de persuader.

« J'ai cru qu'après de si grandes avances je ne devois pas quitter un dessein de cette sorte, &, considérant cette estude comme un délassement honneste dans l'emploi qui m'occupe maintenant, je me suis persuadé qu'on ne trouveroit pas à dire à un ouvrage où ce qui me reste à traiter est assez grave & sérieux : comme toute la première partie qui est absolument philosophique, & dans la seconde un Traité de la peinture & des décorations des églises pour les festes ; dans la troisième une Rhétorique accommodée au génie de notre langue & de notre nation, & un Traité du panégirique ; & dans la quatrième les Enigmes dont l'Ecriture nous fournit tant d'exemples, les Hiéroglyphiques qui sont d'eux-mesmes une matière sacrée, les Devises qui sont si spirituelles, un Traité des étymologies du blason, qui est une espèce de grammaire, & un Traité des preuves de noblesse qui se font dans tant d'Eglises & dans tant d'Ordres de chevalerie. Je crois que, ne pouvant pas donner si tost le corps entier de cet ouvrage, dont j'ai donné diverses pièces, j'en puis bien mettre icy le plan & le dessein tout entier. »

PREMIERE PARTIE.

LA PHILOSOPHIE DES IMAGES.

« Comme il y a dans la nature six sortes d'images sensibles :

« 1° Celles qui réfléchissent les corps polis, comme le marbre, les miroirs, la glace, le verre & les eaux quand elles sont pures & tranquilles ;

« 2° Celles qui se gravent sur le cuivre & sur le bois, pour estre imprimées ;

« 3° Celles qui se peignent avec le charbon & les couleurs ;

« 4° Celles qui s'impriment & se tirent des images gravées ;

« 5° Celles qui se taillent avec le ciseau & le marteau sur le bois & sur le marbre ;

« 6° Et celles qui se jettent dans les moules & dans les moyeux ;

« Il y a aussi six facultés de l'homme qui travaillent en images :

« 1° Les yeux reçoivent celle de tous les objets qui se présentent à eux, comme les miroirs & les corps polis : aussi sont-ils les miroirs de l'âme ;

« 2° L'imagination grave des images dans l'âme & sur le corps ;

« 3° La mémoire les imprime & les arrange ;

« 4° Le jugement les moule en les comparant les unes avec les autres pour les rectifier ;

« 5° L'entendement peint & taille, puisqu'il unit les

choses pour en tirer des conséquences , & les sépare par analyse pour les connoistre ;

« 6º La volonté, tout aveugle qu'elle est, a ses inclinations, ses habitudes & ses affections, qui sont à leur manière des images semblables à ces talismans dont les magiciens se servent pour faire des choses extraordinaires. Les images de l'amour, de la haine, de la crainte, de l'espérance & des autres passions dont les esprits animaux se peignent & se figurent, ne sont pas la moindre partie de ce Traité. Ce n'est là que le plan de la première partie , voicy celuy de la seconde.

« Tous les arts & toutes les sciences ne travaillent qu'en images , puisque tous les arts ne sont que des imitations de la nature, & toutes les sciences les figures & les expressions idéales des choses que nous connoissons.

« La théologie fait des images des choses surnaturelles & divines , pour tascher de concevoir des vérités & des mystères qui sont d'eux-mesmes incompréhensibles.

« La philosophie a ses images dans ses notions, & c'est de leur diverse vuë que naissent toutes les disputes & les contestations des sçavants ; parce que, comme ces images se voient diversement selon les divers points de vuë dont elles sont regardées , ce qui change les situations ; il arrive dans les écoles ce qui arrive dans les académies des peintres, où tous copient le mesme modèle & font tous diverses figures, parce que l'un voit ce modèle de front, un autre à demy de costé, un autre en tiers, un autre à dos. Il en est de mesme des choses qu'un esprit prévenu regarde, il les voit de tout autre sens qu'un esprit qui n'est pas préoccupé ; & c'est cette perspective de la contemplation

& de l'eſtude qui eſt la ſource infaillible de toutes les diſputes des ſçavants ſur une meſme matière.

« La juriſprudence eſt l'image du bien public, que nous nous repréſentons comme une eſpèce de corps, dont le ſouverain eſt le chef, les magiſtrats & la nobleſſe les parties les plus conſidérables, & le peuple les autres membres. C'eſt ce corps que la juſtice fait agir diverſement ſelon ſes divers organes, & les hommes prévenus de la néceſſité qu'il y a de conſerver ce corps qui n'eſt qu'un corps moral, conſentent à recevoir ſes loix & s'y ſoumettent volontiers, parce que chacun d'eux trouve ſon intérêt particulier en la conſervation de ce corps.

« L'hiſtoire eſt la peinture des événements, des deſſeins, des entrepriſes & des mouvements de ce corps ; & ſi elle a beſoin du ſecours de la géographie & de la chronologie, c'eſt parce que l'une luy eſt une peinture fidèle des lieux où ces choſes ſe font, & l'autre le portrait des temps auxquels ces choſes ſe ſont faites.

« La médecine n'eſt qu'une image de la conſtitution intérieure & extérieure du corps de l'homme, de ſes affections & de ſes organizations pour les fonctions vitales ; & la nature, ſoigneuſe de la conſervation de ce corps, a pris ſoin elle-meſme de marquer la pluſpart des remèdes néceſſaires pour en guérir les maladies, dans les ſignatures des plantes.

« L'aſtronomie a rempli le ciel d'images, pour en expliquer les figures & les mouvements.

« L'arithmétique peint les nombres, pour ſoulager la mémoire & l'imagination.

« La muſique a fait les yeux juges de tous les accords & de toutes les harmonies.

« La géométrie mesure toutes choses par lignes, par angles & par figures.

« Enfin, toute la mathématique estant une science démonstrative ne consiste qu'en images.

« La grammaire est, comme dit un de nos poëtes.

>Un art ingénieux
>De peindre la parole & de parler aux yeux,
>Et par les traits divers des figures tracées
>Donner de la couleur & du corps aux pensees.

« La fable ancienne estoit une philosophie en images.

« La poésie, dont le propre est de peindre, est une faiseuse d'images.

« L'éloquence a ses figures, & la rhétorique enseigne l'art de persuader par images, puisqu'elle fait profession de persuader par le vraisemblable.

SECONDE PARTIE.

DES IMAGES SÇAVANTES POUR L'INSTRUCTION ET LE DIVERTISSEMENT DES YEUX.

« Cette partie comprendra plusieurs Traités :

« 1° Des tournois, joustes, carrousels & autres spectacles à cheval ;

« 2° Des ballets ;

« 3° Des spectacles de récit & de représentation, tragédies, comédies, récits & représentations en musique ;

« 4° Des réceptions des princes, arcs de triomphe, &c.;

« 5° Des feux d'artifice ;

« 6° Des pompes funèbres ;

« 7º Des inventions de peintures pour les palais, églises, galeries, cabinets, &c.;

« 8º Des décorations des églises pour les canonizations, festes, reposoirs & processions solemnelles.

TROISIEME PARTIE

« Des images qui ne sont que pour l'imagination sans servir aux yeux, comme les inventions poétiques, les tours & les vues de l'éloquence. Cette partie ne contiendra que deux Traités, une poétique & une rhétorique raisonnée.

QUATRIEME PARTIE.
DES IMAGES SYMBOLIQUES

« Il y a dix Traités en cette partie :

« 1º Les hiéroglyphiques, qui sont les images des choses sacrées, surnaturelles & divines, divisés en trois classes : des hiéroglyphiques de la théologie payenne, de la théologie juive, & de la théologie chrestienne;

« 2º Les symboles, qui sont des images sensibles des choses naturelles & de leurs propriétés;

« 3º Les emblêmes, qui sont les enseignements moraux, politiques & académiques mis en images;

« 4º Les devises, qui représentent par images les entreprises de guerre, d'amour, de piété, d'estude, d'intrigue & de fortune;

« 5º Le blason & les généalogies, qui représentent en images la naissance, la noblesse, les alliances, les emplois & les belles actions;

« 6° Les revers des jettons & des médailles, qui représentent les grands événements & les belles actions des princes & des magistrats ;

« 7° L'iconologie, qui est la peinture des choses purement morales, comme si elles étoient des personnes vivantes, comme l'honneur, la vertu, le plaisir, la noblesse & la joie. Ce Traité est utile pour les peintres, pour les poètes & les faiseurs d'emblêmes, de ballets & de représentations ;

« 8° Les lettres chiffrées, pour cacher ses pensées & ne les découvrir qu'à certaines personnes, avec les démonstrations des manières de déchiffrer en toutes sortes de langues ;

« 9° Les énigmes, qui sont les choses naturelles & historiques cachées sous des figures dont il faut trouver la clef pour en pénétrer le sens ;

« 10° Les chiffres des noms & les rebus, qui sont des lettres entrelassées pour représenter des noms entiers & des figures qui représentent des sentences entières. »

Tel étoit le plan général d'enseignement que le P. Menestrier avoit préparé dans son vaste cerveau, & qui fut toute sa vie l'objet de ses méditations & de ses études. Ce plan gigantesque embrassoit le monde entier & tous les temps. Tout ce qui pouvoit augmenter les connoissances de l'homme, l'instruire en l'amusant, régler les sens, éclairer l'intelligence, polir les mœurs, élever l'âme vers le Créateur de toutes choses & inspirer l'amour du vrai, étoit du domaine du P. Menestrier ; c'étoit ce qu'il appeloit la Philosophie des images. Tous les volumes qu'il a publiés de l'année 1659 à l'année 1705, font autant d'essais qui devoient trouver leur place dans ce cadre immense; il a traité son sujet à fond dans plusieurs de ses parties, & dans quelques autres il a montré, même par ses ébauches, de quoi étoient capables une érudition qui embrassoit tout, une mémoire intarissable, & l'amour du travail guidé & soutenu par une critique toujours judicieuse & éclairée. On a peine à comprendre qu'un religieux, obligé par les austères obligations de son état à consacrer la plus grande partie de son temps à l'accomplissement de la règle, à l'exercice du saint ministère, à l'enseignement & à la prédication, ait pu trouver le temps de réunir les innombrables matériaux nécessaires pour la construction d'un édifice tel que celui qu'il nous a décrit, en coordonner dans son esprit tous les détails, & enfin publier plus de cent volumes de tous les formats sur toute sorte de sujets, sans compter les milliers de devises, d'emblèmes & d'inscriptions qu'il composa, & les décorations dont il inventa l'ordonnance & dirigea l'exécution. Il falloit être doué d'une rare & féconde intelligence & d'une organisation physique tout-à-fait exceptionnelle pour suffire à des compositions si diverses & si nombreuses, & pour supporter le poids de tant de veilles & de travaux.

De tous les écrivains qui ont traité des armoiries & de la noblesse, le P. Menestrier est sans contredit celui qui y a apporté le plus de critique, de méthode & d'érudition. Avant lui, les origines du blason n'étoient qu'un tissu de fables inventées par des hérauts d'armes ignorants, qui les faisoient remonter jusqu'à la création du monde, & répétées par des auteurs crédules qui, accueillant aveuglément les fictions les plus abſurdes des romans de chevalerie, attribuèrent des armoiries avec leurs couleurs & leurs émaux aux Iſraélites, aux Grecs & aux Romains. C'eſt ce qu'on peut voir en liſant les rêveries du roi d'armes Sicile, de Hieroſme de Bara, de Philibert Monet & d'une foule d'autres, ſans oublier le bonhomme Jean Le Feron, appelé par La Croix du Maine « l'un des plus diligents & des plus curieux hommes de France pour la recherche des maiſons nobles & des armoiries, » & qui donnoit au premier homme pour armoiries trois feuilles de figuier, « pour ce que, lorſqu'il eut mangé le fruit de l'arbre de la ſcience du bien & du mal, il couvrit ſa nudité d'une feuille de figuier. »

Le P. Meneſtrier débrouilla ce chaos, il interrogea les anciennes chroniques, les romans de chevalerie & les fabliaux, &, tout en y puiſant la connoiſſance des mœurs & des uſages des temps héroïques, il fit juſtice de leurs menſonges; il déchiffra les actes & les titres enſevelis dans la pouſſière des archives publiques & privées, il étudia les monuments, les tombeaux, les inſcriptions, les verrières armoriées, &, regardant le blaſon comme un auxiliaire utile, indiſpenſable pour l'étude de l'hiſtoire du moyen-âge, il parvint à en faire une ſcience avec ſes règles fixes & invariables. A l'aide des titres originaux & des monuments, il rejeta ou redreſſa les fables qui avoient envahi le vaſte champ de l'hiſtoire; il détermina l'époque où les armoiries commencent à paroître & deviennent héréditaires dans les familles, il expliqua leurs origines, les pièces qui les compoſent, les ornements qui les entourent, les cris de guerre, les deviſes; il indiqua la manière de faire les preuves de noblesse pour l'entrée dans les chapitres où elles étoient exigées, & celle d'établir les quartiers des grandes maisons. Théologien, philosophe, artiste, poète, philologue, il envisagea la science du blason sous tous ses aspects ; & ce n'étoit là cependant, comme on a pu le voir, qu'une partie du plan qu'il s'étoit tracé & à l'achèvement duquel il ne lui fut pas permis de mettre la dernière main, la vie d'un homme étant trop courte pour suffire à une entreprise aussi immense.

Bien des gens qui ne considèrent le blason que comme un hochet, bon tout au plus à satisfaire la vanité des nobles & de ceux qui prétendent l'être, demanderont peut-être pourquoi l'on attache tant d'importance à des écrits qui semblent n'être propres qu'à flatter l'orgueil de quelques hommes, & à les confirmer dans la sotte idée qu'ils sont d'une autre nature que le reste des enfants d'Adam : la réponse est facile, ce me semble.

A l'époque éminemment monarchique où vivoit le P. Menestrier, la noblesse, en France comme dans toute l'Europe, étoit le corps le plus considérable & le plus puissant de l'Etat ; & cela devoit être, car, par un privilége glorieux & aussi ancien que la vieille monarchie des Francs, les possesseurs de fiefs, astreints au service militaire, étoient appelés à verser leur sang sur tous les champs de bataille où l'honneur & les intérêts de la patrie étoient engagés. Ce n'étoit pas pour acquérir la fortune que la plupart d'entre eux endossoient le harnois au premier ban du roi ; lorsqu'ils alloient affronter les périls de la guerre, ils n'avoient d'autre guide que le sentiment du devoir & de l'honneur. Ceux qui étoient sortis pauvres du manoir paternel y rentroient plus pauvres encore, lorfqu'ils y rentroient; mais ils avoient fervi la France & le roi, ils s'étoient montrés dignes, fur les champs de bataille, du blafon de leurs ancêtres : c'étoit leur récompenfe. Et qu'on ne dife pas que le vieux dicton, « *Nobleffe oblige,* » n'étoit qu'un vain mot : les lois de la chevalerie condamnoient tout noble qui avoit forligné à être dégradé publiquement; fes armes lui étoient enlevées & brifées, fes éperons arrachés, fa bannière traînée dans la boue, & fon écu appendu par la pointe n'étoit plus pour lui & pour fa race qu'un figne d'ignominie. Parmi les exemples que l'hiftoire a confervés de ces exécutions, je citerai celui du capitaine Franget, gouverneur de Fontarabie, capitaine de cinquante hommes d'armes, dégradé à Lyon fous François Premier, en 1523, pour avoir lâchement rendu au connétable de Caftille la place dont la défenfe lui avoit été confiée (1).

Voici, d'après Vulfon de la Colombière (2), les cérémonies qui s'obfervoient à la dégradation d'un chevalier ou gentilhomme :

« On affembloit vingt ou trente chevaliers ou efcuyers, devant lefquels le gentilhomme ou chevalier traiftre eftoit accufé de trahifon, de lafcheté, de foy mentie ou de quelqu'autre crime capital & atroce, par un roy ou héraut

---

(1) « Du temps de nos peres, le feigneur de Franget, jadis lieutenant de la compagnie de M. le marefchal de Chaftillon, ayant par M. le marefchal de Chabannes efte mis gouverneur de Fontarabie, au lieu de M. du Lude, & l'ayant rendue aux Efpagnols, fut condamne a eftre degrade de nobleffe, & tant luy que fa pofterite, declare roturier, taillable & incapable de porter armes. Et fut cette fentence rendue a Lyon. » (Montaigne, *Effais*, 1, 15). — Le capitaine Franget fut jete du haut de l'echafaud, la vie fauve a caufe de fa vieilleffe.

(2) *Le vray Théâtre d'honneur & de chevalerie,* feconde partie, p 570

d'armes, qui déclaroit le fait tout au long, nommoit ses tesmoins, & disoit toutes les particularitez du fait ; sur quoy le chevalier accusé estoit condamné à mort par les dits chevaliers, & il estoit dit que préalablement il seroit dégradé de l'honneur de chevalerie & de noblesse, & qu'il rendroit l'Ordre s'il en avoit reçu quelqu'un.

« Pour l'exécution de ce jugement on faisoit dresser deux théatres ou eschaffaux, sur l'un desquels estoient assis les chevaliers & escuyers juges, assistez des rois, hérauts & poursuivants d'armes, avec leurs cottes d'armes & esmaux; sur l'autre estoit le chevalier accusé, armé de toutes pièces & son escu blazonné de ses armes, planté sur un pal devant luy, renversé la pointe en haut. D'un costé & d'autre, à l'entour du chevalier estoient assis douze prestres revestus de leur surplis, & le chevalier estoit tourné du costé des juges. En cet estat lesdits prestres commençoient à chanter à haute voix les Vigiles des morts, depuis le pseaume *Dilexi* jusqu'au *Miserere*, après que les hérauts avoient publié la sentence des juges ; à la fin de chaque pseaume les prestres faisoient une pause, durant laquelle les officiers d'armes dépouilloient le condamné de quelque pièce de ses armes, commençant par le heaume, continuant de le désarmer pièce à pièce jusqu'à ce qu'ils eussent parachevé; & à mesure qu'ils en ostoient quelqu'une, les hérauts crioient à haute voix : « Cecy est le bassinet du traistre & déloyal chevalier, » & faisoient ou disoient tout de mesme du collier, de la cotte d'armes qu'ils rompoient en plusieurs lambeaux, des gantelets, du baudrier, de la ceinture, de l'espée, de la masse d'armes, des esperons, bref de toutes les pièces de son harnois, & finalement de l'escu de ſes armes qu'ils briſoient en trois pièces avec un marteau & autres inſtruments propres à cela.

« Après le dernier pſeaume, les preſtres ſe levoient & chantoient ſur la teſte du malheureux chevalier le 109ᵉ pſeaume de David : *Deus, laudem meam ne tacueris*, auquel ſont contenues pluſieurs imprécations & malédictions contre les traiſtres.

« Et comme anciennement ceux qui devoient recevoir l'ordre de chevalerie devoient le ſoir auparavant entrer dans un bain pour ſe purifier le corps & paſſer la nuit entière dans une égliſe pour purger leur âme d'immondicité; ainſi le pſeaume des malédictions eſtant parachevé, un pourſuivant d'armes tenoit un baſſin plein d'eau chaude, & le héraut demandoit par trois fois le nom du chevalier dépouillé, que le pourſuivant nommoit par ſon nom, ſurnom & ſeigneurie, auquel le héraut reſpondoit qu'il ſe trompoit, & que celuy qu'il venoit de nommer eſtoit un traiſtre, deſloyal & foy mentie ; &, pour monſtrer au peuple qu'il diſoit la vérité, il demandoit tout haut l'opinion des juges, le plus ancien deſquels reſpondoit à haute voix que, par ſentence des chevaliers & eſcuyers préſents, il eſtoit ordonné que ce déloyal que le pourſuivant venoit de nommer, eſtoit indigne du titre de noble & de chevalier, & que pour ſes forfaits il eſtoit dégradé de nobleſſe & condamné à mort.

« Ce qui eſtant prononcé, le héraut renverſoit ſur la teſte du condamné ce plein baſſin d'eau chaude, après quoy les chevaliers juges deſcendoient de l'eſchaffaut & ſe reveſtoient de robes & de chaperons de deuil, & s'en alloient à l'égliſe. Le dégradé eſtoit auſſi deſcendu de ſon eschaffaut, non par le degré par lequel il estoit monté, mais par une corde qu'on lui attachoit sous les aisselles, & puis on le mettoit sur une claye ou sur une civière, & on le couvroit d'un drap mortuaire, & ainsi il estoit porté à l'église, les prestres chantant dessus luy les *Vigiles* & les *Oremus* pour les trespassez ; ce qui estant parachevé, le dégradé estoit livré au juge royal ou au prévost, & puis à l'exécuteur de la haute justice. Que si le roy lui donnoit grace de la vie, on le bannissoit à perpétuité ou pour un certain temps hors du royaume.

« Après cette exécution, les hérauts d'armes déclaroient les enfants & descendants du dégradé, ignobles & roturiers, indignes de porter armes & de se trouver & paroistre ès joustes, tournois, armées, cours & assemblées royales, sur peine d'estre dépouillez nuds & d'estre battus de verges comme vilains & nés d'un père infame. »

C'étoient de terribles hochets, on en conviendra, que ces marques distinctives qui ne permettoient pas à ceux qui les avoient reçues de leurs aïeux comme un dépôt sacré dont ils devoient compte à ceux qui venoient après eux, de vivre dans la mollesse & le repos de l'oisiveté, de dissimuler la moindre insulte, d'hésiter un seul instant en face des plus grands périls ; qui leur faisoient au contraire une loi de se dévouer au salut de tous lorsque la France avoit besoin du secours de leurs bras, & de mourir plutôt que de forfaire à l'honneur. Parcourons les annales de la monarchie, & nous verrons que les plus beaux faits d'armes n'eurent pas d'autre mobile que ce devoir, impérieux pour les nobles, d'illustrer leur bannière & de la transmettre pure & sans tache à leurs descendants ; pour les autres, c'étoit la noble ambition de se faire un blason avec leur épée & d'anoblir leurs neveux, comme les Catinat & les Faber. N'est-ce pas ce que nous avons vu de nos jours encore, où tant de couronnes ducales & de bâtons de maréchal de France sont sortis de la giberne du soldat(1)? Convenons donc que c'étoit une grande & noble pensée de la féodalité que cette institution qui marquoit un homme & sa race entière du triple sceau de l'honneur, du dévouement & du sacrifice. Malgré les révolutions qui ont fait table rase du passé, cette pensée a survécu au système qui l'avoit créée. Dans ce siècle d'égoïsme & d'intérêts matériels, où l'honneur s'est encore une fois réfugié dans les camps, ne voyons-nous pas tous les jours nos intrépides soldats, par une tradition innée dans leur âme, s'exposer résolument à tous les périls, accomplir des actes héroïques pour un lambeau de ruban couleur de feu qui devient leur blason, & les marque eux aussi, comme leurs devanciers, de ce triple sceau de l'honneur, du dévouement & du sacrifice ?

Considéré sous ce seul point de vue, le blason méritoit l'importance que le P. Menestrier lui a donnée dans ses divers traités; mais ce n'est pas sous cet aspect seulement qu'il lui apparoissoit : il y voyoit aussi un moyen infaillible pour dissiper l'obscurité dont certains faits historiques étoient enveloppés, pour indiquer la date & l'origine précises des monuments; en un mot, pour lui c'étoit l'histoire, & à ce titre il ne pouvoit négliger des matériaux

---

(1) Le vieux roi Louis XVIII, passant une revue des troupes, dit aux soldats ce mot heureux, qui s'est realisé pour plusieurs. « Mes enfants, vous avez tous le bâton de maréchal dans votre giberne »

qui devoient compléter sa Philosophie des images, puisque, dans l'espace de six à sept siècles, il trouvoit le blason lié intimement à tous les événements de la vie publique ou privée : à l'architecture , à la sculpture, à la peinture, qui avoient couvert d'armoiries les voûtes des églises & leurs vitraux historiés, les portes à ogive des châteaux, les sépultures qui souvent n'avoient pas d'autre signe qu'un écu blasonné pour faire connoître le nom de celui dont elles recouvroient la cendre.

Le P. Menestrier, avec les rares qualités qui le distinguoient, est resté confondu, comme écrivain, dans la foule des auteurs de son temps; le style lui a manqué, & il ne paroît pas s'en être préoccupé plus que ses contemporains en province. Il ne faut pas s'en étonner : vers le milieu de ce siècle, quelques hommes d'élite commençoient, il est vrai, à montrer le parti qu'on pouvoit tirer de la langue françoise ; mais ces premiers efforts, qui devoient bientôt réformer le goût & populariser l'élégance, étoient encore concentrés à Paris parmi un petit nombre de beaux esprits; l'Académie françoise, à peine sortie de ses langes (1), n'avoit pas fixé la langue & les règles de l'art d'écrire; Chapelain, Conrart, Balzac, Voiture étoient encore les oracles du goût; leurs écrits, imprégnés de pédanterie ou parsemés de pointes & de faux-brillants, charmoient les lecteurs par leur afféterie & leurs allures précieuses; mais la province étoit bien en arrière du progrès; elle ne s'aventuroit pas à suivre même de loin les traces de ces beaux diseurs qu'elle tenoit pour inimitables, & les

---

(1) Elle fut établie par edit du roi, date de St-Germain-en-Laye, le 30 décembre 1635

érudits restoient toujours ensevelis dans la poussière des écoles. La plupart, remplis d'un superbe dédain pour leur langue maternelle, ne composoient qu'en latin. Lorsqu'ils écrivoient en françois, c'étoit par condescendance & pour se mettre à la portée du vulgaire; leurs lecteurs n'étant pas difficiles, la forme ne les touchoit guères. Si la langue n'étoit pas fixée, l'orthographe l'étoit moins encore, chacun avoit la sienne: c'est ce qu'on peut voir dans les lettres manuscrites de Guichenon, de Menestrier, de Le Laboureur & d'une foule d'autres. Cependant le P. Menestrier auroit pu se former à l'exemple des grands modèles au milieu desquels il a vécu, puisqu'il passa les trente dernières années de sa vie à Paris. Il n'en fut rien : c'étoit sans doute un parti pris. Il n'écrivoit pas pour plaire & pour voiler, comme tant d'autres, le vide de la pensée par les agréments de la diction : son but étoit d'instruire; il pensoit que l'intérêt & la variété des sujets sur lesquels il écrivoit le dispensoient de ces vains ornements du discours, pour lesquels d'ailleurs le temps lui manquoit peut-être aussi. C'étoit une erreur, on est forcé d'en convenir, car un style pur & correct, une forme élégante & simple, ne gâtent jamais rien; le P. Menestrier lui-même a prouvé plus d'une fois qu'il étoit capable de manier avec art la langue françoise & de présenter les pensées les plus ingénieuses sous des formes agréables & avec une noble simplicité. Pour justifier cette assertion, je citerai le passage suivant extrait de son *Dessein de la science du Blason*:

« La nature & l'art nous apprennent que les grandes entreprises ne doivent pas être précipitées; il faut du temps & de l'adresse pour la conduite des grands desseins, &,

pour faire des ouvrages durables, il n'en faut pas presser
l'exécution. La palme n'est pas moins féconde que le reste
des arbres, pour être plus tardive à faire des fruits; elle travaille cent ans à la pompe de ses feuilles & de ses branches, mais aussi elle fait des branches & des feuilles qui sont
l'ornement des triomphes & la récompense des conqué-
rants. La plus agréable des saisons commence ses pro-
ductions par les violettes & les trèfles; elle s'exerce sur
les primevères à faire des roses & des tulipes; & l'histoire
des plantes nous assure que les lizets des campagnes &
des buissons sont les premières ébauches du lys (1). Les
roches travaillent au cristal avant que d'entreprendre de
faire des diamants; ces lumières glacées, qui trouvent tant
d'admirateurs, ne se produisent que par étincelles. L'eau
se philtre goutte à goutte aux rayons du soleil, pour former
ces petits astres du luxe; & ces faux-brillants de la vanité
ne sont, à leur naissance, qu'un peu de phlegme clarifié.
Les grandes masses de jaspe que l'art façonne en chambres
& en portiques, se dessinent sur des modèles de plastre.
On a vu le Louvre & Fontainebleau en bois & en carton
avant qu'ils eussent épuisé les carrières & lassé la main des
ouvriers; leurs salles & leurs galeries n'ont été que des
lignes & des angles tirés sur le papier, & les vastes espaces
qu'elles occupent n'avoient dans la première idée de leurs
architectes que des pouces & des modules. L'Apollon du
Belvédère, l'Aurore de Michel-Ange & le Henry IV du
Bolongne, qui sont les miracles de la sculpture, ont été
formés sur la cire & sur l'argile avant qu'ils parussent sur

---

(1) « Veluti naturæ rudimentum lilia facere condiscentis » (Plin., XXI, 11.)

le marbre & fur le bronze. C'eſt de Dieu même que nous apprenons cette façon d'agir; il ébaucha l'homme ſur un peu de limon, il conſulta ſon idée, & ſembla employer toute ſon adreſſe pour faire ce dernier effort.

« Les livres qui ſont des pièces plus importantes que des ſtatues, & des monuments de plus de durée que des images de toile & des têtes de marbre, demandent plus de ſoin que ces figures correctes; ils ſont l'expreſſion de l'eſprit, &, comme ils repréſentent la partie la plus noble de l'homme, on ne ſçauroit apporter aſſez d'étude à les polir. Il ſeroit à ſouhaiter que les ouvrages de cette nature fuſſent ſemblables à l'*Autel de Lyon* qui fut dreſſé aux frais communs de ſoixante provinces qui contribuèrent à ſon embelliſſement, & qu'on y apportât les mêmes ſoins qu'on apporta à la verſion grecque de la Bible & au Code de l'empereur Juſtinien : celle-là fut le travail de ſeptante-deux envoyés d'Eléazar, & celui-ci fut dreſſé par les dix plus ſçavantes têtes de l'Empire. Nous verrions moins de mauvais livres, & les preſſes ne gémiroient pas ſi ſouvent ſous le poids des impertinentes rêveries des eſprits mal tournés; nous ne verrions que des ouvrages achevés, & nos bibliothèques ſeroient ſemblables au firmament où l'on ne voit point de faux aſtres..... »

Je n'ai pas la prétention toutefois de préſenter le P. Meneſtrier comme un modèle de correction & d'élégance; ſa manière d'écrire, ſans élévation, eſt dénuée ordinairement de toute parure; il eſt toujours négligé, ſouvent lourd & diffus. En parcourant ſes nombreux écrits, on ne trouve rien ou preſque rien qui juſtifie le pompeux éloge que Chorier a fait de ſon éloquence, & ce qu'il a dit du succès obtenu par lui dans les chaires de Paris, à moins qu'on ne prétende qu'alors, électrifé par la préfence d'un auditoire nombreux & choifi, il trouvoit dans l'improvifation des reffources qui lui étoient refufées lorfqu'il écrivoit dans le filence de fon étude. Laiffant de côté la forme qui fe reffentoit en lui de la vieille fcolaftique & des controverfes arduës de la théologie, à une époque où le latin étoit encore confidéré exclufivement comme la langue favante & où la Cour avoit fon langage propre bien différent de celui de la ville & plus encore de celui de la province, le P. Meneftrier refte un des plus favants hommes & un des plus beaux génies de fon fiècle : c'eft le témoignage qui lui a été rendu par fes contemporains, &, fi nous nous reportons au temps où il vivoit, fi nous ne perdons pas de vue qu'il a écrit exclufivement fur des fujets férieux qui demandent furtout de l'ordre & de la clarté & qui s'accommodent peu des périodes arrondies, nous n'infirmerons pas ce jugement. Ce que perfonne ne niera, c'eft qu'il fit partie de cette phalange d'érudits laborieux & patients qui déblayèrent le terrain fi longtemps envahi par l'ignorance, & préparèrent les voies aux travaux hiftoriques & à l'étude des antiquités nationales dont les progrès furent fi rapides à dater du milieu du XVIIe fiècle. L'impulfion donnée cent ans avant par la Renaiffance avoit fait revivre les chefs-d'œuvre de l'antiquité ; la ferveur des novateurs étoit telle, qu'on ne lifoit plus que les anciens ; on compofoit en grec & en latin, & la langue françoife, méprifée comme un jargon vulgaire, étoit jugée indigne de reproduire les œuvres du génie. Les favants, peu foucieux des fuffrages d'une multitude ignorante, voulant d'ailleurs être lus & compris par les favants de tous les pays, écrivoient en latin, même les ouvrages qui fembloient deftinés furtout à l'inftruction de leurs concitoyens: c'eft ainfi que nous avons un fi grand nombre d'hiftoires de France qui font reftées lettres clofes pour le public non lettré.

Le P. Meneftrier penfa que l'hiftoire de fon pays devoit être écrite en françois; que peu importoient les beaux mouvements oratoires & les périodes cicéroniennes; que ce qu'elle exigeoit avant tout, c'étoit la vérité appuyée fur des titres authentiques, dégagée par une critique fage & éclairée de toutes les rêveries & de toutes les erreurs dont on fe plaifoit à la voiler. C'eft ce qu'on retrouve dans fes écrits, & ce fera pour lui une gloire immortelle.

On peut lui appliquer ce que Dreux du Radier a dit de l'abbé Lebeuf dans l'Eloge hiftorique de ce travailleur infatigable, qui n'a pas été un jour fans tracer fon fillon. Je reproduis ce paffage, parce qu'il femble avoir été écrit pour le P. Meneftrier :

« M. l'abbé Lebeuf a trouvé pendant fa vie des critiques : quel écrivain eftimable n'en trouve pas? On lui a reproché la dureté de fon ftyle, la pefanteur de fa compofition, & des fautes d'exactitude dans quelques faits ou dans quelques dates. Qu'on life fes ouvrages avec les difpofitions qu'on doit apporter dans la lecture de pareils écrits, avec celles d'un des plus favants hommes que nous ayons eus, de l'abbé de Longuerue, on dira ce qu'il difoit : « Que m'importe que l'auteur écrive bien ou mal, en « latin ou en françois; que je l'entende, cela me fuffit. » Bayle, l'aigle de nos critiques, eft-il toujours exact? parlet-il toujours correctement? sacrifie-t-il aux grâces quand il discute un fait? L'esprit occupé de l'exactitude dans les noms, dans les dates, dans les faits, peut-il conserver cette délicatesse de style, cette légèreté d'expression qui fait le vernis d'un ouvrage suivi, d'un discours, d'une pièce éloquente? Un auteur qui a passé les trois quarts de sa vie à lire des livres écrits ou dans une langue étrangère, ou d'un style barbare & hérissé de phrases & de mots hors d'usage, à les extraire & à en tirer le suc, est-il obligé d'écrire comme celui qui ne s'occupe que des mots ou de la délicatesse des tours de la langue qui fait son premier objet? Enfin, celui qui tire des diamants d'une mine doit-il être confondu avec le lapidaire qui les façonne, avec l'ouvrier qui les polit? Il y auroit de l'injustice à le faire

« Mais l'abbé Lebeuf s'est mépris quelquefois, il a confondu quelques faits, quelques dates. A qui ce reproche ne peut-il pas s'adresser? dans quel ouvrage ne se trouve-t-il point de méprises? Mezeray, Daniel n'en sont-ils point remplis? Et si, en faisant à M. l'abbé Lebeuf cette objection, on fait attention à l'immensité des matériaux qu'il a employés, à la nature des faits qu'il a discutés, on sera surpris qu'il ne se soit pas plus souvent trompé...(1). »

Nicolas Chorier, dans un de ses livres, a fait ainsi l'éloge du P. Menestrier :

« Son vaste génie se plie à tout (2), il excelle dans tous les genres de littérature, & a le rare privilége de n'être

---

(1) *Journ. de Verdun*, juillet 1760

(2) Chorier dit ici du P. Menestrier ce que Tite-Live, liv. XXXIX, chap. 40, dit de M. P. Caton « Huic versatile ingenium, sic pariter ad omnia fuit, ut natum ad id unum diceres, quodcumque ageret. »

médiocre en aucun. Né à Lyon, l'étude & le travail ont fait de lui la gloire & l'ornement de sa patrie ; théologien, philosophe, poète, orateur, historien, grammairien, doué de la plus saine critique, il a exploré l'immensité des connoissances humaines ; rien dans le domaine de la science & de l'art ne lui est resté étranger. Tout Paris, attiré par l'éclat de sa renommée, a couru à ses prédications. Lorsqu'il prêcha la station du carême à St-André-des-Arcs, j'ai vu la foule se presser autour de lui, avide d'entendre l'orateur sacré dont l'éloquence & le profond savoir captivoient l'attention & entraînoient les cœurs. Mais est-ce bien à moi chétif qu'il appartient de louer convenablement un homme si disert? pour parler de lui dignement, il faudroit avoir son éloquence. Le P. Menestrier a publié un très grand nombre d'ouvrages, tous remarquables dans leur genre ; il a traité si diligemment des armoiries & des emblèmes, qu'il n'a rien laissé à dire sur cette matière..... Quoique nous ayons vécu éloignés l'un de l'autre pendant plus de vingt ans, il me conserva invariablement son amitié ; il m'a cité plusieurs fois dans ses écrits, & m'a donné des témoignages nombreux de sa bienveillance Pour en finir, il étoit recommandable autant par sa bonté & sa politesse que par son esprit & son érudition ; ses mœurs étoient douces & faciles, il avoit l'air distingué, le corps dispos, le tempérament bon & robuste ; sa voix étoit pleine & sonore, sa poitrine large & ouverte, &, lorsqu'il étoit jeune, tout dans sa démarche & dans ses gestes étoit empreint de grâce & d'élégance (1). »

(1) Voyez *De Petri Boeffati equitis & comitis Palatini viri clarissimi vita amicisque litteratis* libri duo Gratianopoli, 1680, in-12, p 236.

Chorier dit encore que le P. Meneftrier prononça à Grenoble l'éloge de Pierre Legoux de la Verchère, premier préfident du Parlement, & qu'il compofa un magnifique panégyrique pour Georges de Mufy, premier préfident de la Cour des aides de Vienne; ce fut encore lui qui fut chargé de la pompe funèbre dans l'églife de St-Maurice : le difcours, écrit en latin, fut prononcé par Jean Aujas, neveu de Chorier (1). L'hiftorien du Dauphiné a loué auffi le P. Meneftrier dans des vers latins qui fe trouvent à la fuite de la Vie de Salvaing de Boiffieu (2).

La noble intelligence du P. Meneftrier embraffa tout, depuis les fpéculations les plus élevées de la fcience jufqu'aux plus humbles documents que fon immenfe lecture aidée d'une mémoire prodigieufe lui fourniffoit inceffamment, & qu'il fut mettre à profit avec une rare fagacité. Prêtre régulier, religieux exemplaire, homme de lettres & favant, il fut concilier le devoir & la piété avec le contact du monde : fon zèle fuffifoit à tout. Grâce à la pénétration de fon efprit, à une vie laborieufe, à une étude profonde des hommes & des chofes, il trouva le moyen de parler de tout *ex profeffo*; toujours avide de s'inftruire, il étoit en relations fuivies avec tous les favants françois & étrangers qui entretinrent un commerce de lettres avec lui jufqu'à fa mort; initié par un inftinct merveilleux à toutes les connoiffances humaines, même à celles qui fembloient devoir refter en dehors de fa profeffion, il donnoit des préceptes utiles & des idées ingénieufes aux peintres, aux

---

(1) *Loc. cit*, pp 148 & 202 *ab intimis confiliis, virum illuftrem, Indignatio*, p 50
(2) *Ad Francifcum Duguæum, Regi*

sculpteurs, aux architectes, qui l'écoutoient comme l'oracle de la science & du bon goût. Nourri de l'étude de l'antiquité & de ses monuments, du moyen-âge & de ses chartes, il s'en servoit toujours heureusement, soit pour appuyer ses propres conjectures, soit pour renverser celles qui lui paroissoient mal fondées ou contraires à la vérité qu'il aimoit & recherchoit par-dessus tout. Avant lui, on écrivoit l'histoire comme un roman, sans se mettre en peine de la justifier par des titres & des documents authentiques; il fut des premiers à comprendre l'importance des preuves & des pièces justificatives, & ce n'est pas la partie la moins instructive & la moins intéressante de son *Histoire consulaire*. Lorsque cette Histoire parut, elle fut louée par un rimeur qui a mordu & déchiré tous les auteurs de son temps : le poète sans fard, Gacon, lui adressa une épître qui est la VIIe de son Recueil :

AU R. P. MENETRIER SUR SON HISTOIRE DE LYON.

Toy qui sçais aujourd'hui te faire un nom celebre
Du talent d'embellir une pompe funèbre,
Et qui nous as montré par mille traits nouveaux
Le grand art d'honorer les mânes des heros,
Reçoy, cher Menetrier, des Filles de memoire,
Ces vers qu'Apollon même a dictez pour ta gloire
Un jour que le soleil brillant sur l'horizon
M'invitoit a dormir sur le tendre gazon,
Comme je reposois a l'ombre d'un vieux chêne,
J'aperçus tout-a-coup la sage Melpomène,
Son front étoit orné des plus riches atours,
Sa bouche de corail m'adressa ce discours ·
« Assez & trop longtemps cloue sur la satire,
Tu négliges, dit-elle, & la flûte & la lyre,
Il faut a l'avenir, partageant mieux ton temps,

Blâmer les froids auteurs & louer les sçavans
Outre les Despréaux, les Flechier, les Racines,
En France il est encor d'autres âmes divines;
Parmi ces grands auteurs, ces esprits élevez,
Qu'au siècle de Louis le Ciel a réfervez,
Menetrier, de Lyon & l'honneur & la gloire,
De cette illustre ville a composé l'histoire,
Et, perçant les replis de son antiquité,
L'a mise en tout son jour à la postérité :
Pour rendre grâce aux soins de ce rare genie,
Livre pour quelque temps les sots a leur manie,
Et, du grand Menetrier vantant le fameux nom,
Hâte-toy d'obeir a l'ordre d'Apollon »
La deesse, a ces mots, au milieu d'une nue
S'elève vers les cieux, se derobe à ma vue.
Je demeurai charmé de son port eclatant,
Et t'envoyant ces vers, j'obeis à l'instant (1).

La réputation que le P. Menestrier s'étoit acquise par ses écrits étoit si bien établie, que tous les auteurs se croyoient obligés de lui rendre hommage.

Pernetti a dit, & les modernes ont répété après lui, que *quelqu'un* ayant trouvé dans le nom de *Claude Menestrier* cet anagramme : *Miracle de nature*, le savant & ingénieux Jésuite lui répondit par ce quatrain :

Je ne prends pas pour un oracle
Ce que mon nom vous a fait prononcer,
Puisque, pour en faire un miracle,
Il a fallu le renverser.

Ce *quelqu'un* étoit Thomas De Lorme, de Vienne,

---

(1) *Le Poete sans fard*, contenant satires, épîtres & epigrammes sur toutes sortes de sujets. A Libreville, chez Paul Difant-Vray, a l'enseigne du miroir qui ne flatte point. 1698, in-12

avocat en parlement & médiocre poète (1); ravi d'avoir trouvé cet anagramme dans le nom du P. Meneſtrier, il lui avoit envoyé les vers ſuivants :

AU R. P. CLAUDE MENESTRIER, JESUITE, SUR SON ANAGRAMME
MIRACLE DE NATURE.

<blockquote>
En vain, grand favori de l'éloquent troupeau,
J'oſerois chanter votre hiſtoire ;
Car on ne fçauroit rien ajouter de nouveau
A la grandeur de votre gloire.
Vous êtes l'entretien de tous les beaux eſprits,
Et vos admirables eſcrits
Ne ſont plus ignorez d'aucune créature ;
Tout parle de votre renom,
Et meſme juſqu'à votre nom
Vous publie à ſon tour MIRACLE DE NATURE.
</blockquote>

Les recueils d'emblèmes & de deviſes compoſés par le P. Meneſtrier ſurpaſſent en juſteſſe & en délicateſſe d'eſprit & d'invention tout ce qui a été compoſé dans ce genre. Il a fait du blaſon une ſcience, & a rendu la lecture des traités qu'il en a écrits auſſi agréable qu'utile par la variété qu'il a ſu y répandre, par les monuments qu'il a tirés de l'oubli & par les faits hiſtoriques qu'il y a mêlés çà & là. Sa *Bibliothèque curieuſe* eſt un amuſement philologique auquel on a fait ſouvent des emprunts, mais où perſonne ne l'a ſurpaſſé. Bien que médiocrement pourvu du *vis poetica*, il a pourtant compoſé des vers latins & françois en aſſez grand nombre, & qui ne ſont ni pires ni

---

(1) *La Muſe nouvelle*. Lyon, 1665, in-12 — Richelet, dans une lettre a Th. De Lorme, ſe moque de lui & l'appelle le Malherbe du Dauphiné, le Patru du Parlement. Voyez *Les plus belles Lettres françoiſes* tirees des meilleurs auteurs, avec des notes, 4 vol in-12, t. I, p. 525

meilleurs que ceux de la plupart des verſificateurs, je ne dis pas des poètes de ſon temps ; le deſſein de ſes décorations & ſes deſcriptions témoignent de ſon goût & de l'heureuſe fécondité de ſon imagination ; la manière dont il a écrit ſur les tournois, les carrouſels, les ballets, les repréſentations en muſique, eſt une preuve qu'il ſavoit tirer de tout des enſeignements utiles ; en effet, rien de ce qui touchoit à l'hiſtoire des arts & aux progrès de l'eſprit humain n'étoit indifférent à ce digne & grave Religieux ; pour lui, le culte de la ſcience & les veilles qu'il lui conſacroit n'étoient qu'un moyen d'utiliſer au profit de tous, les loiſirs que lui laiſſoient des travaux plus ſérieux.

A ſa rare érudition, aux nobles qualités qui le diſtinguoient, diſent les journaliſtes de Trévoux, le P. Meneſtrier joignoit des vertus plus eſtimables encore que tous les talents naturels ; il avoit pour ſes ſupérieurs une ſoumiſſion entière ; d'une exactitude rigoureuſe à obſerver le vœu de pauvreté, à la réſerve de ſes livres & de ce qui lui étoit néceſſaire pour ſon travail, ſa chambre, véritable cellule, étoit dépourvue de tout ; ſon humeur, toujours égale & toujours charmante, marquoit la paix de ſon âme & l'innocence de ſes mœurs. Il étoit modeſte, & il paroiſſoit dans toute ſa conduite une certaine ſimplicité qui devoit encore relever ſon mérite auprès de ceux qui le connoiſſoient (1).

A cet éloge, j'ajouterai celui qu'on lit en tête de la contrefaçon faite en Hollande d'une de ſes méthodes du blaſon. Cet hommage, rendu à un Jéſuite par un étranger, mérite de trouver ſa place ici. Je le reproduis, ſauf l'or-

---

(1) *Mémoires de Trévoux*, année 1705

thographe bizarre qu'on y affecte & dont l'ufage n'a pas prévalu (1): « Le P. Meneftrier eft furnommé l'univerfel, & il foutient dignement cet éloge. Il n'eft rien qu'il ne fache, foit en langues, foit en arts libéraux. Son talent tranfcendant eft le blafon; il y eft confommé, les parlements le reçoivent comme auteur irréfragable de la première claffe. Il poffède parfaitement l'antiquité. Les théâtres, les portraits, les épitaphes, la poéfie en toute langue, les obsèques, les devifes & les médailles ne font pour lui que des jeux d'efprit. Sa mémoire eft prodigieufe. Il a la ripofte admirable en promptitude & en fubtilité. Il parle jufte & il écrit poliment. Il fait du bien à tout le monde. Il eft de toutes les heures (2). Paris le regarde comme fes délices. On fouhaite qu'ayant mis le blafon au dernier période, il rétréciffe l'étendue de fon efprit à l'hiftoire; s'il s'en mêle, on ne doute pas qu'il ne donne des chefs-d'œuvre & qu'il n'efface les Mezeray, les Maimbourg & les Varillas, furtout s'il oublie qu'il eft françois. Son mérite eft connu & applaudi; mais s'il étoit de Paris ou de l'Ile-de-France, il feroit adoré, parce qu'il n'auroit pas tant de jaloux. Il prêche favamment, dévotement, fpirituellement, agréablement, tendrement. S'il avoit moins de mémoire, il fe prépareroit davantage & il fe rendroit encore plus admirable en chaire. Leurs majeftés angloifes, réfugiées à St-Germain-en-Laye, ont goûté extraordinai-

(1) *La Sience* (fic) *de la nobleffe*, ou la nouvelle Metode du blafon, par le P. C.-F. Meneftrier, & augmentee des principales familles du Pais-Bas, d'Hollande, d'Allemagne, &c., 1691, in-12. (*Avis au lecteur*)

(2) On a dit auffi d'Afinius Pollio qu'il etoit l'homme de toutes les heures, « .... effe eum omnium horarum. » (Quintil., *Inftit. orat.*, 1, 3, *ad calcem*.)

rement ſes prédications ; il n'eſt nulle part plus majeſtueux.
Sa ſtature qui eſt plus que médiocre, & ſa voix ronde &
tonnante, lui donnent de la grâce & inſpirent de la vénération. Gantrel a gravé ſon portrait, mais il n'a pas réuſſi.
Simon l'a deſſiné au paſtel infiniment d'après nature. Il
a les cheveux gris, la tête un peu chauve (1), groſſe &
ronde, le front bien voûté & large, les yeux grands &
vifs, le nez un peu large, la bouche raiſonnable, & les
joues aſſez fournies ; ſon viſage eſt blême & celui d'un
homme d'étude, mais il a le corps robuſte & il marche
vigoureuſement. Il eſt honnête, ſerviable, modeſte, re-
connoiſſant, dévot ſincère & très bon religieux. La Compagnie l'a mis au rang de ſes profès des quatre vœux, &
elle avoue que le P. Meneſtrier poſsède ce degré à plus de
ſix titres. »

Le P. Meneſtrier parut dans les chaires de Paris dès 1670,
& pendant vingt-cinq ans il s'y fit entendre ; il prêcha auſſi
dans les cathédrales des villes les plus conſidérables du
royaume, & partout avec un grand ſuccès. Sans doute il
n'écrivoit pas ſes ſermons & ſe contentoit de les préparer ;
ce qui expliqueroit pourquoi il n'en eſt arrivé aucun juſqu'à
nous, à l'exception du Panégyrique de la reine-mère,
qu'il prononça au début de ſa carrière, & de celui de Turenne. Au milieu de tant de travaux, il trouvoit encore le
temps d'aller faire des miſſions dans les campagnes, & il
ſe chargeoit volontiers du ſoin d'enſeigner le catéchiſme
aux enfants lorſque ſes ſupérieurs l'y engageoient. Les dernières années de ſa vie, ſa ſanté délabrée ne lui permettant

---

(1) Il avoit alors ſoixante ans.

plus de se livrer assidument à la prédication, il se remit tout entier à ses recherches historiques, & il publia l'*Histoire civile & consulaire de Lyon*, qu'il n'eut pas le temps de terminer & qu'il devoit enrichir encore de tant de pièces curieuses perdues depuis lors (1).

Dans un de ses recueils resté manuscrit, & qui a pour titre : *Projet, plan & préparation de l'Histoire de l'Eglise de Lyon*, le P. Menestrier nous apprend la méthode dont il faisoit usage pour exécuter plus facilement & plus sûrement les divers travaux qu'il avoit entrepris sur notre histoire. Il avoit commencé par préparer trois gros in-folio de papier blanc, marquant à chaque page l'ordre & la suite des années depuis la fondation de Lyon jusqu'en l'année 1700. A mesure qu'il lisoit les historiens, les chroniques, les titres, les cartulaires & autres pièces desquelles il pouvoit tirer quelque lumière, il notoit chaque événement ou chaque fait sous son année, en ayant soin de mettre en marge d'un côté le nom de nos rois & les années de leur règne, de l'autre le nom des archevêques, la date & la durée de leur gouvernement, pour l'histoire ecclésiastique ; & comme il se trouvoit des événements & des faits dont les temps & les dates n'étoient point marqués, il avoit ajouté un quatrième in-folio sur lequel il les inscrivoit, pour examiner à loisir la date qui leur convenoit & l'usage qu'il devoit en faire. « Le premier fruit que je tirai de cette entreprise, ajoute-t-il, fut de découvrir les contrariétés des auteurs qui souvent placent les mêmes faits sous des années non-seulement différentes,

_____

(1) *Mémoires de Trevoux*, loc. cit

mais fort éloignées les unes des autres ; ce qui m'obligea d'avoir recours aux sources & aux titres primordiaux, ou aux auteurs contemporains, pour déterminer le parti le plus sûr que je devois prendre en cette contrariété. Ce fut en 1666 que j'entrepris ce travail, que j'ai continué durant plus de trente ans avant de me mettre à composer cette Histoire. »

De ces quatre volumes mentionnés par le P. Menestrier, il n'en reste plus qu'un seul, qui a été décrit par M. Delandine, sous le n° 1358 du Catalogue des manuscrits de la Ville ; il contient un recueil de faits classés par ordre chronologique, de l'année 1202 à 1700. Quelques feuillets ont été enlevés vers le milieu de ce volume ; il manque, entre autres, les années 1470-71, 1582-83 ; à la fin se trouvent plusieurs pièces transcrites de la main du P. Menestrier : la plus remarquable est le poème en vers latins de Philibert Girinet sur l'élection d'un roi de la bazoche à Lyon. Le P. de Colonia, qui le croyoit inédit, en a donné un extrait dans son Histoire littéraire, d'après le manuscrit du P. Menestrier ; M. Breghot du Lut étoit dans la même erreur lorsqu'il le publia en entier en 1838, avec la traduction en françois & des notes, sous le titre : *Le Roi de la Basoche*. Ce petit poème, dont il croyoit avoir la primeur, avoit été déjà imprimé à Bâle par Jean Oporin, 1546, in-8, avec les Bucoliques de quelques autres poètes latins modernes, au milieu desquelles il est comme perdu (1). Il avoit échappé depuis trois siècles aux biblio-

---

(1) Philiberti Girineti *de Petri Gau-* *terii in pragmaticorum Lugdunensium* principum *electione* Idyllion

graphes, &, ce qui étonne plus encore, il étoit resté inconnu au P. de Colonia & à M. Breghot, si minutieux & si persévérants l'un & l'autre dans la recherche de tout ce qui pouvoit intéresser l'histoire littéraire de Lyon. La Croix du Maine & Du Verdier ne disent rien de Philibert Girinet; on sait seulement qu'il étoit chevalier de l'Eglise de Lyon & qu'il avoit à St-Just-en-Chevalet le prieuré de Saint-Thibaud, où il fut inhumé. Papire Masson l'appelle *avunculus & mœcenas meus* (1); c'est tout ce qu'il dit de lui. Il n'est cité d'ailleurs que par Colletet, qui, dans son Discours sur le poème bucolique, se borne à dire qu'il a composé des idylles (2).

Tout en effeuillant la guirlande que M. Breghot croyoit se tresser lorsqu'il donnoit comme inédite l'idylle de Philibert Girinet, que Jean Oporin avoit eu l'heureuse pensée de nous conserver dès 1546, il faut rendre au bibliographe lyonnois, dont les amis des lettres déplorent tous les jours la perte, la justice qui lui est due: ses corrections du texte manuscrit sont bonnes, & presque toujours il a rencontré heureusement lorsqu'il a voulu restituer la véritable leçon.

Le manuscrit du P. Menestrier, qui m'a conduit à cette digression, finit par une chronologie de l'année 500 à 595, & n'offre que les faits rapportés dans l'Histoire ecclésiastique qu'il a laissée inachevée. Cette histoire s'arrête vers 630.

M. l'abbé Sudan, à qui nous sommes redevables de

---

(1) *Descriptio fluminum Galliæ*. Parisiis, 1685, p. 13

(2) L'idylle de Girinet a été reproduite avec la traduction, par M. A. Fa-

bre, dans ses savantes Recherches sur les Clercs de la Bazoche. Vienne, 1856, in-8

matériaux si précieux pour l'histoire de Lyon, avoit pris une copie des notes chronologiques du P. Meneftrier. Cette copie fait partie du tome XII de ses manuscrits acquis par la Ville après son décès ; elle contient quelques additions malheureusement trop clair-semées, car personne n'étoit plus capable que lui de compléter un travail de cette nature.

L'autorité que le P. Meneftrier s'étoit acquise en matière héraldique, la faveur avec laquelle le public accueilloit ses divers traités étoient telles que la cupidité des libraires ne manqua pas de l'exploiter ; non-seulement ils firent des contrefaçons de ses ouvrages les plus populaires, mais, pour assurer le débit de leurs autres publications sur le même sujet, ils les imprimèrent plus d'une fois sous son nom ; c'est ce dont il s'est plaint amèrement en différentes occasions : « Il y a plus de vingt ans, écrivoit-il en 1689 dans sa *Science du Blason*, que j'en donnai une méthode abrégée, qui a été imprimée tant de fois, imitée, copiée & contrefaite, que je ne puis plus différer à satisfaire le public en donnant quelque chose de meilleur que ce coup d'essai, où les libraires avoient mis de leur chef des armoiries de quelques maisons peu connues & peu illustres. »

Ce qu'il met ici sur le compte des libraires lui avoit été reproché par Le Laboureur dans son Epître apologétique ; l'ancien Prévôt prétendoit qu'il n'avoit introduit ces blasons communs & bourgeois que dans l'intention de tirer parti de son livre, & d'en étendre ainsi la vente à un plus grand nombre de personnes. «En 1671 on imita cette Méthode, dit-il encore, & on lui donna pour titre : *La Méthode royale facile & hiftorique du Blason* ; on s'y servit des mêmes figures que j'ai données dans l'*Abrégé méthodique*, & on y laissa toutes les fautes que l'imprimeur avoit faites en diverses éditions.

« L'année suivante 1672, il parut une nouvelle Méthode sous le titre de *Méthode héraldique*, dont l'auteur a trompé le public en donnant plus de cent armoiries sous des noms supposés....., croyant ainsi éviter la censure de ceux qui l'auroient fait passer pour plagiaire, s'il s'étoit servi des mêmes exemples que j'avois donnés dans ma Méthode sans les avoir déguisés de cette sorte.... »

La longue carrière littéraire du P. Menestrier ne fut pas exempte de tribulations ; mais ses démêlés avec Le Laboureur lui avoient servi de leçon, & il ne répondit plus à ses agresseurs. Une fois seulement il se crut obligé d'exposer ses griefs, toutefois sans prendre l'offensive : ce fut lorsqu'il publia l'*Histoire du roi Louis-le-Grand par les médailles*, ouvrage pour lequel il rassembloit des matériaux depuis plus de trente ans, & qui lui attira des contrariétés poussées jusqu'à la persécution. Dans la nécessité d'en appeler au public, pour se défendre contre ses ennemis, il écrivit son *Factum justificatif*, où l'on trouve l'exposé des faits dont il avoit à se plaindre. L'Académie des inscriptions & belles-lettres, qui travailloit sur le même sujet que lui, ne pardonnoit pas à un simple religieux d'avoir pu exécuter avant elle, dans le silence de sa cellule & sans autre ressource que son savoir & sa persévérance, un plan qui avoit absorbé ses soins & le concours d'un grand nombre de savants académiciens : elle mit en avant un de ses membres, le sieur de La Chapelle, secrétaire des commandements du prince de Conti, qui se chargea d'entraver la publication du P. Menestrier & de lui susciter toutes sortes de mauvaises querelles. Sous prétexte qu'il y avoit, dans ce livre, des médailles qui déplaisoient au roi, il fit intimer au P. Menestrier par ses supérieurs l'ordre d'arrêter l'impression. Ce ne fut pas tout : quoiqu'il eût un privilége en bonne & due forme, depuis quatre ans, on obtint que les exemplaires seroient saisis entre les mains du graveur, & que les scellés seroient apposés sur les planches. La raison donnée pour justifier cet ordre arbitraire n'avoit rien de sérieux; le véritable, l'unique motif étoit la jalousie : l'Académie ne vouloit pas se trouver en concurrence avec le P. Menestrier; pour en finir avec lui, elle ne trouva pas de moyen plus sûr que de faire supprimer son livre.

Les injustices que la publication de cette histoire valut au P. Menestrier pendant les dernières années de sa vie, devoient le poursuivre au-delà du tombeau. Un siècle après sa mort, le Jansénisme révolutionnaire, triomphant sur les ruines de l'Eglise & de la Compagnie de Jésus, y trouva une occasion d'épancher son fiel contre les Jésuites & d'insulter à la mémoire du P. Menestrier. M. Grégoire, ancien évêque constitutionnel de Blois, publia en 1809 *Les Ruines de Port-Royal-des-Champs*, pour célébrer l'année séculaire de la destruction de ce monastère fameux. A propos de la Bulle de Clément IX sur les cinq Propositions de Jansénius, reçue par les évêques qui s'étoient d'abord montrés opposants, il y rappelle que Colbert, par l'ordre du roi, fit frapper en 1669 une médaille pour transmettre à la postérité la mémoire d'un événement heureux qui rendoit à l'Eglise la paix un instant troublée. « Cette médaille, dit M. Grégoire, présente d'un côté Louis XIV, de l'autre une colombe rayonnante, fymbole du Saint-Efprit qui a préfidé à cette action ; plus bas eft un autel fur lequel eft une Bible ouverte, & fur cette Bible font les clefs de faint Pierre en fautoir, avec le fceptre & la main de juftice, pour marquer le concours de la puiffance eccléfiaftique & de l'autorité royale.

« Les mots de la légende font, *Gratia & pax a Deo* · C'eft de Dieu que viennent la grâce & la paix. Ceux de l'exergue font, *Ob reftitutam Ecclefiæ concordiam :* Pour monument de la paix rendue à l'Eglife ; & au-deffous eft la date 1669, ce qui comprend Rome & fes théologiens, auffi bien que les évêques & le clergé de France.

« ..... Le P. Meneftrier, *Jéfuite*, ayant donné en 1689 une édition d'une *Hiftoire de Louis XIV par médailles*, y mit pareillement celle-ci, toutefois en expliquant à fa manière la paix de Clément IX : dans l'édition de 1693 il ajouta de nouvelles fauffetés, mais enfin la médaille s'y trouve. »

De ces derniers mots de l'ancien évêque de Blois il réfulte que, dans la première édition de l'*Hiftoire de Louis-le-Grand par les médailles*, le P. Meneftrier feroit coupable d'avoir donné une interprétation arbitraire de la médaille en queftion, & que, dans l'édition de 1693, il auroit aggravé le délit en ajoutant de nouvelles fauffetés : ce font les expreffions de l'ancien conventionnel.

J'ai fous les yeux les deux éditions citées, &, afin que le lecteur puiffe juger de la bonne foi du redreffeur de torts & faire lui-même juftice de l'accufation, je reproduis textuellement les explications données par le P. Meneftrier dans les éditions de 1689 & de 1693. Je copie :

Edition de 1689, planche xiv, médaille 4 : « *Gratia & pax a Deo. Ob restitutam Ecclesiæ concordiam.* M DC LXIX. La grâce & la paix viennent de Dieu. Pour la paix donnée à l'Eglise. 1669.

« Le Clergé de France ayant été longtemps divisé sur les matières de la grâce & des cinq Propositions condamnées par Innocent XI & par Alexandre VII, le roi imposa silence aux deux partis, & rendit la paix à l'Eglise en faisant signer un formulaire dressé par l'Assemblée du Clergé. L'autorité de l'Eglise est représentée par les clefs, la royale par le sceptre & par la main de justice, la doctrine par le livre, & l'Eglise par l'autel. »

Dans l'édition de 1693 (suite des médailles, planche vi), on retrouve au-dessous de la représentation de celle-ci la même explication mot pour mot. J'ajoute que dans les deux éditions la représentation de la médaille est en tout conforme à la description donnée par M. Grégoire; on y voit la colombe rayonnante, l'autel, la Bible ouverte, les clefs de saint Pierre en sautoir, avec le sceptre & la main de justice; la légende *Gratia & pax a Deo*, & l'exergue *Ob restitutam Ecclesiæ concordiam*.

Et cependant le P. Menestrier est traité de faussaire, il est accusé d'avoir donné une explication mensongère d'un monument public, d'avoir sciemment ajouté faussetés sur faussetés.

Si M. Grégoire n'a pas reculé devant la calomnie pour flétrir la mémoire d'un religieux aussi recommandable par sa piété & sa vertu que par son savoir, c'est qu'il vouloit sans doute raviver les haines contre l'illustre Société qui, aussi longtemps qu'elle étoit restée debout, avoit défendu la pureté de la foi contre les fectaires, & qui depuis, même aux jours de la perfécution, lorfque fes membres difperfés ne trouvoient pas où repofer leur tête en Europe, étoit encore un épouvantail pour les deftructeurs de l'orthodoxie.

M. Grégoire ne s'en tient pas là dans fon difcours élégiaque fur la Thébaïde françoife : après les Jéfuites vient le tour de l'Académie des infcriptions elle-même qu'on ne s'attendoit guère à voir englobée dans la même profcription que la Compagnie de Jéfus ; il s'en prend à Gros de Boze qui, « redevable aux Jéfuites, dit-il, leur facrifie fon honneur & celui de l'Académie, » & il l'accufe à fon tour de menfonge & de mauvaife foi. N'eft-ce pas proftituer le talent & le favoir que de les employer au fervice d'une caufe qui, pour avoir raifon, oblige de recourir à des armes déloyales ?

Déjà à la fin du fiècle dernier, foixante-dix-fept ans après la mort du P. Meneftrier, d'autres avoient exprimé des doutes fur l'intégrité de fon caractère & fur fa bonne foi littéraire, fans que perfonne jufqu'à ces derniers temps eût penfé feulement à le défendre de ces infinuations malveillantes ; voici le fait :

Le *Journal des Sçavans*, du 22 juin 1682, avoit annoncé que le tombeau de la reine Anne ou Agnès de Ruffie, feconde femme du roi Henri Ier, fils de Robert, avoit été découvert récemment par le P. Meneftrier dans l'églife de l'abbaye de Villiers de l'ordre de Cîteaux, auprès de la Ferré-Aleps ou Alais, en Gâtinois (*Firmitas Adelahidis*), à une lieue d'Etampes. C'étoit une tombe plate, dont les extrémités étoient brifées. L'effigie de la reine y étoit gravée ayant fur la tête une couronne affectant la forme du bonnet que portoient les électeurs d'Allemagne ; en retour étoit un demi-cercle où commençoit son épitaphe ainsi conçue : *Hic jacet domina Agnes uxor quondam Henrici regis*..... Le reste manquoit ; sur l'autre retour on lisoit : ..... *eorum per misericordiam Dei requiescant in pace.*

On voit par cette épitaphe que cette princesse s'appeloit Agnès & non Anne, & qu'elle mourut en France, quoique les historiens nous assurent qu'elle retourna en son pays après la mort de Raoul de Péronne, comte de Crespy & de Valois, qu'elle avoit épousé en secondes noces (1).

Le P. Anselme, Dom Bouquet & les auteurs de l'*Art de vérifier les dates*, adoptèrent cette opinion contrairement à celle qui avoit été émise par les frères de Sainte-Marthe dans la première édition du *Gallia christiana:* aussi, en 1770, les auteurs de la seconde édition cherchèrent-ils à démontrer la fausseté de la découverte faite par le P. Menestrier ; ils allèrent même jusqu'à affirmer qu'il y avoit supposition du mot *regis* à la fin de la première partie de l'inscription citée plus haut. « .... Non abs re erit nonnulla prælibare de Anna altera Henrici I regis uxore, cujus tumulum an. 1682 invenisse, vidisse & epitaphium legisse in ecclesia Villariensi sibi visus est Cl.-Fr. Menestrier e Soc. Jes. presbyter. Legit enim : *Hic jacet domina Agnes uxor quondam*

---

(1) Le XIIIᵉ concile de Tolède, canon 4, défend que qui que ce soit épouse les reines veuves ou vive avec elles. Voici les raisons sur lesquelles cette défense est appuyée :

« Quis enim Christianorum æquanimiter ferat defuncti regis conjugem alieno postmodum connubio uti aut secuturi principis libidini subjugari ? & quæ fuit domina gentis sit postmodum prostibulum fœditatis? & quæ toris extitit regalibus honoris regii sublimitate conjuncta, stupris eorum vel conjugiis, quibus pridem dominata est, abdicetur ut reproba? » (Florez, *España sagrada.*)

Henrici regis, ubi anno 1642 D. Magdelon Theulier delegatus a Vicario generali ordinis legerat : *Hic jacet domina Agnes quæ fuit uxor Henrici*, & ubi anno 1749 rogatus a me D. P.-F. Nicod prior de Loya legit : *Hic jacet domina Agnes quæ fuit uxor Henrici*, fed neuter legit *Henrici regis*, quod poftremum nufquam extitit, &c. (1). »

Levefque, auteur d'une Hiftoire de Ruffie (2) qui parut en 1782, accueillit cette dénégation fur le feul témoignage des auteurs du *Gallia chriftiana*, fans fe donner la peine de vérifier le fait fur le monument. Tous les hiftoriens fe rangèrent à cette opinion, fi l'on excepte les Bénédictins qui, dans la troifième édition de l'*Art de vérifier les dates*, crurent devoir maintenir la leçon du P. Meneftrier, fous la réferve toutefois que ce qu'il avoit donné pour un tombeau, pouvoit n'être qu'un fimple cénotaphe.

Cependant la mémoire du P. Meneftrier reftoit fous le coup de l'accufation de faux portée contre lui par les frères de Sainte-Marthe, dont l'affirmation pouvoit avoir force de chofe jugée dans le monde favant, puifque pendant plus d'un demi-fiècle perfonne n'avoit pris fa défenfe. En 1825, un étranger, le prince Alexandre Labanoff, qui avoit trouvé aux archives du royaume un diplôme original de Philippe Ier, donné l'an 1060 à l'abbaye de Saint-Denis & portant le fceau de la veuve de Henri Ier, †*Agnæ reginæ*,

---

(1) *Gallia chriftiana*, t. XII, col. 242, au mot Villarium.

(2) Pierre-Charles Levefque, hiftorien & traducteur, né en 1734, mort en 1812, a écrit *Hiftoire de Ruffie*, tirée des chroniques originales & des meilleurs hiftoriens de la nation. Il y a une 4ᵉ édition, continuée & publiée avec des notes par Malte-Brun & Depping. Paris, 1812, in-8.

publia une brochure (1) dans laquelle, au moyen des titres authentiques, il reftitue à la reine fon véritable nom, réhabilite le P. Meneftrier & réduit à néant l'imputation calomnieufe de fes accufateurs.

« Il eft difficile de penfer, dit M. de Labanoff (p. xx), que le P. Meneftrier, déjà connu en 1682 par fes ouvrages & fes recherches favantes, & appartenant à un ordre religieux alors extrêmement confidéré, eût pu fe décider à une jonglerie auffi forte que celle dont les auteurs de la *Gallia chriftiana* ont chargé fa mémoire. Peut-on croire furtout qu'il l'ait hafardée relativement à un monument qui fe trouvoit à quelques lieues de Paris, à la portée des favants dont il avoit provoqué la critique, en annonçant fa découverte dans le feul journal littéraire qui parût alors? & comment fe fait-il que pendant quatre-vingt-huit ans (de 1682 à 1770) perfonne n'ait fongé à relever une impofture auffi publique? »

Le prince Labanoff ajoute que la couronne que l'on voyoit fur la tête de la figure fculptée du monument eft, conformément à la defcription donnée par le P. Meneftrier, abfolument femblable à celle que portoient les grands-ducs de Ruffie, & que tous les princes qui defcendent de la maifon de Rurik ont confervée dans leurs armoiries. Puis, répondant à ce que les frères de Sainte-Marthe avoient avancé, que D. Theulier & D. Nicod n'ont pas lu le mot *regis* fur le tombeau, il foutient que les auteurs du *Gallia*

---

(1) *Recueil de pièces hiftoriques fur la reine Anne ou Agnes, époufe de Henri Ier, roi de France, & fille de Jaroflaff Ier, grand-duc de Ruffie*, avec une notice & des remarques. Paris, Firmin Didot, 1825, in-8.

chriſtiana n'étoient pas juges compétents de l'exactitude de l'une ou de l'autre verſion, puiſqu'ils n'avoient pas vu par leurs yeux; l'inſcription, eu égard à ſon antiquité & au délabrement dans lequel elle étoit, ne pouvant d'ailleurs être déchiffrée que par des hommes rompus à l'étude de la diplomatique. Et il demande ſi les connoiſſances de D. Nicod étoient ſupérieures à celles du P. Meneſtrier qui a été, ajoute-t-il en terminant, « d'une érudition peu commune. »

Il eſt ſingulier que ce ſoit un grand ſeigneur ruſſe qui ait pris en main la cauſe du P. Meneſtrier, d'un Jéſuite, pour protéger la droiture & la loyauté de ſon caractère contre les accuſations menſongères de religieux françois qui n'avoient pas craint de flétrir ſa réputation d'homme de bien & de ſavant, lorſqu'il ne pouvoit plus ſe défendre lui-même. Cet hommage déſintéreſſé, rendu à ſa probité & à ſon ſavoir, n'en eſt que plus honorable.

Le *Journal des Sçavans*, après avoir décrit le monument d'Agnès de Ruſſie, découvert par le P. Meneſtrier (1), ajoutoit : « Ce même Père a déterré quantité d'autres monuments de nos rois & des princes de la maiſon royale, qui donneront de grandes lumières pour notre hiſtoire. Il fait graver deux planches du règne de Charles V, où l'on voit le portrait au naturel de ce roi, de ſes enfants, de ſes frères, de la reine, de ſa mère, de ſes ſœurs, des grands officiers de la couronne, qu'il a tirés d'un exemplaire

---

(1) Le *Journal des Sçavans* de 1682 rendu compte de la découverte de ce tombeau, mais je n'ai rien vu de publié à ce ſujet par le P. Meneſtrier, peut-être ſe borna-t-il à la communiquer aux auteurs de ce Recueil dans une note reſtée inédite.

de la Chambre des comptes que M. d'Hérouval lui a
communiqué, & il a démêlé tous ces princes par les blasons
qui sont sur leurs habits. Il a fait des découvertes aussi
curieuses en trois ou quatre abbayes, & il a remarqué dans
une verrière de N.-D. de Chartres la cérémonie de l'ori-
flamme donné par l'abbé de Saint-Denis du temps de
saint Louis, & un tableau fait à l'aiguille qui représente
le roi Jean, sa femme & ses enfants. Il a aussi trouvé dans
la chapelle du château de Creil, sur la rivière de l'Oise, le
portrait de Robert de Clermont, fils de saint Louis, tige
de la maison de Bourbon, & de Béatrix de Bourgogne
sa femme, avec leurs armoiries, les devises de la maison de
Bourbon, des chaufferettes allumées, des bâtons noueux,
du cerf aîlé, du chardon, des éclairs, de la ceinture d'espérance & de l'écu d'or, en divers endroits de ce château; &
il espère pouvoir trouver les images & les armoiries de la
plupart des princes de la maison royale, pour rectifier en
plusieurs endroits ce que Messieurs de Sainte-Marthe en
ont écrit dans l'Histoire généalogique de cette maison. »

On voit, par l'énumération de ces découvertes, combien le P. Menestrier étoit avide de rechercher toutes les
particularités qui pouvoient jeter quelque jour sur les antiquités nationales & corriger les fables débitées inconsidérément par des historiens plus épris du merveilleux que
de l'amour du vrai. La connoissance approfondie qu'il
avoit de la science du blason lui étoit d'un grand secours
dans ses recherches ; une tombe ignorée, un écusson rongé
par le temps, quelques détails de costume ou d'armure,
suffisoient pour lui fournir des documents précieux qui le
mettoient à même de redresser bien des erreurs historiques.

Le P. Meneſtrier mourut à Paris, le 21 janvier 1705, d'une maladie au pilore, après de longues & cruelles ſouffrances, au milieu deſquelles ſa patience & ſa piété ne ſe démentirent pas un ſeul inſtant. Il étoit âgé de ſoixante-quatorze ans. On peut dire que ſa vie fut conſacrée entièrement à l'étude, au travail, à l'enſeignement & à l'obſervance de la règle à laquelle ſa vocation religieuſe l'avoit ſoumis.

Le Catalogue de la bibliothèque Falconet, nº 14098, cite un Eloge du P. Meneſtrier, 1705, in-12. Je l'ai cherché inutilement, & je ſuppoſe que ce n'eſt autre choſe que l'article du *Journal de Trévoux* dont j'ai extrait ci-deſſus quelques paſſages.

A la mort du P. Meneſtrier, un conflit s'éleva entre la maiſon de Paris où il mourut & celle de Lyon à laquelle il appartenoit : de part & d'autre on revendiquoit la propriété de ſes livres. Après quelques débats, ils furent adjugés à la maiſon de Lyon; les ſtatuts qui règlent la matière voulant que les meubles délaiſſés par un Jéſuite appartiennent à la maiſon dans laquelle il étoit entré en religion. C'eſt par ſuite de cette déciſion qu'on voit encore, à la Bibliothèque de Lyon, un ſi grand nombre de volumes portant ſur la garde l'*ex-dono* du P. Meneſtrier. Ces livres, qui faiſoient partie de la bibliothèque du collége de la Trinité, devinrent avec tous les autres la propriété de la Ville, lorſque le Gouvernement révolutionnaire s'empara des biens des communautés religieuſes.

Le portrait du P. Meneſtrier a été gravé pluſieurs fois : par Gantrel; par Nolin, d'après le portrait peint au paſtel par Simon ; par Trouvain, auſſi d'après Simon, tous les trois in-fol. ; par un graveur resté inconnu, & enfin par Desrochers, in-8. Le portrait gravé par Gantrel, en 1687, est un médaillon placé sur un socle ; celui de Nolin a été fait pour l'*Histoire du règne de Louis-le-Grand par les médailles*. Cette Histoire n'ayant eu aucun succès, le portrait du P. Menestrier en a été enlevé par les marchands & par les amateurs pour être vendu à part ou ajouté aux bons exemplaires de l'*Histoire civile & consulaire*, en tête desquels on le trouve quelquefois. C'est un médaillon de forme ovale, appliqué contre les rayons d'une bibliothèque où sont rangés vingt-cinq à trente volumes portant au dos le titre de divers ouvrages du P. Menestrier. On lit autour du médaillon : *P. Claudius Menestrier Societatis Jesu sacerdos. ætate LVII. P. Simon pinxit. J. B. Nolin del. & sculpsit*, 1688. Au-dessous du médaillon, le graveur a figuré en manière de bas-relief l'intérieur d'une église, où le P. Menestrier est représenté prêchant devant un nombreux & brillant auditoire.

Le portrait gravé par Trouvain est, comme celui de Nolin, placé dans un médaillon, mais sans ornements accessoires. Au-dessous est le monogramme de la Compagnie de Jésus; *P. Simon pinxit. A. Trouvain sculpsit*, 1688. Tous les deux sont d'une assez bonne exécution; cependant on trouve que, dans l'un comme dans l'autre, la gravure est poussée un peu trop au noir. Celui de Nolin rappelle plus heureusement « cette physionomie solaire » que le P. de Colonia donne au P. Menestrier ; c'est l'unique raison qui puisse le faire préférer. Je ne connois pas l'œuvre du graveur anonyme, où on l'a représenté en surplis. Le portrait gravé par Desrochers, en 1705, est bien venu; les belles épreuves en font recherchées (1). On lit au bas ces quatre vers :

> Meneftrier, connoiffeur en fait d'antiquité,
> Compofa de fa ville une hiftoire célebre ;
> Le blafon, la devife & la pompe funèbre
> Feront paffer fon nom a la poftérité.

Ce méchant quatrain eft du poète fans fard, Gacon, qui avoit un prix fait avec les graveurs pour la fabrication des vers qu'il étoit d'ufage alors de joindre aux portraits des hommes illuftres; on les retrouve avec quelques variantes dans l'épître adreffée par Gacon au P. Meneftrier fur fon *Hiftoire confulaire*.

Ces portraits, à l'exception de celui du graveur anonyme, font partie de la Bibliothèque lyonnoife de M. Cofte, achetée par la Ville, n. 14445-46-47-48.

Le nom du P. Meneftrier, fi célèbre de fon vivant, refta prefque entièrement ignoré pendant toute la durée du dix-huitième fiècle, à cela près que fes Méthodes du blafon étoient imprimées & réimprimées par les libraires, qui les défigurèrent au point qu'il n'y refta bientôt prefque plus rien de lui, que fon nom. C'étoit là tout ce qu'on connoiffoit du P. Meneftrier; fes autres ouvrages étoient tombés dans l'oubli; fon *Hiftoire confulaire* même, reléguée dans la pouffière des grandes bibliothèques, n'étoit guère confultée

---

(1) L.-M. Perenon a publié en 1849, Lyon, lithog. Cotton, un portrait du P. Meneftrier, grand in-8, avec une notice & un *fac-fimile* de fon ecriture. Il y a des epreuves fur papier rofe & fur papier jaune. Voyez le n° 14444 du Catalogue de la Bibliotheque lyonnoife de M. Cofte. Cette lithographie devoit faire partie d'un recueil (*Le Panthéon lyonnais*) qui n'a pas été continue.

que par les érudits, & à peine si quelques voix s'élevèrent de loin en loin pour rappeler à nos pères le nom d'un écrivain qui avoit honoré son pays par soixante années de travaux utiles. A sa mort, les journalistes de Trévoux lui avoient payé le tribut d'hommage & de regret qui étoit dû au savant ; on a vu ce que Colonia, Niceron & Pernetti se sont bornés à dire de lui ; Titon du Tillet l'a inscrit sur son *Parnasse françois*, comme poète & musicien, entre Etienne Pavillon & Mademoiselle Descartes, sœur de l'illustre philosophe ; ce ne fut qu'en 1820 que le souvenir de ce savant lyonnois sembla se raviver parmi nous : l'Académie des sciences, belles-lettres & arts de Lyon proposa son Eloge au concours de cette année ; mais personne alors ne savoit plus ce que c'étoit que le P. Menestrier. Que pouvoit-on dire d'ailleurs au dix-neuvième siècle, en plein libéralisme, d'un religieux qui avoit passé sa vie, on le croyoit ainsi, à écrire sur le blason & sur les origines des armoiries ? L'éloge d'un Jésuite proposé par un corps savant dans la seconde ville du royaume, précisément à l'époque de la plus grande vogue des Voltaire-Touquet ! n'étoit-ce point un pas rétrograde vers la féodalité & la contre-révolution, & n'y avoit-il pas de quoi effrayer les moins timides ? Il est vraisemblable qu'on le comprit ainsi, car deux athlètes seulement se présentèrent dans l'arène, tous les deux étrangers à Lyon : l'un de Saint-Etienne, l'autre de Montpellier. Leur composition fut jugée si foible, si insuffisante, que l'Académie annula le concours, & depuis il n'a plus été question de l'Eloge du P. Menestrier.

L'académicien chargé de faire le rapport sur ces deux pièces, M. Béraud, passa sous silence le Mémoire envoyé de Saint-Etienne : c'étoit l'œuvre d'un étudiant, véritable amplification de collége, qui ne méritoit pas l'honneur d'une mention ; mais il jugea convenable d'appeler l'attention de l'Académie fur le Mémoire de M. Amoreux, alors médecin à Montpellier, fi je ne me trompe, & auteur de divers ouvrages fcientifiques. L'épigraphe choifie par ce dernier, *Tranfiit laborando*, s'appliquoit heureufement à l'Eloge du P. Meneftrier ; toutefois l'auteur auroit pu fe difpenfer, ce femble, d'altérer le texte facré auquel il l'avoit empruntée : *Pertranfiit benefaciendo* (1), qui s'appliquoit non moins heureufement à fon fujet : écrire pour l'inftruction des hommes, n'eft-ce pas faire le bien ? Tout en rendant juftice aux bonnes intentions & au travail de M. Amoreux, le rapporteur, fe fondant fur ce qu'il n'étoit qu'un narrateur habile, exact & judicieux, mais manquant de l'enthoufiafme & de l'entraînement du panégyrifte, conclut à ce qu'il n'y avoit pas lieu à décerner le prix propofé (2). Il y a, en effet, dans le Mémoire de M. Amoreux ce que l'on trouve partout, rien de plus ; il eft écrit d'ailleurs d'un ftyle fi lâche & fi diffus, la forme en eft fi négligée, fi peu académique, qu'on ne comprend pas comment l'auteur a pu avoir la penfée de préfenter cette compilation informe au jugement d'une Académie. Mais ce qui étonne bien plus encore dans ce concours avorté, c'eft que pas un Lyonnois ne répondit à l'appel de l'Académie.

Lorfque j'aurai rappelé un arrêté municipal qui décore du nom du P. Meneftrier une ruelle étroite & déferte (3),

---

(1) *Act. Apoftol.*, x, 38.

(2) Voyez, dans les procès-verbaux de l'Academie de Lyon, le rapport de M. Beraud fur le concours pour l'Eloge du P. Meneftrier, annee 1820.

(3) C'eft le paffage voûte qui conduit de la place du College au quai de Retz.

plus, son buste en marbre commandé par la Ville & placé au Musée, j'aurai, je crois, énuméré tout ce qui a été tenté officiellement pour honorer sa mémoire. Le buste exécuté par Legendre-Héral dans la manière antique, le cou nu, sans la moindre draperie, n'a pas même le mérite qui eût compensé la foiblesse & la médiocrité de la composition, celui de la ressemblance; on y retrouve je ne sais quelle réminiscence opiniâtre d'un buste de Cuvier que l'artiste avoit exécuté quelque temps auparavant, & dont il étoit sans doute si pénétré, qu'il en est resté, malgré lui, comme un reflet sur celui du P. Menestrier.

Ainsi on diroit que, par je ne sais quelle déplorable fatalité, hommes de lettres & artistes se sont entendus pour maltraiter après sa mort celui qui, pendant sa vie, avoit tant fait pour les lettres & pour les arts.

Aujourd'hui, une réaction salutaire, amenée par des travaux historiques consciencieux, s'est opérée dans les esprits; les préjugés & les préventions injustes tendent de jour en jour à se dissiper, & les partis, faisant trêve à leurs anciens dissentiments, semblent se réunir pour rendre hommage aux illustrations de la vieille France, naguère si délaissées & méprisées. Lorsque de toutes parts on élève des monuments ou des statues au génie, à la vertu, quelquefois même, il faut bien le dire, à des célébrités plus ou moins contestables, me sera-t-il permis, en terminant, d'exprimer un regret, ou plutôt de formuler un vœu? Un simple marbre, avec une inscription qui rappelleroit les titres du P. Menestrier à la reconnoissance & à l'admiration des Lyonnois, n'a-t-il pas sa place marquée à la Bibliothèque de la Ville, autrefois confiée à ses soins & enrichie de ses dons (1)? Seroit-ce trop demander pour confacrer le glorieux fouvenir de l'hiftorien qui a doté fa patrie d'un monument plus durable que le bronze? & de qui on peut dire avec vérité ce qu'il écrivoit du vénérable P. de Buffières, fon maître : « qu'il s'en eft dreffé lui-même d'éternels « dans fes ouvrages. »

(1) Outre les nombreux volumes qu'il a donnés de fon vivant ou qu'il a laiffés après lui, la Bibliotheque du Collége lui eft redevable de plufieurs manufcrits :

Maximes chrétiennes, en langue grecque; in-12, de 160 pp., velin (n. 54 du Cat. des Mss. de la B. de Lyon).

Somnium Scipionis; gr. in-fol. de 100 pp. (id., n. 99.)

Actu proceffus Amedei de Says; pet. in-fol. de 700 pp., velin (id., n. 322).

Diftinctiones magiftri Petri Cantoris Parifiacenfis; gr. in-4, velin (id., n. 558). Beau ms. à longues lignes, avec les initiales coloriées

Le Roman royal, ou *Amours du grand Alcandre* (Henri IV), in-4 de 160 pp. (id., n. 684).

Négociations en cour de Rome, pet in-fol. d'environ 1200 pp (id.,n.865). Il contient les traités, l'extrait des dépêches & les actes de l'ambaffade du marquis de Saint-Chamond, Melchior Mitte de Miolans, feigneur de Chevrières & de Boutheon, de M. de Lyonne, des cardinaux d'Efte & de Grimaldi, & de l'abbé Arnauld, pour les affaires de la cour de France avec le Saint-Siege, de 1644 a 1655.

Ambaffade de M. le marquis de Fontenay auprès de la cour de Rome, fous la regence d'Anne d'Autriche (id., n. 982).

Artaxerces & Efther, drame en fept actes & en langue efclavonne, avec la traduction grecque en regard, in-fol. de 400 pp. du xviie fiecle (id.,n 1220).

Journal de la Cour de Rome, commençant au pontificat de Nicolas V, jufqu'en 1494; pet. in-fol. de 600 pp. (id, n. 1228).

Le P. Meneftrier ne laiffoit jamais echapper l'occafion d'acheter les volumes provenant du cabinet de Jean Grolier; ceux qu'on voyoit à la Bibliotheque du temps de M. Delandine, & qui s'y trouvent encore aujourd'hui fans doute, y ont été placés par les foins de ce Pere. Homme de goût autant que favant, il fongeoit déjà, il y a deux fiecles, a fauver de la deftruction ces exemplaires de choix des meilleurs livres que Grolier avoit fait revêtir des admirables reliures qui font un objet d'envie pour les bibliophiles de nos jours. Parmi les Grolier qui font a la Bibliotheque de la Ville, on remarque *Epitome Pii II, Pont. Max in Decades Blondi*. Bafileæ, 1553, in-fol

RECHERCHES
BIBLIOGRAPHIQUES

RECHERCHES
BIBLIOGRAPHIQUES.

> « Cette fcience (la Bibliographie) doit être etudiee auffi avec foin, au moins dans fa partie hifto- rique & critique, par les gens de lettres qui s'occupent d'hiftoire litteraire. » (J.-C. Brunet, *Manuel*, t. 1, Pref., p. 11.)

ES écrits du P. Meneftrier étoient tombés dans un tel oubli au commencement de ce fiècle, qu'il étoit facile au petit nombre des curieux qui les recherchoient encore, de fe les procurer à vil prix, à l'exception toutefois de fon Hiftoire confulaire de Lyon : les exemplaires de ce beau livre, encore enfouis dans les dépôts publics & dans les bibliothèques privées échappées à la dévaftation, étant peu communs dans le commerce, on en profita pour exagérer leur valeur vénale. Plus tard, l'appât du gain ayant fait fortir de leurs réduits une très grande quantité d'exemplaires, leur prix élevé fubit une dépréciation de plus de moitié Mais il n'en a pas été de même de fes Méthodes héraldiques, de fes petits Traités du

Blaſon & de la Nobleſſe, des Emblêmes & Deviſes, des
Ballets anciens & modernes, des Tournois, des Décorations funèbres, & d'une foule d'autres diſſertations & traités
ſinguliers qu'on trouvoit autrefois pour quelques ſous ſur
les étalages des bouquiniſtes, & qu'on ſe diſpute aujour-
d'hui dans les ventes où les marchands, exploitant à l'envi
l'engouement & l'ardeur des collecteurs, ſavent les faire
monter à des chiffres exorbitants.

La collection des œuvres du P. Meneſtrier eſt d'ailleurs
très difficile, ſinon impoſſible à compléter; c'eſt ce qui
arrive pour tous les livres dont le ſuccès a été populaire,
& qui, bien que tirés à très grand nombre & répandus à
profuſion dans le public, diſparoiſſent de la circulation, à
force d'avoir été lus & feuilletés, ou ne ſe retrouvent qu'à
grand' peine en bon état, bien ſouvent maculés, mutilés
& hors d'uſage, ſurtout lorſque près de deux ſiècles ſe ſont
écoulés depuis leur publication. Ajoutons qu'en 1793,
alors que les plus nobles travaux de l'intelligence étoient
voués au mépris & à la deſtruction, les livres ſur les armoiries & ſur la nobleſſe, remplis ordinairement de figures
du Blaſon, coururent plus de riſques que les autres. Les
Iconoclaſtes de ce temps, qui les avoient mis à l'index
tous ſans diſtinction, firent des auto-da-fé des exemplaires
qu'ils purent ſaiſir, & le nombre en dut être grand à cette
époque où le fanatiſme de la démagogie & l'exécration
des privilèges d'une part, de l'autre, la terreur & la crainte
d'être compromis & dénoncés, étoient des motifs plus que
ſuffiſants pour que les uns ſe fiſſent un mérite de condam-
ner aux flammes ces ſymboles odieux de la ſervitude, &
que les autres cruſſent prudent d'anéantir en ſecret ces der-

niers vestiges de la féodalité (1). Les ouvrages du P. Meneftrier ne furent pas épargnés; cela nous explique l'extrême rareté de la plupart de fes traités des Armoiries & de la Nobleffe.

Lorfque le goût des études férieufes s'eft ranimé en France, lorfqu'on n'a plus confidéré la fcience héraldique comme un attentat contre les droits de l'homme & du citoyen, ou comme un frivole paffe-temps de la vanité, on a vu qu'on pouvoit s'en fervir utilement, foit pour rétablir des faits douteux, foit pour rectifier des dates fauffes ou incertaines, & cette fcience eft devenue comme un flambeau indifpenfable pour l'hiftoire, à travers les obfcurités confufes du moyen-âge. Dès-lors les traités du blafon furent recherchés. Les écrits du P. Meneftrier fur cette matière, auparavant dédaignés & relégués ignominieufement dans les galetas des bouquiniftes, ont été recueillis avec foin, lavés de leurs fouillures, reliés par nos plus habiles artiftes, & ils figurent honorablement aujourd'hui fur les tablettes d'érable ou d'acajou des plus fplendides cabinets : véritable apothéofe, non moins glorieufe pour la mémoire de l'auteur que ne l'avoit été pour lui l'eftime que fes écrits lui méritèrent pendant fa vie.

Jufqu'ici j'ai eu pour guides les anciens biographes, les Mémoires de Trévoux, Colonia, Niceron, Pernetti, le Journal des Sçavans, &, quelque infuffifants que foient les matériaux que les uns & les autres m'ont fournis, j'ai pu marcher fur la foi d'autrui, tout en mettant à profit les

---

(1) Voyez les reflexions pleines de justeffe que M. Brunet a faites, à ce fujet, dans la dernière edition de fon *Manuel*, t. 1, ubi fup., p. IX.

renfeignements que je rencontrois çà et là dans les écrits imprimés ou inédits du P. Meneftrier lui-même.

Quoique la route qui me refte à parcourir ait été déjà battue bien des fois, la partie bibliographique a auffi fes ténèbres & fes difficultés. J'aurois voulu pouvoir parler *de vifu* de tous les ouvrages & de toutes les éditions que j'avois à décrire, &, je fuis forcé de l'avouer, il en eft quelques-uns qu'il ne m'a pas été poffible de découvrir : toutefois ils font en petit nombre, les collections de mes amis & de quelques amateurs bienveillants, les bibliothèques publiques de Paris & celle de Lyon m'ayant été d'un plus grand fecours dans mes recherches, que je n'avois ofé l'efpérer en commençant.

Parmi les bibliographes qui ont donné des liftes plus ou moins exactes, mais toujours fort incomplètes, des œuvres du P. Meneftrier, quelques-uns lui ont attribué des ouvrages qu'il n'a pas compofés, d'autres en ont omis qui font évidemment de lui : il a donc fallu, fuivant les lumières que j'ai pu me procurer, ajouter aux uns, retrancher aux autres, afin de rendre à chacun ce qui lui appartient. Le Catalogue du P. Niceron ne contient que 83 articles, & c'eft le plus ample; tout en l'ayant augmenté confidérablement, je crains de laiffer encore à défirer. Je me fuis borné à mentionner, pour mémoire & fans numéros d'ordre, le titre des ouvrages qui m'ont paru douteux, toutes les fois que je n'ai pas eu des raifons folides foit pour les admettre, foit pour les repouffer abfolument. Malgré la févérité que j'ai apportée à écarter tout ce qui m'a femblé avoir été attribué indûment au P. Meneftrier, peut-être fuis-je tombé dans les mêmes fautes que ceux que j'ai voulu redreffer :

d'autres viendront après moi qui m'appliqueront la loi du talion ; les erreurs que j'aurai commifes par ignorance, mais avec une bonne foi entière, auront au moins ce réfultat qu'elles mettront fur la voie pour faire mieux. Quoi qu'il en foit, je puis dire que j'ai mis tous mes foins à refter dans le vrai, à décrire exactement les exemplaires que j'ai vus, à les confronter, à en indiquer les diverfes éditions & les contrefaçons, enfin à faire connoître le nombre des figures & des planches gravées qui doivent s'y trouver, de manière à ce que ces Recherches puiffent être confultées avec quelque fruit par les nombreux collecteurs des œuvres du P. Meneftrier.

En pourfuivant ce travail, je ne me fuis jamais diffimulé ce qu'il y a d'aride & d'ingrat dans ces nomenclatures faftidieufes de formats, de titres, de dates, de feuillets chiffrés & non chiffrés, &c. ; auffi, pour interrompre la monotonie de ces détails techniques auxquels j'étois condamné, j'ai cru pouvoir me permettre quelques digreffions lorfque le fujet le comporte. Que fi l'on fe récrie fur ces éternelles redites, je n'ai qu'une réponfe à faire pour m'excufer de l'ennui que je prépare aux gens du monde qui effaieroient de l'affronter : ou la connoiffance des livres eft une fcience inféparable de toute littérature, ou elle n'eft qu'un amufement vain & puéril. Si c'eft une fcience, rien de ce qui s'y rattache ne doit être omis ; fi au contraire on croit que c'eft un amufement puéril & fans utilité, que ceux qui en jugent ainfi rejettent ce volume, il n'eft pas à leur adreffe.

J'avois penfé d'abord à fuivre dans cette defcription l'ordre & la divifion des matières ; mais tout ce qui a été écrit par le P. Meneſtrier pouvant être conſidéré comme autant de fragments du grand ouvrage qu'il appeloit *la Philoſophie des images*, j'ai dû préférer l'ordre chronologique, & je ne me ſuis nullement préoccupé de l'arrangement des matières, au riſque d'encourir le blâme d'avoir confondu des compoſitions qui ſemblent n'avoir aucun rapport entre elles, mais qui toutes cependant ſe tiennent, ſont liées par une penſée commune & ſe dirigent vers le même but. J'ai penſé auſſi, en procédant de la ſorte, que le lecteur, ſi lecteur il y a, feroit plus à même de ſuivre la marche & le développement des idées & des vues de l'auteur dans la conduite de ſon plan.

DESCRIPTION RAISONNÉE

DES OUVRAGES, TANT IMPRIMES QUE MANUSCRITS,

DU P. C.-F. MENESTRIER.

I. — Les Devoirs de la ville de Lyon envers fes Saints, tiré du R. P. Théophile Raynaud, de la Compagnie de Jéfus, par Cl.-F. M., jéfuite. Lyon, chez Guichard Juilleron, imprimeur ordinaire de la ville ; 1658, in-12, 3 ff. pour les pièces liminaires, 74 pp. de texte.

<small>Ce petit volume, que je n'ai vu cité par aucun bibliographe, fait partie de la Bibliothèque de Lyon. Je n'en connois pas d'autre exemplaire.</small>

II. — Ballet des Deftinées de Lyon, danfé le 16 juin (1658) dans le collége de la Très Sainte Trinité de la Compagnie de Jéfus. A Lyon, chez Anthoine Molin, vis-à-vis du Grand-Collége ; 1658, in-4, 1 f. non chiffré pour l'Epiftre à Meffieurs les Prévoft des marchands & Efchevins de la ville de Lyon, 20 pp.

III. — L'Autel de Lyon confacré à Louis-Augufte, & placé dans le Temple de la Gloire. Ballet dédié à Sa Majefté en fon entrée à Lyon. A Lyon, chez Jean Molin, imprimeur ordinaire de Sa Majefté ; 1658, in-4, 3 ff. non chiffrés, 60 pp.

<small>Au revers du frontifpice, une figure gravee reprefentant un autel fur lequel l'Amour & une femme (fans doute la ville de Lyon) offrent deux cœurs en facrifice ; au pied de l'autel, un lion couché

A la fuite du ballet : *Devifes fur les principaux evenemens de la vie de*</small>

S. M. — *Remarques sur la conduite des ballets.* — *Devises expliquées.* A la fin, les noms des écoliers qui avoient joué un rôle dans le ballet.

Le P. Menestrier a donné l'analyse & la description de ce ballet dans la Préface des *Ballets anciens & modernes.* « Le 25 novembre, dit-il encore (*Eloge historique de la ville de Lyon*), le roi vint à Lyon, où il ne voulut point d'entrée solemnelle. Il visita l'Hôtel-de-Ville, le Collège & diverses maisons religieuses. On fit des joûtes sur la Saône, un feu d'artifice de la Toison d'or, & un ballet dans le College, *de l'Autel de Lyon consacré autrefois à Auguste, rétabli & consacré de nouveau à Louis-Auguste.* On y fit des récits en douze langues, & toute la Cour y assista. » Le bibliophile Jacob, M. P. Lacroix (Cat. de la B. de Solemne) dit que le P Menestrier est *un des auteurs* de ce ballet emblematique, il falloit dire : est l'auteur.

IV. — Devise au Roy, Devise à la Reine; in-4, s. l. n. d.

V. — Les généreux Exercices de la Majesté, ou la Montre paisible de la valeur, représentée en devises & en emblesmes. Lyon, Guillaume Barbier, imprimeur ordinaire du Roy, en la place de Confort; Lyon, 1659, in-4 de 20 pp., le titre compris.

Ce sont des madrigaux, stances, &c., a la gloire du roi Louis XIV.

VI. — Estrennes de la Cour en devises & madrigaux, présentées à Sa Majesté le premier jour de l'an 1659. A Lyon, chez Guillaume Barbier, imprimeur ordinaire du Roy, à la place de Confort; 1659, in-4 de 18 pp.

C'est un recueil de dix-huit devises faites pour le roi, pour la reine & les seigneurs de la Cour

VII. — Devises, emblêmes & anagrammes à Monseigneur le Chancelier, par C.-F. M. de la Compagnie de Jésus. A Lyon, chez Guillaume Barbier, imprimeur ordinaire du Roy, à la place de Confort; 1659, in-4 de 12 pp.

Ces devifes ont été compofées pour le chancelier Séguier. Le P. Meneftrier écrit à Guichenon (12 avril 1660) que Guillaume Barbier, qui avoit follicité l'impreffion de ces diverfes pièces en vers, fe plaignoit d'y avoir perdu fes frais, & réclamoit des dommages-intérêts.

VIII. — Le Véritable art du Blafon, où les armoiries font traitées d'une nouvelle méthode plus aifée que les précédentes; les origines expliquées & eftablies par de folides raifons & de fortes authoritez, les erreurs de plufieurs autheurs corrigées, la pratique de chaque nation examinée, & les caufes de leur diverfité fidèlement rapportées. A Lyon, chez Benoift Coral, en rue Mercière, à la Victoire; 1659, in-24, avec privilége du Roy. 21 ff. non chiffrés, 442 pp. A la fin, 2 ff. non chiffrés pour le privilége, frontifpice gravé, 13 planches de blafon.

Ce petit volume eft peu commun, c'eft le premier ouvrage écrit fur ces matieres par le P. Meneftrier. Il fut la caufe de fa longue querelle avec Claude Le Laboureur, ancien prevôt de l'Ile-Barbe, auteur des *Mazures*, &c.

IX. — Deffein de la Science du Blafon, par C.-F. Meneftrier, de la Compagnie de Jéfus. A Lyon, chez Benoift Coral, rue Mercière, à la Victoire; 1659, in-4 de 8 pp.

C'eft un profpectus dans lequel l'auteur réclame le concours & les lumieres de tous ceux qui pouvoient lui fournir des mémoires pour le grand ouvrage qu'il fe propofoit de publier. Il divife cet ouvrage en huit parties :

La theorie du Blafon, — Reflexions generales fur la connoiffance du Blafon, — La pratique du Blafon; — Les origines du Blafon, — Les recherches hiftoriques du Blafon; — Les monumens & preuves du Blafon; — La juftification des armes parlantes; — Ordre alphabetique des familles.

Le P. Meneftrier écrivoit à Guichenon le 6 feptembre 1659 · « Je vais faire un petit imprimé de demi-feuille de mon Deffein pour le communiquer, afin que les fçavans me puiffent agreer » Ce Deffein ne parut donc qu'à la fin de cette année, après le *Véritable art du Blafon*. L'envoi de ce profpectus, re-

pandu avec profufion, valut au P. Meneftrier cette groffieie apoftrophe de
Le Laboureur « Vous pafferez pour ridicule quand on fçaura que vous avez
choppe plus lourdement & plus frequemment que ceux a qui vous prétendiez
de donner la main, & ce qui eft digne du dernier mepris, quand, après vous
eftre erige en fouverain de tous les hérauts, & vous eftre engage à la correction de tous les manquemens de tous ces pauvres petits diables d'officiers
d'armes qui ont eferit depuis cinquante ans, on vous verra reduit a faire la
quefte & vous faire recommander aux prônes pour avoir des mémoires &
faire des livres aux dépens des veilles & travaux d'autruy, & de ceux-la mefmes
que vous traitez de copiftes. Comme fi, fans cette declaration de votre indi-
gence, l'on ne fçavoit dejà que vous avez raflé fans jugement tout ce qu'il y
avoit de bon & de mauvais dans La Colombiere & fon auteur, je veux dire le
MS. de Grenoble, le P. Monet, Louuan Geliot & autres, fans compter nos
Origines que vous avez fuftees, courues & pillees d'un bout à l'autre avec un
fucces qui fait pitie a votre lecteur » (*Epiftre apologetique*, p 5)

X. — Additions & corrections du Véritable art du Blafon; in-24, s. l. n. d.

Je n'ai trouve ces Additions que dans un feul exemplaire du *Véritable art
du Blafon*. Cet exemplaire qui fait partie de la bibliotheque de M. Chaftel,
tout incomplet qu'il eft (les Additions s'arrêtent a la page 46), peut être con-
fidere comme rariffime, finon unique, puifqu'a ma connoiffance il n'en exifte
point avec les Additions dans aucune collection lyonnoife des ouvrages du
P. Meneftrier, ni à la Bibliotheque de la Ville, ni même a la Bibliothèque impériale. Dans celui que j'ai fous les yeux, la derniere correction porte fur la
page 367 du *Véritable art du Blafon*, qui a 442 pp., de forte qu'il eft impoffible
de favoir s'il manque un ou plufieurs feuillets, c'eft-à-dire un feuillet pour
completer le cahier I, ou le cahier O tout entier. Toutes mes recherches pour
rencontrer un exemplaire complet ont eté infructueufes.

Il paroîtroit, d'après les termes du privilege, que l'imprimeur Coral avoit
le projet de donner le *Véritable art du Blafon* traduit en latin, en italien & en
efpagnol. La date de ce privilege etant de 1659, exclut evidemment une édition de 1658, fuppofée par quelques bibliographes.

Le P. Meneftrier entre ainfi en matière dans fes Additions & Corrections
« Il y a de la gloire à reconnoiftre fes manquemens, & de la juftice a defa-
bufer le public des erreurs qu'on lui a communiquees.... On ne s'etonnera
pas que l'effay d'un reptile ait du mécompte, &, que, m'étant engage fans
guide dans une route qui m'a femble nouvelle, je me fois un peu égare : je
l'avois prevu, & je n'avois fupprimé mon nom que pour laiffer la liberte de
la cenfure aux perfonnes éclairées...., mon ouvrage n'étant que des lambeaux
d'ecrits que j'avois dictes a quelques jeunes gens qui me venoient ouir les jours

de fête & de recreation, & ces ecrits ayant été mis entre les mains du libraire qui les a fait imprimer...., il s'eft fervi du pouvoir abfolu que je lui avois laiffe d'en difpofer à condition qu'il fupprimeroit mon nom & que je ne ferois pas garant des fautes qu'on y trouveroit. Les applaudiffemens que cette pièce a reçus au-delà de mon attente m'ont obligé à la revoir : j'y ai trouvé des fautes fi confidérables qu'on avoit ajoutées aux miennes, que j'ai cru qu'il ne falloit pas laiffer plus longtemps le monde dans ces erreurs.... »

On voit que, tout en rejetant fur fon libraire la plus grande partie de fes erreurs, le P. Meneftrier n'a pu fe les diffimuler : il étoit donc tout fimple que Le Laboureur, ufant de repréfailles, les relevât à fon tour ; mais l'amour-propre de l'auteur n'y trouvoit pas fon compte, il vouloit pour lui le droit de critiquer, & il ne fupportoit pas la critique.

Quoique les Additions & Corrections au *Véritable art du Blafon* foient fans indication de lieu ni d'année, il eft certain qu'elles furent imprimées à Lyon chez Coral, avant l'*Epiftre apologetique* de Le Laboureur, vers la fin de mars ou au commencement d'avril 1660. Le P. Meneftrier le donne à entendre dans l'*Art du Blafon juftifié*, & il ecrit à Guichenon le 26 juillet de la même année que fes Additions ont paru après les fêtes de Pâques. Lorfqu'elles virent le jour, le *Véritable art du Blafon*, qui avoit été accueilli avec faveur, etoit en circulation déja depuis quelques mois ; & comme à cette epoque les livres fe débitoient ordinairement reliés, dans la boutique des libraires, il eft probable qu'on negligea de fe les procurer ou de les joindre au *Véritable art du Blafon*. L'exiguité du format de ce livret de quelques pages aida à fa difparition : je ne puis expliquer autrement fon extrême rareté.

XI. — Les Réjouiffances de la paix faites dans la ville de Lyon le 20 mars 1660. A Lyon, par Guillaume Barbier, imprimeur ordinaire du Roy, en la place Confort, & Jacques Juftet, auffi imprimeur ; 1660, in-fol. 2 ff. non chiffrés pour la Lettre de cachet adreffée par le roi à l'archevêque de Lyon pour la publication de la paix ; de 1 à 33, les Réjouiffances de la paix ; de 34 à 50, aux Lecteurs, & Advis néceffaire pour la conduite des feux d'artifice ; 18 pl. gravées repréfentant les appareils difpofés à l'occafion des fêtes, dans les divers quartiers de la ville. La première de ces planches, qui fe déploie, manque dans beaucoup d'exemplaires ; c'eft la cavalcade des échevins, magiftrats

& officiers du corps de Ville, lors de la proclamation de la paix.

<small>Cette édition, imprimée furtivement par Barbier pendant que le P. Meneftrier, qui ne s'en doutoit pas, fe préparoit a publier fa relation chez Benoift Coral, ne porte pas le nom de l'auteur. Celui-ci fe plaignit de la mauvaife foi de Barbier & n'en continua pas moins l'impreffion de fon livre, qui parut en effet fous le titre fuivant. Si j'en fais un article à part bien que ce foit le même ouvrage, c'eft qu'il eft augmenté confidérablement dans cette deuxieme édition.</small>

XII. — Les Réjouiſſances de la paix, avec un recueil de diverſes pièces à ce ſujet : dédié à Meſſieurs les Prévoſt des marchands & Eſchevins de la Ville de Lyon, par le P. C.-F. Meneſtrier, de la Compagnie de Jéſus. A Lyon, chez Benoiſt Coral, rue Mercière, à la Victoire ; 1660, in-8, avec privilége du Roy. 2 ff. pour l'Epître & un Sonnet aux Prévoſt & Echevins ; de la p. 1 à 74, les Réjouiſſances de la paix ; de 75 à 80, Deſcription du feu de joie dreſſé ſur le pont de Saône, la veille S. Jean-Baptiſte ; 1 f. non chiffré pour le privilége & pour la permiſſion ; de 83 à 118, vers latins ſur la paix & ſur le mariage du roi ; à la ſuite, 54 pp. pour les Réjouiſſances de la paix dans les colléges de la Compagnie ; à la fin, 32 pp. pour la Conduite des feux d'artifice.

<small>Ces deux derniers opufcules ont chacun leur pagination a part, fans fauxtitre ni frontifpice. Le même nombre de planches que dans l'in-folio.

Le privilege porte la date du 2 mai, toutefois la Defcription du feu d'artifice dreffé le 23 juin indique affez que l'édition parut au plus tôt dans le courant de juillet, & par confequent poftérieurement à l'in-folio donné par Barbier. Cependant on lit dans l'*Eloge hiftorique de la ville de Lyon*, annee 1660 : « Cette annee la paix fut folemnellement publiée à la porte du palais de Roanne, par toutes les rues & places publiques, & à la porte de l'Hôtel-de-Ville. Le Confulat & le Prefidial en firent la cerémonie, l'un en robe rouge & l'autre en robe violette, un héraut d'armes faifant crier Vive le Roy ! J'ay fait autrefois la defcription de cette ceremonie & de tous les feux d'artifice, emblêmes & reprefentations qui fe firent, fous le nom de *Réjouiffances de la Paix*, dont je ne fcav pour quoy ceux qui firent reimprimer cet ouvrage ofterent mon</small>

nom, & tronçonnèrent ce qu'ils voulurent, eftant de fort mauvaife grace d'eftropier de cette forte les ouvrages d'autruy, pour les bâtir à fa mode & fe parer de fes habits. »

De cette plainte formulée dix ans après (1669), & de laquelle il femble réfulter que l'édition in-folio de Barbier étoit une réimpreffion du livre du P. Meneftrier, on pourroit conclure que l'édition in-8 dont il eft queftion eft la troifième ; ce que je ne faurois croire, aucun bibliographe n'ayant mentionné une édition antérieure à celle de Barbier. Si l'on s'arrêtoit à ce que le P. Meneftrier dit formellement, à favoir que l'in-folio n'eft qu'une réimpreffion de fes *Réjouiffances*, il faudroit fuppofer que, fon édition étant achevée & encore en feuilles chez Coral, Barbier auroit trouvé le moyen de s'en procurer une copie, & qu'il fe feroit hâté de prendre les devants pendant que le P. Meneftrier mettoit la derniere main à fa Defcription. Quoi qu'il en foit, l'édition donnée par Barbier parut avant le 12 avril 1660; le P. Meneftrier s'en plaignoit à Guichenon à cette date : « Je ne fçay pas, lui écrivoit-il, fi cette équipée lui réuffira, &, pour avoir imprimé un de mes ouvrages contre mon gré, s'il avancera beaucoup fa fortune. Je fçay bien du moins qu'une feconde édition, augmentée de deux tiers, paroîtra en même temps. La permiffion en eft donnée, & la copie confignée. » Cette feconde édition ne parut que trois mois après celle de Barbier; le P. Meneftrier écrivoit encore à Guichenon le 26 juillet : « Je fuis enfin forti des mains des graveurs & des imprimeurs, & je vous envoye une copie de la *Defcription des Rejouiffances*. » Ce retard provenoit vraifemblablement de ce que, fe voyant devancé, il prit fon temps pour ajouter diverfes pièces à fon livre & pour revoir les planches qui font en effet plus foignées que celles de l'in-folio; bien qu'elles repréfentent les mêmes fujets, on y trouve cependant quelque différence dans les détails. La date de la permiffion eft du 2 mars 1663, ce qui eft une faute d'impreffion, le privilege du P. Provincial étant de 1660.

On remarquera au bas de la p. 80 la réclame LA qui eft encore a la p. 106, & qui n'a aucun rapport avec celles qui fuivent, 81 & 107. Il en eft de même à la p. 54 & dernière des *Rejouiffances faites dans les colléges de la Compagnie de Jefus :* on y voit la réclame L'ART qui ne fe retrouve pas non plus au commencement de la page fuivante. Les amateurs qui font dans l'ufage de collationner leurs livres croient, d'après cela, que leur exemplaire eft imparfait; tous ceux que j'ai comparés font identiques, ce qui me porte à croire que, malgré ces irrégularités, le volume eft complet tel que je viens de le décrire. La Lettre de cachet du roi à l'archevêque pour la publication de la paix n'a pas été reproduite dans cette édition. Je marquerai en terminant une erreur de M. P. Lacroix, qui, citant dans le Catalogue de la Bibliotheque de Soleinne les *Rejouiffances de la Paix*, dit que l'ordonnateur de ces fêtes fe nommoit Blanchet. Celui-ci étoit peintre de la ville, il exécutoit les fujets qui lui étoient fournis: le véritable ordonnateur étoit le P. Meneftrier. Les actes confulaires nous apprennent que, le 10 mars 1661, le Confulat fit payer la somme de 1232 livres pour frais d'impreffion des *Rejouiffances de la Paix*, à 300 exemplaires.

XIII. — L'Art du Blafon juftifié, ou les Preuves du Véritable art du Blafon eftablies par diverfes authoritez & par plufieurs exemples tirez de la pratique univerfelle des armoiries, depuis fix cents ans, dans toutes les nations de l'Europe, avec la Méthode abrégée des principes héraldiques. Par le P. C.-F. Meneftrier, de la Compagnie de Jéfus. A Lyon, chez Benoift Coral, rue Mercière, à la Victoire; 1661, in-12, avec privilége du Roy. 12 ff. non chiffrés pour l'Epître au vicomte de S. Mauris, l'Advertiffement au lecteur & la Préface, où doit fe trouver une planche d'emblêmes & de devifes fatiriques contre Le Laboureur; 371 pp.; à la fin, 5 ff. non chiffrés pour la table des matières, le privilége du Roi & la permiffion de la Compagnie. Frontispice gravé repréfentant le portail du château de S. Mauris en Mâconnois, avec les écus des alliances de cette maifon; 5 pl. d'armoiries & une fig. gravée des obsèques de la reine Anne de Bretagne. Il y a un carton à la p. 266.

Le P. Meneftrier continue dans ce volume fes attaques contre Le Laboureur. C'eft une replique très vive à l'*Epyftre apologetique* (1). Tiré à 1500 exemplaires.

(1) Epistre apologetique pour le Discours de l'origine des armes, contre quelques lettres de M. C.-F. Menestrier, ci-devant professeur d'eloquence, et maintenant estudiant en theologie à Lyon, par L. L. A. P. de l'Isle-Barbe, in-4, s. l. n. d. (Valence, 1660). Tiré à 500 exemplaires.

XIV. — Abrégé méthodique des principes héraldiques, ou du Véritable art du Blafon, par le P. C.-François Meneftrier, de la Compagnie de Jéfus. A Lyon, chez Benoift Coral & Antoine du Perier, rue Mercière, à la Victoire; 1661, in-12, avec privilége du Roy. 13 ff. non chiffrés pour l'Epiftre à Meffieurs de Chevrier, & les fautes à corriger de l'Art du Blafon juftifié & de l'Abrégé méthodique; 111 pp., 4 ff. non chiffrés pour les tables & l'extrait des priviléges ; frontifpice gravé, c'eft le portail du château de S. Mauris; une planche repréfentant Charles Ier, roy de Naples & de Sicile, couronné en 1265 par le cardinal Raoul de Chevriers, évêque d'Albano; 10 pl. d'armoiries.

L'auteur explique dans l'Epître dedicatoire les ecus des alliances de la maifon de Chevriers, & à la fuite il donne la genealogie de cette même maifon; pages 3-12 de l'*Abregé méthodique*, il cite les perfonnes qui lui ont communiqué des mémoires.

L'*Abrége methodique* a ete reimprime avec quelques retranchements & corrections, Lyon, Benoift Coral, 1672, in-12. On y a ajoute un Avis au lecteur, l'Epître dedicatoire a MM. de Chevrier y eft remplacee par une requête au Dauphin, dans laquelle le P. Meneftrier demande juftice contre le plagiaire qui, fous le titre : *Méthode royale, facile & hiftorique du Blafon, compofée pour Monfeigneur le Dauphin*, avoit publie un livre qu'il l'accufe d'avoir extrait de deux de fes ouvrages, en y mêlant beaucoup de fautes & d'erreurs (1). La pagination de l'*Abrége methodique* eft tronquee apres la p. 153, où elle reprend a 96, qui eft double, jufqu'à 104, au lieu de continuer de 154 à 162. Le cahier qui devoit avoir la fignature H eft figné E. A la fin, 6 ff. non chiffrés pour la table des chapitres & pour celle des armes des familles.

M. Leber cite dans fon Catalogue une edition de 1673, auffi chez Benoift Coral, in-12, édition qu'il dit être des plus rares & omife par tous les bibliographes du P. Meneftrier. « Elle a quelque importance, ajoute-t-il, par la requête au Dauphin. » M. Leber auroit-il confondu & pris la date de 1672 pour 1673, ou bien y auroit-il une édition à cette date? Je ne le crois pas. Si ce n'eft pas une méprife ou une faute d'impreffion, il eft probable que l'exemplaire cité par le favant bibliographe porte un titre rafraîchi, ce qui arrive frequemment pour les ouvrages du P. Meneftrier, qui étoient prefque toujours tires a très grand nombre, & par confequent lents à s'ecouler.

Il y a des exemplaires dont le titre porte Lyon, Thomas Amaulry, 1677, in-12, la veuve de Benoift Coral ayant cédé fon privilége a ce libraire. C'eft le même titre auquel on a ajoute feulement la formule de rigueur, revu, corrigé & augmenté, bien qu'on n'ait fait aucune addition a l'edition de

---

(1) Il revient encore a la charge dans la Preface « Qui s'aviferoit, dit-il, de voler le bien d'autruy pour s'en parer à peu de frais ? Ce tour eft lasche, et jamais honnefte homme ne s'en eftoit avise. J'en dis trop, et, pour me venger du larcin qu'il vient de me faire, ce m eft affez que fes figures foient fi mal gravees et fi mal appliquees, qu'il n'est point de lecteur qui ne me faffe justice, fans que je fois oblige de crier au voleur pour faire connoistre ce qu'il eft. »

1672. Le nombre des planches eſt le même. Les exemplaires qui portent Lyon, Thomas Amaulry, 1681, ſont toujours la même édition, avec un titre refait. Il y a eu une reimpreſſion en 1683 dans le même format, Bordeaux, de l'imprimerie de Pierre Abagou, chez Simon Boé. Cette réimpreſſion, conforme en tout à celle de Lyon 1672, contient auſſi la requête au Dauphin.

XV. — Deſcription de la machine du feu d'artifice dreſſé pour la naiſſance de Monſeigneur le Dauphin, par la communauté des maiſtres imprimeurs de la ville de Lyon, le 20 novembre 1661. A Lyon, de l'imprimerie de Pierre Guillimin, en rue Raiſin, proche de la place de Confort; 1661, in-fol. de 34 pp.

XVI. — Feſti natales Delphini, Sylva. Pièce héroïque de 175 vers latins.

XVII. — La Naiſſance du Dauphin à Fontainebleau. Elégie.

Ces deux dernières pièces, ſignées C.-F. M., ſe trouvent pp. 17-24 de la *Deſcription du feu d'artifice;* comme elles ſont certainement du P. Meneſtrier, il n'eſt pas douteux que cette Deſcription ne ſoit auſſi de lui.

XVIII. — L'Horoſcope des lettres à la naiſſance de Monſeigneur le Dauphin. Lyon, 1661, in-fol.

Cette pièce fait auſſi partie du recueil ci-deſſus, n° XV. Le P. Niceron la donne au P. Meneſtrier. Je n'ai pas d'autre raiſon pour lui attribuer la *Deſcription de la machine du feu d'artifice*, &c., que celle qu'il a fournie lui-même en mettant les initiales de ſon nom au bas des pièces ajoutées a cette Deſcription, qui étoit d'ailleurs tout-à-fait dans ſon goût. De plus, Pierre Guillimin a imprimé vers cette époque pluſieurs de ſes Traites, comme on le verra ci-après.

XIX. — Ad Clariffimum virum Nicolaum Chorier, Hiftoriæ Delphinatus auctorem.

C'eft une ode latine en vers alcaïques, compofée de vingt-une ftrophes de quatre vers chacune, à la louange de Chorier & de fon livre. Elle eft parmi les pièces liminaires du tome I de l'*Hiftoire génerale de Dauphiné*, Grenoble, Philippe Charvys, 1661, in-fol.

XX. — Defcription des cérémonies & réjouyffances faites à Chambéry, à la publication du Bref de la béatification du glorieux évefque de Genève, François de Sales. Par les ordres de Madame Royale, & par les foins des Syndicqs de ladite ville, le 12 mars 1662. A Lyon, de l'imprimerie de Pierre Guillimin, en rue Raifin, proche la place de Confort; s. d., in-4. 3 ff. non chiffrés pour l'Epître dédicatoire à Madame Royale; 35 pp., 1 f. non chiffré pour devifes, madrigaux & fonnets; 1 pl. gravée.

XXI. — Les Cérémonies & Resjouiffances faites en la ville d'Anneffy, fur la folemnité de la béatification & l'élévation du corps facré du bienheureux François de Sales, le 30 avril 1662. A Anneffy, par Pierre Delachinal, en la rue de la Filaterie; in-4, s. d. 35 pp. y compris le titre; à la fin, 4 ff. non chiffrés pour des vers latins & françois.

Je trouve cette Defcription dans un recueil de plufieurs autres pièces fur les fêtes de la canonifation de François de Sales à Chambery, Grenoble, Embrun, Annecy, defquelles le P. Meneftrier avoit la direction & qu'il a décrites. Il n'y a pas d'autre motif pour la placer au nombre de fes œuvres, non plus que la précédente. Ni l'une ni l'autre ne portent fon nom

XXII. — Le Feu des Veftales renouvellé. Lyon, 1662.

Cet ouvrage fut compofé pour les Dames de la Vifitation, à l'occafion de la béatification de François de Sales, à Chambery

XXIII. — L'Art des Emblêmes, par le P. C.-François Meneſtrier, de la Compagnie de Jéſus. A Lyon, chez Benoiſt Coral, rue Mercière, à l'enſeigne de la Victoire; 1662, in-8, avec privilége. 3 ff. pour l'Epître dédicatoire & un Sonnet au comte Philippe de Saint-Martin d'Aglié; 160 pp.; à la fin, 3 ff. non chiffrés pour avis, table & permiſſion ; frontiſpice gravé, 9 pl.

XXIV. — Deſcription de l'Arc de la porte du Chaſteau Les Nœuds d'Amour de la France & de la Savoye; s. l. n. d., in-4 de 4 pp.

<small>Le P. Meneſtrier a ajouté de ſa main la note ſuivante ſur ſon exemplaire annoté par lui, aujourd'hui dans la Bibliothèque des RR. PP. Jéſuites, à Lyon (1) : « L'architecture de cet arc fut dreſſée par le ſieur François Cuenot, architecte ordinaire de S. A. R., & décorée par le ſieur Charles de la Biche, peintre ordinaire de S. A. R. & bourgeois de Chambéry. »</small>

<small>(1) Cet exemplaire fait partie d'un recueil de dix opuscules du P. Menestrier, interfoliés pour son usage. Ce recueil, outre la rareté des pièces qu'il contient, est précieux par les corrections et les additions nombreuses qu'il y a faites de sa main. Il y entasse un luxe d'érudition et de citations des auteurs grecs et latins qui témoignent de sa vaste et profonde lecture. Il avait sans doute le projet de donner une édition plus complète des œuvres qui composent ce recueil, ainsi qu'il semble le promettre à la fin de la Description de l'arc dressé par les soins du souverain Sénat de Savoie.</small>

XXV. — Deſcription de l'Arc dreſſé par les ſoins des Magiſtrats de la Souveraine Chambre des comptes de Savoye, en la place du Chaſteau, à l'entrée de Leurs Alteſſes Royales en la ville de Chambéry ; s. l. n. d., in-4 de 31 pp.

XXVI. — Deſcription de l'Arc dreſſé par les ſoins du Souverain Sénat de Savoye, pour l'entrée de Leurs Alteſſes Royales à Chambéry. A Lyon, chez Pierre Guillimin, en la rue de la Belle-Cordière, proche Bellecour; 1663, in-4 de 32 pp.

XXVII. — Deſſein de la Courſe à cheval faite à l'occaſion des nopces de Madame Françoiſe d'Orléans Valois avec Son Alteſſe Royale Charles-Emmanuel II, duc de Savoye, roy de Chypre, &c. A Chambry (*ſic*), par les FF. DuFour, imprimeurs de S. A. R. ; 1663, in-4 de 16 pp.

Je trouve dans ce libretto un madrigal qui donne une idee du ton galant & precieux de cette époque, où les fades poètes de ruelle n'avoient pas encore eté flagelles par le régent du Parnaſſe françois. Le P. Meneſtrier, cédant au goût de ſon temps, s'adreſſe en ces termes à la ducheſſe de Savoie, qui ne fut pas apparemment favoriſée par un beau ciel pendant les fêtes qu'on lui donna ·

« Quand ſous un ciel brouillé votre cour en ſuſpens
Craignoit de voir ſa pompe & ſa marche troublee,
Vos yeux doux & fereins diſſipèrent les vents,
Et rendirent l'eſpoir à la troupe aſſemblee ;
De honte ou de dépit nous viſmes le ſoleil
  Se dérober a l'appareil
Où vos yeux reſpandoient de ſi vives lumières,
Mais il a beau cacher ſa lumière & ſes feux,
Pourveu que vous montriez vos graces coutumières,
Pour un ſoleil perdu nous en trouverons deux. »

XXVIII. — Deſſein de la Machine du feu d'artifice pour les nopces de Leurs Alteſſes Royales. — Les Nœuds de l'Amour & de la Joie; s. l. n. d., in-4 de 6 pp.

XXIX. — Le Phare d'Amour, deſſein du feu d'artifice dreſſé aux nopces de Leurs Alteſſes Royales ; s. l. n. d., in-4 de 17 pp.

XXX. — Les Nœuds de l'Amour, deſſein de l'appareil dreſſé par les ſoins du Sénat, de la Chambre des comptes, & des Conſuls de la ville de Chambéry, à l'entrée de Leurs AA. RR. dans la même ville, à l'occaſion de leur mariage ;

par le P. C. F. M., D. L. C. D. J. A Lyon, chez Pierre
Guillimin, en la rue de la Belle-Cordière, proche Bellecour;
1663, avec permiſſion; in-4 de 51 pp.

<blockquote>
Le même, ſous ce titre:

Les Nœuds de l'Amour. Deſſein des appareils dreſſez a Chambéry, à l'Entrée de Leurs Alteſſes Royales, à l'occaſion de leurs nopces. A Chambry (ſic), par les FF. Du-four, imprimeurs de S. A. R., 1663, in-4. 1 f. non chiffré pour la Préface; 51 pp. Ce doit être la même édition que celle de Lyon, avec un titre refait, ou plutôt c'eſt l'édition originale dont le frontiſpice aura ete changé par Pierre Guillimin, pour être vendue comme ſortant des preſſes de Lyon.
</blockquote>

XXXI. — L'Amour autheur & conſervateur du monde, deſſein des peintures du plafond de l'alcove de Leurs Alteſſes Royales; in-4 de 2 ff., s. l. n. d.

<blockquote>
On donne auſſi au P. Meneſtrier la Défaite du faux Amour, courſe de M. R. (Madame Royale) avec des dames de ſa cour conduites par des cavaliers en la place du chaſteau de Thurin, le 10 janvier 1667 : à Turin, chez Barth. Zapata, 1667, in-4; & Relation des réjouiſſances pour ſolemniſer le jour de la naiſſance de Leurs AA. RR., le 11 août & le 14 may 1678. Tiree de l'italien; à Turin, 1678, chez le même, in-4 de 32 pp., proſe & vers. Ces deux articles me paroiſſent douteux en ce qui concerne le P. Meneſtrier, je ne les mentionne donc que pour mémoire.

Ces divers écrits ſur les fêtes du mariage du duc de Savoie, plus particulièrement les Nœuds de l'Amour, inſpirèrent une muſe tranſalpine qui, charmée des deſcriptions galantes du P. Meneſtrier, lui adreſſa, ſous le voile de l'anonyme, le ſonnet ſuivant dont j'ai trouvé l'envoi, de la main de l'auteur, parmi les pièces du recueil de la bibliothèque des PP. Jéſuites, cité plus haut:
</blockquote>

Al Padre Claudio Franceſco Meneſtrier per il diſſegno de' Nodi dell' Amore, compoſto nelle nozze Reali di Savoia.

SONETTO

<blockquote>
Rideva il cielo, e'l più fiorito aprile
De' l'età d'oro del Sabaudo Marte,
Meſcolando à i nativi freggi d'arte,
Viddeſi verdeggiar più del ſuo ſtile.
</blockquote>

Quando di amanti, a voi, copia gentile,
Penna d'almo ſcrittor, che in dotte carte
La fama a i grandi à ſuo voler comparte
Fè di nodi d'amor aureo monile.
Portino purè altrove il volo audace
Sublimi penne, a te di Franchi gigli,
E di roſe vermiglie il Nodo piace;
Quivi annodata maggior gloria pigli ;
Che ſe volar vorrei, penna vivace,
Di ſi bell' Himeneo aſpetta i figli.

Il Poeta Anonimo.

XXXII. — Le Temple de la Sageſſe ouvert à tous les peuples. Deſſein des peintures de la grande cour du Collége de la Très Sainte Trinité. A Lyon, chez Antoine Molin, vis-à-vis le Grand-Collége ; 1663, in-8, avec permiſſion. 7 ff. non chiffrés pour l'Epiſtre à Camille de Neufville, archevêque & comte de Lyon, & pour la Préface aux Prévoſt des marchands & Echevins ; 182 pp. pour le Temple de la Sageſſe, &c. Deſcription & explication des montres ſolaires, & Deſcription des ornements de l'entrée & de la galerie.

<blockquote>Cette dernière partie manque dans beaucoup d'exemplaires qui n'ont que 160 pp. avec le mot FIN. On voit, pp. 81-85, qu'il etoit d'uſage que le recteur du college offrît chaque année, le jour de la fête de la Trinité, au prévôt des marchands & aux échevins en leur qualité de fondateurs, un cierge marque du nom de Jesus, dans un ovale rayonnant d'or ſur un fond d'azur, aux armes de la Ville. Cette offrande etoit comme une Reconnoiſſance de la ceſſion faite aux Jéſuites par le Conſulat, en 1565.</blockquote>

XXXIII. — Le Temple de la Sageſſe, allégorie repréſentée par les eſcoliers du Collége de la Compagnie de Jéſus, en la réception des Magiſtrats fondateurs de ce collége de la Très Sainte Trinité. A Lyon, chez Pierre Guillimin ; 1663, in-4 de 27 pp.

C'eft vraifemblablement le même que celui qui eft cité par le P. Nicerou, fous le titre : *Le Temple de la Sageffe*, repréfenté en ballet devant les magif- trats de Lyon ; 1663, fans nom d'imprimeur ni défignation de format.

XXXIV. — Novæ & veteris eloquentiæ Placita. Ex an- tiquis recentioribufque rhetoribus deprompta, & nova methodo unum in corpus digefta. Propugnabantur in aula collegii Sanctiffimæ Trinitatis Societatis Jefu, die.... fept. 1663. — Divinis auguftiffimæ Trinitatis perfonis, Patri, Verbo ac Spiritui Sancto, Chrifto homini Deo, & illibatæ Virgini Matri Deiparæ vindicias rhetoricas confecrat Sanc- tius Meneftrier Lugdunenfis; in-4, s. l. n. d., 24 pp.

XXXV. — Soixante Devifes fur les miftères de la Vie de Jéfus-Chrift & de la Sainte-Vierge. Lyon, 1663, in-4.

XXXVI. — In Præmaturam mortem Joannis Verjufii. Ode expoftulatoria ; in-4 de 2 ff., s. l. n. d.

Cette pièce doit être de 1663 ; Jean Verjus, docteur en théologie, confeiller & aumônier du roi, étant mort cette année, comme on peut le lire au-deffous de fon portrait peint par Loir & gravé par Van Schuppin, 1663.

XXXVII. — Relation de l'entrée de l'Eminentiffime Cardinal Flavio Chigi, neveu de Sa Sainteté & fon légat apoftolique, dans la ville de Lyon. A Lyon, chez Ant° Juilleron, imprimeur ordinaire de la Ville, rue Raifin, aux deux Vipères (1), proche de la place de Confort; 1664, in-fol., avec permiffion. En tête du volume eft le portrait du cardinal Chigi ; enfuite, une figure gravée repréfentant

(1) C'etoit l'enfeigne de Jean de Tournes. On la voit encore au-deffus de la porte d'entrée de la maifon qui porte le n° 7 dans la rue Raifin.

un arc de triomphe ; 38 pp. ; à la fin, 1 f. non chiffré pour un Sonnet aux Prévoſt des marchands & Echevins, & pour la permiſſion.

L'ambaſſade du cardinal Chigi, en qualité de légat *a Latere*, fut motivée par l'inſulte faite le 20 août 1662 au duc de Créquy, alors ambaſſadeur de France auprès du Saint-Siége, par les Corſes de la garde du Pape, dont les fonctions principales etoient d'accompagner les ſbires aux executions des criminels. Sur le refus du Pape de donner ſatisfaction a l'ambaſſadeur, Louis XIV, abuſant de ſa puiſſance, exigea d'Alexandre VII qu'il chaſſât les Corſes des états eccleſiaſtiques & qu'il les declarât incapables d'y ſervir a l'avenir. Ce démêlé donna lieu a de longues negociations, qui ſe terminèrent enfin par le traité de Piſe. Le roi, en ſa qualité de fils aîné de l'Egliſe, voulut bien oublier ce qui s'étoit paſſe, ſous la condition que le Pape enverroit ſon neveu le cardinal Chigi comme légat *a Latere*, pour lui faire ſes excuſes, & qu'une pyramide ſeroit élevée a Rome avec une inſcription conſtatant l'inſulte & la réparation. Deux medailles furent frappées a Paris a cette occaſion, en 1664 ; l'une avec la legende : *Ob nefandum ſcelus a Corſis in Oratorem regis Francorum*; l'autre, repreſentant le cardinal Chigi faiſant des excuſes au roi : d'un côté, *Corſicum facinus excuſatum*; de l'autre, *Legato a Latere miſſo*. Ce ne fut qu'en 1667 que le roi conſentit a ce que la pyramide fût abattue. Il fit frapper en même temps une autre médaille avec la légende : *Violatæ majeſtatis monumentum abolitum*; & au revers : *Pietas optimi principis erga Clementem IX*.

Il ne faut pas confondre cette entree du cardinal Chigi à Lyon avec l'ouvrage ſuivant, qui parut a la même époque & qui eſt un des beaux livres ſortis des preſſes lyonnoiſes (1) :

L'Entrée ſolemnelle dans la ville de Lyon de Monſeigneur l'Eminentiſſime cardinal Flavio Chigi, neveu de Sa Sainteté & ſon legat a Latere en France: avec les noms, qualitez & blaſons des prélats, ſeigneurs & gentilshommes de ſa ſuite. Pareillement les noms, qualitez, blaſons & harangues des perſonnes les plus conſiderables qui compoſent les corps de la ville de Lyon, ſelon l'ordre qu'ils ont tenu dans la prononciation des harangues qu'ils ont faites a cette Eminence. Lyon, chez Alexandre Fumeux, rue Mercière, 1664, in-fol., avec permiſſion.

Au verſo du titre, le portrait du cardinal Chigi ; 120 ff. non chiffrés pour l'Epître dedicatoire au Cardinal, pour le texte & les planches d'armoiries gravees.

Le cardinal Chigi, neveu du pape Alexandre VII & ſon légat apoſtolique en France, fit ſon entrée ſolennelle a Lyon le 31 mai 1664. L'Archevêque &

(1) M. P. Lacroix est tombé dans cette erreur lorsqu'il a attribué au P. Menestrier cette seconde relation de l'entree du Legat. (Catalogue de Solemne, t. v, p. 36, n. 166.)

le corps de Ville allèrent le recevoir & le complimenter au couvent des Peres du Tiers-Ordre, du fauxbourg de la Guillotière. Le cortége se mit en marche précédé du clergé régulier & séculier, des plus notables bourgeois, des ex-consuls, du présidial, du corps de ville & de l'archevêque suivi d'un grand nombre de prélats. Le Consulat attendoit a la barrière de la porte du pont du Rhône; après avoir entendu la harangue du prévôt des marchands, le Légat fit son entrée sous un arc de triomphe, revêtu des habits de sa dignité, monté sur une mule blanche bardée & caparaçonnée de velours cramoisi à crépines d'or, le mors & les étriers d'argent. Le dais fut porté sur lui par les quatre echevins en exercice, & il fut conduit ainsi en grande pompe par toutes les rues jusqu'a Porte-Frau, où les Comtes le reçurent dans le cloitre de Saint-Jean. Cette marche triomphale, ces honneurs partout décernés au légat sur son passage, par ordre de la Cour & conformément à l'ancien cérémonial, devoient offrir bientôt un contraste éclatant avec l'humiliation qui l'attendoit a Versailles, où la pourpre romaine alloit mettre bien bas la dignité de la tiare, en déposant publiquement les excuses & la soumission du Souverain Pontife au pied du trône de Louis-le-Grand.

XXXVIII. — Description de l'Arc de triomphe dressé à la porte du pont du Rhosne par les soins de MM. les Prévost des marchands & Eschevins de la ville de Lyon, en la réception de Monseigneur l'Eminentissime cardinal Flavio Chisi (*sic*), neveu de Sa Sainteté & son légat apostolique en France. (Par le R. P. Menestrier). Lyon, Antoine Jullieron, 1664, in-4 de 11 pp. (Cat. Coste, n. 5955).

XXXIX. — Description de l'Arc de triomphe dressé à l'entrée de la rue de Portefroc par les soins de MM. les doien, chanoines & chapitre de l'Eglise, comtes de Lion, pour la réception de Monseigneur le Cardinal-Légat. (Par le R. P. C. F. M., D. L. C D. J.). A Lyon, chez Antoine Jullieron, imprimeur ordinaire de la Ville, rue Raisin, aux deux Vipères, proche la place de Confort; 1664, in-fol. de 3 ff.

Cette Description se trouve ordinairement à la suite de la relation de l'entree du legat; Lyon, Jullieron

XL. — Ad Reverendum admodum P. Joannem Paulum Olivam, Societatis Jefu vicarium generalem, Epiſtola de Triumphali ingreſſu Eminentiſſimi Flavii Chigii, &c. ; in-4 de 8 pp., s. l. n. d.

<small>Cette relation, compoſée de 178 vers hexamètres & pentametres, eſt adreſſée au vicaire général de la Compagnie de Jéſus a Rome. Elle eſt ſignée : *Addiɗiſ-fimus & obſequentiſſimus ſeivus & in* X° *filius Claudius Franciſcus Meneſtrier*.

On a encore de la même année : *L'Entrée de Monſeigneur le Légat dans la ville de Lyon*, en vers burleſques, avec ces initiales : P. L. S. G. J. C. D. C. S. L. Lyon, in-4. Un exemplaire incomplet de cette pièce, dans le genre bouffon, que Paul Scarron avoit mis a la mode, appartient a la Collection lyonnoiſe de M. Coſte, n. 12422.</small>

XLI. — L'Apothéoſe de l'Héroïne chreſtienne, ou les Devoirs funèbres rendus à la mémoire de Madame Royale Chreſtienne de France, Ducheſſe de Savoye, Reyne de Chypre, &c. 2 ff. non chiffrés pour l'Avant-propos, 31 pp.

XLII. — Les Larmes de l'Amour & de la Majeſté, au décès de Madame la Ducheſſe Royale Françoiſe de Valois, Ducheſſe de Savoye, Reyne de Chypre, &c., dans l'année de ſon mariage avec S. A. R. Charles-Emmanuel II. 19 pp.

<small>Ces deux opuſcules ſont reunis en un volume intitulé : *Les Devoirs funebres rendus a la mémoire de Madame Royale Chreſtienne de France, Ducheſſe de Savoye, Reyne de Chypre*, &c., epouſe de Victor-Amé, le 19 mars 1664, & de Madame la Ducheſſe Royale Françoiſe de Valois, epouſe de S. A. R. Charles-Emmanuel II, le 21 du meſme mois, par le Souverain Sénat & la Souveraine Chambre des comptes de Savoye, à Chambery ; in-4, s. l. n. d. (Lyon, 1664).

On trouve au dernier feuillet de chacune de ces Relations, qui parurent en même temps, deux ſonnets ſignés C.-F. Meneſtrier : l'un ſur le décès de Chreſtienne de France, l'autre adreſſé a la ducheſſe d'Orléans, mère de la ducheſſe de Savoie, Françoiſe de Valois.</small>

XLIII. — Eftrennes préfentées aux Gouverneur & Magiftrats de la ville de Lion, l'an 1665; en devifes & en madrigaux.

XLIV. — L'Affemblée des Sçavans & les Préfens des Mufes pour les nopces de Charles-Emmanuel II, duc de Savoye, roy de Chypre, &c., avec Marie-Jeanne-Baptifte de Savoye, princeffe de Nemours. Lyon, chez la vefve Guillaume Barbier, imprimeur ordinaire du Roy & de S. A. R. de Savoye; à la place Confort, 1665, in-4. 2 ff. non chiffrés pour l'Epître; 42 pp.

XLV. — Le fecond Mariage du duc de Savoye, fous l'allégorie des nopces d'Alpin & de Nemorine; in-fol. & in-4, s. l. n. d.

XLVI. — La Naiffance du Héros Deffein du feu d'artifice dreffé à Chambéry dans la place du Chafteau, par les foins de Monfieur le marquis de Saint-Maurice, pour la naiffance de Monfeigneur le Prince de Piedmont. A Grenoble, chez R. Philippes, imprimeur & libraire, proche des RR. PP. Jéfuites; 1666, in-4 de 8 pp.

XLVII. — Le Nouvel Aftre du ciel de l'Eglife, deffein de l'appareil dreffé dans le premier monaftère de la Vifitation Sainte-Marie d'Anneffy, à l'occafion de la première folemnité faite pour la canonifation de faint François de Sales, évêque & prince de Genève, fondateur de l'inftitut de la Vifitation, depuis le 9 may de l'année 1666 jufqu'au feizième du mefme mois. A Grenoble, chez R. Philippes, proche le collége des RR. PP. Jéfuites, 1666, in-4, avec privilége du Roy. 1 f. non chiffré pour l'Epître à Madame Royale; 87 pp., 3 pp. non chiffrées pour Advis & Defcription du Retable ; 4 pl. : la troifième eft des trente-deux quartiers de faint François de Sales.

XLVIII. — Relation des Cérémonies faites à Grenoble dans les deux monaftères de la Vifitation, avec les deux Deffeins, l'un de faint François de Sales, l'ouvrage de la Grace en fa vie, & fa Conduite en l'Etabliffement de la Vifitation ; & l'autre, les Transfigurations facrées. Grenoble, 1666, in-4.

XLIX. — Defcription de l'appareil dreffé pour la cérémonie de l'Octave de faint François de Sales, à l'occafion de la folemnité de fa canonifation, &c. A Grenoble, chez Robert Philippes, imprimeur & libraire, proche le collége des RR. PP. Jéfuites; 1666, in-4. 1 f. non chiffré pour l'Epître à Monfeigneur le duc de Lefdiguières, gouverneur de Dauphiné, 51 pp.

On trouve, pp 16-23, alliances de la maifon de Sales avec les familles de Dauphiné.

L. — Epître dédicatoire aux Prévôt des marchands & Echevins, & Préfaces des tom. I & II de l'Hiftoire de la Ville de Lyon par le P. Jean de Saint-Aubin. Lyon, Benoît Coral, 1666, 2 vol. in-fol.

L'Epître dédicatoire & les deux Prefaces de cette Hiftoire font du P Meneftrier, qui en a foigné l'edition apres la mort du P. de Saint-Aubin. Il en parle comme de fa chofe propre, & dit qu'il auroit pu y faire des additions qu'il renvoie a une autre publication. On recherche ces deux volumes uniquement pour les planches qui reprefentent des vues de Lyon · elles font gravées par

Ifraël Sylveftre. On pretend même qu'ils n'ont ete écrits que pour utilifer ces planches (1).

(1) Voyez le P. Menestrier, *Divers caracteres des ouvrages historiques*, p 213.

LI. — Les Graces pleurantes fur le tombeau de la Reine très chreftienne. Deffein de l'appareil funèbre dreffé dans l'églife du collége des PP. de la Compagnie de Jéfus; 1666, in-8.

LII. — Relation des Cérémonies faites dans la ville d'Anneffy, à l'occafion de la folemnité de la canonifation de faint François de Sales, évefque & prince de Genève, fondateur de l'inftitut de la Vifitation Sainte-Marie. A Grenoble, chez Robert Philippes, imprimeur-libraire, proche le collége des RR. PP. Jéfuites; 1666, in-4, avec privilége du Roy. 2 ff. non chiffrés pour l'Epître au prince de Piedmont; 40 pp. : les 4 dernières font pour la Relation des cérémonies faites au fecond monaftère.

LIII. — La nouvelle naiffance du Phénix. Deffein de la folemnité de faint François de Sales dans la ville d'Embrun, par les Dames religieufes de la Vifitation Sainte-Marie. A Grenoble, chez Robert Philippes, imprimeur & libraire, proche le collége des RR. PP. Jéfuites; 1667, in-4. 3 ff. non chiffrés pour l'Epître dédicatoire à Mgr Georges d'Aubuffon de la Feuillade, archevêque & prince d'Embrun; 27 pp.

LIV. — Le Cours de la fainte Vie, ou les Triomphes facrez des vertus, Carroufel pour la canonifation de faint François de Sales; 1667.

LV. — Difcours funèbre prononcé aux obsèques de la très chreftienne reine-mère Anne d'Autriche ; par le R. P. Claude-François Meneftrier, de la Compagnie de Jéfus. A Paris, chez J. l'Anglois, imprimeur & libraire ordinaire du Roy ; 1667, in-4 de 30 pp.

<small>L'oraifon funèbre de la reine-mère fut prononcée a Grenoble, comme on le voit p. 15 & fuivantes, par les compliments que le P. Meneftrier adreffe à l'évêque, au duc de Lefdiguières, gouverneur de la province, au premier Préfident & au Parlement, a la Chambre des comptes & à fon prefident Denis de Salvaing de Boiffieu.

On a attribue quelquefois au P. Meneftrier *Devifes heroiques fur les armes de Monfeigneur Colbert*. Paris, Sébaftien Mabre-Cramoify, 1667, in-fol. L'auteur de ce livre eft Conftant de Sylvecane.</small>

LVI. — Traité des tournois, jouftes, carroufels & autres fpectacles publics. A Lyon, chez Jacques Muguet, en la rue Neufve, proche le Grand-Collége, à l'image Saint-Ignace, 1669, in-4, avec privilége du Roy & permiffion. 5 ff. non chiffrés pour l'Epître à Monfeigneur le comte de Saint-Paul, fouverain de Neufchaftel, pour l'Avis au lecteur & la table des chapitres ; 399 pp.

<small>A la fuite du *Traité des Tournois*, on retrouve fous le titre : *La Difpute des Lys au couronnement de la reine des Alpes*, le Deffein de la courfe a cheval faite a l'occafion des noces de Françoife d'Orléans Valois avec le duc de Savoye, Charles-Emmanuel II, qui avoit été deja imprimé a Chambéry en 1663.

Le *Traité des Tournois, Joutes & Carroufels*, bien qu'il ne foit pas tres rare, eft recherché & monte dans les ventes a des prix affez eleves. On cite dans le Catalogue Huzard, n° 4900, un exemplaire avec la date de 1674, Lyon, Michel Mayer. Ce ne peut être que l'édition de 1669, avec un titre rafraîchi.

On trouve des exemplaires où le fleuron du frontifpice, qui eft ordinairement un chiffre furmonte d'une couronne de fleurs, eft remplacé par un écuffon fur lequel eft reprefentée la Vérite armée de verges & chaffant l'Erreur devant elle ; avec ces mots a l'entour : *Magna eft Veritas & prævalet*. (Efdr., lib. III, cap. 4). L'écuffon eft fupporte par deux Génies tenant chacun une palme. Au-deffous, à droite, eft un écu de..... au lion de..... ; à gauche, la marque de l'imprimeur. Je n'ai vu ce fleuron que dans l'exemplaire aux armes de Secouffe.</small>

J'ai remarque en outre, dans ce même exemplaire, un carton pour les pp. 20, 21, 22. Apres ces mots, qui terminent le chapitre, à la p. 20, « ce qui en a fait des divertiffements dignes des princes, » on lit : « Après avoir fait connoître l'origine & les progrès de ces inventions ingénieufes, il faut decrire maintenant les parties qui les compofent & tous les ornements qu'elles reçoivent. Ces parties font : la pompe ou la marche, la lice, qui eft le cirque ou la carriere où fe doivent faire les courfes ; le fujet ou l'allégorie ; le defi, qui fe fait par des cartels que les tenans & les affaillans font porter à tous les chefs de quadrilles & femer par toute l'affemblee ; les quadrilles, qui font les diverfes troupes des tenans & des affaillans ; les machines & les chars ; les récits & l'harmonie ; les habits & les livrees ; les armes des tenans & des affaillans ; les devifes & les chiffres ; les officiers divers qui fervent aux fonctions ; les comparfes & les entrees, les exercices & les courfes ; les prix des victorieux & les feux d'artifice qui finiffent toutes ces feftes. Ce font ces feize chofes qu'il faut décrire en ce traité. »

Là finit le chapitre, fans le cul-de-lampe qui fe trouve dans les exemplaires ordinaires Puis, au lieu du titre du chapitre fuivant, « La pompe des carroufels, » on a mis à la fuite le titre : « La pompe & la marche des carroufels, » fans la vignette ni la lettre ornee. Ce chapitre commence ainfi : « Si Ovide a dit en deux mots que le cirque doit être celebre par la pompe & la marche des carroufels, *circus erit pompa celeber,* Tertullien, en peu de mots, nous en fait la peinture & décrit toute la montre quand il a dit : *Circenfium paulo pompatior fuggeftus, quibus propriæ hoc nomen pompa præcedit, quorum fit in femetipfa probans de fimulachrorum ferie, de imaginum agmine, de curribus, de thenfis, de armamaxis, de fedibus, de coronis, de exuviis. Quanta præterea facra, quanta facrificia præcedant, intercedant, fuccedant.* L'admirable diverfité d'images, de chars, de chevaux, de machines ! &c. » Le refte fans changement. La p. 22 a été entièrement remaniee, mais le texte a été confervé.

Il y a une autre particularité : les lettres ornees font fréquemment tranfpofees, c'eft-à-dire qu'elles ne font pas placees dans l'exemplaire dont il eft ici queftion en tête des mêmes chapitres que dans les exemplaires ordinaires. Ainfi, p. 9, la lettre ornée L reprefente deux enfants, l'un affis au pied d'un arbre & jouant d'un inftrument de mufique, l'autre danfant, au lieu d'une femme jouant avec un lion qu'on voit dans les autres exemplaires. Cette tranfpofition fe retrouve pp. 53, 71, 91 & 307.

A ceux qui trouveroient ces remarques oifeufes ou futiles, je rappellerois pour ma juftification qu'elles font à l'adreffe des bibliophiles pour qui, fur ces matières, rien n'est infignifiant.

LVII. — Eloge hiftorique de la ville de Lyon, & fa grandeur confulaire fous les Romains & fous nos Rois ; par

le P. Claude-François Meneſtrier, de la Compagnie de Jéſus. A Lyon, chez Benoiſt Coral, rue Mercière, à la Victoire ; 1669, in-4, avec privilége du Roy ; frontiſpice gravé & blaſons.

A la ſuite des armoiries des prevôts des marchands & échevins qui ont ete gravées pour ce volume, de l'année 1596 a l'année 1669, ſont deux feuillets avec les armoiries de Gaſpard Groller avocat & procureur géneral de la Ville, de Thomas de Moulceau ſecretaire de la Ville, de Jean Beneon receveur, celles de la Ville & celles de Louis de Trellon capitaine de la Ville. Il y a des exemplaires à la ſuite deſquels on a ajouté les blaſons des échevins juſqu'en 1789, époque à laquelle ils furent remplaces par des maires. Le dernier prévôt des marchands fut Louis Tolozan de Montfort ; les echevins, Jacques Imbert-Colomès, Joſeph Steinman, Antoine Bertholon avocat en parlement, & Jean-Marie Degraix.

De 1294 a 1595, les échevins furent au nombre de douze ; en 1596, Henri IV les réduiſit a quatre & un prevôt des marchands. Lyon jouiſſoit de grands priviléges municipaux, qui furent reconnus par nos rois lorſque cette ville, fatiguée de ſes longs démêlés avec les archevêques, fut réunie a la couronne. Charles VIII, en maintenant les anciens privileges des habitants par ſes lettres-patentes de 1495, anoblit par les mêmes lettres-patentes les douze officiers municipaux connus ſous les dénominations de conſuls, conſeillers, échevins Ce privilége de nobleſſe tranſmiſſible leur fut confirmé par les lettres de Henri II, des mois de ſeptembre 1550 & octobre 1554 ; de François II, du mois d'octobre 1559 ; de Charles IX, du mois d'avril 1570, de Henri IV, du mois de novembre 1602 & du mois de mars 1609 ; de Louis XIII, du mois de juin 1618 & du mois de mars 1638, avec faculte de faire, eux & leurs ſucceſſeurs & poſterite, le commerce en gros, de Louis XIV, du mois de decembre 1643 ; &c.

On évalue a deux mille ſix cents environ le nombre des elections au conſulat, de 1294 à 1789 ; mais comme ces élections ſe font renouvelees aſſez ſouvent ſur les mêmes individus, il n'en a guere ete nomme dans cet intervalle que deux mille aux charges conſulaires. Il ne reſte plus aujourd'hui a Lyon qu'un très petit nombre de familles anoblies par l'echevinage ; la plupart ſont eteintes ou diſperſées, &, parmi celles qui ſont reſtees, il en eſt qui, repudiant une nobleſſe acquiſe par les bons & loyaux ſervices de leurs auteurs, ſe fabriquent des aieux avec les parchemins d'autrui. Toutefois il ſuffit de jeter les yeux ſur la liſte des échevins pour ſe convaincre que beaucoup de gentilshommes en ont exercé les fonctions, ſurtout avant l'annee 1596. Cette aſſertion ſe trouve pleinement juſtifiée par les lettres mêmes de Charles VIII, du mois de decembre 1495 : « Iceux conſeillers, y eſt-il dit, preſents & à venir, *s'ils n'étoient nes & extraits de noble lignée*, avons anoblis & anobliſſons par ces preſentes, &

du titre & privilége de nobleſſe, eux & leur poſterité née & à naiſtre en loyal mariage, avons decoré & décorons, &c. » (1)

Il ne faut pas confondre l'*Eloge hiſtorique de la ville de Lyon* avec celui qui fut publié plus tard par Broſſette, l'ami & le commentateur de Boileau, ſous ce titre : *Hiſtoire abrégée ou Eloge hiſtorique de la ville de Lion*. A Lion, Girin, 1711, in-4. Les blaſons des échevins y ſont continués juſqu'a cette année L'auteur n'y ayant pas mis ſon nom, l'identité de titre & de format fait qu'on y eſt ſouvent trompé, & qu'il eſt facile de prendre l'un pour l'autre. Avec le livre du P. Meneſtrier, on peut ſe paſſer de celui de Broſſette, mais celui de Broſſette ne diſpenſe pas d'avoir l'*Eloge hiſtorique* du P. Meneſtrier.

Guy Patin écrivoit à Falconet, le 6 mai 1664 : « J'admire les recherches particulières que le P. Meneſtrier a ramaſſees avec grand ſoin & beaucoup de travail pour en compoſer l'*Eloge hiſtorique de la ville de Lyon*; ce livre durera à jamais pour l'honneur de cette ville qui eſt en France ce qu'eſt Anvers aux Pays-Bas, & ce que dit J. Lipſius, *quod eſt in capite oculus*, &c. (2). » Si la date de la lettre de Guy Patin eſt exacte, il ne pouvoit à cette époque avoir connoiſſance que du manuſcrit du P. Meneſtrier, l'*Eloge hiſtorique* n'ayant paru que cinq ans apres.

(1) Voyez *Dictionnaire encyclopédique de la nobleſſe de France*, par M. de Saint-Allais. Paris, 1816, 2 vol. in-8, t. 1, p. 37, et Meneſtrier, *Les diverses espèces de nobleſſe et les manieres d'en dresser les preuves*. Paris, 1683, in-12, p.260.

(2) *Lettres de Guy Patin*, publiées par J.-H. Reveille-Parise. Paris, 1846, in-8, t. III, p. 468.

LVIII. — Le Véritable art du Blaſon, & la Pratique des armoiries depuis leur inſtitution; par le R. P. Cl.-François Meneſtrier, de la Compagnie de Jéſus. A Lyon, chez Benoiſt Coral, rue Mercière, à la Victoire, 1671, in-12, avec privilége du Roy. 5 ff. non chiffrés pour l'Epître aux Prévoſt des marchands & Eſchevins de Lyon; 415 pp., 7 ff. non chiffrés pour la table des chapitres, l'extrait du privilége & la table des armes des familles qui ſont blaſonnées dans la Pratique des armoiries; 13 pl. de blaſon, une fig. repréſentant les obsèques d'Anne de Bretagne.

LIX. — Le Véritable art du Blaſon, & l'Origine des armoiries; par le R. P. Cl.-François Meneſtrier, de la Compagnie de Jéſus. A Lyon, chez Benoiſt Coral, rue Mercière, à la Victoire; 1671, in-12, avec privilége. 7 ff. non chiffrés pour l'Epiſtre au préſident de Saint-André, l'Avis au lecteur & la table des chapitres; 384 pp., 6 ff. non chiffrés pour la table des armes, &c., & pour l'errata; 8 pl. d'armoiries.

LX. — Le Véritable art du Blaſon, ou l'Uſage des armoiries. A Paris, chez Eſtienne Michallet, rue St-Jacques, proche la fontaine St-Séverin, à l'image de Saint-Paul; 1673, in-12, avec privilége du Roy. 5 ff. pour l'Epiſtre à Monſeigneur le Dauphin & pour la table des chapitres; 342 pp., 7 ff. non chiffrés pour la table des matières, &c.; frontiſpice gravé, avec le portrait & les armes du Dauphin; 13 pl. d'armoiries.

LXI. — Les Recherches du Blaſon, ſeconde partie de l'Uſage des armoiries. A Paris, chez Eſtienne Michlallet (*sic*), rue St-Jacques, à l'image Saint-Paul, proche la fontaine St-Séverin; 1673, in-12, avec privilége du Roy. 8 ff. non chiffrés pour l'Avertiſſement, 332 pp., 6 ff. non chiffrés pour les tables, &c.; 3 pl. d'armoiries.

Ce volume qui fait ſuite au précedent, quoiqu'il n'y ait pas de tomaiſon & qu'il forme un ouvrage a part, eſt un des plus rares. M. Leber aſſure que ce n'eſt qu'après quinze années de recherches qu'il a fini par le trouver au fond d'un ſac. C'eſt dans l'Avertiſſement que ſe trouve le détail du plan conçu par le P. Meneſtrier pour la compoſition du grand ouvrage qu'il médita toute ſa vie.

LXII. — Les Vertus chreſtiennes & les Vertus militaires en dueil. Deſſein de l'appareil funèbre pour la cérémonie des obsèques de M. de Turenne. A Paris, chez Eſtienne Michallet; 1675, in-4.

Bayle s'exprime en ces termes sur cet ouvrage dans une lettre à M. Minutoli (1) : « A propos de devises, je me souviens du P. Menestrier qui en a rencontré d'assez bonnes pour la pompe funèbre de M. de Turenne. Il fait imprimer ses Décorations funebres ou il nous fait voir les cérémonies anciennes & modernes bien curieuses, car c'est un homme qui a lu prodigieusement. »

Bayle avoit déja parlé de la Description des obsèques de M. de Turenne (2), à propos du livre de Charpentier sur l'excellence de la langue françoise (3) : « On y voit, dit-il, la réponse qu'il (Charpentier) se fait à lui-même ; entre autres, qu'il seroit à craindre que les inscriptions en françois ne devinssent ridicules & inintelligibles, comme il est arrivé a quelques vieilles épitaphes qu'on n'entend plus & qui auroient besoin qu'on tirât les morts des sépultures pour leur en demander l'explication ; ou, si on les entend, on ne peut les lire qu'en riant. Il répond entre autres choses qu'on a mauvaise grâce de craindre une obscurité à venir, pendant qu'on ne redoute pas l'obscurité présente des inscriptions latines, & il montre par celle de la pompe funèbre de M. de Turenne dont le P. Menestrier etoit l'auteur,

« Ob Hermanduros intra fines coactos,
Ob repressos Hermionas, & ad pacem coactos,
Marcomannis & Quadis territis,
Treboccis in ordinem redactis,

« que le latin a fait imaginer a mille personnes que ces exploits s'etoient faits dans le pays des fables. Ceux qui ont accompagné ce grand capitaine dans toutes ses glorieuses expéditions, ont commencé la à le perdre de vue , & c'est veritablement en cette occasion qu'il eût éte necessaire de le ressusciter, afin de lui demander l'explication de ces inscriptions faites à son honneur, supposé que lui-même eût pu reconnoître ses victoires dans des images si bizarres. »

Le recueil déja cité de la Bibliothèque des RR. PP. Jesuites contient un autre projet sur le même sujet, écrit de la main du P Menestrier, sous ce titre :

Le Deuil des Vertus cardinales sur le tombeau de Monsieur de Turenne. Dessein de la décoration funèbre de l'église de Saint-Ouen de Rouen, pour la cérémonie du 15 de décembre.

(1) Œuvres diverses, t. IV, p 567, note IV.
(2) Loc cit., t. II, p. 123.
(3) De l'excellence de la Langue françoise. Paris, 1683, 2 vol. in-12.

LXIII. — Oraison funèbre de très haut & très puissant prince Henry de la Tour d'Auvergne, vicomte de Turenne, maréchal général des camps & armées du Roy, colonel général de la cavalerie légère, gouverneur du haut & bas

Limofin, &c., prononcée à Rouen dans l'églife de Saint-Oüen, le 15 décembre de 1675, par le P. Claude-François Meneftrier, de la Compagnie de Jéfus. A Paris, chez Eftienne Michallet, rue St-Jacques, à l'image Saint-Paul, proche la fontaine St-Séverin ; 1676, in-4, avec privilége du Roy ; frontifpice gravé par Trouvain, d'après Sevin ; 41 pp., cul-de-lampe deffiné par Sevin & gravé par Gantrel.

Le panégyrifte avoit pris pour texte ces paroles tirées du livre II, chap. 3, des *Rois*, ou David déplore la perte d'Abner · « Tout le peuple a pleuré ; le roi lui-même a verfé des larmes, & il a dit : Il eft mort glorieufement. Sçavez-vous bien que nous avons perdu en la perfonne de ce prince le plus grand capitaine d'Ifrael ? »

Cette oraifon funebre pourroit être lue encore avec plaifir, fi le même fujet n'avoit pas eté traité par Fléchier (1).

(1) *Oraison funèbre de M de Turenne*, prononcée dans l'eglise de Saint Eustache, à Paris, le 10 janvier 1676.

LXIV. — Hiftoire & portrait de Louis-le-Grand; in-4, s. l. n. d.

LXV. — Ludovico magno Thefes ex univerfa philofophia dicat & confecrat Ludovicus a Turre Arverniæ, princeps Turenius. Propugnabit in aula colleg. Claromontani Societ. Jefu, die 13 augufti, anno 1679 ; grand in-fol. 8 ff. gravés, le frontifpice compris ; un beau portrait de Louis XIV.

Les deux dernières campagnes du roi font repréfentées dans cette thèfe en enigmes & en devifes, avec des infcriptions fur fes principales conquêtes. C'eft le P. Meneftrier qui en a donné la penfée, vingt-trois devifes font de lui ; l'épître dédicatoire au roi, les emblèmes, les infcriptions & fix à fept devifes font l'ouvrage du P. de la Rue, le refte a eté fait par deux ou trois autres (1). Le deffein des ornements & la difpofition du fujet font de Sevin,

(1) Voyez la *Philosophie des images*, 1682, p. 116.

peintre du cardinal de Bouillon (1) : ils ont été gravés par Coffin, le texte, par Michauld. Ce volume n'ayant pas été destiné à être vendu, mais à être offert aux personnes de la Cour, se trouve d'ordinaire magnifiquement relié en maroquin rouge.

Le Catalogue de la Bibliothèque de la Ville donne au P. Meneftrier :

L'Art de persuader & la *Philosophie des images.* Lyon, 1679, 2 vol. in-4.

Je n'ai jamais pu parvenir à voir ces deux volumes : toutes les fois que je les ai demandés, on m'a invariablement apporté la *Philosophie des images*, 1682-83, 2 vol. in-8. Cependant le P. Meneftrier, faisant l'énumération de quelques-uns de ses ouvrages, cite un plan de l'Art de persuader (2); c'est là tout ce que j'en puis dire.

Le même Catalogue donne encore au P. Meneftrier :

Dialogue entre le P. Bouhours & le P. Meneftrier; s. l. n. d., in-12 de 312 pp., sans frontispice. C'est un pamphlet virulent contre la Compagnie de Jésus, qui y est dénigrée, accusée, calomniée d'un bout à l'autre du livre; &, ce qu'il y a de curieux, ces accusations & ces calomnies sont articulées par deux Pères Jésuites. Je ne comprends pas comment ce libelle diffamatoire a pu être placé dans le Catalogue des œuvres du P. Meneftrier; il suffisoit, pour l'en exclure, d'ouvrir le volume au hasard.

Je vois dans le Catalogue de la Bibliothèque Lyonnoise de M. Cofte, n° 5957 :

Honneurs rendus à S. A. S. Mgr le duc (de Bourbon) en Bourgogne, à Lyon &

---

(1) Le peintre Sevin n'ayant pas d'article dans les biographies, j'ai pensé que je pouvois lui consacrer cette note. Il naquit à Tournon en Vivarois, d'un père peintre comme lui, et qui l'initia de bonne heure aux secrets de son art. Il paroît qu'il acquit une grande réputation par ses travaux, mais son nom étoit tombé dans un si complet oubli que je n'aurois pu que répéter la mention que le P. Meneftrier a faite de lui à deux ou trois reprises, si le hasard n'avoit mis entre mes mains un beau portrait gravé par F. Erlinger, d'après E. Cheron, 1688, in-8. C'est un médaillon placé sur un socle richement décoré, couvert des emblèmes du commerce et des arts, et sur lequel sont inscrits ces mots: *Arte et genio.* Autour de ce médaillon, entouré de guirlandes et des attributs de la peinture, on lit: *Paulus Petrus Sevin Turnonensis pict*, au-dessus sont ses armes, d'argent, à une grappe de raisin au naturel, au chef d'azur chargé d'un soleil d'or rayonnant, accompagné de deux étoiles de même, pour devise *Paulus Sevin, plenus suavi*, qui est l'anagramme de son nom. Au-dessous du médaillon, et appliqué sur le socle qui le supporte, est un cadre dans lequel est représenté un pélican qui se déchire le sein pour nourrir ses petits, avec le mot *pietas*, et à l'entour: *Ne sui pereant, e sinu* (Cette allégorie semble faire allusion à quelque trait généreux de la vie de Sevin). Le tout surmonté d'un écusson, d'azur, à trois ocus d'argent, 2 et 1, chargé en abîme d'une fleur de lis d'or.

En regard de ce portrait, qui est d'un très bel effet, richement drapé à la manière de Rigaud, on a gravé sur une autre feuille, et comme pour servir de revers au médaillon, un génie appuyé sur un globe et traçant des figures, avec ces mots tirés du psaume 76 *In adinventionibus exercebar*, dont la traduction sert de devise :

En mille inventions j'exerce mon génie.

L'artiste a placé symétriquement autour du médaillon les armoiries de Rome, de Paris, de Lyon et de Tournon, où Sevin a exercé son art. Tournon étoit sa patrie, il fit ses études à Rome, il exécuta de grandes fresques à Lyon, et son séjour habituel étoit à Paris. C'est ce qu'on lit au bas du médaillon, où se trouve aussi le madrigal obligé que voici :

Sevin, qui de son père apprit l'art du pinceau,
Chercha ce que cet art eut jamais de plus beau,
De cent peintres fameux copia les merveilles,
Et pour les mettre en un beau jour,
Vint d'Italie en France avec ces doctes veilles
Charmer tous les yeux de la Cour.

(2) Voyez l'Avertissement en tête des *Recherches du Blason*, seconde partie de l'*Usage des armoiries*, inséré en entier ci-dessus, p. 63 des *Recherches bibliographiques*.

en Breſſe. Détail conſigné dans le *Mercure galant*, ſeptembre 1679, p. 46. Le volume, ſans nom d'auteur, porte ſur la fauſſe garde : *Ex dono Franc. Meneſtrier Soc. Jeſu.*

Cette offrande, faite par le P. Meneſtrier, indiqueroit-elle que cette relation eſt de lui, comme quelques perſonnes ſont portées à le croire? N'étant pas en meſure de prononcer, & ne voyant pas là un indice ſuffiſant, je m'abſtiens & me borne à en reproduire le titre comme ſimple renſeignement.

LXVI. — La Deviſe du Roy juſtifiée ; par le P. Meneſtrier, de la Compagnie de Jéſus ; avec un recueil de cinq cens Deviſes faites pour S. M. & toute la Maiſon royale. A Paris, chez Eſtienne Michallet, rue St-Jacques, à l'image Saint-Paul, proche la fontaine St-Séverin ; 1679, in-4, avec privilége du Roy. 11 ff. non chiffrés pour les pièces liminaires, 200 pp., 1 f. non chiffré pour la table & l'errata.

A la page 71 ſe trouve la figure gravée de l'agrafe portée par ſaint Louis le jour de ſon mariage avec Marguerite de Provence. Ce joyau entrelacé de lis & de marguerites, avec un crucifix taillé ſur un ſaphir, & ces mots gravés à l'entour :

> Hors cet annel pourrions treuver amour ?

étoit conſervé dans le monaſtère de Poiſſy, où le P. Meneſtrier dit l'avoir vu pluſieurs fois.

La deviſe du roi, *nec pluribus impar*, dont le P. Meneſtrier prend ici la défenſe, avoit été attaquée vivement dès le jour où elle parut. Elle fut encore critiquée quinze à vingt ans plus tard par Chriſtophe Wagenſeil, profeſſeur de droit public à l'Académie d'Altorf & bibliothécaire à Nuremberg, dans ſes *Exercitationes ſex varii argumenti*. Altorfii Noricorum, 1687-97, in-4. Lorſqu'elle fut adoptée par le roi avec le ſoleil pour emblème, l'Europe entière s'en émut, & la jalouſie fut pouſſée à ce point, s'il faut en croire M. de la Monnoie (1), qu'un chanoine de Liége fit réimprimer à ſes dépens le Traité *delle Impreſe* de Scipion Ammirato (2), & eut l'impudence d'y intercaler cette deviſe comme inventée longtemps avant pour Philippe II, roi d'Eſpagne, afin qu'on ne pût pas dire que Louis XIV l'avoit eue le premier. Il falloit que la ſuſceptibilité de ce bon chanoine fût bien chatouilleuſe à l'endroit de ſon ſouverain pour n'être pas ſatisfait du *non plus ultra* dont les rois d'Eſpagne & des

---

(1) *OEuvres choiſies*, t. III, p. 338.

(2) *Il Rota, ovvero delle Impreſe* Dialogo del signor Scipione Ammirato, nel quale ſi ragiona di molte impreſe da diverſi eccellenti autori, e di alcune regole e avvertimenti intorno a queſta materia. Firenze, 1598, in-4.

Indes rchauffoient leurs nombreux blafons, & qui n'etoit certes pas moins orgueilleux que le *nec pluribus impar.*

LXVII. — L'Efpagne en fête pour l'heureux mariage de la reine d'Efpagne. A Paris, chez Eftienne Michallet; 1679, in-4.

LXVIII. — Origine des armoiries; par le R. P. C.-F. Meneftrier, de la Compagnie de Jéfus. A Paris, pour Thomas Amaulry, libraire à Lyon, rue Mercière, à la Victoire; 1680, in-12, avec privilége du Roy. 11 ff. non chiffrés pour les pièces liminaires, 552 pp, 16 ff. non chiffrés pour les tables, additions, &c.; frontifpice gravé, 1 fig. repréfentant l'hommage du chatellain de Bulles au duc de Bourbon, comte de Clermont. Après l'extrait du privilége : Achevé d'imprimer cette première partie le 31 mai 1679.

> On voit que, alors comme aujourd'hui, les libraires etoient dans l'ufage de poftdater leurs publications, dans le but de leur conferver encore un certificat de nouveauté lorfqu'elles etoient en vente depuis plufieurs mois déjà.
>
> Ce volume peut être confidéré comme une deuxieme édition, revue, corrigée & augmentée du *Véritable art du Blafon & l'Origine des Armoiries.* Lyon, Benoift Coral, 1671 (1), dont M. Leber mentionne une edition avec la date de 1682, Lyon, Benoift Coral, in-12, qui doit être celle de 1671, avec un titre refait. Je trouve de plus, dans le Catalogue de M. Leber, une erreur grave qu'il me pardonnera de rectifier. Le favant bibliographe a dit, parlant de ce volume (le *Véritable art du Blafon & l'Origine des Armoiries*) : « Ce volume n'eft, a proprement parler, qu'une réimpreffion du precedent (*Origine des Armoiries*), mais avec des changements & des différences tels, qu'il faut avoir l'un & l'autre pour être complet. La premiere édition eft plus riche en origines, elle abonde en developpements dont l'auteur a retranché plus d'un tiers dans la feconde édition, circonftance qui pourroit laiffer des doutes fur leur exactitude; mais la réimpreffion de 1682 contient un examen fort etendu de tous les ouvrages heraldiques connus qui précedèrent ceux du P. Meneftrier, depuis les premiers temps du blafon jufqu'a la fin du XVIIᵉ fiecle, & cette curieufe bibliographie ne fe trouve point dans l'edition de 1679 (2). »

(1) Voyez plus haut le n° LIX.   (2) N° 6380 de son Catalogue.

Tout ce que dit M. Leber feroit d'une parfaite jufteffe s'il ne s'etoit pas trompé fur les dates & s'il n'avoit pas confondu les deux volumes dont il est queſtion, appliquant conftamment au *Véritable art du Blaſon & l'Origine des Armoiries* ce qui ne peut convenir qu'a *l'Origine des Armoiries*. Cette confufion refulte, fans aucun doute, de la fimilitude du titre des deux ouvrages; il ne faut, pour s'en convaincre, que confronter les dates. Tout en admettant, fi l'on veut, pour le *Véritable art du Blaſon & l'Origine des Armoiries*, l'exiftence d'une edition de 1682, citée par M. Leber, il ne reſte pas moins vrai que ce livre, que j'ai fous la main avec la date de 1671, a precedé de plufieurs années *l'Origine des Armoiries*. Achevé d'imprimer le 31 mai 1679, & publie fous la date de 1680, le *Véritable art du Blaſon & l'Origine des Armoiries* ne peut donc être confideré comme une reimpreffion de *l'Origine du Blaſon*. C'eſt le contraire qu'on doit dire, ſinon la remarque de M. Leber eſt inadmiſſible; car il n'étoit pas poſſible qu'un livre publié en 1679, fuivant M. Leber, fût une feconde édition d'un volume publié en 1682, toujours fuivant M. Leber. J'ajoute encore qu'avec un peu plus d'attention, il auroit évité de tomber dans cette faute. Benoît Coral ne pouvoit plus imprimer en 1682 le *Véritable art du Blaſon*, &c., puifque M. Leber cite une edition de *l'Origine des Armoiries* imprimée à Paris en 1679 pour Thomas Amaulry, lequel avoit fuccedé à Coral, en rue Mercière, a l'enſeigne de la Victoire, qu'il ne quitta que plus tard, lorſqu'il imprima le *Mercure galant*. Non-feulement M. Leber s'eſt trompé en donnant à *l'Origine des Armoiries* la date de 1679 au lieu de 1680, & celle de 1682 pour 1671 au *Véritable art du Blaſon & l'Origine des Armoiries*, mais il a dit de l'un ce qu'il falloit dire de l'autre.

Le P. Meneſtrier donna d'abord le *Véritable art du Blaſon & l'Origine des Armoiries*, Lyon, Coral, 1671; plus tard, il refondit cette edition & la publia fous le titre : *Origine des Armoiries*; Paris, pour Th. Amaulry, 1680. Il conferva l'Epître dedicatoire au préſident de Saint-André, mais il modifia fon premier plan, lui donna de plus grands développements, & ajouta la généalogie de la maiſon de Prunier. Dans l'édition de 1671, il n'y avoit que ſept chapitres & 384 pp., il y en a vingt-trois dans celle de 1680 & 552 pp. Ainſi, au lieu d'avoir retranché plus d'un tiers, comme l'a cru M. Leber, le P. Meneſtrier a au contraire augmenté fa feconde édition de près de moitié; elle devint, ainſi remaniée, la première partie du grand *Traité du Blaſon* qu'il fe propoſoit de publier en dix parties. Et comme il avoit promis dans fa neuvième partie une bibliothèque de tous les auteurs qui ont écrit fur le blafon, les armoiries & les genéalogies, il fupprima à deſſein ce qu'il en avoit dit d'abord, qui etoit le chapitre premier de l'edition de 1671, de la p. 16 a la p. 109, & conferva dans *l'Origine des Armoiries* des chapitres entiers de fon premier ecrit, entre autres le chapitre III qui devint le chapitre IV.

Ces erreurs échappées à M. Leber, ſi exact & ſi judicieux dans fes remarques & fes appreciations bibliographiques, démontrent combien il eſt difficile d'eviter la confuſion qui réfulte de la fimilitude des titres de certains ouvrages du P. Meneſtrier (M. Leber lui-même en a fait l'obſervation avant moi), & combien il faut être en garde contre la rouerie que les libraires mettoient déjà en pratique à cette époque, de rafraîchir les titres des livres & d'en faire à peu de frais des éditions nouvelles.

Ce traité de l'*Origine des Armoiries* a été reproduit par extrait, t. XIII, p. 335 de la *Collection des meilleurs diſſertations, notices & traités particuliers relatifs à l'hiſtoire de France*, &c., par MM. Leber, Salgues & J. Cohen. Paris, 1838, 20 vol. in-8.

LXIX. — Origine des ornemens des armoiries; par le R. P. C.-F. Meneſtrier, de la Compagnie de Jéſus. A Paris, chez René Guignard, pour Thomas Amaulry, libraire à Lyon, rue Mercière, à la Victoire ; 1680, in-12, avec privilége du Roy. 17 ff. non chiffrés pour l'Epître dédicatoire à M. Dugué, pour la Préface, extraits du *Journal des Sçavans*, & le privilége; 489 pp., 13 ff. non chiffrés pour les tables; frontiſpice gravé : c'eſt le portrait de M. Dugué, conſeiller ordinaire du roi en ſes conſeils, maître des requêtes honoraire de ſon Hôtel, intendant de juſtice, finances & police, en Lyonnois, Forez & Beaujolois; 6 pl. de blaſon, & une fig. repréſentant le duc de Bourbon allant à un tournois.

Ce volume eſt, comme le precedent, un des plus rares & des plus recherchés de la collection des œuvres du P. Meneſtrier. (Voyez le *Journal des Sçavans* de janvier 1680, p. 89.)

LXX. — L'Alliance ſacrée de l'honneur & de la vertu au mariage de Monſeigneur le Dauphin avec Madame la Princeſſe électorale de Bavière. Paris, chez Robert-J.-B. de la Caille, rue St-Jacques, aux trois Cailles; 1680, in-4, avec permiſſion. 2 ff. pour la Dédicace à M. Colbert, marquis de Croiſſy, 80 pp. ; entre les pp. 12 & 13, Tableau généalogique des 128 quartiers de la princeſſe de Bavière, Marie-Anne-Victoire.

C'eſt la deſcription des fêtes du mariage, ſuivie de documents genéalogiques ſur la maiſon de Bavière.

LXXI. — Relation du Parnaſſe ſur les cérémonies du Baptême de Monſeigneur le duc de Bourgogne. A Paris, chez R.-J.-B. de la Caille; 1680, in-4.

LXXII. — Relation du Parnaſſe ſur les cérémonies du Baptême de Mgr le duc de Bourbon, fils de Mgr le duc & petit-fils de S. A. S. Mgr le Prince de Condé, faites à St-Germain-en-Laye le 16 janvier 1680. A Paris, chez R.-J.-B. de la Caille; in-4 de 14 pp.

LXXIII. — Les Repréſentations en muſique anciennes & modernes. A Paris, chez René Guignard, rue St-Jacques, au grand S. Bazile; 1681, in-8, avec privilége du Roy. 10 ff. non chiffrés pour les pièces liminaires, 333 pp., 2 ff. non chiffrés pour la table. (Voyez le *Journal des Sçavans* de mars 1681.)

Apres avoir fait l'*Hiſtoire des repréſentations en muſique chez les anciens & chez les modernes*, l'auteur donne une liſte curieuſe des ballets & divertiſſements de ce genre, mêlés de chant & de danſe, qui furent exécutés de ſon temps a la Cour de Turin (p. 319).

LXXIV. — Les diverſes eſpèces de nobleſſe & la manière d'en dreſſer les preuves; par le R. P. Meneſtrier, de la Compagnie de Jéſus. A Paris, pour Thomas Amaulry, libraire à Lyon; & ſe vendent chez René Guignard, rue St-Jacques, à S. Bazile; 1681, in-12, avec privilége du Roy. 9 ff. non chiffrés pour l'Epître au cardinal d'Eſtrées, pour la Préface & l'errata, 557 pp., 10 ff. non chiffrés pour les tables & l'extrait du privilége. On doit y trouver, pp. 134, 140, 432, 438, quatre figures gravées, plus quatre pl. pour les feize quartiers de Claude de Saint-Georges, de Charles de Leftang, d'Antoine de Laubefpin, & de Jean-Baptifte Vallin.

<small>Cette édition porte quelquefois : Pour T. Amaulry, libraire à Lyon, & à Paris, chez R.-J.-B. de la Caille, rue St-Jacques, aux trois Cailles : 1683, in-12. C'eft toujours l'édition de 1681, avec un titre refait ; il n'y a que cela de changé. On trouve, p. 46 de ce livre, qu'en 1316 les habitants de Lyon chargèrent celui qui faifoit leurs affaires auprès du Pape de lui demander qu'il leur accordât ce que Clément V leur avoit promis pendant fon féjour dans leur ville, à favoir que les enfants des bourgeois & autres non nobles puffent être reçus au nombre des chanoines de l'Eglife de Lyon : *Faciatis quod ad dicta canonica filii civium & alii ignobiles recipiantur, aliqua confuetudine non obftante*. Ce qui fait voir, ajoute le P. Meneftrier, que dès-lors la coutume y étoit introduite de ne recevoir que des nobles, cette Eglife étant de fondation des rois de Bourgogne : ce qui lui fit prendre pour armoiries le griffon, animal compofé de l'aigle & du lion, qui étoient les devifes des empereurs & des rois de Bourgogne.</small>

LXXV. — Lettre d'un gentilhomme de province à une dame de qualité fur le fujet de la comète. Paris, 1681, in-4. (Voyez Barbier, *Dictionnaire des Anonymes*, n° 9703.)

LXXVI. — L'illumination de la galerie du Louvre pour les réjouiffances de la naiffance de Mgr le Duc de Bourgogne. A Paris, chez R.-J.-B. de la Caille ; 1682, in-4.

<small>La planche qui repréfente cette illumination fe retrouve dans l'*Hiftoire du regne de Louis-le-Grand par les médailles*, 1693.</small>

LXXVII. — Les Ballets anciens & modernes, felon les règles du théâtre. A Paris, chez René Guignard, rue Saint-Jacques, au grand Saint-Bazile. 27 ff. non chiffrés pour l'Epître au duc d'Aumont, la Préface & la table des ballets,

11 ff. pour la table, les fautes à corriger & l'extrait du privilége. Les exemplaires qui portent : Paris, Robert Pepie, 1685, ne font autres que ceux de l'édition de 1682, avec un titre refait.

LXXVIII. — Le Temple du Mont-Claros, ou les Oracles rendus en forme d'horofcope fur la naiffance de Monfeigneur le Duc de Bourgogne, au collége de Clermont ou de Louis-le-Grand ; 1682, in-4 de 38 pp.

LXXIX. — La Philofophie des images, compofée d'un ample recueil de devifes, & du jugement de tous les ouvrages qui ont été faits fur cette matière ; par le P. C.-F. Meneftrier, de la Compagnie de Jéfus. A Paris, chez Robert-J.-B. de la Caille, rue Saint-Jacques, aux trois Cailles, 1682, in-8; 7 ff. non chiffrés pour l'Epître dédicatoire à Monfeigneur Colbert, marquis de Seignelay, pour les auteurs qui ont écrit des devifes, &c. ; 126 pp. pour le jugement des auteurs, 336 pp.; quelques fig. fur bois gravées dans le texte. (Voyez le *Journal des Sçavans*, d'avril 1682.)

Il ne faut pas confondre ce volume avec la *Philofophie des images énigmatiques*, comme cela eft arrivé quelquefois. On trouve dans celui-ci une curieufe bibliographie des auteurs qui ont laiffé des recueils de devifes, ou qui ont écrit des traités fur cette matière Les Italiens & les Efpagnols y ont excellé fur tous les autres.

C'eft dans ce livre, p. 192, qu'eft la devife *Numera fi potes*, avec un firmament parfemé d'etoiles, pour fignifier les innombrables perfections de la Sainte-Vierge qui ont infpiré le vers :

Tot tibi funt dotes, Virgo, quot fidera cœlo.

Ce vers, que le P. Charles Scribani baptifa du nom de *Proteus Parthenius*, eft de Bernard Bauhuys, favant jefuite d'Anvers (1). Erycius Puteanus le

(1) Voyez *Bernardi Bauhusii Poemata*, etc. Antuerpiæ, 1634, in-24.

K

publia fous le titre fuivant : *Pietatis Thaumata in Bernardi Bauhufii e Societate Jefu Proteum Parthenium unius libri verfum, unius verfus librum, ftellarum numero five formis variatum.* Antwerpiæ, apud Balth. & Joan. Moretos, ex officina Plantiniana, 1617, in-4 (1).

Erycius Puteanus avoit retourné ce vers, c'eft-à-dire changé la difpofition des huit mots qui le compofent, de 1022 manières différentes, à caufe de *fidera* qui fe trouve dans le vers, & en raifon du nombre de 1022 étoiles portées au Catalogue des aftronomes de fon temps. Jacques Bernouilli, dans fon livre pofthume, *Ars conjectandi*, Bafileæ, 1713, in-4, a enchéri fur Erycius Puteanus, en prouvant mathématiquement que ce vers eft fufceptible d'être changé de 3312 manières, fans ceffer d'être un vers hexamètre, & qu'il peut fubir 40320 combinaifons différentes fi on ne s'aftreint pas à conferver la mefure. Le P. Preftat a montré qu'il pouvoit être varié de 3373 manières, fans altérer la quantité. Le P. Antoine Dobert (2) s'eft auffi exercé fur ce fujet. (Voyez fes *Récréations littérales & myftérieufes*, Lyon, 1650, in-8). Dans l'énoncé du titre de ce volume, il fe qualifie *fourd & afthmatique* (3).

Il exifte une traduction latine de la *Philofophie des images*, attribuée, fur je ne fais quel fondement, au P. Meneftrier lui-même par M. Delandine, & après lui par M. Leber (t. IV, fupplément de fon *Catalogue*, n. 701) :

C.-F. Meneftrerii S. J. *Philofophia imaginum, id eft Sylloge Symbolorum ampliffima, qua plurima regum, principum, nobilium, fæminarum illuftrium, eruditorum, aliorumque virorum in Europa præftantium, quæ proftant, fumma diligentia funt congefta methodoque fuccincta exhibita. E lingua gallica in latinam converfa, figurifque elegantioribus ne antea ornata.* Amftelodami, Vaefberg, 1695, in-8. Frontifpice gravé en taille-douce, avec un grand nombre d'emblèmes dans le texte.

Saxius (*Onomafticon*) s'eft trompé lorfqu'il a dit que c'eft *La Science & l'Art des Devifes*, Paris, 1686, qui a été traduite fous ce titre ; il eft tombé dans une autre erreur, fi ce n'eft pas une faute d'impreffion, en donnant au *Philofophia imaginum* de 1695 la date de 1685 : un livre publié feulement en 1686 ne pouvoit avoir été traduit en 1685. Saxius ne s'eft pas montré plus diligent en appelant le P. Meneftrier *Sedunenfis* (de Sion en Valais), au lieu de *Lugdunenfis*.

Bien que la *Philofophie des images* porte le mot FIN, *ad calcem*, le P. Meneftrier trouva fans doute qu'il étoit loin d'avoir épuifé la matière ; il publia l'année fuivante un fecond volume fous ce titre :

---

(1) On a publié auffi de nos jours fur le même fujet : *Proteus Parthenius, id eft Bernardi Bauhusii Hexameter Marianus malies bis et vicies, sensu et metro servatus, variatus* Lovanii, 1833, in-16.

(2) Ce P. Dobert, minime dauphinois, a fon article dans la *Bibliotheque de Dauphiné* de Guy Allard, Grenoble, 1680, in-12. Chalvet, qui a ajouté fautes fur fautes à ce livre dans l'édition qu'il en a donnée, Grenoble, 1797, non content d'eftropier le titre des *Récréations littérales*, transforme ce bon Père minime en miniftre proteftant et l'appelle Dorbert.

(3) Voyez *Bibliotheque des écrivains de la Compagnie de Jésus*, par Auguftin et Aloïs de Baker ; Liège, 1853, in-8, 1re férie, p. 50 — Peignot, le *Livre des Singularités*, p 130.

LXXX. — Devifes des princes, cavaliers, dames, fçavans & autres perfonnages illuftres de l'Europe, ou la Philofophie des images. Tome fecond ; par le P. C.-F. Meneftrier, de la Compagnie de Jéfus. A Paris, chez Robert-J.-B. de la Caille, rue Saint-Jacques, aux trois Cailles ; 1683, in-8, 507 pp. ; quelques gravures fur bois dans le texte.

Ce volume, tomé 11, fait fuite a celui de la *Philofophie des images* qui eft fans tomaifon, &, quoique avec un titre différent, ils fe complètent l'un par l'autre. Je n'en fais deux articles féparés que parce qu'ils ont paru à une année de diftance, & que chacun a fon titre a part. (Voyez le *Journal des Sçavans*, de janvier 1683.)

Le P. Meneftrier avoit promis d'ajouter deux mille devifes aux onze cents environ contenues dans fon premier volume, le fecond n'en a que dix-fept cents.

Tout en reconnoiffant la profonde érudition du P. Meneftrier, M. Leber fe montre bien févère, ce me femble, lorfqu'il l'accufe d'avoir manqué de methode & de n'avoir pas fu éviter la confufion dans l'enfemble de fon travail : « Ce jéfuite étoit un prodige d'érudition & de mémoire, dit-il, mais il manquoit de méthode ; trop d'idées fur toutes chofes fe refufoient à un claffement régulier dans fon efprit ; fa penfée ne pouvoit fe fixer, parce que la fcience des faits étoit chez lui en quelque forte inépuifable Il n'a jamais eu en vue qu'un feul & vafte ouvrage qu'il appeloit la *Philofophie des images*, & fon plan comprenoit tout ce qu'il a écrit fur les armoiries, les tournois, les ballets, les devifes, les emblèmes & les fymboles. Mais au lieu de donner cet ouvrage tout d'un jet, après avoir médité, achevé & coordonné toutes les parties, il publia féparément chacune de ces parties au fur & a mefure qu'elle étoit terminée ; &, parce que la matiere croiffoit d'une année à l'autre, il changeoit à chaque publication, non de projet, mais de combinaifons & de conduite, en vifant toujours au même but. De la, la confufion qui règne dans l'enfemble de fon travail, ou plutôt le defaut d'enfemble de cette compofition gigantefque dont le deffein n'a eté qu'incomplètement execute, & la difficulté de faifir les rapports qui uniffent tant de livres différents, en apparence, dans une même penfée, un même fujet & une même fin. » (*Catal.*, t. III, n. 6384.)

Le cadre que le P. Meneftrier s'etoit tracé n'a pas été, il eft vrai, entièrement rempli, & c'eft précifement parce qu'il prévoyoit que le temps lui manqueroit pour mettre la dernière main à fon œuvre, qu'il a cru devoir publier féparément, & au fur & a mefure, les divers traités dont la réunion devoit en former l'enfemble. Il confidéroit ces traités, qui ont paru fucceffivement, comme des matériaux deftinés à completer l'édifice dont il avoit fi favamment combiné le plan : ce font, en effet, autant de parties de la *Philofophie des images*, & chacune de ces parties, prife ifolément, peut être confidérée comme un traité complet fur la matière qu'il s'etoit propofé d'y examiner. J'ajoute que le mode de publication adopté par le P. Meneftrier, etoit le feul qui pût en affurer le fuccès. On comprend en effet que s'il eût attendu d'avoir écrit cinq ou fix volumes in-folio pour publier tout d'un jet fa *Philofophie des images*, il n'auroit pas eu de lecteurs ; car tel qui aime l'hiftoire, ne fe fouciera pas du blafon ; celui qui s'occupe du blafon, ne voudra pas entendre parler des devifes & des emblèmes, ainfi du refte, les goûts & les études variant à l'infini, & peu de gens auroient eu le courage d'affronter ce volumineux amas de recherches. Le P. Meneftrier, qui avoit à cœur de vulgarifer fa penfée en la mettant a la portée de tous, n'ignoroit pas que les grands corps d'ouvrages, confultés par les érudits feulement, ne font lus par perfonne ; c'eft auffi par cette raifon qu'il fit paroître fucceffivement les diverfes parties de fon œuvre. Je ne vois rien là qui puiffe juftifier le reproche qui lui a eté fait d'avoir changé de combinaifons à chacune de fes publications : on retrouve au contraire, dans tout ce qu'il a écrit, la même penfée, la même marche affurée, invariable, vers le but qu'il s'étoit propofé.

Quant aux livres qu'il a cru devoir refaire, il faut lui en favoir gré au lieu de le blâmer. A mefure que l'horizon s'elargiffoit devant lui, dans la voie immenfe ou il s'etoit engagé, vrai labyrinthe où le peloton d'Ariane n'auroit pas fuffi, il voyoit les chofes fous des afpects nouveaux qui le forçoient d'agrandir fon deffein primitif, quelquefois même de reformer fes premiers jugements (1). Cette methode, qui en vaut bien une autre, lui donnoit un grand avantage, puifqu'elle lui permettoit de revenir fur fes pas & de corriger les erreurs dans lefquelles il avoit pu tomber a fon début dans la carrière, ce qui lui eût eté impoffible s'il avoit procédé autrement. Quoi qu'il en foit, ce n'eft pas au P. Meneftrier, qui a confumé fa vie dans l'etude & le travail, qu'il faut s'en prendre fi fon plan n'a ete exécuté qu'incomplètement : il ne s'en eft jamais écarté, il l'a fuivi au contraire avec une rare perfeverance, & tout ce qu'il a publié s'y rattache. Ce ne font ni les forces ni la conftance qui lui ont fait défaut, c'eft le temps.

(1) « Le P. Mallebranche avoit beaucoup rectifié ses premières pensées, dont il avoit reconnu l'erreur, car les hommes se trompent, et les grands hommes reconnoissent qu'ils se sont trompés. » (Fontenelle, *Hist de l Académie R des Sciences*, Eloge du P Mallebranche.)

LXXXI. — Explication d'une grande Thèfe de théologie, de philofophie & de mathématiques, dédiée au Père général des Jéfuites, dont le deffein eft le portrait de S. Ignace, fondateur & premier général de la Compagnie de Jéfus, environnée des portraits de tous les autres généraux, &c., avec une centaine de portraits des hommes illuftres en fcience, en piété, &c. ; in-fol. (Voyez Préface des *Décorations funèbres*.)

LXXXII. — De la Chevalerie ancienne & moderne, avec la manière d'en faire les preuves pour tous les ordres de chevalerie ; par le P. François Meneftrier, de la Compagnie de Jéfus. A Paris, chez Robert-J.-B. de la Caille, imprimeur-libraire, rue Saint-Jacques. aux trois Cailles; 1683, in-12, avec privilége. 16 ff. non chiffrés pour les pièces liminaires; 600 pp., 6 tableaux généalogiques. (Voyez le *Journal des Sçavans*, de feptembre 1683.)

<small>Ce volume, qui eft rare, a ete reproduit t XII de la collection deja citee de MM. Leber, Salgues & J Cohen, & par extraits t. IX, p. 234.</small>

LXXXIII. — Defcription de la Décoration funèbre faite à Saint-Denis pour les obsèques de la Reine. A Paris, chez Robert-J.-B. de la Caille ; 1683, in-4 de 12 pp. s. d.

LXXXIV. — Les Funérailles de la Reine, faites au Collége Louis-le-Grand, le 16 août 1683 ; in-4 de 8 pp.

LXXXV. — Maufolée dreffé dans l'églife de N.-D. de Paris, au Service folemnel célébré pour le repos de l'ame de très haute, très excellente & très vertueufe princeffe Marie-Thérèfe, infante d'Efpagne, reine de France & de Navarre. In-4 de 12 pp. s. d. Le Permis d'imprimer eft du 4 feptembre 1683.

LXXXVI. — Le Blafon de la nobleffe, ou les Preuves de nobleffe de toutes les nations de l'Europe ; par le R.P. François Meneſtrier, de la Compagnie de Jéſus. A Paris, chez Robert-J.-B. de la Caille, rue Saint-Jacques, aux trois Cailles; 1683, in-12. 35 pp. pour la Préface, 1 f. non chiffré pour les fautes à corriger, 546 pp.; 6 ff. non chiffrés pour les tables & l'extrait du privilége; une planche pour les ſeize quartiers de la maiſon de Bocholtz. (Voyez le *Journal des Sçavans*, d'avril 1683.)

A la p. 18 de la Preface eſt la bulle de Clement VII, qui confirme les privileges du Chapitre de l'Egliſe de Lyon. Cette bulle fut donnée en 1532, ſur la demande de François Ier.

LXXXVII. — Explication de la Médaille de Louis-le-Grand pour l'affiche du collége. Paris, chez R.-J.-B. de la Caille; 1683, in-4.

LXXXVIII. — Inſcriptions pour le Globe céleſte & le Globe terreſtre, tous deux commencés & achevés par le P. Coronelli, vénitien, des Mineurs conventuels. A Paris, de l'imprimerie de R.-J.-B. de la Caille; in-4 de 2 ff., s. d.

LXXXIX. — Tableaux généalogiques ou les ſeize quartiers de nos Rois depuis ſaint Louis juſqu'à préſent, des princes & des princeſſes qui vivent, & de pluſieurs ſeigneurs eccléſiaſtiques de ce royaume, par Monſieur Le Laboureur; avec un traité préliminaire de l'Origine & de l'uſage des quartiers pour les preuves de nobleſſe, par le P. Meneſtrier, de la Compagnie de Jéſus. A Paris, chez François Couſtelier, rue Saint-Jacques, à l'image Saint-Hilaire; 1683, in-fol., avec privilége du Roy.

Ce volume eſt diviſé en deux parties, comme le titre l'indique : la première, *de l'Origine & de l'uſage des quartiers pour les preuves de nobleſſe*, eſt du P. Meneftrier. 7 ff. non chiffres pour la table alphabétique des tableaux genealogiques & pour l'extrait du privilege ; 2 ff. non chiffres pour l'Introduction a l'*Origine des quartiers & des preuves de noblesse ;* apres, *de l'Origine, de l'ufage & de la pratique des quartiers & lignes pour eftablir la nobleffe & la defcendance des perfonnes*, 60 pp. A la fin, 6 ff. non chiffrés pour les foixante quartiers paternels & maternels de M. le duc de Chartres, & pour la table des rois, princes & feigneurs dont les quartiers genealogiques font dans le volume. Signature A-P. ; écus armoriés dans le texte. Entre les pp. 6, 7, 8 & 9, font deux miniatures extraites par le P. Meneftrier d'un ancien terrier du comte de Clermont en Beauvoifis. La première reprefente l'hommage au roi Charles V environne des princes de fa maifon & des feigneurs de fa cour, par Louis II, duc de Bourbon, pour le comté de Clermont, l'autre eft l'entrevue d'Ifabeau de Valois, douairiere de Bourbon, avec la reine Jeanne, fa fille, au milieu d'une forêt près du château de Clermont. Dans ces deux miniatures, les feigneurs & les dames de la cour font diftingués par leurs armoiries, que les uns & les autres portent fur leurs cottes d'armes & fur leurs robes. La description qui en a eté faite par le P. Meneftrier donne le nom & la qualité de tous ces perfonnages, d'après leur blafon

Ces miniatures, gravees fur les originaux par Jollain, font curieufes a caufe des coftumes du quinzieme fiècle qu'elles nous ont conferves · j'ai penfé qu'il y auroit quelque intérêt à les retrouver dans ce volume, reproduites fidelement par le burin fi intelligent de M. Louis Perrin.

La feconde partie, la première enoncee dans le titre, eft l'œuvre de Jean Le Laboureur, qui mourut pendant qu'elle etoit fous preffe. Il n'y a qu'un faux-titre & pas de frontifpice. Le dernier f. eft chiffré 119, mais il y a erreur dans la pagination ; cette partie n'a reellement que 100 ff. Le cahier figne S fuit immédiatement le cahier I. Malgré cette interruption dans les fignatures, & les erreurs dans la pagination que j'ai indiquees, le volume eft complet.

Tous les bibliographes, depuis le P. Niceron, donnent au P. Meneftrier *La Cour du roy Charles V furnomme le Sage, & celle de la reyne Jeanne de Bourbon fon epoufe;* Paris, Jollain, 1683, in-fol. & in-12. Ils ont repeté, fans examen peut-être, ce qu'a dit le *Journal des Sçavans* en rendant compte de la decouverte faite par le P. Meneftrier. Je n'ai jamais vu l'edition in-fol., a moins qu'on n'ait voulu defigner les *Tableaux genealogiques*, j'en dis autant de l'in-12, & je ne puis admettre l'exiftence de ces deux éditions : je fuis porte a croire qu'elles ne font autre chofe que les figures gravees in-fol. par Jollain, placees par le P. Meneftrier, avec l'explication qu'il en a donnee, parmi les additions qu'il a faites au livre de Le Laboureur, & qu'elles n'ont jamais été publiees à part.

XC. — Les Décorations funèbres, où il eft amplement traité des tentures, des lumières, des maufolées, catafal ques, inscriptions & autres ornemens funèbres, avec tout ce qui s'est fait de plus considérable depuis plus d'un siècle, pour les papes, empereurs, rois, reines, cardinaux, princes, prélats, sçavans & personnes illustres en naissance, vertu & dignité. Par le P. C.-F. Menestrier, de la Compagnie de Jésus. A Paris, chez R.-J.-B. de la Caille, imprimeur-libraire, aux trois Cailles, rue Saint-Jacques, & R. Pepie, libraire, à Saint-Bazile; 1684, in-8, avec privilége. 1 f. non chiffré pour la table des chapitres, 16 pp. dont les 8 premières seulement sont chiffrées, pour la Préface & le catalogue des ouvrages publiés jusqu'alors par le P. Menestrier. La pagination chiffrée recommence à la p. 17 & suit jusqu'à la p. 32; le dernier f. est chiffré 18 & 19, au lieu de 33 & 34; à la suite, 367 pp. pour les Décorations funèbres.

Les gravures sur bois, éparses çà & là dans le texte, ont eté dessinees par le peintre Sevin.

La *Description de la décoration funebre de Saint-Denis*, &c., avoit ete deja imprimée a Paris, chez La Caille; elle fut reproduite dans *l'Extraordinaire de la Gazette* & dans le *Mercure galant;* mais comme on avoit retranche les inscriptions latines & les mots latins des devises, sans doute dans la crainte d'effaroucher les lectrices de ces deux journaux, le P. Menestrier jugea a propos de donner place a cette Description en tête de ses *Décorations funebres*, afin qu'elle parût telle qu'il l'avoit composee.

Le *Journal des Sçavans* du 20 mars 1684, rendant compte des *Décorations funebres*, avertit le lecteur que les exemplaires, pour être complets, doivent avoir l'Epître dedicatoire, la Decoration funebre pour M. le prince de Conde & la Preface a laquelle l'auteur a ajoute une liste de ses ouvrages. L'Epître dedicatoire manque ordinairement, je ne l'ai vue que dans un seul exemplaire; cependant M. Leber, n. 5241 de son Catalogue, cite une copie où elle se trouve, mais sans indiquer à qui elle est adressée & pourquoi elle fut supprimee; je dis *supprimée*, l'extrême rareté des exemplaires qui l'ont conservée permettant cette supposition. Cette Epître dedicatoire fut ecrite pour M. de Saintot, maître des cérémonies, sous le patronage de qui le P. Menestrier avoit cru devoir placer son livre. Cette piece est si convenable, & sur un ton si laudatif, si obsequieux, qu'il est difficile de deviner le motif qui la fit enlever de tous les exemplaires. Le P. Menestriei se borne a y louer le savoir de M. de

Saintot en matière de décorations & de céremonial ; d'un bout à l'autre il n'y a pas un mot qui ne soit irréprochable. Cette suppreffion est donc inexplicable, a moins qu'on ne penfe que M. de Saintot, ne trouvant pas le livre digne de lui, refufa le patronage qu'il avoit d'abord promis ; ou bien encore le P. Meneftrier eut-il quelque bonne raifon pour ne vouloir plus du mécène qu'il avoit choifi, comme cela étoit arrivé à Chorier, qui, ayant dédié fes *Recherches fur les antiquités de Vienne* aux échevins de cette ville, crut avoir, plus tard, a fe plaindre d'eux, & remplaça fa Dédicace par un Avis au lecteur. Rien n'étant moins commun qu'un exemplaire des *Décorations funebres* avec la Dedicace, je la reproduis, uniquement a caufe de fa rareté :

« A Monfieur de Saintot, maiftre des Ceremonies.

« Monsieur,

« Peut-on ecrire des fpectacles fans vous confulter comme l'ame & l'intelligence publique de ces grandes actions, dont les cérémonies & les decorations font les ornemens les plus confiderables? Vous eftes depuis tant d'années la règle de ces actions, que c'eft par voftre fage conduite qu'elles font fi bien difpofées. C'eft, Monfieur, ce qui m'oblige de vous prefenter cet ouvrage, comme a l'arbitre le plus jufte de ces inventions qui font une partie de la Philofophie des images. Vous y verrez ce que la France, l'Italie, l'Efpagne & l'Allemagne ont fait fervir aux funérailles de leurs princes & des perfonnes illuftres en vertu & en dignité. Je n'ai traité que les fujets qui fervent aux decorations; ce qui regarde les cérémonies ne peut eftre écrit dignement que par vous feul qui en fçavez tous les ufages avec tant de difcernement, que vous eftes l'oracle à qui l'on s'adreffe pour les régler. On eft fûr de l'approbation publique dans ces fortes d'entreprifes, quand on a merité la vôtre. N'ofant pas l'efperer pour cet ouvrage qui n'a rien d'affez excellent pour la pretendre, c'eft voftre protection que j'implore contre la cenfure de ceux qui ne font pas autant eclairez que vous l'eftes, &, qui, n'ayant pas comme vous la connoiffance de ces appareils & de ces décorations, condamneront peut-eftre ce qui a eu du fucces dans les lieux où ces cérémonies fe font faites. Vous avez commencé le premier a les introduire en France, & à nous tirer de ces ufages gothiques de herfes & de chapelles ardentes a clochers & a pyramides qu'on a vues jufqu'aux funerailles du Roy & du Cardinal de Richelieu. Nous attendons auffy de vos foins l'ordre des cérémonies & des fonctions folemnelles qui fe font en ce royaume, où tout eft devenu fi grand, fi jufte & fi magnifique fous le plus grand de tous les rois. Au milieu de ces grandes chofes qui vous occupent pour la gloire de ce règne & de ce monarque, recevez ce prefent que je vous fais, comme un témoignage refpectueux de la paffion avec laquelle je fuis, &c

« C.-F Menestrier. »

M. Leber, même numéro de fon Catalogue, remarque qu'on a joint a fon exemplaire des Décorations funèbres : *Defcription de la décoration funebre de Saint-Denis pour les obsèques de la Reine*, Paris, in-8, s. d. ; & *Sur l'ufage d'expofer les devifes dans les églifes, pour les décorations funebres*. La première de ces pièces fait toujours partie du volume, qui feroit incomplet fi elle ne s'y trouvoit pas ; la feconde s'y rattache, il eft vrai, par le fujet, mais elle n'a été imprimée qu'en 1687. Quant à l'affertion du *Journal des Sçavans*, que *la Décoration funèbre faite pour M. le Prince de Condé* doit fe trouver avec les *Décorations funèbres* pour que les exemplaires foient complets, il y a evidemment erreur ; ce Journal a voulu, je penfe, indiquer la *Defcription de la décoration funèbre de Saint-Denis pour les obfèques de la Reine*, puifque la *Décoration funèbre pour le Prince de Condé* n'a paru que trois ans plus tard, en 1687.

XCI. — Bouquet au Roy, pour le jour de Saint-Louis ; 1684, in-4.

XCII. — L'Art des Emblêmes, où s'enfeigne la morale par les figures de la fable, de l'hiftoire & de la nature. Ouvrage rempli de près de cinq cens figures. A Paris, chez R.-J.-B. de la Caille, rue Saint-Jacques, aux trois Cailles ; 1684, in-8, avec privilége. 15 pp. chiffrées pour les pièces liminaires, 415 pp.; fig. gravées fur bois dans le texte.

Cet ouvrage n'a de commun que le titre avec celui que le P. Meneftrier avoit publié vingt-deux ans auparavant fur le même fujet, Lyon, Benoift Coral, 1662.

Le grand nombre de figures gravées dans le texte a tenté fans doute la convoitife des enfants, qui fe font amufés à les decouper, & ont ainfi détruit tous les exemplaires qui ont paffé par leurs mains. Cela expliqueroit la rareté de ce volume.

A propos de l'*Art des emblèmes*, Paris, 1684, M. Leber, n. 6383 de fon Catalogue, dit : « Bonne édition ; il en exifte une autre plus ancienne & moins ample. » Bonne édition ! oui, en vérité, & c'eft fort heureux qu'il en foit ainfi, car il n'y en a pas d'autre. L'édition « plus ancienne & moins ample, » fignalée par M. Leber, n'eft pas le même livre que celui dont il eft queftion ici. La plus grande partie de l'*Art des emblèmes*, Lyon, 1662, eft confacrée à l'explication des règles pour leur compofition ; l'*Art des emblèmes* de 1684 eft furtout un recueil : ce font les exemples a la fuite des preceptes, quoique l'auteur y revienne encore fur les règles (1). Le P. Meneftrier a fait ici pour les emblèmes ce qu'il avoit fait pour les devifes, il a réuni tout ce qu'il en avoit écrit autrefois.

(1) « Ce n'est pas seulement un recueil de preceptes pour exceller dans cet art (des emblèmes), dit le *Journal des Sçavans* d'avril 1684, mais encore un amas de ce qui s'est fait de plus beau en ce genre, et qui se voit encore ou dans les livres ou dans les palais. »

XCIII. — Les Juftes devoirs rendus à la mémoire de très haute princeffe Louife-Charlotte de la Tour-d'Auvergne, dans la chapelle du féminaire des Miffions étrangères. Paris, 1684.

XCIV. — La Science & l'Art des devifes, dreffez fur de nouvelles règles, avec fix cens devifes fur les principaux événemens de la vie du Roy, & quatre cens devifes facrées dont tous les mots font tirés de l'Ecriture-Sainte, compofées par le P. Meneftrier, de la Compagnie de Jéfus. A Paris, chez Robert-J.-B. de la Caille, rue Saint-Jacques, aux trois Cailles; 1686, in-8, avec privilége. 5 ff. pour les pièces liminaires, 329 pp. ; frontifpice gravé. (Voyez le *Journal des Scavans*, de mars 1686.)

Le P. Meneftrier avoit promis une feconde partie avec plus de mille devifes, il ne l'a pas donnée.

XCV. — S'il eft permis d'employer les devifes dans les décorations funèbres. Paris, R. Pepie, 1687, in-12. — Et auffi fous le titre : Lettre fur l'Ufage d'expofer les devifes dans les églifes; Paris, Pepie, 1687, in-12. (Delandine, *Cat. de la Bibl. de Lyon*, n. 6647.)

XCVI. — Sujet de l'appareil funèbre du cœur de M. le Prince, inhumé dans l'églife de Saint-Louis. Paris, 1687, in-4.

A la fin du Recueil appartenant a la bibliothèque des RR. PP. Jefuites de Lyon, je trouve le canevas de cet ouvrage de la main du P. Meneftrier, avec ce titre : *La Circulation du fang royal de France, du cœur de faint Louis dans le cœur de Louis de Bourbon, prince de Condé, premier prince du fang, & du cœur de ce prince dans celui de faint Louis.* Deffein de l'appareil funèbre pour le cœur du prince de Condé, dans l'eglife de Saint-Louis des Pères de la Compagnie de Jéfus.

XCVII. — Les Honneurs funèbres rendus à la mémoire de très haut, très puiffant, très illuftre & très magnanime prince Monfeigneur Louis de Bourbon, prince de Condé & premier prince du fang de France, dans l'églife métropolitaine de Noftre-Dame de Paris. A Paris, chez Eftienne Michallet, rue Saint-Jacques, à l'image Saint-Paul, près la fontaine Saint-Séverin; 1687, in-4, avec permiffion. 40 pp., 1 pl. repréfentant le deffein de l'appareil.

Le Catalogue de Cange, p. 138, donne au P. Meneftrier : *Avis aux RR PP. Jefuites d'Aix fur un imprimé qui a pour titre: Ballet donne à la réception de Mgr l'Archevêque d'Aix.* Cologne, 1687, in-12. Eft-ce l'Avis ou le Ballet qu'on attribue au P Meneftrier? Ce ne peut être l'Avis, & je ne crois pas qu'il foit l'auteur du Ballet. Le même Catalogue cite encore : *Recueil d'un très grand nombre de pièces fugitives*, 3 vol. in-4. C'eft, fans doute, un recueil factice des opufcules publiés a diverfes epoques par le P. Meneftrier.

XCVIII. — La Statue de Louis-le-Grand placée dans le temple de l'Honneur. Deffein du feu d'artifice dreffé devant l'hoftel-de-ville de Paris, pour la ftatue du Roy qui y doit eftre pofée. A Paris, chez Nicolas & Charles Caillou, au premier pavillon du collége Mazarini, à la Conftance; 1689, in-4, avec privilége. 29 pp., 1 f. non chiffré pour l'extrait du privilége.

XCIX. — Lettre à M*** fur la defcription du feu d'artifice de l'hoftel-de-ville, fous le titre de Temple de l'Honneur, 7 juillet 1689. A Paris, chez J.-B. de la Caille ; in-4 de 4 pp.

Cette Lettre me paroît avoir ete écrite à Guionnet de Vertron (1), qui avoit publié à la même occafion *Le Nouveau Panthéon*. Ce livre fut attaqué à caufe des louanges exceffives que l'auteur y prodigue à Louis XIV, de même que les infcriptions compofées par le P. Meneftrier pour la ftatue de Louis-le-Grand dans fon Temple de l'Honneur l'avoient été par le miniftre Jurieu, qui l'accufoit d'avoir épuifé toutes les formules du paganifme pour glorifier un prince chrétien. Le P. Meneftrier fe defendit lui-même ; François Graverol, favant antiquaire de Nîmes, prit la défenfe du *Nouveau Panthéon* dans une differtation en forme de lettre qui fe trouve à la fin du *Sorberiana*, Tolofæ, 1694. Vertron penfa que, pour faire tête à l'orage, il étoit prudent de ne pas féparer fa caufe de celle du P. Meneftrier qu'il favoit être prompt & dur a la réplique, il lui adreffa donc la lettre fuivante que je reproduis d'après le Recueil de la B des Pères Jefuites :

« Au Révérend, le tres Réverend Pere Meneftrier, Jefuite a Paris.

« Mon Reverend Pere,

« C'eft une fauffe délicateffe, un vain fcrupule, & une erreur groffière de défapprouver la dedicace que vous avez faite à un roi très chretien d'un Temple conftruit des débris du paganifme, dans le temps qu'il s'occupe a detruire l'hérefie. Vos cenfeurs affurément ne font ni habiles dans les langues, ni verfés dans l'antiquité, puifqu'ils ne connoiffent pas la force du latin & du françois, qu'ils ignorent les nobles hardieffes de l'eloquence & de la poéfie, & qu'ils ne fçavent pas qu'on peut quelquefois mêler fans impiété le profane avec le facré ; voici donc ce que je fis hier contre eux au bruit des canons & a la lueur des feux d'artifice ·

« Si l'on met les heros au Temple de la Gloire ;
« Si l'on grave leurs faits au Temple de memoire,
« Et fi l'on en érige à leur haute valeur,
« A leur juftice, a leur grandeur,
« Puifque Lous efface & la fable & l'hiftoire,
« Pourquoi lui refufer LE TEMPLE DE L'HONNEUR ?

---

(1) Claude-Charles Guionnet de Vertron, conseiller hiftoriographe du roi, membre de l'Académie royale d'Arles et de celle des Ricovrati de Padoue, homme de lettres et bel efprit. On a de lui encore, outre un grand nombre de pieces academiques en profe et en vers, et plusieurs ouvrages de piete *Parallele de Louis-le-Grand avec les princes qui ont eu le surnom de Grand*, *La Nouvelle Pandore, ou les Femmes illustres du siècle de Louis-le-Grand* Titon du Tillet lui a donne une place dans son Parnasse françois.

« Nous lisons dans l'histoire romaine que Marcellus voulut autrefois elever un même temple à l'Honneur & la Vertu, pour montrer que la vertu conduit a l'honneur; peut-on trouver étrange qu'on ait confacré LE TEMPLE DE L'HONNEUR a un prince qui possède toutes les vertus ?

« Qu'à le louer chacun s'empreffe,
« Sa renommée & fa fageffe
« Répondent a fa dignité ;
« LA VERTU le propofe aux heros pour exemple,
« Il tient le premier rang dans fon augufte temple
« Et dans celui de l'IMMORTALITE.

« Sans chercher dans l'Antiquité
« D'un mérite fublime une preuve plus ample ;
« Et fans mêler la fable avec la vérité,
« Difons avec fincérité,
« Qu'un roi fi grand, fi bon, fi puiffant & fi fage,
« Eft aux yeux des humains la plus parfaite image
« De la Divinité.

« Louis-le-Grand pouvant étendre fes conquêtes, a fermé deux fois le TEMPLE DE JANUS; fes ennemis l'ont obligé de l'ouvrir pour la fûreté de fon Etat & pour l'intérêft de la Religion; mais lorfqu'il aura pourvû a l'un & a l'autre, & qu'au lieu de détruire entièrement fes ennemis, il voudra bien fermer ce temple pour la troifième fois, je crois, mon Révérend Pere, que ces faux zélés ne vous empêcheront pas de placer S. M. dans le TEMPLE DE LA PAIX, comme vous l'avez placé dans celui de l'HONNEUR.

« Après la critique qu'on a faite de votre admirable dédicace, je ne fuis plus furpris qu'on ait déclame contre mon livre qui a paru fous le titre de NOUVEAU PANTHEON, que j'ai auffi dédié à S. M. Je vous prie, mon Révérend Père, de foutenir fortement un temple dont vous avez été jufqu'à préfent l'approbateur, & où tous les dieux affemblés viennent rendre leurs hommages à l'invincible empereur des François : vous pouvez me fervir de fecond dans cette occafion, comme vous m'en avez déjà fervi dans le fameux combat de Meffieurs de l'Académie royale d'Arles, & de quelques fçavans antiquaires, pour Vénus & pour Diane. Enfin, mon Revérend Père, quoique nous tâchions d'exprimer la grandeur de notre incomparable monarque & le zele que nous avons pour la gloire de S. M., par des idées nouvelles, par des deffeins magnifiques, & par de grands efforts d'imagination, néanmoins nous ne fommes ni l'un ni l'autre idolâtres parce que nous rendons à Céfar ce qui eft à Céfar, & a Dieu ce qui eft à Dieu ; de forte que nous pouvons publier hardiment, fans nous flatter, que nous fçavons faire dans nos écrits & dans nos difcours, comme dans notre conduite, la jufte & grande différence qu'il y a entre le culte qu'on tend a l'auteur de l'univers & celui qu'on doit rendre à son image la plus parfaite Certes, mon Révérend Père, si l'on a sçu imposer silence à ces scrupuleux critiques qui ne pouvoient souffrir qu'on donnât à un roi très chrétien le titre d'homme immortel, je me persuade que nos adversaires se tairont a présent, ou du moins qu'ils confesseront intérieurement que nous avons eu tous deux raison, vous d'avoir elevé au plus grand des rois LE TEMPLE DE L'HONNEUR, & moi de lui avoir dédié le NOUVEAU PANTHEON....

« Je suis, &c.   « DE VERTRON.

« A Paris, ce 15 juillet 1689. »

C. — Deuxième Lettre pour justifier l'inscription latine du Temple de l'Honneur; 18 août 1689. Paris, R.-J.-B. de la Caille; 1689, in-4 de 4 pp.

On attribue aussi au P. Menestrier : *Explication du feu d'artifice dressé devant l'hostel-de-ville*, par l'ordre de Messieurs les Prevost des marchands & Eschevins de la ville de Paris, le jeudi 30 janvier 1687 ; 4 pp., pl. gravees.

CI. — Réfutation des prophéties faussement attribuées à S. Malachie sur les élections des Papes, depuis Célestin second jusqu'à la fin du monde. A Paris, chez R.-J.-B. de la Caille, rue Saint-Jacques, aux trois Cailles ; in-4 de 12 pp., s. d.

Le Catalogue Falconet, n. 13832, donne au P. Menestrier : *Réfutation des Prophéties de l'abbé Joachim* ; s. l. n d. Je ne connois que la refutation des pretendues Prophéties de saint Malachie, archevêque d'Armagh en Irlande, ami de saint Bernard, entre les bras duquel il mourut en odeur de sainteté. Le P. Menestrier s'est étendu tres au long sur ces rêveries dans la *Philosophie des images énigmatiques*, de la p. 299 à la p. 385 ; mais il n'y est question de l'abbe Joachim qu'en passant, pp. 295-297. J'ignore s'il avoit publié précédemment un ecrit contre ce visionnaire ou plutôt contre les baliverness qui ont couru sous son nom ; il ne le dit pas, tandis qu'à la p. 300 il s'exprime en ces termes à propos de saint Malachie : « Quoique j'aie déja refute ces fausses propheties par des écrits qui ont paru au temps des deux nouveaux pontificats d'Alexandre VIII & d'Innocent XII, j'ai cru que je devois traiter la même chose dans un ouvrage plus fixe que dans des feuilles volantes, outre que j'ai vu depuis en faveur de ces quolibets deux justes volumes imprimez par un Religieux de Citeaux, nommé Jean Germain, & dédiés au pape Clément. »

CII. — Examen de la fuite des Papes, fur les prophéties attribuées à faint Malachie. A Paris, chez R.-J.-B. de la Caille, rue Saint-Jacques, aux trois Cailles; in-4 de 14 pp., s. d.

CIII. — La Méthode du Blafon, par le P. C.-F. Meneftrier, de la Compagnie de Jéfus. A Lyon, chez Thomas Amaulry, rue Mercière, au Mercure galant; 1689, in-12, avec privilége. 11 ff. non chiffrés pour l'Epiftre à Mgr le duc de Bourgogne, la Préface & une Lettre à M.... fur les armoiries du duc de Bourgogne; 336 pp., 2 ff. non chiffrés pour la table des maifons; frontifpice gravé aux armes du duc de Bourgogne; 31 pl. de blafon.

CIV. — Hiftoire du roy Louis-le-Grand par les médailles, emblêmes, devifes, jettons, infcriptions, armoiries & autres monumens publics, recueillis & expliquez par le Père Claude-François Meneftrier, de la Compagnie de Jéfus. A Paris, chez J.-B. Nolin, graveur du Roy; 1689, in-fol.

Ces médailles ont été tirées du cabinet du P. de La Chaife, confesseur du Roi; une partie a été deffinée par Lebrun & par Mignard. Les types de quelques-unes, parmi les premières, font de Varin. (Voyez le *Journal des Sçavans*, de feptembre 1689.)

Il y a une contrefaçon dans le même format, Amfterdam, chez P. Mortier, 1691, avec cette feule addition : N. E. (nouvelle édition) *augmentée de cinq planches*, qui s'y trouvent en effet.

Profper Marchand, p. 48-49 du tome II de fon *Dictionnaire hiftorique*, remarque C, note 33, nous apprend que l'*Hiftoire du roy Louis-le-Grand par les médailles* a été gâtée par diverfes médailles fatiriques de fort mauvais goût. Les pamphlétaires hollandois intercalèrent, a la fuite de celles qui avoient été frappées à la gloire du roi, cinq planches de médailles inventées par les réfugiés & les ennemis de la France, qui font toutes ignominieufes, moins pour la mémoire du grand Roi que de fi vils outrages ne pouvoient atteindre, que pour les auteurs de ces lâches attaques & de ces odieufes calomnies dont elles atteſtoient à la face de l'Europe l'impuiſſance & la mauvaiſe foi. Je décrirai deux ou trois de ces médailles ajoutées dans cette contrefaçon d'Amſterdam.

D'abord, pour colorer leur impudence & tromper le public, les éditeurs placèrent l'avis ſuivant en tête de leurs additions : « Les cinq planches de médailles qui ſuivent ne ſont pas moins curieuſes à l'hiſtoire de Louis-le-Grand que les précédentes ; mais le P. Meneſtrier a eu ſes vues pour ne les avoir pas inférées dans cet ouvrage. » Pour mettre le comble à leur impoſture, ils voulurent donner à croire que ces prétendues médailles faiſoient partie, comme les autres, du cabinet du P. de La Chaiſe.

Dans une de ces médailles, p. 40, on voit Soliman III, Louis XIV, le Dey d'Alger & Jacques II, l'épée à la main, jurant l'extermination du chriſtianiſme, ſur un autel ou la croix eſt placée au-deſſous du Croiſſant. Au revers eſt la figure du Diable, avec cet exergue ſignificatif : *In fœdere quintus.*

Une autre, p. 42, repréſente le Roi vomiſſant dans une cuvette que le Dey d'Alger tient devant lui ; derriere eſt le Pape, une ſeringue à la main droite, préſentant de l'autre un baſſin au derrière de Sa Majeſté, avec ces mots : *Neceſſitati nequidem Dii reſiſtunt ;* pour faire entendre que le Roi avoit eté forcé honteuſement de ceder au Pape la franchiſe des quartiers & la ville d'Avignon, & en même temps de demander la paix aux Algériens.

Sur une troiſième medaille, un envoyé du Roi, la face contre terre, ſollicite l'amitié du Dey d'Alger. On lit au revers : *Amicus Turca, amici Algerini, amici Barbari, Chriſtianorum oſor & hoſtis.*

Voila comment les Reformés françois, avec l'appui de leurs co-religionnaires de Hollande, faiſoient à l'etranger l'hiſtoire de leur pays, & s'efforçoient d'avilir celui que l'Europe entiere avoit proclamé Louis-le-Grand. Il ne manque à cette ignoble & degoûtante collection numiſmatique que la medaille donnée par Proſper Marchand (1), & de laquelle il fait la deſcription ci-après, que j'aurois quelque honte de reproduire après lui, ſi ces aberrations d'une haine aveugle & ces criminels entraînements de l'eſprit de parti n'avoient pas leur importance au point de vue hiſtorique, & ne fourniſſoient pas un enſeignement utile, malgré le dégoût qu'ils inſpirent. « D'un côté (dit Proſper Marchand qui, tout proteſtant & refugié qu'il etoit, ne ſemble guère édifié de ces ſales inventions), Cromwell paroît en buſte, revêtu d'une cuiraſſe & couronne de lauriers, avec la légende : OLIV. D. G. ANG. SCO. HIBERNIAE. PROTECTOR ; &, de l'autre, la République d'Angleterre, aſſiſe & tenant de la main gauche un ecu ou bouclier de Saint-Georges, indique de la droite Cromwell appuyé ſur ſes genoux (il eſt dans l'attitude d'un enfant qui joue à la main-chaude), les chauſſes bas, la chemiſe levée ... , en un mot, offrant...... à baiſer aux ambaſſadeurs de France & d'Eſpagne. Celui-là, tout parſemé de fleurs de lis, repouſſe l'autre de la main gauche, lui diſpute fierement le pas, & lui dit d'un air fanfaron : *Retire-toy. L'Honneur appartient au Roy mon maître.* Ces mots ſont en toutes

(1) *Loc cit.*, p. 74

lettres placées en exergue sur le revers (1). » Le même auteur ajoute que cette médaille qu'on a supposé avoir paru dès 1655, à l'occasion des négociations entre la France & l'Espagne touchant une alliance avec Cromwell, ne fut réellement frappée qu'au mois d'avril 1672, lors de la guerre avec la Hollande.

Le P. Menestrier, dans la deuxième édition de l'*Histoire du règne de Louis-le-Grand par les médailles*, p. 3, s'exprime en ces termes sur la contrefaçon de son livre faite à Amsterdam. « Les Hollandois, qui depuis quelques années se sont mis en possession de remplir le monde de méchans libelles, de gazettes & de médailles scandaleuses, ont contrefait la première édition de ce livre, & l'ont rempli d'ignorances, & d'un supplément de cinq planches de médailles autant insolentes en leurs types & en leurs légendes qu'elles sont d'ailleurs mal gravées, & encore plus mal expliquées. C'est le génie des hérétiques. Ce qu'ils ont fait depuis leur double defection de la religion & de l'obéissance due à leurs légitimes souverains, devoit avoir préparé le public à ces malignitez grossieres, qui ne méritent pas une plus ample refutation, puisqu'elles se détruisent d'elles-mêmes auprès des personnes qui ont du bon sens & de la raison. »

Cette deuxième édition, que le P. Menestrier crut devoir donner malgré le peu de succès de la première, ne fut pas mieux accueillie par le public, les circonstances qui lui avoient nui d'abord n'ayant pas changé.

Elle parut sous ce titre : *Histoire du regne du roy Louis-le-Grand par les medailles*, &c., seconde edition, augmentée de plusieurs figures & corrigée. A Paris, chez Robert Pepie, rue Saint-Jacques, à l'image Saint-Bazile, au-dessus de la fontaine Saint-Severin. Au Palais, chez Jacques Lefevre, au premier pilier de la grand'salle, vis-à-vis les Requêtes du Palais, à côté des Eaux & forests. Et chez Nolin, graveur du Roy, sur le quai de l'Horloge du Palais, proche la rue de Harlay, à l'enseigne de la place des Victoires ; 1693, in-fol., avec privilege. Les exemplaires portant la date de 1700, Paris, J.-B. Nolin, & Lyon, J.-B. & Nicolas De Ville, rue Merciere, à la Science, sont toujours de l'edition de 1693, avec le titre refait. Il n'y a eu que les deux éditions de Paris, 1689 & 1693, & la contrefaçon d'Amsterdam, 1691. Le P. Le Long dit que cette Histoire a été traduite en allemand & imprimée à Baden, 1704 ; il a confondu le livre du P. Menestrier avec la publication faite sur le même sujet par l'Academie des inscriptions (2).

Dans la première partie de ces Recherches, j'ai dit quelque chose des contrarietes que l'*Histoire du Roy par les médailles* avoit attirées au P. Menestrier, un recueil publié recemment (3) fournit la preuve que c'est à bon droit qu'il s'est plaint des procedés iniques dont il fut la victime. L'intrigue ourdie

---

(1) Ceux qui seront curieux de voir d'autres échantillons de la haine que les Reformés avoient contre Louis XIV, peuvent consulter encore le t. 1 du *Dictionnaire historique* de P. Marchand, p. 162, note 3 de la remarque A, en marge.

(2) *Medailles sur les principaux evenements du règne de Louis-le-Grand*. La Preface que l'Academie avoit placée en tête du volume ayant été supprimée par ordre du roi, on ne recherche que les exemplaires où elle a été conservée. Ces exemplaires sont en très petit nombre.

(3) Collection de documents inédits sur l'histoire de France. Correspondance administrative sous le règne de Louis XIV, etc., par M. Depping. 4 vol. in-4.

d'abord pour empêcher l'impreffion de fon livre, & enfuite pour en arrêter la publication, fut conduite avec tant de perfévérance & d'habileté, que, réduit à fes propres forces & hors d'etat de réfifter aux attaques dirigées de toutes parts contre lui par un corps puiffant, a la fois juge & partie dans la caufe, il fut obligé de ceder & d'abandonner le fruit de plus de trente années de recherches & de travaux. L'Academie des inscriptions avoit fu mettre dans fes intérêts non-feulement le miniftre, mais encore la foule des courtifans ; il ne fut donc pas difficile de faire entendre au roi que l'intérêt de fa gloire auffi bien que celui de la fcience exigeoit qu'il s'oppofât à une publication qui ne pouvoit être digne de lui. C'eft ce dont on ne doutera plus apres la lecture de la piece fuivante, extraite des documents inedits publiés par M. Depping (1).

« LE COMTE DE PONTCHARTRAIN AU P. DE LA CHAISE.

« Le 10 juin 1699.

« Je crois que vous vous fouviendrez bien que le Roy ordonna, il y a quelques annees, que le P Meneftrier cefferoit un ouvrage qu'il avoit commencé, intitule : *Hiftoire du Roy par les medailles*, & vous convintes en ce temps qu'il ne devoit point faire cette entreprife, dont l'Academie des infcriptions eftoit chargée par ordre de S. M. Cependant il a recommence fon ouvrage, compofe de différentes medailles qu'il a ramaffees, dans lefquelles il mesle une bonne partie de celles de l'Academie, qui ont efté gravées avec une grande depenfe ; en quoy il a très grand tort, ne pouvant le faire avec la même perfection & le mefme foin que ceux de l'Académie qui en font chargez par S. M.. Ainfy elle m'ordonne de vous efcrire de faire ceffer l'ouvrage du P. Meneftrier, ne voulant, fous quelque prétexte que ce foit, qu'il le puiffe donner fous le titre d'*Hiftoire du Roy par les medailles*, luy eftant libre cependant de faire imprimer les medailles qu'il peut avoir faites, & celles qu'il peut avoir recouvrées d'ailleurs par fes foins & fa curiofité, fans y mettre aucune de celles compofees par l'Academie. » (*Regiftre fecret*)

Le comte de Pontchartrain etoit chancelier de France & chargé des académies depuis la mort de Louvois ; toute refiftance etoit impoffible. On voit que la défenfe faite au P. Meneftrier de publier fon livre eft bafée fur ce que, l'Académie s'occupant du même fujet, un fimple particulier ne pouvoit faire auffi bien que cette Compagnie. Il lui fut permis de faire imprimer les medailles qu'il avoit pu fe procurer en dehors de celles de l'Academie, mais a condition que fon recueil ne porteroit pas le titre d'*Hiftoire du Roy par les médailles*. C'eft pour cela que, lorfque les exemplaires de l'edition de 1693 reftée en feuilles

---

(1) Tome IV, pp. 613 et suivantes.

chez l'imprimeur reparurent avec un titre refait, Paris, 1700, on remplaça le premier titre : *Histoire du Roy*, &c., par *Histoire du Regne*, &c. Le P. Meneftrier, au moyen de cette légère modification, avoit tourné la difficulté ; mais le coup etoit porté, & fon livre ne s'en releva pas. Si les perfécutions auxquelles il fut en butte exercèrent une influence fâcheufe fur fon livre, la toute-puiffante protection de M. de Pontchartrain, celle du roi même, ne parvinrent pas à affurer le fuccès de l'œuvre académique, dont les exemplaires font loin d'être recherchés, malgré la fplendide reliure en maroquin rouge aux armes de France qui les accompagne ordinairement. Le livre du P. Meneftrier tomba fous les coups de la cabale & des intrigues de la jaloufie ; celui de l'Academie ne dut fon difcredit qu'à lui-même, & fa chute n'en a pas été moins complète.

Telle étoit la partialité de M. de Pontchartrain, qu'il ne s'en tint pas à une interdiction brutale. Lorfque l'Academie eut achevé fon travail, il le recommanda non-feulement comme devant être conferve precieufement dans les grandes bibliothèques, mais comme « un livre que tout homme public devoit toujours avoir dans les mains ou fur fa table, pour fervir à une converfation utile & folide. » C'eft ainfi qu'il s'exprime dans une circulaire adreffée, le 10 feptembre 1702, aux premiers prefidents des Parlements & aux intendants, pour les engager à faire retirer les exemplaires réfervés pour eux (1).

(1) *Loc cit*, t. IV, p. 624.

CV. — Les Refpects de la ville de Paris, & l'érection de la Statue de Louis-le-Grand, juftifiés contre les ignorances & les calomnies d'un hérétique françois (Jurieu, réfugié en Hollande). Paris, 1690, in-12. (Voyez le *Journal des Sçavans*, de février 1691.)

Le P. Meneftrier écrivit ce petit volume pour defendre l'infcription VIRO IMMORTALI, qui faifoit partie de la décoration & du deffein du feu d'artifice dreffé devant l'hôtel-de-ville de Paris, pour l'érection de la ftatue du roi.

Le miniftre Jurieu avoit publié *La Religion des Jéfuites*, ou *Réflexions fur les infcriptions du P. Meneftrier & fur les écrits du P. Le Tellier, pour les nouveaux chrétiens de la Chine*. A la Haye, 1689, in-12. Le miniftre calvinifte affectoit dans ce pamphlet un faint zèle de la maifon de Dieu, & taxoit d'idolâtrie les hommages rendus par toute la ville de Paris à la gloire de Louis XIV, à l'occafion de l'inauguration de fa ftatue fur la place des Victoires, il faifoit furtout un crime au P. Meneftrier des infcriptions dans le gout antique qu'il avoit compofées pour cette folennité, & principalement de celle qu'on avoit gravée fur le piedeftal de la ftatue : VIRO IMMORTALI. Il reprochoit aux Jefuites leurs baffes adulations, à fes yeux, leur Societé n'etoit plus la Societé de Jefus, mais celle de Louis-le-Grand. « Ils ont fait effacer, dit-il, le nom de Jefus qui etoit infcrit fur le frontifpice de leur college, pour y mettre les armes du Roy..., » ce qui avoit donné lieu a ce diftique :

> « Suftulit hinc Jefu pofuitque infignia regis,
> Impia gens alium non habet illa domum. »

Jurieu, apres s'être raillé des ballets, ballades, airs de cour & comedies du P. Meneftrier & de fes confreres, reffaffe toutes les vieilles calomnies inventees contre les Jefuites depuis leur profcription apres l'affaffinat de Henri IV, &, revenant au *Viro immortali*, il epluche la lettre que le P. Meneftrier avoit publiee récemment, il la refute avec fon acrimonie & fa mauvaife foi accoutumee, & il termine en difant que le meilleur moyen que le P. Meneftrier puiffe employer pour la juftification de fes impietés, c'eft le torrent de la mode : « Ne faut-il pas la fuivre? ajoute-t-il, tout le monde fe mêle d'être profane, idolatre, & de faire du Roy une idole. Les Jefuites pouvoient-ils demeurer en arrière de quelque chofe? » Ces Jefuites, qu'on accufoit d'être les courtifans idolâtres du roi, etoient pourtant les mêmes qu'on avoit perfecutes comme ennemis de la royauté & fauteurs du régicide quelques annees auparavant. Mais leurs adverfaires n'y regardoient pas de fi pres, & tout leur etoit bon pour les befoins de leur caufe. Pendant qu'en France, Calviniftes & Janfeniftes taxoient les Jefuites de fervilifme & d'idolâtrie envers la royauté, en Angleterre on leur dreffoit des bûchers comme aux ennemis de cette même royauté. Ces imputations ont éte renouvelees bien fouvent a une epoque qui n'eft pas eloignée de nous ; on voit que la tactique n'etoit pas neuve.

CVI. — La Sience (*sic*) de la Nobleffe, ou la Nouvelle méthode du Blafon, par le P. C.-F. Meneftrier, & augmentée des principales familles du Païs-Bas, d'Hollande, d'Allemagne, d'Italie & d'Efpagne, par M...... A Paris, chez Eftienne Michallet, premier imprimeur du Roi, rue Saint-Jaque, à l'image Saint-Paul; 1691, in-12.

8 ff. non chiffrés pour l'Epître au duc de Bourgogne, la Lettre à M... fur les armoiries du duc de Bourgogne & l'Avis du libraire hollandois au lecteur; 204 pp., 8 ff. non chiffrés pour la table des maifons dont les armoiries font blafonnées dans le volume; frontifpice gravé, 10 pl. de blafons.

C'eſt une contrefaçon de la *Methode du Blaſon*, Lyon, Amaulry, 1689. Le papier, les caractères employés, tout indique au premier coup-d'œil une edition faite en Hollande, quoiqu'on ait conſervé au bas du titre le nom d'Etienne Michallet qui imprimoit pour le P. Meneſtrier. Les pièces liminaires de l'edition originale ont été maintenues à leur place, moins la Preface qui a été remplacée par un Avis au lecteur contenant l'éloge de l'auteur.

On a ſupprimé les deux tiers des planches de l'édition de 1689, entre autres celles où ſe trouvent les partitions diverſes des ducs de Leſdiguières, d'Uzès, de Mortemar, du marquis de Saint-Chamond & l'ecu des alliances de Chaponnay, qui ont été remplacées par des armoiries etrangères; on trouve auſſi dans la table des maiſons plus de 350 noms qui ont été ajoutés par l'editeur; ce qui en fait preſque un livre nouveau.

CVII. — Lettre d'un académicien à un ſeigneur de la cour, à l'occaſion d'une Momie apportée d'Egypte & expoſée à la curioſité publique. A Paris, 1692, in-4 de 12 pp.

CVIII. — Deuxième Lettre d'un académicien à un ſeigneur de la cour, où ſont expliquez les hiéroglyphiques d'une Momie apportée d'Egypte & expoſée à la curioſité publique. A Paris, chez Robert-J.-B. de la Caille, rue Saint-Jâques, aux trois Cailles; 1692, in-4 de 13 pp., avec privilége. Au revers du titre, fig. de la Momie; à la fin, extrait du privilége, où l'auteur, déſigné par les initiales R. P. C. F. M., cède ſon privilége au ſieur de la Caille.

Quoiqu'il emprunte ici le titre d'académicien, le P. Meneſtrier n'étoit membre d'aucune académie, à moins qu'il n'appartînt à celle de Villefranche, fondée en 1680, & compoſée de vingt membres, ſous la protection de l'archevêque. L'Académie de Lyon ne date que de 1700. Villefranche etoit bien loin d'avoir alors l'importance qu'elle a acquiſe depuis, & c'eſt un fait digne de remarque qu'on ait pu y réunir vingt beaux eſprits propres à faire des académiciens. Si l'on eſſayoit de reſſuſciter cette inſtitution, on feroit probablement très embarraſſé d'y trouver aujourd'hui les vingt titulaires voulus par les anciens ſtatuts. L'Académie de Villefranche a ſubi le ſort de beaucoup d'autres créations utiles, il n'eſt plus queſtion d'elle, & c'eſt regrettable; car, ſans prétendre exagerer l'influence qu'elle a exercée, c'étoit un centre d'où le goût des lettres & l'amour de l'etude devoient ſe propager dans un certain rayon, quelque reftreint qu'on veuille le fuppofer. Ce corps favant n'a pas laiffé de Mémoires, que je fache : il avoit pour emblème une rofe en diamants entourée de la devife : *Mutuo clarefcimus igne.*

CIX. — Lettre du P. Meneftrier à Marc Mayer fur une pièce antique. 4 ff. in-4, s. l. d. n.

Elle a été reproduite par M. A. Péricaud, Lyon, Louis Perrin, 1836, in-8 de 6 pp. Cette publication eft un tiré à part d'un recueil périodique de Lyon, *le Catholique*, qui n'a eu qu'une exiftence éphémère.

La lettre à Marc Mayer avoit été déja traduite en latin & inferée dans le *Thefaurus novus antiquitatum romanarum* de Sallengres, t. III, p. 939.

CX. — Seconde Lettre à Monfieur Mayer fur une autre pièce antique ; in-4 de 8 pp., s. l. n. d., figné Cl.-F. Meneftrier.

C'eft fans doute une de ces deux lettres qui eft mentionnée comme une réimpreffion par M. Leber, t. IV de fon Catalogue, n. 373 du Supplement, fous le titre : *Lettre fur une pièce antique apportée de Rome par le P. Meneftrier*. Je ne connois pas autrement cette réimpreffion.

CXI. — Factum juftificatif ; 1694, in-4 de 18 pp.

C'eft la defenfe & la juftification de l'*Hiftoire du roy Louis-le-Grand par les médailles*. On y trouve des détails curieux fur la vie littéraire de l'auteur.

CXII. — L'Explication de la machine expofée pour le feu de joye de la Saint-Jean-Baptifte fur le pont de Saône, par les ordres de Meffieurs les Prévoft des marchands & Echevins de la ville de Lyon, le mercredy 23 juin 1694. A Lyon, chez François Sarrazin, imprimeur de Monfeigneur le Gouverneur, rue Ferrandière, vis-à-vis le May ; in-4 de 8 pp., 2 planches gravées repréfentant les deux faces du feu de joie.

On donne cette defcription au P. Meneftrier, & je crois qu'elle eft de lui fi je ne vois rien qui permette de l'affirmer d'une manière abfolue, je ne fuis pas en mefure non plus de trancher la queftion négativement

CXIII. — **La Philosophie des images énigmatiques**, où il est traité des énigmes, hiéroglyphiques, oracles, prophéties, sorts, divinations, loteries, talismans, songes, centuries de Nostradamus, de la baguette ; par le P. Cl.-François Menestrier, de la Compagnie de Jésus. A Lyon, chez Hilaire Baritel, rue Mercière, à la Constance ; 1694, in-12, avec privilége. 11 ff. non chiffrés pour les pièces liminaires, 491 pp., 3 pp. non chiffrées pour l'extrait du privilége, &c. En tête du volume doit se trouver le portrait du P. Jean de Bussières, gravé par Cars, & p. 264, une pl. de talismans & amulettes.

Le P. Menestrier, dans ce livre curieux, prend à partie le *Liber mirabilis* & les *Centuries* de Nostradamus, qui de nos jours, où l'on ne peche guere pourtant par l'excès de la credulité, jouissent encore d'un grand crédit auprès de certains esprits ; il revient sur les propheties de saint Malachie, qui, après lui encore, ont été réduites à leur valeur par un docte religieux benedictin du siecle dernier, le P. Feyjoó (1), mais qui n'en ont pas moins conservé quelques fideles croyants, en raison du rapprochement fait entre deux saints papes, & les qualifications sous lesquelles ils sont designés dans la prophetie : je veux parler de Pie VI & de Pie VII, indiques l'un par ces mots : *Peregrinus apostolicus*, l'autre par *Aquila rapax*. Le voyage de Pie VI en Allemagne & sa pérégrination forcée en France où il est mort, sont en effet assez bien exprimes par ces mots : *le Pélerin apostolique* ; & rien ne convenoit mieux que *l'Aigle ravissant* à Pie VII, enlevé violemment de la Chaire de saint Pierre par les aigles de Napoléon Bonaparte.

Ces prophéties, qu'on suppose avoir été faites vers le milieu du douzième siecle, ne sont connues que depuis 1595. Elles furent publiées comme etant de saint Malachie, mort en 1148, par un moine du Mont-Cassin, qu'on soupçonna d'en être l'auteur. Chaque pape y est designé par une devise ou un embleme qui sont censés avoir quelque rapport avec son nom, ou avec sa patrie, ou avec quelque circonstance particulière de sa vie. Ce qui a donné lieu de croire que ce fatras ne remonte pas plus haut que la fin du seizième siècle, c'est que toutes les indications des papes y sont parfaitement justes depuis Célestin II, contemporain de saint Malachie, jusqu'à Gregoire XIV inclusivement. Ces propheties parurent peu après la mort de ce dernier : à dater de cette epoque on ne peut plus les ajuster à ses successeurs qu'au moyen d'une interpretation violente

(1) *Teatro critico universal.* Madrid, 1773, t. II, p. 110

Le Souverain Pontife qui succédera a Pie IX (*Crux de cruce*) eft defigne par *Lumen in cœlo*. Après lui, le pretendu Malachie n'annonce plus que neuf papes jufqu'a la confommation des fiècles, & il finit ainfi : « Lors de la derniere perfecution de la fainte Eglife romaine, le fiége fera occupé par Pierre, romain, qui conduira fon troupeau au milieu des plus grandes tribulations, puis la ville des fept collines fera detruite de fond en comble, & le Juge redoutable viendra juger fon peuple. »

Ce que le P. Meneftrier dit dans ce volume des *Prophéties* de faint Malachie, des *Centuries* de Noftradamus & de la *Baguette divinatoire*, a eté reproduit, avec des additions & des retranchements, dans un livre qui a paru fous ce titre : *Prédictions modernes*, &c. Avignon, 1840, in-12. Les interprétations données par le P. Meneftrier s'arrêtoient a Innocent XII, en 1692, l'editeur d'Avignon les a continuées jufqu'à Grégoire XVI.

CXIV. — Les Divers caractères des ouvrages hiftoriques, avec le plan d'une nouvelle Hiftoire de la ville de Lyon, le jugement de tous les auteurs qui en ont écrit, des differtations fur fa fondation & fon nom, fur le paffage d'Annibal, la divifion des champs, le titre de colonie romaine & les deux tables d'airain de l'hoftel-de-ville; par le P. Cl.-F. Meneftrier, de la Compagnie de Jéfus. A Lyon, chez J.-B. & Nicolas Deville, rue Mercière, à la Science; 1694, in-8, avec privilége. 6 ff. non chiffrés pour les pièces liminaires, 2 pl. de la Table de Claude, pag. 510; de la p. 543 à 559 eft l'indication des antiquités facrées & profanes & des curiofités modernes de Lyon. (Voyez le *Journal des Sçavans*, de juillet 1695.)

C'eft Symphorien Champier qui, le premier, a fait connoître la *Table de Claude*, de laquelle il donna deux fragments mutilés a la fuite du *Tropheum Gallorum*. Plus tard elle fut reproduite par Paradin & par Spon, enfuite par le P. Meneftrier, le P. Labbe, Broffette & le P. de Colonia, qui y laiffèrent & ajouterent les uns & les autres plus ou moins de fautes Il nous etoit refervé d'en voir enfin une reprefentation exacte & fidele, qui rappelle avec un art merveilleux la forme élégante & fevere a la fois de l'antique, & reftitue a la harangue de Claude la véritable leçon. C'eft a l'érudition, au goût eclairé, a la patience d'archeologue qui caracterifent M. Alph. de Boiffieu, que nous fommes redevables de ce beau travail (1), monument impériffable eleve a fa

(1) Pages 133-155 de ses *Infcriptions antiques de Lyon*. Lyon, Louis Perrin, in fol, 1846-1854.

ville natale & dans l'exécution duquel il a laiffé bien loin derrière lui, fous le double rapport de la fcience & de l'art, tous ceux qui fe font occupés de l'epigraphie lyonnoife. J'ai dit fous le double rapport de la fcience & de l'art, je pourrois ajouter auffi fous celui de la confcience littéraire, qualité non moins rare aujourd'hui qu'à l'époque où le P. Meneftrier fe plaignoit avec tant d'amertume des « frelons qui déroboient le miel de fes ruches, à la face du foleil. »

Puifque j'ai cité les *Infcriptions antiques de Lyon*, qui ont valu à M. de Boiffieu l'honneur d'être elu fpontanément, & au premier tour de fcrutin, membre correfpondant de l'Académie des infcriptions & belles-lettres, qu'il me foit permis de rappeler ici un nom deformais inféparable du fien : celui du digne fucceffeur des de Tournes & des Gryphius, dont le talent a ete d'un fi grand fecours à l'auteur, & qui a fi bien compris fa penfée que, pour la reproduire, il a doté la typographie lyonnoife d'un admirable chef-d'œuvre.

CXV. — Les Portes du fanctuaire de l'Eglife de Lyon ouvertes à Meffire Claude de Saint-George, archevêque, comte de Lyon, primat des Gaules. Lyon, chez J.-B. & Nicolas Deville, rue Mercière, à la Science; 1694, in-4, avec privilége. 59 pp.; à la fin, 4 pp. non chiffrées pour diverfes pièces.

C'eft la defcription de la reception folennelle de Claude de Saint-George dans fon églife primatiale, le jour de la prife de poffeffion perfonnelle. Dans l'Avertiffement qui fe trouve à la fin du volume, le P. Meneftrier annonce le projet qu'il a conçu de travailler fous les aufpices de l'archevêque à une hiftoire eccléfiaftique plus exacte que toutes celles qui avoient paru jufqu'alors.

CXVI. — Le Jeu de cartes du Blafon. Lyon, 1696, in 24, avec des cartes à jouer. Méthode à l'ufage des gens du monde, pour apprendre le blafon en s'amufant dans les falons.

Claude Oronce Fine de Brianville avoit deja publié un petit volume dans le même genre & le même format, fous le titre. *Jeu d'armoiries des fouverains & eftats d'Europe* (1) On fe fervoit pour ce jeu de cinquante-deux cartes,

(1) Il y a eu un grand nombre d'editions du *Jeu d'armoiries*, Lyon, Benoist Coral, 1659, 1660- 60-72, etc. Dans cette derniere, l'auteur, qui n'avoit pris d'abord que le nom d Oronce Fine

& il fe jouoit comme le Coucou, le Hère ou le Mefcontent, jeux populaires en ce temps-là, inconnus aujourd'hui, à moins qu'ils ne foient reftés fous d'autres noms.

Je trouve dans le Catalogue de M*** (Imbert de Cangé), Paris, Guerin, 1703, p. 138 : *Jeu d'armoiries des quatre principales nations de l'Europe, pour apprendre le Blafon.* Paris, 1677, in-16. Ce volume eft compris dans ce Catalogue parmi les œuvres du P. Meneftrier. Je ne l'ai pas vu mentionné ailleurs. C'eft peut-être le *Jeu d'armoiries* d'Oronce Fine, dont le titre n'eft pas reproduit correctement.

dit de Brianville, et le titre de conseiller et aumônier du roi, est qualifié abbé de Saint-Benoist-de-Quinçay-les-Poitiers. L'édition de 1672 est identiquement la même que celle de 1660, à cela près, et moins la Dedicace au duc de Savoie qu'on a supprimée. Il y a une édition d'Amsterdam. s. d., in-12, qui est donnée comme la huitième.

Je trouve un Oronce Fine de Brianville, abbé de Pontigny en Bourgogne, mort en 1708, âgé de cinquante-deux ans (a), lequel ne peut être l'auteur de ce livret, dont la première édition est de 1659. D'ailleurs, Chorier, racontant le demêlé du P. Menestrier avec Brianville, fait mourir celui-ci en 1673. La *Correspondance de Guichenon* contient plusieurs lettres de Claude Oronce Fine, de l'une de ces lettres datée de Lyon, le 28 avril 1659, il semble resulter qu'il etoit alors correcteur d'imprimerie en cette ville. « Depuis vostre depart, écrivoit-il encore de Lyon à Guichenon, le 4 juillet de la même année, nous avons vu une chose à quoy nous ne nous attendions pas · l'imprimerie est maintenant si basse, et il y a si peu à faire, qu'à peine pourrons-nous avoir assez de pratiques pour l'un de nous. Ceux qui nous avoient amusez jusqu'icy de quelque'esperance, nous ont enfin avoué qu'à peine d'un an pourroit-on y ressentir les effets de la paix. » Dans une autre lettre, il donne à Guichenon le plan de son *Jeu de cartes des armoiries*. Comment Claude Oronce Fine, simple correcteur d'imprimerie à Lyon en 1659, etoit-il devenu, des 1660, conseiller et aumônier du roi, et en 1672 abbe de Saint-Benoît-de-Quinçay? Le 4 juin il écrivoit à Guichenon « J'ay veu M. Chorier icy qui m'a accable de civilitez et qui a este bien ravy de vous y trouver. Je ne sçay s'il aura satisfaction de nos libraires, à qui il offre le premier volume de son *Histoire (de Dauphiné)* si on veut luy en donner cent pistoles Je n'y vois pas encore grande disposition. »

Oronce Fine etoit lie avec la plupart des gens de lettres de son temps, avec Guichenon, le P. Menestrier, Chorier, l'abbé de Marolles, etc. Celui-ci a fait mention de lui, t. III, p. 247 de ses *Mémoires*, Amsterdam, 1755, 3 vol. in-8 « Oronce Finé de Brianville, dit-il dans son denombrement de ceux qui lui ont donné de leurs livres ou l'ont honore de leurs civilités, Oronce Fine de Brianville, abbé de Saint-Benoît-de-Quince, aux portes de Poitiers, pour divers discours sur les armoiries et pour plusieurs vers latins et françois, avec des devises telles que les huit si bien imaginées sur la couleuvre des armes de M. Colbert. Il est le premier qui en fit une qui me sembla un peu forte contre les Hollandois, des devant que la guerre leur fut declarée. » On a d'Oronce Fine diverses autres compositions, entre autres *Histoire sacree en tableaux*, avec leur explication Paris, 1670-71-75, 3 vol. in-12. L'édition originale est très recherchée pour les figures de Sebastien Leclerc, la réimpression de 1693 l'est beaucoup moins, et se trouve à bas prix

D'après Chorier, Oronce Finé auroit été d'abord jesuite, voici ce qu'il en dit (*Adversariorum*, etc., p. 25), rappelant les evenements de l'année 1670 « Finaeus in medio post à Jesuitis discessit, Brianvillam se vocari voluit. » Chorier assure qu'il obtint l'abbaye de Saint-Benoît-de-Quinçay par son seul merite, « unica virtutis ope. » Sa vertu fut sans doute appuyée par le duc de Montausier, dans la maison duquel il étoit entré, Chorier ne dit pas en quelle qualite, mais il assure que Brianville lui rendit le service de faire connoître le premier volume de son *Histoire generale de Dauphiné*, dont il lut quelques passages devant le Dauphin et les seigneurs de sa cour ou il avoit ses entrees à la suite du duc de Montausier, qui étoit gouverneur de ce prince et qui se plaisoit à l'entourer des gens de lettres dont la conversation pouvoit orner son esprit.

Ces Fine de Brianville étoient de Briançon. Voyez Guy Allard, *Bibliothèque de Dauphiné*, le P. Niceron, t. XXXVIII, et *Correspondance de Guichenon* (Bibl. de l'Institut).

(a) *Histoire de l'abbaye de Pontigny*, par M. V-B. Henry, curé de Quarré-les-Tombes. Avallon 1839, in-8, p. 219

Le *Jeu d'armoiries des souverains & estats d'Europe* attira des delagrements à son auteur, s'il faut en croire le P. Menestrier : « L'an 1660, dit-il, Brianville fit un jeu de cartes du blason sur la forme de ceux de l'histoire & de la géographie, &, comme il avoit composé ce jeu des armoiries des princes du Nord, d'Italie, d'Espagne & de France, la rencontre fâcheuse des armoiries de quelques princes, sous les titres de Valet & d'As, lui fit des affaires. Il fut obligé de changer ces titres odieux en ceux de Prince & de Chevalier ; son ouvrage fut après cela bien reçu, & il s'en fit plusieurs editions. » En effet, dans la deuxième edition *revue, corrigée & augmentée*, il donna au Valet & à l'As les dénominations de Prince & de Chevalier, « pour ôter, dit-il, aux esprits trop pointilleux toute occasion de mal interpréter. »

CXVII. — Histoire civile & consulaire de la ville de Lyon, justifiée par chartres, titres, chroniques, manuscrits, autheurs anciens & modernes, & autres preuves, avec la carte de la ville comme elle étoit il y a environ deux siècles ; par le P. Claude-François Menestrier, de la Compagnie de Jésus. A Lyon, chez J.-B. & Nicolas Deville, rue Mercière, à la Science ; 1696, in-fol., avec privilége. 11 ff. non chiffrés pour les pièces liminaires, 42 pp. pour les six dissertations sur la première origine de la ville de Lyon, & pour le sommaire des principales matières contenues dans cette Histoire ; 548 pp. De la pag. 1 à 64, Preuves de l'Histoire consulaire ; de 1 à 136, *Tractatus de bellis & induciis*, &c., & suite des preuves ; 4 ff. pour la table des matières principales, & l'errata ; planches, & quelques figures gravées dans le texte. La planche de l'horloge de Saint-Jean doit être placée p. 200 : elle manque souvent.

Cette Histoire, l'une des meilleures histoires de ville que nous ayons, s'arrête à l'année 1400. Le P. Menestrier avoit reuni tous les materiaux necessaires pour la continuer, mais les infirmites & la mort interrompirent son travail qui est resté inachevé.

Par déliberation du 6 decembre 1696, le Consulat lui alloua la somme de 2,000 livres pour l'aider à conduire à bonne fin ce grand ouvrage.

Il y a des exemplaires avec des cartons, l'un pour le f. 127-128, l'autre 153-154. (B de M Yemeniz.)

CXVIII. — La nouvelle Méthode raifonnée du Blafon, pour l'apprendre d'une manière aifée, réduite en leçons par demandes & par réponfes; par le P. C.-F. Meneftrier, de la Compagnie de Jéfus. A Lyon, chez Thomas Amaulry, rue Mercière, au Mercure galant; 1696, in-12, avec privilége. 4 ff. non chiffrés pour les pièces liminaires, 298 pp., 13 ff. non chiffrés pour la table des noms, 3 pl. gravées pour le pavillon des armes du Roi, les armoiries de l'Eglife de Lyon, de l'Archevêque & des Comtes; 30 planches de blafons.

M. Leber, t. III de fon Catalogue, p. 273, cite une edition de 1686, a Lyon, chez le même, je ne la connois pas. Peut-être eft-ce une faute d'impreffion. On aura mis 1686 pour 1696.

— La même Methode. A Bourdeaux, par la Societe, 1698, in-12. C'eft l'edition de Lyon, 1696, avec un titre refait.

— La même, Lyon, Jacques Guerrier, à la place du College, 1701, in-12. Dans l'Avertiffement, le P. Meneftrier renvoie aux divers jeux qu'il a publies fur le blafon, & il en cite un femblable au jeu de l'Oie, fous le titre *Le Chemin de l'honneur*

— La même, Lyon, Louis Bruyfet, rue Merciere, proche la rue Tupin; 1718, in-12. Nouvelle edition, revue, corrigee & augmentee. — Lyon, 1723. — Lyon, 1728.

— La même, a Lyon, chez Pierre Bruyfet-Ponthus, rue Merciere, a la Croix d'or; 1754, in-12.

— La même, Lyon, 1761. En tout fi conforme a l'edition de 1754, que l'on doit fuppofer un titre refait.

CXIX. — Le Gouvernement général & militaire du Lyonnois, comprenant les provinces du Lyonnois, du Forez & du Beaujolois, partie du gouvernement général de Bourgogne, où font le bailliage de Mâcon, le comté de Charollois & une grande partie de la Breffe divifée en fes mandemens, la principauté & fouveraineté de Dombes divifée en fes chatellenies; la généralité de Lyon qui contient les élections de Lyon, de Saint-Eftienne, de Montbrifon, de Roanne & de Villefranche. Dreffé felon les Mémoires du R. P. Meneftrier, de la Compagnie de Jéfus, & dédié à M. le Prévoft des marchands & à MM. les Echevins de la ville de Lyon, par leur très humble ferviteur J.-B. Nolin. A Paris, chez J.-B. Nolin, géographe de S. A. Royal (*sic*) Monfieur, frère unique du Roy, fur le quai de l'Horloge du Palais, à l'enfeigne de la Place des Victoires, avec privilége du Roy; 1697.

C'eft une carte de la province.

CXX. — Première Lettre du P. Meneftrier. — Seconde Lettre du même. — Troifième Lettre du même.

Ces trois Lettres, qui parurent d'abord dans le *Journal des Sçavans* de juillet & août 1697, font une reponfe a Philibert Collet. Elles fe trouvent auffi par extraits dans les prolégomènes de fon *Explication des Statuts de Breffe*. Lyon, Claude Carteron, 1698, in-fol. C'eft ce Carteron qui avoit pris pour devife: *Les Carterons font les livres*.

CXXI. — La Statue équeftre de Louis-le-Grand placée dans le Temple de la Gloire. Deffein du feu d'artifice fur la rivière de Seine, le 13 août 1699; avec l'explication des figures, médailles & bas-reliefs. Paris, 1699, in-4.

CXXII. — Differtation des Lotteries; par le P. C.-F. Meneftrier, de la Compagnie de Jéfus. A Lyon, chez Laurent Bachelu fils, rue Neuve; 1700, in-12 de 150 pp.

Le P. Meneftrier publia ce traité fous la forme de Lettre d'un théologien a un de fes amis de Paris, a l'occafion de quelques loteries tirées à Lyon en faveur des pauvres, pour l'Hôtel-Dieu & la maifon de la Charite dite de l'Aumône géneraIe.

Les recteurs de l'Hofpice ne pouvant fuffire à l'entretien de ces maifons envahies par les foldats malades ou bleffés retournant des frontieres, & par les malheureux payfans dont les demeures avoient ete brûlees & faccagées, eurent recours a des loteries. Ce moyen fut approuvé par les magiftrats, mais quelques cafuiftes l'ayant blâme, le P. Meneftrier entreprit de le juftifier. Il rappelle que la première loterie faite en faveur des pauvres fut celle qu'on tira à Amfterdam pour la Diaconie Wallonne, compofée pour la plus grande partie de refugiés françois. Ce fut un Lyonnois, le fieur Tronchin du Breuil, qui en fit la première propofition ; un autre Lyonnois, nommé Jean Tourton, banquier, fut charge d'en dreffer le plan. Ainfi il eft vrai de dire, ajoute le P. Meneftrier, que non-feulement la ville de Lyon a fervi de modèle aux autres villes du royaume pour ces loteries faites en faveur des pauvres, mais que ce font deux Lyonnois qui en ont été les premiers inventeurs en Hollande, l'an 1695.

CXXIII. — Lettre touchant les nouvelles découvertes faites par le P. Meneftrier fur les antiquités de Lyon, inférée dans le *Journal des Sçavans* du 5 feptembre 1701, pag. 413.

C'eft une attaque affez vive contre le P. de Colonia, a propos d'un volume publié par lui fur les antiquités de Lyon (1).

Le P. Meneftrier lui reproche d'avoir tranfcrit fans difcernement quelques lambeaux des differtations qu'il avoit mifes en tête de fon *Hiftoire confulaire*. Bien qu'il ne nomme pas le P. de Colonia, on ne peut douter que ce ne foit contre lui que cette rude mercuriale eft dirigée. Le P. de Colonia a été accufé de compofer fes écrits avec ceux d'autrui, fans indiquer les fources où il puifoit. Pernetti, qui l'avoit connu, n'a pu s'empêcher de fignaler cette tendance au plagiat, furtout à l'égard du P. Meneftrier, « dont il a, dit-il, depecé les manufcrits au point de les aneantir. »

Dans cette lettre, qu'on trouvera a la fuite de ces Recherches, le P. Meneftrier parle de plufieurs antiquités qu'il avoit decouvertes ou etudiées à Lyon, il en promet une defcription, & il dit qu'il a preparé a ce fujet plufieurs differtations curieufes. La mort ne lui a pas laiffe le temps de les achever ou au moins de les publier.

(1) *Antiquitez de la ville de Lyon*, avec quelques fingulieres remarques prefentees a Mgr le duc de Bourgogne, par le P. Dominique de Colonia, de la Compagnie de Jésus. A Lyon, chez Amaulry et Pascal, libraires, rue Merciere, au Mercure galant. 1701, in-12.

CXXIV. — Décorations faites dans la ville de Grenoble, capitale de la province de Dauphiné, pour la réception de Monfeigneur le duc de Bourgogne & de Monfeigneur le duc de Berry, avec des réflexions & des remarques fur la pratique & les ufages des décorations. A Grenoble, chez Antoine Fremon, imprimeur du Roi, pour Monſeigneur l'Intendant, en la place Saint-André, à l'entrée de l'hoſtel Leſdiguières. 1701, in-fol. de 70 pp.; 6 planch. gravées.

Il y a des exemplaires qui ont une pagination différente, & l'ecu des armes de Grenoble gravé à la fin. (B. de M. de Terrebaſſe.)

On trouve à la ſuite : — Remarques & reflexions ſur la pratique des décorations pour les entrées ſolemnelles & réceptions des princes dans les villes, 19 pp.

Bien que les *Décorations faites dans la ville de Grenoble* ſoient ſans nom d'auteur, je ſuis porté à croire qu'on doit les ranger parmi les œuvres du P. Meneſtrier, puiſqu'elles ſont ſuivies des *Remarques & réflexions*, &c., qui ſont de lui. De plus, on lit p. 70: « C'eſt pour cette ſtatue (de Louis XIV) que j'ai fait ce quatrain :

« En ce chef-d'œuvre de ſculpture
Louis a d'un héros le port & le regard,
Et Girardon a fait un miracle de l'art
Du miracle de la nature. »

Ces vers étant du P. Meneſtrier, il ne peut y avoir de doute. M. Brunet, t. v, n. 24855 de ſon *Manuel*, lui attribue ce volume Les éditeurs de la *Collection de pièces rares & curieuſes ſur l'hiſtoire de France*, en ont fait un extrait, t. XIII, p. 119, ſous le titre : *Entrées ſolemnelles*, &c. M. Leber le donne auſſi au P. Meneſtrier

Il exiſte une autre relation qui fut publiée la même année & à la même occaſion par les PP. Jéſuites du college Royal-Dauphin, ſous le titre : *Les ſept Miracles de Dauphiné;* Grenoble, 1701, in-fol. Seroit-elle auſſi du P. Meneſtrier ? c'eſt ce que je laiſſe a décider a d'autres qui, moins timides ou moins ſcrupuleux, n'héſitent pas a lui donner encore : *Relation de ce qui s'eſt fait à Lyon au paſſage de Mgr le duc de Bourgogne & de Mgr le duc de Berry*, &c. Lyon, Louis Paſcal, 1701, 36 pp. in-4. A la ſuite : *Deſſein du feu d'artifice dreſſé ſur la rivière de Saône, par ordre de MM. les Prevoſt des marchands & Echevins de la ville de Lyon, ſur l'heureuſe arrivée de Mgr le duc de Bourgogne & de Mgr le duc de Berry*, &c. in-4 de 52 pp., imprimerie de L. Langlois, rue du Petit-Soulier. 1701

CXXV.—A Son Alteſſe Séréniſſime Monſeigneur Louis-Auguſte, prince ſouverain de Dombes, ſur ſon imprimerie de Trévoux; in-fol., 202 vers alexandrins.

— Mercurii Statua fub Hermæ nomine olim in Triviis pofita index viatoribus, &c. Apodofis poetica ; 48 vers hexamètres & pentamètres.

— Hermatenæ Dumbenfis Vocabulario nuper edito utentibus Admonitio. Stylo epiftolari Q. Horatii Flacci; 34 vers hexamètres.

<small>Cette dernière pièce eft un Avertiffement pour le *Dictionnaire de Trevoux* M. Delandine, Catal. de la Bibl. de Lyon, n. 1953, cite *Poefies latines & françoifes*, qu'il attribue au P. Meneftrier : ce font fans doute les trois articles qui precèdent.</small>

CXXVI. — Au Roy, fondateur & protecteur de l'Académie royale des médailles & infcriptions. Devife, madrigal & fonnet. 4 pp. non chiffrées. A Paris, de l'imprimerie de la veuve d'Antoine Lambin ; 1701, in-fol.

CXXVII. — Projet de l'Hiftoire de l'ordre de la Vifitation de Sainte-Marie, préfenté aux Religieufes de cet ordre. Anneci, 1701, in-4.

CXXVIII. — Lettre du P. Meneftrier à M. de Camps, abbé de Signy, contenant l'explication d'une médaille de Jeanne d'Albret, reine de Navarre, mère du roy Henry IV; inférée dans les Mémoires de Trévoux de janvier 1702, pp. 1722-27.

<small>Cette medaille fut diftribuee par Jeanne a l'armee des Reitres. Apres la mort du prince de Conde, chef des Religionnaires, cette princeffe fe rendit de Saintes a Tonnay-Charente pour ranimer ceux de fon parti, elle leur prefenta fon fils le prince de Béarn, & jura qu'elle n'abandonneroit jamais la caufe commune. Ce fut a cette occafion qu'elle donna aux chefs de l'armée des Reitres cette medaille frappee en or, & aux moindres officiers des médailles d'argent. C'étoit, dit le P. Meneftrier, une medaille muneraire & comme une marque de chevalerie ; auffi avoit-elle une boucle pour être attachée a une chaîne & portee au cou</small>

A la fin de cette lettre, le P. Menestrier annonce un ample Traité auquel il mettoit la derniere main : « Des types & des inscriptions des medailles modernes, jettons, méreaux, missiles & autres pièces metalliques qui font diverses espèces de médailles qu'on n'a point encore distinguées » Il devoit expliquer dans ce Traité les différents motifs de ces médailles & la manière d'ajuster leurs types a notre religion, à nos usages politiques, civils & militaires. Ce Traité n a pas vu le jour.

CXXIX. — Description de la belle & grande Colonne historiée dressée à l'honneur de l'empereur Théodose, par Gentile Bellin (Bellini), peintre de la sérénissime république de Venise : envoyée à Mahomet II, empereur des Turcs, représentée en seize planches de seize pieds chacune, qui peuvent se joindre ensemble; expliquées par le P. Claude-François Menestrier, de la Compagnie de Jésus, pour la satisfaction des curieux, & gravées par Jérôme Vallet pour l'étude des peintres, sculpteurs, &c.; elles peuvent aussi être mises en livres pour les cabinets & les bibliothèques. Présentées à Monsieur Mansard, surintendant & ordonnateur général des bâtimens & jardins de Sa Majesté, arts & manufactures royales. A Paris, chez Guillaume Vallet, dessinateur & graveur du Roy, rue Saint-Jâques, au buste de Louis XIV, au-dessous de la fontaine Saint-Benoist; 1702 (in-fol.). A la dernière page, un plan de Constantinople avant l'empire turc. De l'imprimerie de Louis Colin, rue de la Harpe, à l'image Saint-Louis. Suivent les 16 planches au bas desquelles est l'explication des figures.

CXXX. — Eclaircissemens sur la maison des Trivulces, seigneurs milanois, nommés en France de Trévoux, quand ils étoient attachez au service de nos Rois. Inféré dans les Mémoires de Trévoux d'août 1703, pp. 1494-1508.

Cette dissertation fut composée au sujet d'un cardinal de Trévoux qui assista au sacre & couronnement de Léonor d'Autriche, sœur de Charles-Quint

& deuxième femme de François I*er*. Le P. Meneftrier y montre que ce cardinal etoit Auguftin Trivulce, frère de Pompone Trivulce, lieutenant de roi au gouvernement de Lyonnois.

Les feigneurs de cette maifon s'etoient etablis à Lyon : trois d'entre eux, Jean-Jacques, marechal de France ; Théodore, auffi maréchal de France, & Pompone, ont été fucceffivement gouverneurs & fénéchaux de Lyon. Ce dernier tint fur les fonts baptifmaux le fils de Claude de Bellièvre qui fut chancelier de France, & qu'on appela le grand Pompone. Ces Trivulce, habitués à Lyon & fachant qu'il y avoit dans le voifinage une petite ville dont le nom reffembloit au leur, imaginèrent de dire qu'ils étoient originaires de Trevoux (1). Cela leur fut d'autant plus facile que les Lyonnois leur donnoient déjà ce nom de Trévoux, qui leur etoit plus familier & plus aife à prononcer que Trivulzio. Ainfi, pendant qu'en France il étoit de mode de fe créer des aieux, à Gênes, a Florence ou à Pife, voila des Lombards, & des plus illuftres, qui fe donnoient une origine françoife. Ce nom de Trivulce me rappelle une infcription que j'ai vue dans l'églife de San-Salvatore, à un demi-mille de Pavie : c'eft celle d'un Laurent Trivulce. Il s'adreffe au paffant & lui dit : « Si par hafard tu es foldat, arrête-toi un inftant devant les cendres d'un foldat qui ne fut pas fans gloire. »

Le P. Meneftrier, qui partageoit le goût de fon temps pour les etymologies, prétend que celle de *Trivulcium*, *Trivulce*, eft la même que celle de *Trivortium*, *Trevoux*, c'eft-a-dire *Tres viæ*, *Trivium*. Pour Trivulce, il s'appuie fur les armoiries de cette maifon, qui font *pale d'or & de finople ;* les trois pals d'or etant felon lui trois chemins, & le finople marquant la campagne au milieu de laquelle font ces chemins, ce qui en fait des armes parlantes. Il en eft de même, ajoute-t-il, de Trevoux, qui a reçu le nom de *Trivortium* parce que l'un des grands chemins qu'Agrippa fit faire dans les Gaules fe divifoit en trois au point où Trévoux fut bâti par la fuite. Le P. Meneftrier a joint à fa *Differtation* une médaille de Jean-Jacques Trivulce, qui fut un des plus grands capitaines de fon temps.

(1) C'eft ce qui a trompé Ughelli (*Italia sacra*), qui les fait originaires de Bourgogne.

CXXXI. — Regi ob recens natum Philippo filio Aurelianenfium Duci Carnotenfem Ducem filium gratulatio. En vers latins ; 1703, in-fol.

A la fuite :

CXXXII. — A Son Alteffe Séréniffime Monfeigneur le duc d'Orléans, fur la naiffance de fon fils ; 1703, in-fol.

C'eſt la traduction en vers françois de la piece precedente, par le P Meneſtrier lui-même. (Voyez *Pièces fugitives d'hiſtoire & de littérature ancienne & moderne, avec les nouvelles hiſtoriques de France & des pays étrangers, ſur les ouvrages du temps & les nouvelles découvertes dans les arts & les ſciences, pour ſervir à l'hiſtoire-anecdote des gens de lettres.* Paris, 1704-1705, cinq parties in-12, 1ʳᵉ part., p. 92; — Barbier, *Dict. des ouvrages anonymes & pſeudonymes.* Paris, 1824, t. III, n. 1421.)

CXXXIII. — Explication d'une médaille en argent de Louis de Bourbon de Montpenſier, prince de Dombes. Inſérée dans les Mémoires de Trévoux, mars 1704, p. 460.

Le P. Meneſtrier veut que cette médaille ſoit de celles qu'on donnoit anciennement aux officiers des monnoies, tant pour la marque de leur office que pour les faire jouir des priviléges & immunités qui y etoient attachés. Il en cite pluſieurs de cette ſorte, même ſous l'empereur Auguſte, & entre autres une medaille de Charles VII pour les officiers des monnoies de Dauphiné, leſquelles ſe fabriquoient à Cremieu ou étoit la monnoie courante du roi, en qualité de dauphin dont il prend le titre & les armoiries ecartelees avec celles de France.

Sur un des côtés de la medaille qui fait le ſujet de cette diſſertation, on voit un prince à cheval, avec la legende: *Lud. de Bourbon. Dux Montiſp. Pr. Dumbarum*. Le cheval eſt caparaçonné aux armes de Bourbon, au bâton aleze entre les trois fleurs de lis; au revers, une tenaille accoſtée d'un marteau & d'un fletioir, au-deſſus deſquels on lit: TREVOULX, ſous une couronne ducale, & pour legende: *Barries peag. fontani. Laiſſez paſſer l. monnoies*. Les barriers etoient ceux qui percevoient les droits de paſſage aux barrières placées ſur certains chemins, pour empêcher les chevaux & les beſtiaux de paſſer avant que les droits ne fuſſent acquittés. Ces médailles, ſuivant le P. Meneſtrier, ont plus de rapport avec les méreaux qu'avec les monnoies.

CXXXIV. — Diſſertation ſur l'uſage de ſe faire porter la queue, pour répondre aux demandes qu'un chanoine, docteur de Paris, avoit faites ſur cet uſage. Paris, Jean Boudot, imprimeur du Roi & de l'Académie roïale des ſciences, rue Saint-Jacques, au Soleil d'or; 1704, in-16 de 52 pp., avec permiſſion.

Cette ſavante & curieuſe diſſertation a été reimprimée dans le *Journal eccléſiaſtique* de l'abbé Dinouart, mai 1764, t. XIV, part 1, pp. 266-282, avec des retranchements ; enfuite, dans le t. viii de la *Collection de pieces fur l'hiftoire de France*, avec des notes de l'editeur M. Leber ; enfin, par MM. Breghot du Lut, Grattet du Pleffis & A. Pericaud. Lyon, de l'imprimerie de Barret, 1829 ; in-8 de 32 pp. C'eft un tiré à part a cent exemplaires du tome x des *Archives du Rhône*. Les derniers éditeurs ont confervé les notes de M. Leber, & en ont ajouté de nouvelles. (Voyez fur cette differtation : *Pieces fugitives d'hiftoire & de littérature*, &c., deja cite, 2ᵉ part., p. 313.)

CXXXV. — Extrait d'une Differtation du P. Meneftrier, de la Compagnie de Jéfus, où il prouve qu'on ne doit attribuer ni à Florus, ni à aucun auteur appartenant à l'Eglife de Lyon, les livres publiez fous leur nom touchant l'affaire de Gotefcalc. (Inféré dans les Mémoires de Trévoux de mai 1704, p. 806-21).

Cette Differtation fait partie de l'*Hiftoire ecclefiaftique de Lyon* que le P Meneftrier a laiffée manufcrite.

CXXXVI. — Bibliothèque curieufe & inftructive de divers ouvrages anciens & modernes, de littérature & des arts, ouverte pour les perfonnes qui aiment les lettres. A Trévoux, chez Eftienne Ganeau, libraire de Paris & directeur de l'imprimerie de S. Alteffe Séréniffime Monfeigneur Prince fouverain de Dombes ; 2 vol. in-12. 5 ff non chiffrés pour les pièces liminaires ; 161 pp. & 3 pp non chiffrées pour la table du tome I & l'extrait du privilége ; frontifpice gravé, 1 pl. p. 148. Tome II, 226 pp., 1 f. non chiffré pour la table.

C'eft dans cet ouvrage que fe trouvent la lettre de Humbert Fournier fur la prétendue Académie de Fourvières (t. ii, p 119), & la differtation fur les cartes à jouer (p. 173)

La *Bibliotheque curieufe*, quoique portant fur le titre la marque de Trévoux, a été imprimée à Paris chez Boudot On a mis Trevoux pour faire honneur à la capitale des états du prince de Dombes L'ouvrage eft dedié a ce prince.

CXXXVII.—Relation de la Fête donnée au palais abbatial de Saint-Germain-des-Prez, le 4ᵉ jour d'aouſt 1704, par M. le cardinal d'Eſtrées (1), à l'occaſion de la naiſſance de Mgr le duc de Bretagne, premier fils de Mgr le duc de Bourgogne, petit-fils de Mgr le Dauphin, & arrière-petit-fils de S. M. le Roy Louis-le-Grand. Paris, Jacques Joſſe; 1704, in-4 de 16 pp.

A la ſuite :

Quatre Soleils vus en France le 25 juin 1704. Deſſein de l'appareil & décoration du palais abbatial de Saint-Germain-des-Prez, pour la fête qu'y donne Son Eminence Mgr le cardinal d'Eſtrées, à l'occaſion de la naiſſance de Mgr le duc de Bretagne. (Par le P. Cl.-F. Meneſtrier). Paris, Jacques Joſſe ; 1704, in-4 de 28 pp.

Il y a des exemplaires ou l'on a ajouté ſur le verſo de la p. 27 une piece de vers a Madame la ducheſſe de Bourgogne, avec une deviſe allegorique qui eſt un palmier chargé de fruits.

(1) Le cardinal d'Eſtrees etoit abbe commendataire de St-Germain-des-Pres.

CXXXVIII.—Explication d'une médaille de Catherine de Médicis. Inſérée dans les Mémoires de Trévoux, avril 1705; 11 pp.

Cette diſſertation parut dans ces *Memoires* peu apres la mort du P. Meneſtrier. Les editeurs de ce recueil diſent que la mort l'empêcha de l'achever, cependant ils l'indiquent dans le Catalogue qu'ils ont donné de ſes œuvres, comme ayant eté publiée a Paris, chez Boudot, 1705, ce qui me paroît peu vraiſemblable. On peut bien donner place dans un journal litteraire à une piece poſthume de quelques pages reſtée inachevee, mais d'en faire un volume a part, c'eſt ce qui ne ſera cru que par ceux qui auront vu cette édition de Boudot.

Le P. Meneſtrier attribue l'invention du taliſman de Catherine de Medicis a Fernel, ſon medecin. L'explication qu'il en donne, quelque ingenieuſe qu'elle ſoit, n'eſt guere plus plauſible que celles des autres OEdipes qui ont eſſayé de penetrer le fens de cette énigme indechiffrable. Profper Marchand (1) & Le Duchat (2) ont reproduit cette medaille ou talifman, & en ont donné l'interprétation après le P. Meneftrier qui avoit eté lui-même précédé dans cette recherche par deux anonymes. L'explication de ce pretendu talifman ne peut être d'aucune importance hiftorique, fi, comme Bayle l'infinue, t. 1, p. 91 de fa *Réponfe aux Queftions d'un Provincial*, il a été inventé par les ennemis de Catherine de Medicis, pour la rendre fufpecte aux catholiques. A ce propos me fera-t-il permis de dire que la vie de cette princeffe femble n'avoir été écrite, même par les auteurs catholiques, que fur les pamphlets & les calomnies dont les Proteftants inonderent la France à cette époque? Aujourd'hui qu'on apporte un examen plus ferieux fur les queftions hiftoriques, un ecrivain impartial & confciencieux, qui voudroit recourir aux fources & faire paffer au creufet d'une faine critique les materiaux qui fe trouvent en fi grand nombre à la Bibliothèque imperiale, nous prefenteroit vraifemblablement la mère des derniers Valois fous un jour tout different que celui fous lequel l'efprit de parti s'eft plu à nous la montrer.

Pour en finir fur cette medaille que quelques perfonnes prétendent n'avoir jamais exifté, je dirai que je l'ai vue autrefois dans le cabinet d'un amateur de Lyon, M. Didier Petit. Elle eft en cuivre, & paroît avoir été moulée & non frappée. Les explications qui en ont été données font toutes plus ou moins ingenieufes, voila tout · c'eft un veritable grimoire, ou chacun peut trouver ce qu'il veut. Si Catherine de Medicis s'etoit fait frapper une medaille, il eft à croire qu'elle y eût mis moins de myftere, & furtout qu'elle eût evité de s'expofer à des interprétations au moyen defquelles on a fait d'une reine de France une vile forciere adonnée aux arcanes de la cabale & de la magie.

(1) *Dict. hist*, t. 1, p. 168.
(2) *Satire Ménippée*. Ratisbonne (Rouen), Mathias Kervor, 1726, t. 11, p. 423.

CXXXIX. — La nouvelle Méthode raifonnée du Blafon, ou l'Art héraldique du P. Meneftrier, mife dans un meilleur ordre & augmentée de toutes les connoiffances relatives à cette fcience; par M. L... (Lemoine (1), archivifte du Chapitre de Lyon). A Lyon, chez Pierre Bruyfet-

(1) Lemoine a écrit: *Diplomatique pratique, ou Traité de l'arrangement des archives & tréfors des Chartes*. Metz, 1765; in-4, avec 12 planches. On y ajoute un Supplement par Bathenay:

L'Archivifte françois, ou Methode fure pour arranger les archives & déchiffrer les anciennes ecritures; Paris, 1772, in-4, & auffi 1775, avec 52 pl

Ponthus, rue Saint-Dominique, à côté du cloître des RR. PP. Jacobins; 1770, in-8, avec approbation & privilége. 7 ff. pour les pièces liminaires, 619 pp.; 17 ff. non chiffrés pour la table & pour le privilége, une planche gravée repréſentant le Pavillon des armes du roi, premier chanoine d'honneur de l'Egliſe de Lyon; à la ſuite une pl. pour les armoiries des comtes de Lyon alors exiſtants; 49 pl. de blaſons.

Il y a des exemplaires qui portent la date de 1780; c'eſt toujours l'édition de 1770, que les libraires ont retouchée au commencement & a la fin, pour faire croire à une nouvelle édition. Voici en quoi conſiſtent les remaniements : le titre eſt reſté le même, ſauf la date & le fleuron qui dans les premiers exemplaires eſt un bouquet de fleurs, & dans ceux avec la date de 1780, un trophée d'armes. La planche des armoiries des comtes de Lyon eſt auſſi reſtée la même, quoiqu'il y eût eu des changements dans le perſonnel du Chapitre, pendant ces dix années. La ſeule modification qui ait été faite eſt celle-ci : les premiers exemplaires portoient *Armorial actuel;* ceux de la prétendue nouvelle edition n'ont plus que *Armorial*, à cauſe des mutations ſurvenues parmi les Comtes. Les pieces liminaires n'ont ſubi que des remaniements inſignifiants; l'epître n'a pas été retouchée. L'Avis au lecteur de l'edition de 1770 annonçoit un carton pour la p. 29, l'annonce a diſparu & le carton n'eſt pas à ſa place; le texte eſt demeuré intact de la p. 1 a 576, page pour page, ligne pour ligne, mot pour mot : on s'eſt borné a réimprimer les vingt-quatre pages de la fin (la dernière eſt chiffrée 620 au lieu de 619 comme dans les exemplaires avec la date de 1770), & à corriger ça & là quelques fautes ſans importance, comme emanche pour emmanché, flotant pour flottant, gringolé pour gringolé, iſant pour iſſant, papillonne pour papelonne, refercelé pour reſarcele, &c. Il y a une addition de quelques lignes au mot Pavillon, dans le vocabulaire des termes du blaſon, & c'eſt la ſeule. Le privilege de l'édition de 1770 porte la date de 1769, celui pour 1780 eſt de 1776. Ce tour de paſſe-paſſe n'avoit d'autre but que d'obtenir un nouveau privilége, l'ancien, qui n'étoit que de ſix ans, étant a ſa fin en 1775. On avoit de la ſorte un privilége de ſix annees pour une nouvelle édition qu'on étoit cenſé faire & qu'on ne faiſoit pas; &, au moyen de cette honnête ſupercherie, on ravivoit la curioſité du public, & on lui vendoit un livre dont il ne vouloit plus.

Cette nouvelle Methode du Blaſon, *miſe dans un meilleur ordre & augmentée de toutes les connoiſſances relatives à cette ſcience*, eſt fort mal imprimée, les planches ſont preſque toujours foibles & d'un mauvais tirage. Sans le nom du P. Meneſtrier conſervé ſur le titre, elle ſeroit tombée depuis longtemps dans un oubli complet, malgré le charlataniſme de l'éditeur Ce qui n'empêche pas, lorfqu'elle paffe dans les ventes publiques, qu'elle ne trouve des acheteurs à des prix élevés.

CXL. — Lettre du P. Meneftrier à Mr Pianelli de la Valette, fur diverfes pièces rares & curieufes ayant trait à l'hiftoire de Lyon.

<small>Elle fe trouve à la fuite de l'Inventaire des Mss. de Samuel Guichenon, que j'ai publié en 1851. Lyon, Louis Perrin, in-8.</small>

CXLI. — Sonnet pour l'arfenal de Breft; s. l. n. d., in-4.

CXLII. — A Mr Lebrun, premier peintre du Roy. Sonnet; in-4, s. l. n. d.

CXLIII. — Ludovico Magno Epinicion. Prolufio academica ad thefes philofophicas Claudii Pellot Lugdunenfis, Neuftriæ fenatus principis filii, in collegio Prellaco-Bellovaco humanæ fapientiæ propugnantis; in-4 de 4 pp., s. l. n. d.

CXLIV. — Deux Sonnets en langue italienne, préfentez à Sa Majefté par le P. Efpinofa, jéfuite, venu d'Italie à deffein de paffer dans la Chine. Avec la traduction en vers françois (par le P. Meneftrier); in-8 de 4 pp., s. l. n. d.

<small>Quelques bibliographes ont attribué au P. Meneftrier: *La Vie d'une Dame chretienne chinoife*, avec deux lettres d'un theologien a un miffionnaire; c'eft une erreur: je trouve dans le Catalogue des livres de l'abbé Rives, n. 2508, *Hiftoire d'une Dame chrétienne de la Chine*. Paris, Michalet, 1688, in-12. (Par le P. C., jéfuite). Ce petit volume eft du P. Couplet, jéfuite. Voyez Barbier, n. 13539 de fon *Dict. des Anonymes*, qui renvoie à Bayle, *République des lettres*, de janvier 1689, p. 90.</small>

OUVRAGES MANUSCRITS INEDITS.

I. — Projet & plan de l'Hiftoire de l'Eglife de Lyon; in-fol. de 325 pp.

Ce travail, que le P. Meneftrier avoit entrepris en 1666 & qu'il a continué jufqu'à fa mort, eft un recueil de documents importants pour l'hiftoire.

« Si j'ai commencé, dit-il, par l'hiftoire civile de ma patrie, ç'a été pour fuivre l'ordre naturel des evenemens & des faits. En developpant le chaos de nos antiquités, c'etoit un acheminement pour faire voir avec plus d'eclat le bonheur & les avantages de la religion chretienne etablie dans les murs de cette cité.... Parmi ceux qui ont écrit avant moi fur notre hiftoire ecclefiaftique, je mets 1° Jacques Severt, à qui fa fimplicité a fait donner à jufte titre le nom de bonhomme, parce qu'en effet on ne peut guere trouver d'ecrivain plus credule que lui, ni moins judicieux : aucun n'a adopté autant de fables & de contradictions, fans fe mettre en peine de les refuter, 2° Symphorien Champier qui, medecin de profeffion, a affecté de paroître jurifconfulte, philofophe, orateur, grammairien, gentilhomme & chevalier; qui a traduit fes propres ouvrages fous des noms deguifes, pour fe louer impunement (1), qui a écrit a tous les fçavans pour mendier des eloges, & qui nous a débité des fables, en etabliffant dans l'Eglife de Lyon une hierarchie femblable à la hierarchie célefte; 3° Claude de Rubys, qui, avec le même caractere à peu près que Champier, a voulu mêler l'hiftoire ecclefiaftique à l'hiftoire civile, & a traité des matieres qu'il n'entendoit pas. » Le P. Meneftrier donne enfuite le plan de fon Hiftoire ecclefiaftique & la fucceffion des archevêques de Lyon par ordre chronologique, pendant les dix premiers fiècles de l'Eglife.

(1) Son livre de *Seditione Lugdunenfi*, anno 1529, fut traduit par lui-même en françois, sous le titre de *la Rebeine*, etc., et le pseudonyme de Theophile du Mas, de Saint-Michel en Barrois.

II. — Hiftoire de l'Eglife de Lyon; 2 vol. in-fol., le premier de 500 pp., le deuxième de plus de 800.

Cette Hiftoire s'etend depuis la fondation de l'Eglife de Lyon par faint Pothin, au deuxieme fiecle, jufqu'à la mort d'Arigius, trente-huitieme archevêque, de l'an 608 à 616. La mort furprit le P. Meneftrier avant qu'il eût pu l'achever.

III. — Notes fur l'Hiftoire de Lyon ; in-fol. de 600 pp.

Ce manufcrit, de l'ecriture du P. Meneftrier, eft un recueil de faits fur Lyon, rangés par ordre chronologique. C'eft le travail preparatoire pour fon *Hiftoire civile & confulaire*, dont j'ai parle dans la première partie de ces *Recherches*.

IV. — Entrées & Réceptions folemnelles ; in-fol.

Ce recueil fut commence vers 1670. Bien qu'il ne foit pas écrit de la main du P. Meneftrier, il eft certain qu'il eft de lui, puifqu'il y cite l'*Hiftoire confulaire de Lyon*, comme en etant l'auteur. Il a raffemble dans ce volume tout ce qui a éte fait de plus remarquable pour les entrees des papes, fouverains, princes, cardinaux, archevêques, legats, gouverneurs, &c.

Lorfque le roi entroit pour la premiere fois dans une ville du royaume, des oifeleurs fe trouvoient fur fon paffage avec des cages remplies de petits oifeaux, &, comme pour faire un appel a la clemence royale, ils leur en ouvroient les portes & les rendoient à la liberte. Le roi, pour fa bienvenue, faifoit auffi ouvrir les portes des prifons. Le même ufage exiftoit au facre de nos rois, & il s'eft conferve jufqu'au facre de Charles X. Pendant la cérémonie, on lâchoit des centaines d'oifeaux qui voltigeoient dans tous les fens fous les voûtes de l'antique cathedrale de Reims. Cet ufage, auffi ancien que la monarchie des Francs, rappeloit au nouveau roi que la noble terre de France etoit la terre de la liberté.

On lit dans ce volume que lorfque Louis XIII vint a Lyon, il fut reçu par le Chapitre, fous un dais, fur le parvis de la metropole. François de Talaru, au nom du Chapitre, lui prefenta un furplis, en lui difant : « Voici l'habit de la premiere eglife de votre royaume, nous vous le prefentons comme a notre premier comte & chanoine d'honneur. » Le roi prit le furplis & marcha avec la proceffion jufqu'au pied du maître-autel.

V. — Mélanges hiftoriques fur Lyon ; in-fol.

Ce manufcrit, de l'écriture du P. Meneftrier, contient divers extraits des privileges accordés par les papes, par nos rois & par nos archevêques à la ville de Lyon; des tranfactions & acquifitions, de l'an 1200 à 1480, les noms des gardiateurs, gouverneurs & echevins, de 1294 à 1595, une procuration donnee en 1294 par les citoyens de Lyon a Gui de La Mure & à Barthélemy de Chevriers, pour defendre les interêts de la ville contre l'archevêque & le Chapitre ; l'élection des confuls pour l'année 1384 & pour 1401. Les pieces qui compofent ce recueil font de la main du P. Meneftrier, a l'exception d'une lifte des prévôts des marchands & échevins qui a été ajoutée.

VI. — Noms & furnoms des principaux maîtres-gardes des métiers, nommés à l'hôtel-commun de la ville de Lyon, depuis 1352 jufqu'à la Saint-Thomas 1622.

Ce manufcrit eft auffi de l'ecriture du P. Meneftrier.

VII. — Hiftoire de la Fondation du premier monaftère de la Vifitation à Annecy ; in-4 de 390 pp.

A la fuite de cette Hiftoire font les actes relatifs a la canonifation de faint François de Sales ; les fept premiers feuillets manquent. Plus loin font des additions & corrections de la main du P. Meneftrier. Une de ces additions donne des détails fur l'exhumation de la première fuperieure de la Vifitation, la venerable mere de Blonay, qui mourut à Lyon. Son cœur avoit été depofé dans la chapelle du monaftère de Sainte-Marie de Bellecour. Ce monaftere occupoit l'île de maifons formée par les rues Sala, Sainte-Claire, Sainte-Helene & Bourbon. Sur l'emplacement de la caferne de la gendarmerie, parallèlement a la rue Sala, étoit la chapelle ; le refte comprenoit le jardin & les bâtiments occupes par les Dames de la Vifitation & leurs eleves. A l'angle des rues Sainte-Hélène & Sainte-Claire, étoit une ancienne recluferie qui devint plus tard l'habitation du jardinier du monaftere. Ce fut la que mourut François de Sales, le 28 decembre 1622. Il étoit venu a Lyon, par le commandement de la reine-mère, pour affifter en fon nom à l'érection folennelle d'une croix dans la rue Neyret, laquelle fut plantée le 24 de ce mois, quatre jours avant fa mort. On voyoit autrefois un marbre blanc placé dans un mur de clôture, fur la rue Sainte-Claire, a l'angle de la rue Sainte-Hélène, avec une infcription qui rappeloit la mort en ce lieu du faint évêque de Geneve. Les religieufes conferverent tous les objets qui lui avoient fervi, ceux qui ont echappé au pillage & aux profanations révolutionnaires font aujourd'hui partie du trefor de l'églife paroiffiale de Saint-François, où ils font expofés chaque annee à la vénération des fideles, pendant l'octave de la fête du Saint.

Lorfque la reine, mère de Louis XIV, vint à Lyon en 1658, elle fit enchâffer le cœur de François de Sales dans un grand & riche reliquaire, le cœur fut emporté a Venife par la fœur Melanie Durand, qui fonda dans cette ville l'inftitut des filles de Saint-François de Sales, apres la fuppreffion des convents en France

En 1793, la Nation s'etant emparee de tous les biens des corporations religieuses, les faintes Filles de Jeanne de Chantal furent chaffees impitoyablement, & leur églife fut transformée en ecurie, une partie du jardin devint un manege, ou l'on etablit une ecole d'equitation, le refte fut loué plus tard pour un penfionnat de jeunes filles. Le cloître a ete longtemps une efpèce de cour des Miracles, habitee par des revendeurs a la toilette & des marchands de bric-à-brac, auxquels il fervoit de magafin & d'entrepôt. Il eft refté debout jufqu'a ces dernières années, a fa place, des entrepreneurs ont eleve en 1852 de grandes & elegantes conftructions, & il ne refte plus veftige du monaftere de Sainte-Marie.

Si je me fuis laiffe entraîner a cette digreffion etrangere a mon fujet, c'eft que vainement chercheroit-on aujourd'hui le lieu où le faint Prelat, qui appartient a Lyon par fa mort, rendit fa belle âme a Dieu, encore quelques années, & vainement auffi demandera-t-on ou etoit l'emplacement du monaftere dont le fouvenir doit refter cher au cœur de tout lyonnois, car c'eft a l ombre de fon paifible cloître que nos meres ont reçu les pieux enfeignements qui firent d'elles des femmes fortes & devouees lorfque vinrent les jours de l'adverfité. On me pardonnera donc, je l'efpere, ce dernier hommage a la memoire des Dames de Sainte-Marie de Bellecour & des lieux qu'elles ont fanctifies par la pratique & par l'exemple de toutes les vertus.

VIII. — Documenta abbatiæ Athanacenfis.

Ce manufcrit, que M. Delandine attribue au P. Meneftrier, eft termine par la lifte des abbes d'Ainay, depuis Raynaldus, au huitième fiecle, jufqu'a Camille de Neuville, archevêque de Lyon

IX. — Epoques de la ville de Lyon, de 1228 à 1699 Extrait d'un Ms. du P. Meneftrier.

(A la fuite du *Cartulaire de l'abbaye de Savigny*, qui eft a la Bibliotheque de la ville, on trouve quelques notes du P. Meneftrier fur cette abbaye.)

LETTRE

SUR

LES ANTIQUITES DE LYON.

LETTRE

TOUCHANT LES NOUVELLES DECOUVERTES FAITES
PAR LE P. MENESTRIER

SUR LES ANTIQUITÉS DE LYON.

(Extrait du *Journal des Sçavans* du 5 septembre 1701, p. 413)

VOUS avez, Monsieur, si favorablement reçu les dissertations que j'ai pris la liberté de vous envoyer sur les antiquités de Lyon, & sur les petits démêlés que ces dissertations avoient fait naître (1), que j'ai cru que vous recevriez avec la même facilité les nouvelles découvertes que j'ai faites depuis l'impression de la première partie de l'Histoire de cette ville. J'y étois allé dans le dessein de chercher des mémoires pour continuer cet ouvrage, & je trouvai qu'une personne peu instruite de nos antiquités, qu'elle ne pouvoit connoître que par les trois livres que j'avois publiés à la tête de cette Histoire, avoit entrepris d'en présenter une description à Nosseigneurs les princes de Bourgogne & de Berry à leur pas-

---

(1) Voyez le *Journal des Sçavans* des 22 juillet, 5 août & 2 septembre 1697.

sage (1). En parcourant ce discours de peu de feuilles, je reconnus que l'auteur s'étoit contenté de transcrire quelques lambeaux de mes dissertations avec si peu de discernement, que, confondant des faits historiques avec les antiquités, il avoit mêlé aux vestiges de l'ancien autel de Lyon, des voies militaires & de nos aqueducs, le passage d'Annibal, l'incendie de Lyon sous Néron, la défaite d'Albinus par Septime-Sévère & les martyrs de Lyon, qui sont des faits historiques & non des antiquités ; auxquelles il a joint le pont bâti sur le Rhône plus de treize cens ans après la fondation de Lyon, & le cœur de saint François de Sales mort depuis quatre-vingts ans.

Enfin je vis en ce peu de feuilles nos antiquités si maltraitées, que je crus qu'il étoit de mon devoir de rectifier les fausses idées que cette relation en pourroit donner, en rendant suspectes aux auteurs les descriptions exactes que j'en ai faites après les avoir diligemment examinées.

Il dit que les quatre colonnes qui portent la voûte du chœur de l'église d'Aisnay sont les deux mêmes qui flanquoient l'ancien autel d'Auguste, lesquelles on a depuis sciées en quatre, au lieu que j'avois dit que les quatre pilliers qui soutenoient cette voûte avoient été faits des deux colonnes qui flanquoient l'autel d'Auguste, & portoient deux Victoires colossales avec des couronnes, & que ces colonnes, ayant été sciées par le milieu, avoient servi à former ces quatre pilliers qui, n'ayant plus leurs justes proportions, ne pouvoient être des colonnes ; & si elles avoient été sciées

---

(1) Voyez ci-dessus, *Recherches bibliographiques*, n. CXXIII de la *Description raisonnée des ouvrages du P Menestrier*

en quatre, comme dit le nouvel antiquaire, elles auroient fait huit tronçons de colonnes, ou huit pilliers au lieu de quatre.

Il a fait aussi, du théâtre dont il reste quelques vestiges dans les vignes des Pères Minimes, un amphithéâtre dont il dit que l'on voit encore un reste d'orchestre, ce qui prouve que c'étoit un théâtre & non un amphithéâtre.

L'ancien amphithéâtre de Lyon est une des dernières découvertes que j'ai faites en ce dernier voyage. Il est dans le jardin de l'abbaye de la Déserte, située sur la montagne que l'on nomme de Saint-Sébastien, & ce sont les ruines de cet amphithéâtre qui, ayant fait de cet endroit un lieu inculte & désert, lui firent donner le nom de la Déserte qu'il retient jusqu'à présent. On en voit encore distinctement la forme ovale, dont les deux grands côtés regardent l'un le septentrion & l'autre le midi, comme les deux pointes ou demi-ronds sont tournés l'un à l'orient & l'autre à l'occident.

On y distingue encore l'arène où se faisoient les combats. Les siéges des spectateurs sont remplis d'une vigne en talus qui règne autour de cet ovale, & du couchant au midi il reste une partie de l'enceinte, environ huit toises, où paroissent les portes par lesquelles on entroit aux loges, & le reste est porté par une masse de pierres qui servoit de fondement à tout cet édifice.

Les souterrains sont encore très entiers & bien conservés, aussi bien que les loges des animaux & les chemins couverts par lesquels on les amenoit de loin dans l'arène, comme on voit les aqueducs qui conduisoient l'eau pour les naumachies.

J'ai pris un grand foin d'examiner la conduite de deux autres grands aqueducs qui portoient l'eau fur les hauteurs de Fourvière, & qui l'alloient prendre à douze ou quatorze lieues de Lyon, l'un au fault du Gié, rivière qui a fa fource au Mont-Pilat, & l'autre dans une montagne qui fépare le Lyonnois du Forez & d'où coule la rivière de Furan. J'en ai fuivi exactement les tours & les détours fur cinq ou fix montagnes & plufieurs collines, & j'ai obfervé les reftes des piles fur lefquelles les arcs étoient portés. Dans fept ou huit ravines par où coulent divers ruiffeaux, les conduits font les uns à fleur de terre d'environ cinq pieds de maçonnerie fort entière en plufieurs endroits ; en quelques autres lieux ils font enfoncés en terre de trois à quatre pieds. A trois lieues de Lyon les arcades font fort élevées (1).

L'un de ces aqueducs fourniffoit de l'eau au camp de Jules-Céfar (2), qui s'étendoit depuis le faubourg de Vaife

---

(1) Ce font celles de Baunan, de Chaponoft & de Brignais.

(2) S'il y a eu un camp romain en ce lieu, ce qui n'eft rien moins que prouve même par les reftes de conftructions antiques dont le P. Meneftrier invoque ici le témoignage, ce n'étoit pas un camp de Jules-Céfar fi ponctuel & fi exact à marquer fes marches & contre-marches & fes campements ; il n'en eft pas dit un mot dans fes Commentaires. Mais du temps du P. Meneftrier, & cela fe voit encore aujourd'hui bien fouvent, Céfar étoit la perfonnification de l'antiquité. On lui attribue la conftruction de toutes les mafures dont l'origine fe perd dans l'obfcurité des âges. Ainfi, une arche folitaire à demi-ruinée s'élève-t-elle fur un petit cours d'eau que les légions romaines auroient franchi d'une enjambée, c'eft le pont de Cefar, ailleurs, des tranchées dont la deftination primitive eft ignorée, font transformées en circonvallation d'un camp romain, & ce camp eft le camp de Cefar. Ce que le P. Meneftrier ajoute eft encore moins vraifemblable : paffe pour les tours bâties fur les hauteurs pour fervir de vigies ; mais on ne comprend pas un camp qui fe feroit étendu de Vaife à Saint-Genis-les-Ollieres, & qui auroit eu fa porte pretorienne à Grezieu-la-Varenne.

dans une grande plaine qui aboutit aux collines d'Ecully, de Taffins, de Grézieu & de Saint-Genis-les-Ollières.

La porte prétorienne de ce camp fubfifte encore en partie fur le chemin de Grézieu, fur une petite éminence ; comme on voit fur les montagnes voifines les veftiges de trois tours fi élevées que du pied on découvre trois rivières, le Rhône, la Saône & la rivière de Loire, auffi bien que les plaines de Breffe, de Dauphiné & d'Auvergne, ce qui en faifoit le camp le plus fûr & le plus commode que l'on puiffe voir. C'étoit là qu'étoit le camp de Céfar & non pas entre le Rhône & la Saône, comme a dit le prétendu antiquaire qui affure que l'on en voit encore les anciens foffés ; comme fi un camp pofé entre deux rivières qui ne font pas éloignées d'un quart de lieue, & à leur jonction, féparées d'un terrain de deux cents pas, avoit eu befoin d'autres foffés. C'eft là où il veut qu'Annibal ait paffé le Rhône, après avoir cité un paffage de Tite-Live qui le fait paffer quatre journées au-deffous de Lyon. Je réferve à fuivre pas à pas toutes les fauffes démarches de ce nouvel antiquaire dans l'ample defcription que je ferai pour donner mes nouvelles découvertes. L'une des plus confidérables de ces antiquités nouvellement découvertes font plufieurs moules de terre cuite, dont les Romains fe fervoient pour jeter les métaux fondus avant que de les frapper. Vous fçavez, Monfieur, qu'il y avoit dans les Gaules trois monnoies ouvrantes, avec des procureurs établis pour veiller fur la fabrique des monnoies, felon la *Notice de l'Empire*, où nous lifons :

Procuratores Monetæ

Procurator Monetæ Lugdunenfis,

Procurator Monetæ Arelatenfis,
Procurator Monetæ Treverorum.

Non-feulement on a trouvé des moules, mais on a découvert les forges où fe fondoient les métaux, & quelques verges de ces métaux. Ces moules font de Septime-Sévère, de Géta, d'Alexandre, de Julia Mefa, & avec leurs différents revers : fur quoi je prépare quelques differtations curieufes fur les manières pratiquées pour la fabrique des monnoies.

La deuxième antiquité nouvellement découverte eft une urne d'albâtre oriental de deux pieds de hauteur, fort bien travaillée. Elle étoit enfermée dans deux groffes pierres creufées, cramponnées de quatre crampons de fer, fcellées en plomb, & ces pierres pofées entre quatre murailles en lofange. On les trouva en creufant une foffe le long du chemin de Saint-Irénée au Maffu, proche un étang ou marais. L'eau par la fuite du temps avoit pénétré ces murailles, ces groffes pierres & cette urne, & en a terni le poli & la blancheur en quelques endroits. L'urne en étoit remplie & avoit délayé les cendres, au-deffus defquelles on trouva une bague d'or avec un onix, fur lequel il n'y avoit d'autre figure qu'un œuf gravé en creux. Tout cela a befoin d'être examiné, & donne lieu à plufieurs réflexions curieufes & fçavantes.

Environ trois ans après cette découverte, en creufant les fondemens pour le magafin des poudres qu'on a bâti fur le bord de la Saône, à vingt pas du port Neuville, on trouva fous un creux du rocher qui borde cette rivière des inftrumens qui avoient fervi aux anciens facrifices, une patère, une fimpule, un mortier, quatre coupes à recevoir le sang des victimes, & quelques médailles dans ce mortier. Tous ces vases sont d'argent, ce qui est assez singulier, puisque tous les instrumens que l'on trouve de cette haute antiquité ne sont que de fer, de cuivre ou de bronze.

Quelques années auparavant, on avoit trouvé de l'autre côté de la rivière une statue de bronze de Caligula avec des yeux d'argent. Elle est d'un pied de hauteur, & cet empereur y est représenté en l'action de lancer un javelot, armé seulement d'un plastron, avec des grêves aux jambes qui lui firent donner le nom de Caligula, d'une chaussure militaire dont il se servoit ordinairement. Il fut sans doute ainsi représenté pour exprimer les jeux qu'il institua devant l'autel de Lyon à l'honneur d'Auguste, & que Suétone a nommés *hasticos ludos*. Cette curieuse statue est dans le cabinet du Révérendissime P. Perier, ci-devant général des Minimes, dont le cabinet de médailles & d'autres antiquités est des plus curieux. J'ai remarqué aussi, sur la face d'une maison bâtie au quai du port que l'on nomme de Chalamont, une médaille de terre cuite d'Agrippa sur laquelle je prépare une dissertation, ne croyant pas cette médaille plus antique que d'environ deux cens ans depuis l'invention de travailler en terre cuite vernissée de diverses couleurs. J'ai des conjectures assez curieuses sur cette médaille.

Il y a encore quelques autres morceaux d'antiquité & quelques médailles singulières sur lesquelles je donnerai mes conjectures & tâcherai de relever plusieurs erreurs du prétendu antiquaire qui a si fort défiguré les monumens que j'avois découverts & expliqués dans les premiers livres de mon *Histoire de Lyon*, que j'ai cru qu'il étoit nécessaire

216 ANTIQUITES DE LYON.

de défabufer le public fur des erreurs fi groffières, en attendant que je donne la carte & le plan de nos aqueducs & de l'amphithéâtre, & les figures de ces ftatues, de ces vafes & de ces moules de médailles (1).

(1) Si le P. Meneftrier a acheve les differtations qu'il annonce, elles font reftées manufcrites; je ne connois rien d'imprimé fur ces divers monuments

HOMMAGE POUR LA COMTE DE CLERMONT AU ROI CHARLES V

HOMMAGE

FAIT AU ROY CHARLES V PAR LOUIS DUC DE BOURBON
POUR LA COMTE DE CLERMONT,

PAR LE P. MENESTRIER.

(Extrait des *Tableaux généalogiques, ou les seize quartiers de nos Roys*.
Paris, 1683, in-fol.)

IL n'y eut d'abord que les maisons de noblesse militaire qui se distinguassent par les armoiries, parce que ces signes & ces marques de distinction se portoient sur des écus ou boucliers, d'où elles furent dites écusson; & sur des cottes d'armes, ce qui leur fit donner le nom d'armoiries. Elles ne paroissoient aussi que dans les exercices militaires, dans les combats, dans les tournois, dans les *festes d'armes*, comme se nommoient alors les défenses des pas, & les combats à la barrière ; ce fut même ce qui fit prendre des symboles militaires à plusieurs familles, comme des lances, dards, écus, espées, casques, fers de lance, &c. ; mais, après que, des cottes d'armes, les armoiries passèrent aux habits de cérémonie, les magistrats civils & les dames de qualité se servirent de ces mesmes signes pour se distinguer dans le monde. J'ay deux exemples finguliers de cet ufage des armoiries dans les cérémonies civiles. Je les ay tirez d'un ancien terrier des terres de la comté de Clermont en Beauvoifis, poffédée par les princes de la maifon royale qui portent le nom de Bourbon, & qui furent d'abord nommés comtes de Clermont, faint Louis ayant donné cet apanage à Robert, un de fes fils. Ce cartulaire du terrier, qui eft dans la Chambre des comptes de Paris, repréfente l'hommage fait au roy Charles V par Louis, duc de Bourbon, pour fa comté de Clermont. Tous les princes, feigneurs & autres grands officiers du royaume font diftinguez par leurs armoiries, dans la première de ces miniatures; & dans la feconde, la reine, les princeffes, les dames de la cour, & les officiers du duc de Bourbon, y font diftinguez de la mefme manière. Je donne icy ces deux pièces, comme l'un des plus riches monumens de l'hiftoire du blafon.

Le roy Charles V, furnommé le Sage, eft affis fur fon trône. Le duc de Bourbon, Louïs II du nom, fléchit le genou devant luy, & met fes deux mains jointes dans les mains du Roy. Il eft veftu d'une tunique femée de fleurs de lys, avec le bafton de gueules, qui font les armoiries de la branche de Bourbon. Le Roy eft veftu d'une longue robe femée de fleurs de lys, avec un collet ou gorgerin d'hermine. Au cofté gauche du trône du Roy, eft Monfeigneur le Dauphin, fils aîné du Roy, dont la robe eft écartelée de France & de Dauphiné. Il tient d'une main la chaire dorée du trône du Roy.

Après luy eft le duc d'Orléans, fon frère. Sa robe eft femée de France, avec le lambel d'argent de la branche d'Orléans

Ces deux princes ont sur le haut du bras trois galons d'argent, que je n'ay remarqués en aucun endroit que sur les robes & cottes d'armes des princes. Les roys les portent d'or, comme le premier président du Parlement de Paris & des autres Parlemens les portent sur le grand manteau de cérémonie : l'habit de ces présidens estant l'ancien habit royal.

Après le duc d'Orléans, sur l'extrémité d'une autre ligne est le duc de Bourgogne, dont la robe est écartelée de France & de Bourgogne.

Au-dessus de luy est Jean de France, duc de Berry, frère du Roy, dont la robe est semée de France, avec la bordure engreslée, brisée de Berry.

Le premier de cette ligne est Louis de France, duc d'Anjou, frère aîné du Roy, avec sa robe semée de fleurs de lys, à la bordure de gueules, brisure d'Anjou.

Derrière la chaise du Roy est Jean d'Artois, comte d'Eu, avec sa robe semée de France, & le lambel de gueules chastelé d'or de trois pièces sur chaque pendant. Il s'appuye d'une main sur la chaise du Roy.

Au-dessus de luy, derrière la mesme chaise, est Pierre d'Orgemont, chancelier de France. Il est vestu en clerc, avec un chappelet en couronne sur la teste, comme chevalier. Il tient une baguette en main, & s'appuye sur le dossier de la chaise.

Au bas-banc est le connestable Bertrand de Guesclin, avec sa robe ou manteau d'argent à l'aigle à deux testes de sable, traversée d'une cottice de gueules, qui sont les armoiries de sa maison. Il a une baguette en main, qu'il appuye sur son épaule ; c'est la marque de sa dignité.

Après luy c'eſt Louis de Sancerre, maréchal de France, dont l'habit eſt d'azur, avec une bande d'argent accompagnée de deux cottices potencées & contre-potencées d'or, qui ſont les armoiries de Champagne, briſées d'un lambel de gueules pour la branche de Sancerre.

Jean de Mauquenchin, dit Mouton, ſire de Blainville, ſecond maréchal de France, eſt après luy, & ſe fait remarquer par ſon habit armoyé de ſes armoiries, qui ſont d'azur à la croix d'argent, accompagnée de ſeize croiſettes d'or, à la cottice de gueules brochant ſur le tout.

Après ces deux maréchaux de France eſt Hugues de Chaſtillon, ſieur de Dampierre, grand-maiſtre des arbaleſtriers de France, dignité qui a eſté changée en celle de grand-maiſtre de l'artillerie. Sa robe, de gueules à trois pals de vair au chef d'or, pour les armoiries de Chaſtillon. Le chef eſt chargé de deux lions affrontez & paſſans, pour briſure de la branche de Dampierre, puiſnez des comtes de Porcean.

Enfin le dernier de cette ligne eſt Jean de Vienne, admiral de France, dont les armoiries ſont de gueules à l'aigle éployée d'or. A la ſuite du duc de Bourbon ſont :

Edouard de Beaujeu, ſieur de Perreux, avec les armoiries de Beaujeu, d'or au lion de ſable, briſé d'un lambel de gueules.

Gilles, ſieur de Nedonchel, chevalier, chambellan du duc de Bourbon, qui élève ſur la pointe d'un baſton les clefs des chaſteaux de la comté de Clermont, pour en faire hommage. Il a ſa robe d'azur à une bande d'argent.

Derrière lui eſt Meſſire Reynaud de Tric, chevalier, ſeigneur du Pleſſis, qui porte d'or à la bande de gueules,

ENTREVUE DE JEANNE DE BOURBON ET D'ISABELLE DE VALOIS

surchargée d'une autre bande componée d'argent & d'azur, & une merlette de fable au canton dextre.

Au milieu eft Jean baftard de Bourbon, frère naturel du duc de Bourbon ; il a un habit blanc à un quartier des armoiries, fuivant l'ufage de ce temps-là : les enfans naturels ne portant pour l'ordinaire les armoiries de leur père qu'en quartier.

C'eft un puifné de Chaumont qui eft derrière le fire de Beaujeu: fes armoiries font de gueules à quatre fafces d'argent, brifées d'un lambel d'azur. C'eft Pierre d'Auxy, feigneur de Monceaux, qui eft derrière le feigneur de Trie. Sa robe eft échiquetée d'or & de gueules. Il fut chambellan du duc de Bourgogne, & capitaine de Douay ; il fut auffy préfent au ferment de fidélité que Louis de France, duc d'Anjou, prefta au mefme roy Charles fon frère, dans l'hoftel de Saint-Paul, à Paris, le 19 mars de l'an 1374. Celuy qui a fa robe de gueules, à une fafce d'argent, ne m'eft pas connu. La maifon de la Poype, de Breffe & de Dauphiné, porte ces armoiries, qui font les mefmes que celles de la maifon d'Autriche.

Les dames portent auffy leurs armoiries fur leurs habits. J'en donne icy la manière, tirée du mefme livre des *Reconnoiffances de la comté de Clermont;* c'eft l'entrevue de la reyne Jeanne de Bourbon, époufe de Charles V, & d'Ifabelle de Valois fa mère, femme de Pierre de Bourbon Ier du nom. Cette entrevue fe fit dans une chaffe, où Louis II, duc de Bourbon, tue un cerf. Le fire de Nedonchel, comme grand chambellan du duc, en vient préfenter le pied à la Reyne.

Ifabelle de Valois eft coëffée en veuve, avec un voile

blanc & une espèce de guimpe qui luy couvre le menton. Sa robe est my-partie de Bourbon & de Valois, qui est semé de France à la bordure de gueules.

La Reyne est vestuë d'une robe my-partie de France & de Bourbon. Elle porte un oyseau sur le poing, & la couronne d'or en teste. Jean de Bourbon Ier du nom, comte de la Marche, de Vendôme & de Castres, luy sert de chevalier d'honneur. Il est vestu de semé de France au baston de gueules, brisure de Bourbon, surbrisé de trois lyonceaux d'argent, brisure de Bourbon-Vendôme. La queuë du manteau de la Reyne est portée par la dame de Savoisy, femme de Philippe de Savoisy, chambellan du Roy, dont les armes sont parties sur la robe de cette dame. Elles sont d'or à trois chevrons de gueules, à l'engreslure d'azur.

Après la Reyne est Madame Marie de France, âgée de trois ou quatre ans : sa robe, semée de France. Elle est couronnée du chappelet ou guirlande d'or.

La duchesse Anne, dauphine d'Auvergne, comtesse de Forests, & dame de Mercœur, fille & héritière de Beraud IIe du nom, comte de Clermont, dauphin d'Auvergne, surnommé le Grand, & de Jeanne de Forests, dame d'Ussel, est à costé de Madame de France : sa robe my-partie de Bourbon, pour les armoiries de son mary Louis II, duc de Bourbon, & des armoiries du Dauphiné d'Auvergne, & de la comté de Forests. La queuë de son manteau est portée par la dame de Nedonchel, de la maison de Bournel, dont la robe est my-partie des armoiries de son mary, d'azur à la bande d'argent, & des siennes, d'argent d'un escusson de gueules, & un orle de papegaux de sinople. Les quatre autres princesses sont Bonne de Bourbon, épouse d'Amé VI, comte de Savoye, furnommé le Verd. Sa robe est my-partie de Savoye & de Bourbon.

Catherine de Bourbon, épouse de Jean VI du nom, comte d'Harcourt & d'Aumale : fa robe, my-partie d'Harcourt & de Bourbon.

Marguerite de Bourbon, épouse d'Arnaud Amanieu, fire d'Albret, grand chambellan de France : fa robe, my-partie d'Albret & de Bourbon.

Agnès de Chaleu, épouse de Jean, baftard de Bourbon : fa robe, my-partie des armoiries de fon mary & des fiennes, d'argent au fautoir de gueules.

Cet ufage de porter les armoiries fur les habits, fit que les livrées devinrent elles-mefmes des armoiries; & c'eft ce qui introduifit dans le blafon le party, l'échiqueté, l'écartelé, le lozangé, les fafces, les bandes, les paux, les hermines & les vairs, qui font des fourrures ; les chevrons, le fretté, les bordures, les trefcheurs, le pappelonné, le vivré, les engreflures, &c. Ces livrées tantoft furent fimples, comme la fafce, le chef, le pal, le fafcé, le palé, le bandé; & tantoft compofées de fafces & de chevrons, de fafces & de bandes, de fafces d'étoffes & de fafces de fourrures, de bandes de fourrures & de bandes d'étoffes d'or & d'argent, ou de diverfes couleurs. C'eft ce qui a fait cette agréable diverfité que nous remarquons dans les armoiries, & qui n'a point d'autre origine que cet ufage, dont j'ay amplement traité dans mes *Origines des Armoiries*.

OUVRAGES DE SCULPTURE

DANS LES RUES DE LYON, AU XVIIᵉ SIECLE.

(Note extraite des Mss. du P. Meneſtrier.)

AU coin de la rue du Bœuf eſt un bœuf ſculpté par Jean de Bologne.

Au bas du Chemin-Neuf, ſur le coin d'une maiſon bâtie par M. de Liergues, eſt une Notre-Dame qui joint les mains, par le grand Picard.

Au bas du Gourguillon, en la maiſon de Meſſieurs du Soleil, l'Annonciation, par Bidaut, champenois, 1665.

Sur le quai & port de Roanne, une Vierge tenant l'Enfant Jéſus, par Creſpet, foriſien, 1685.

Au coin de la rue de Gadagne, une Sainte-Anne, aſſez belle.

Au Change, ſur la maiſon de M. Pianelli, un bas-relief d'une Trinité; ces trois têtes ſoutenues par deux anges, de Germain Pilon.

Au bas de la Juiverie, du côté de Saint-Paul, une Vierge, de l'an 1578.

Rue de l'Aſnerie, à la maiſon où pend l'enſeigne du

Gentilhomme françois, une Bacchanale & danſe de petits enfants.

Au Port-Dauphin, ſur le coin d'une maiſon, un Saint-François, par Gerard Sibreg, vallon, en 1635.

Au pied du pont, du côté du Change, une Vierge, de l'an 1527.

A l'entrée du pont de Saône, une Vierge foulant aux pieds un ſerpent, de Gerard Sibreg, vallon.

Rue Sainte-Catherine, du côté des Terreaux, une Sainte-Catherine, de Bidaut, 1678.

Aux Capucins du Petit-Forez, un Saint-André, de Martin Handrecy.

Au coin de la rue de la Vieille-Monnoie, du côté de la côte Saint-Sébaſtien, une Vierge, par Martin Handrecy.

A la Feuillée, vers les Auguſtins, une Vierge, par Bidaut.

Au coin de la rue des Eccloiſons, un Saint-Pierre, par Martin Handrecy.

A la rue de la Lanterne, au Signe de la Croix, une Vierge, de l'an 1540.

L'effigie de Louis XIII, au coin de la rue de la Palme, par Gerard Sibreg, 1643.

Une Annonciation fort antique, rue de la Tête-de-Mort.

Rue de l'Enfant-qui-piſſe, le bon Paſteur, par Bidaut.

Le Saint-Etienne allant vers Pierre, de Gerard Sibreg.

Au coin des Orangères, allant à l'Herberie, une Vierge, par George Vallon.

Notre-Dame de Pitié, au coin proche rue Longue, par George Imbert, lorrain, 1647.

Jéſus-Chriſt tenant ſa croix, à l'entrée de rue Mercière, par George Vallon, 1644.

Vis-à-vis, Notre-Dame de Pitié, par Martin Handrecy, 1643.

La Magdelaine, fur la porte de la maifon de M. Thomé, par George Vallon.

David, à côté de l'églife Saint-Antoine, par Bidaut, 1660.

Au coin de la rue Ecorche-Bœuf, du côté du Port-du-Temple, une Vierge, de l'année 1668.

A la porte du jardin des PP. Céleftins, Saint-Pierre-Céleftin, par Martin Handrecy.

CORRESPONDANCE DE GUICHENON.

CE recueil d'où les lettres du P. Meneſtrier ont été extraites forme deux forts volumes cartonnés, cotés 165-166; il provient du fonds Godefroy, qui fut acquis au commencement du ſiècle dernier par un lyonnois, Antoine Moriau. Ce Moriau quitta de bonne heure ſa ville natale pour aller s'établir à Paris, où il fit fortune & devint procureur du Roi & de la ville (1). A ſa mort, ſes manuſcrits & ſes livres paſsèrent dans la bibliothèque de l'Académie, aujourd'hui de l'Inſtitut, où l'on retrouve encore quelques volumes ſur la garde deſquels eſt le cartouche de ſes armes telles qu'elles ſont gravées dans l'Armorial de Chevillard, de..... au chevron de..... à 3 oiſeaux volants de..... 2 & 1, avec cette légende : *Ex Bibl. Ant. Moriau proc. & adv. Regis & Urbis.*

---

(1) Il etoit ne ſans doute de parents pauvres & obſcurs, & ne conſerva pas de rapports avec Lyon, car on n'y trouve aucune trace de lui. Je vois ſeulement dans le *Mercure galant* de ſeptembre 1709 (relation des Paranymphes célébrés cette année), que « M. Moriau, procureur du roi & de la ville, prononça en cette occaſion une harangue au nom du Conſulat »

Ces deux volumes contiennent plus de sept cents lettres des savants françois & étrangers avec lesquels Guichenon étoit en correspondance. Dans le nombre se trouvent les brouillons ou les copies de plusieurs lettres de lui ; les unes de sa main, les autres de celle d'un secrétaire. Toutes ces pièces ont leur genre d'intérêt, non pour le style qui n'y a rien d'attrayant, tant s'en faut, mais à cause des particularités qu'elles fournissent sur les écrivains du milieu du dix-septième siècle en province, & sur leurs écrits. Si je les avois connues plus tôt, j'en aurois joint l'inventaire à celui que j'ai publié en 1851. Il ne sera pas déplacé ici, s'il peut être de quelque utilité aux lecteurs qui aiment ces documents originaux d'une autographie irrécusable, ne fût-ce que pour faciliter aux uns les recherches, ou pour épargner aux autres la peine d'aller les consulter inutilement à Paris.

Il ne faut pas s'attendre, en feuilletant ce recueil, à rencontrer ces traits piquants, ces anecdotes spirituellement racontées, qui remplirent quelques années plus tard les correspondances des gens de lettres ; ici, tout est froid, compassé, presque toujours marqué au coin de l'enflure & du pédantisme, & la lecture n'en est pas supportable. Cependant elle ne sera pas sans quelque profit pour ceux qui s'attacheront plus au fond qu'à la forme. On est forcé de convenir qu'il y avoit dans ces natures peu polies un grand amour de l'étude & une érudition profonde ; si la dignité de l'écrivain perd quelquefois à ces confidences épistolaires qui nous montrent l'homme à nu avec ses passions mesquines & ses foiblesses, elles n'en sont pas moins instructives : telles sont les lettres du P. Menestrier, telles sont celles de Guichenon & de ses autres correspondants. On ne pouvoit pas dire alors : « Le style c'est l'homme ; » car tous écrivoient de même, & toutes ces lettres, si l'on ne considère que la forme, semblent avoir été jetées dans le même moule. Quoi qu'il en soit, on y trouvera des faits curieux, celui-ci entre autres :

Mezeray, qu'on nous a dépeint comme un écrivain tout d'une pièce, aimant mieux perdre sa pension que de céder aux exigences du ministre, qui menaçoit de la supprimer s'il n'effaçoit pas les traits hardis qu'il avoit semés dans la première édition de son Histoire, l'austère Mezeray, dis-je, se montra moins intraitable avec le marquis de Pianezze, lorsque ce ministre, tout-puissant alors à la cour de Turin, lui fit insinuer par Guichenon qu'on lui sauroit gré de faire quelques modifications à ce qu'il avoit écrit, & qu'on lui en tiendroit compte généreusement. Voici d'abord la lettre par laquelle Guichenon entre en matière. Comme la négociation étoit délicate, il en avoit préparé deux brouillons, tous les deux surchargés de ratures, tant il avoit à cœur de remplir scrupuleusement la mission dont il étoit chargé par le premier ministre du duc de Savoie, & tant il craignoit de dire trop ou trop peu. Les brouillons sont entièrement de la main de Guichenon. On lit en tête :

« *Lettre que j'ay escrite à M. de Mezeray, historiographe de France, par ordre de Mgr le Marquis de Pianezze.*

« Monsieur,

« Comme il est impossible en un grand ouvrage qui intéresse beaucoup de princes de les tous contenter, on a observé quelques passages en vostre *Histoire de France* dont S. A. R. de Savoye n'a pas sujet d'estre satisfaite. Monsieur le Marquis de Pianezze, son premier ministre, a pris la peine de les remarquer & m'a commandé de vous les envoyer, avec prière de sa part de les vouloir adoucir en une deuxième édition, & de raconter le duel de Chaudebonne & de Disimieux conformément au mémoire que vous remit il y a quelques années feu M. de Bonnefons : car, quoique vous ayez fait refaire cette feuille, elle ne se trouve pas néantmoins en tous les exemplaires. Si vous pouvez, Monsieur, vous résoudre à cela, comme je n'y vois point de difficulté, puisque vous ne ferez rien contre la vérité ni contre la dignité de l'histoire, je vous donne assurance d'une honorable gratification de S. A. R. : c'est un grand prince qui fait gloire de reconnoistre les services, & qui n'oubliera point celuy-là. J'ose vous dire encore que, pour l'obliger entièrement & mondit sieur Marquis de Pianezze, il seroit à propos de communiquer les endroits de la continuation de vostre ouvrage qui regardent singulièrement feu Charles-Emanuel & feu M. d'Albigny, afin qu'il ne s'y passe rien dont les intéressés se puissent offenser : estant asseuré que Monsieur le Marquis, à qui seul vous pouvez vous confier, n'exigera rien de vous qui ne soit très raisonnable & dont il ne vous tesmoigne sa reconnoissance en particulier. Je n'ay voulu employer personne pour négotier cela avec vous, me persuadant que vous accueillerez agréablement ces propositions de ma part, puisque vous me faites l'honneur de m'aymer Obligez-moi donc, s'il vous plaist, de m'escrire à quoy vous vous déterminerez, affin que sur vostre responce je prenne mes mesures. Je serois ravi de pouvoir rendre service à ce sujet à un prince à qui je dois tout & à un seigneur auquel j'ay d'immortelles obligations, & de vous procurer à mesme temps quelque marque de leur estime. Quoi qu'il arrive, je vous proteste que je suis au-delà de l'expression, &c.

« Le Chevalier GUICHENON

« A Bourg en Bresse, ce 4 septembre 1659. »

La réponse de l'Historiographe de France ne se fit pas attendre; elle est en ces termes :

« Monsieur,

« Je n'estois pas à Paris lorsque la lettre que vous m'avez fait l'honneur de m'escrire y est arrivée; je n'ay pû vous faire response qu'à cette heure. J'ay esté bien surpris & extrémement fasché d'apprendre la mort de M. de Bonnefons : c'estoit, à ce que j'en ay connu, un serviteur très fidèle & très affectionné à Monsieur le Marquis, & qui d'ailleurs avoit une estime très particulière pour vostre mérite & pour vos ouvrages. Je suis obligé de rendre ce témoignage à sa mémoire. Il m'avoit parlé autrefois des mesmes choses dont vous avez pris la peine de m'escrire. Pour ce qui touche le duel de M. d'A., j'avois fait changer la fueille ; il la vit luy-mesme, la fit tirer, & porter les cartons dans le magazin. Que si après cela le libraire a vendu quelques exemplaires sans arracher la première fueille & y substituer celle que j'ay corrigée, je supplie très humblement Monsieur le Marquis de ne me point imputer cette faute, mais à la négligence du marchand. Vous connoissez, Monsieur, l'humeur & la bonne foy de ces gents-là. A l'advenir je vous promets que j'y tiendray la main, & que je luy en feray si forte réprimande que je croy qu'il n'y manquera plus. Pour les endroits qui touchent la royale Maison de S., je suis tout prest, lorsqu'on me les aura marqués, d'en oster tout ce qui peut déplaire. Sa grande & très noble antiquité, la force & puissance de ses estats, ses hautes alliances, & avec cela sa vertu toujours héroïque & esclatante, doivent la faire honorer infiniment de tout le monde & particulièrement de ceux qui traitent l'histoire. Ainsy je désire, sur toutes choses, luy faire voir dans mes escrits toutes les marques possibles de mes très humbles respects, & de conduire ma plume de sorte qu'escrivant la vérité, elle ne luy donne aucun sujet de plainte. Je vous supplie, Monsieur, de vouloir bien donner cette asseurance à Monsieur le Marquis, &, s'il y avoit quelques sinistres impressions contre moy dans vostre cœur, d'avoir la bonté de les effacer.

« Je ne feray pas imprimer encore la suite de mon Histoire ; je m'en vay dans ce mois de novembre remettre sous la presse mes trois premiers volumes. Je les ay remaniez, réformez & augmentez de beaucoup, spécialement le premier & second volume. J'espère que je trouveray dans vostre *Histoire de Savoye* de nouvelles & fort curieuses lumières pour les choses de ce pays-là que jusqu'icy personne n'a bien débrouillées ; je suis asseuré qu'on peut vous suivre sans crainte de faillir, & que vous avez trouvé le filet de ce labyrinthe. Je vous demande donc permission de me pouvoir servir de vostre travail pour me développer de ces obscuritez. Je ne prétends pas vous rien desrober; je ne feray qu'emprunter de vous & reconnoistray de bonne foy ce que j'auray pris en rendant à vostre nom les éloges que je luy doy. Dès que mon impression sera achevée, mesme du premier volume, je ne manqueray pas de vous en envoyer un exemplaire. Cependant, comme j'estime infiniment vostre mérite, je vous supplie d'avoir pour agréable que je vous escrive quelquefois, & que je joigne mes lettres à celles de M. d'Hosiers, afin de me conserver l'honneur de vostre connoissance que cet illustre amy m'a donnée. J'aurois une passion extrême de pouvoir mériter vos bonnes graces par moy-mesme, & de vous donner des preuves que je suis avec autant d'estime que d'affection,

« Monsieur,

« Vostre, &c.

« Mezeray

« De Paris, ce 7e octobre 1659. »

On trouvera dans l'Inventaire ci-apres les noms des savants, des ecrivains & des personnages célèbres au xviie siecle, dont les lettres sont contenues en ce recueil, on y remarquera entre autres ceux de Claude & Jean Le Laboureur, du P. Menestrier, de Salvaing de Boissieu, de Chorier, Gui Allard, Claude Oronce Finé de Brianville, J.-M. de la Mure, A. de Ruffi, G. de la Pise, historien de la principauté d'Orange, &c.

Sur le cachet de plusieurs de ces lettres, dont l'empreinte est restee intacte, on voit les armoiries, la plupart ignorees aujourd'hui, que quelques-uns de ces érudits en matiere héraldique s'étoient donnees ; elles font d'autant plus curieufes, qu'on les chercheroit en vain dans les livres de blafon du temps.

Ainfi Chorier s'armoit de.... a 3 chevrons de.... l'un fur l'autre, au lambel de 3 pendants de.... en chef ;

Gui Allard portoit de.... au lion de....

Oronce Finé écarteloit au 1 & 4 de.... a la tour crénelée de.... ; au 2 & 3 de.... au chevron de... accompagné de 3 rofes de.... 2 & 1.

On connoît les armes de Le Laboureur ; elles font gravées par Claudine Brunant fur le frontifpice du *Difcours de l'Origine des armes* : d'azur, au chevron d'or chargé de 3 molettes du champ. Supports & timbre, des levrettes.

Celles de Guichenon font blafonnees dans l'Armorial de Palliot, dans la Methode du Blafon du P. Meneftrier de 1770, & je les ai fait graver en tête de l'Inventaire de fes manufcrits (Lyon, 1851).

Le P. Meneftrier, ne voulant pas refter en arriere de tous ces gentilshommes improvifés, s'étoit aufi attribué un écuffon armorié, tel qu'on le voit à la fin de ce volume, apres fes lettres.

INVENTAIRE DES PIÈCES INÉDITES

CONTENUES DANS LES DEUX VOLUMES COTES 165 ET 166, DE LA BIBL. DE L'INSTITUT DE FRANCE.

Lettres originales ecrites a M^r le chevalier de Guichenon, de 1658 a 1661 (1).

TOME PREMIER.

1. LETTRE de Guillaume de Lamoignon, premier président du Parlement de Paris, à Guichenon. Paris, 7 avril 1660.
2. — Guichenon à G. de Lamoignon. Bourg, 8 mars 1660.
3. — Ferréol à Guichenon. Paris, 15 octobre 1660.
4. — Guerin au même.
5 à 9. — Les frères de Sainte-Marthe au même.
10-11. — Guichenon aux frères de Sainte-Marthe.
12 à 14. — Du Bouchet à Guichenon.
15. — Wicquefort à Guichenon.
16-17. — Guichenon à Wicquefort. 1658-59.
18. — Guichenon à J. de La Mure.
19. — D'Urphé à Guichenon.

(1) On lit fur le 1er f, de la main de Guichenon : « Amas de plufieurs lettres efcrites ou receues de divers hommes doctes & curieux, tant de France que des pays eftrangers. » A la fuite, fa fignature accompagnee de tous fes titres honorifiques & litteraires.

20. — Chievana au même.
21. — Sorbière.
22. — Blanchard.
23. — D'Herouval.
24. — Juſtel.
25 à 27. — Jacob.
28. — La Royne.
29 à 75. — 46 Lettres d'une écriture pieds de mouche & illiſible. Elles ſont datées ſoit de Paris, ſoit du Navire, & non ſignées.
76 à 93. — De la Mare à Guichenon. Dijon, 1658-60.
94 à 99. — Etienne Perard. Dijon, 1658-59.
100 à 109. — 10 Lettres ſignées de Chevanes. Dijon & Lyon.
110. — Guichenon à M. de Chevanes.
111. — E. Lantin à Guichenon.
112 à 118. — Symone (ſecrétaire du duc d'Epernon).
119. — Le duc d'Epernon.
120. — Symone.
121-122. — Guichenon au duc d'Epernon.
123-124. — Guichenon à Symone.
125. — Charles-Auguſte, évêque de Genève (neveu de ſaint François de Sales), à Guichenon. Aneſſy, 1659.
126 — Guichenon à l'évêque de Genève.
127. — Joſeph de Sales à Guichenon. Aneſſy, 1660.
128-129. — Hercule Berzet, des comtes de Byſance, évêque de Maurienne, au même. St-Jean-de-Maurienne, 1660.
130-131. — Joſeph-Marie Suarez, évêque de Vaiſon. Vaiſon, 1660.

132 à 134. — Alexis-Edouard (religieux à Fécamp) s. l. n. d.

135-136. — D'Arenthon d'Alex, évêque de Genève. Aneſſy & Chambéry, 1658-60.

137. — N. Antoine, ou plutôt Nantoine, ſénateur à Chambéry. s. l. n. d.

138. — F. de Colligny. Novion, 1660.

139. — L'abbé de Graneri (frère du comte de Mercenaſc). s. l. n. d.

140. — Ravineau. Genève, 1659.

141. — Le Laboureur (Claude). Valence, 1660.

142. — Le P. Ferrand, jéſuite. Chalons, 1659.

143. — Dinet (doyen du Chapitre de Mâcon). 1660.

144. — D'Amanſé d'Eſcars. Amanſé, 1659.

145. — L. de Marenches de Champvans.

146. — Fabre. Villefranche, 1659.

147-148. — Noël Davy, chanoine d'Auxerre.

149-150. — Pierre Remy (capucin de Port-ſur-Saône)

151. — Joſeph de Vire (capucin).

152. — Le Laboureur, deux lettres enſemble, s. l. n. d.

153. — De Challudet. Lyon, 1658.

154 à 156. — De la Sablonière.

157. — Montfalcon.

158. — Sœur Bugnet de Sainte-Dorothée, religieuſe de Saint-Pierre à Lyon. s. l. n. d.

159. — Sœur Anne d'Albert, abbeſſe de Saint-Pierre de Lyon. Elle demande des documents ſur ſon abbaye.

160-161. — Sœur Bugnet de Sainte-Dorothée.

162. — De la Peſſe. Chambéry, 1659.

163-164. — Milliet de Challes. Chambéry.

165 — Jacques de Nemours, abbé de Saint-Rambert. Lagnieu, 1660.

166. — Lucrèce-Chreftienne de Harlay.

167-168. — Quarteri, abbé de St-Maurice-en-Valais

169 à 177. — Megret, tréforier à Moulins.

178. — Guichenon à Megret.

179 à 210. — Le P. Meneftrier à Guichenon.

211. — Guichenon au P. Meneftrier.

212-213. — Denis de Salvaing de Boiffieu, 1er préfident de la Chambre des comptes de Dauphiné, à Guichenon. Grenoble, 1659-60.

214. — Guichenon au préfident de Boiffieu.

215 à 222. — De la Pize à Guichenon. Grenoble & Orange, 1659-1660.

223 à 226. — Guichenon à la Pize.

227 à 231. — De Verthamon à Guichenon. Grenoble, s. d.

232. — L'abbé de Longueterre. Grenoble, s. d.

233. — Guichenon à l'abbé de Longueterre.

234 à 258. — Finé-Brianville. Grenoble, Lyon, Saint-Trivier, Saint-Prieft, Paris. Dans fa lettre du 14 août 1658, il donne à Guichenon le plan de fon Jeu de cartes du blafon.

259. — Guichenon à Finé-Brianville. s. l. n. d.

260-261. — Grena, juge-mage du Bugey, à Guichenon.

262. — Cofta (1). Il promet à Guichenon des mémoires pour fa maifon lorfqu'il parlera du comté de Villars.

---

(1) C'eft la maifon dont le chef eft aujourd'hui M. le marquis de Cofta-Beauregard, en Savoie.

263 à 283. — De Comnène. Chafteau-Feuillée & Chambéry
284 à 290. — De Verace.
291 à 293. — Meyffonnier à Guichenon.
294-295. — De Chaponay.
296. — De Quincarnon (auteur de l'Hiftoire de Saint-Jean & de celle de Saint-Paul). Lyon, 1660.
297. — L'abbé Tallemant. Lyon, 1659.
298. — Guichenon à l'abbé Tallemant.
299. — De Pradel-Autherin, confeiller au Parlement de Dombes, à Guichenon.
300 à 302. — Le P. Mathieu Compain, jéfuite.
303. — Le P. Granery, jéfuite. s. l. n. d.
304. — Le P. Daugières, jéfuite. Lyon, 1660.
305. — Le P. Columbi, jéfuite.
306. — Nantoine.
307. — Claude Le Laboureur.
308. — De Miffery.
309. — Le chevalier l'Hermite de Soliers.
310. — Jean Le Laboureur, auteur des Tombeaux des perfonnes illuftres.
311 à 317. — Claude & Jean Le Laboureur.
318. — Guichenon à Le Laboureur.
319 à 323. — Nicolas Chorier à Guichenon.
324 à 326. — Guy Allard.
327 à 336. — De La Mure, hiftorien du Forez. Montbrifon, 1658-60.
337. — Le P. Benoift, capucin.
338 à 341. — Guichenon à La Mure.
342 à 357. — Antoine Ruffi, hiftorien des comtes de Provence & de Marfeille, à Guichenon.

358 à 362. — J. Chifflet.

363. — Guichenon à J. Chifflet.

364-365. — P.-F. Chifflet à Guichenon.

366. — Chifflet de Palante.

367 à 369. — Guichenon à Chifflet.

370. — Le P. Ancheman, jéſuite.

371 à 377. — Tarin d'Audeul.

378 à 380. — Dom Hilaire de Saint-Jean-Baptiſte. Du prieuré de Lemens, 1659.

381. — Guichenon à Dom Hilaire.

382 à 387. — Le P. Hilarion de Coſte à Guichenon.

388 à 410. — François Capré.

411 à 415. — Il Referendario Conſtantia. (En italien).

416. — Em.-Phil. Pancalbo.

417. — G.-A. Freſia.

418 à 421. — François-Auguſtin della Chieſa, évêque de Saluces. (En italien).

422 à 433. — L'abbé Caſtiglione. (En italien).

434 à 437. — Pietro Gioffredo, auteur de l'Hiſtoire des Alpes maritimes, publiée pour la première fois dans les *Monumenta hiſtoriæ patriæ*.

438-439. — Guichenon à Gioffredo.

440. — Guichenon au marquis de Pianezze.

441 à 467. — Ceſare Felice Rocca à Guichenon.

468. — Guichenon à........

469. — Guichenon à Durand, docteur en théologie.

470. — Guichenon à Baudelot.

471. — Guichenon au P. Ancheman.

TOME II.

472 à 478. — Chreſtienne de France, fille de Henri IV, ducheſſe de Savoie. Ces lettres, écrites de la main d'un ſecrétaire, ſont ſignées de celle de cette princeſſe : « Votre bien bonne amie, Chreſtienne. »

479 à 484. — Guichenon à Chreſtienne de France. Ce ſont des copies ou brouillons de lettres.

485 à 542. — De Simiane, marquis de Pianezze, premier miniſtre du duc de Savoie. Ces lettres ſont relatives à l'Hiſtoire de la maiſon de Savoie par Guichenon.

543 à 557. — Guichenon au marquis de Pianezze.

558 à 601. — Philippe, comte d'Aglié de Saint-Martin.

602. — De Simiane. s. l. n. d.

603 à 615. — Philippe, comte d'Aglié.

616 à 621. — Guichenon à Philippe, comte d'Aglié.

622 à 653. — A. de Genève, marquis de Lullins.

654 à 658. — Guichenon au marquis de Lullins.

659. — Guichenon au marquis de Pianezze.

660 à 662. — Guichenon au marquis de Lullins.

663 à 665. — De Saint-Thomas à Guichenon.

666 à 669. — Cauly à Guichenon.

670. — Guichenon à Cauly.

671-672. — Santot à Guichenon.

673. — Giron-François Ville à Guichenon.

674 à 683. — L'abbé de la Monta.

684. — Guichenon à l'abbé de la Monta.

685-686. — Guichenon à Mezeray.

244   CORRESPONDANCE DE GUICHENON.

687. — Mezeray à Guichenon.
688. — Granery.
689. — De la Roure.
690. — P. Bourſier.
691 à 693. — D. Perrouſe à Guichenon.
694. — Giov. Batt. Buſchetto.
695-696. — F. Paolo Tritio, veſcovo d'Alba.
697. — Ceſare Felice Rocca. (Ces quatre derniers numéros en italien.)
698. — Guichenon à F. Paolo Tritio, évêque & comte d'Alba en Piémont.
699. — Le commandeur Gino, réſident de S. A. R. de Savoie à Rome.
700. — Guichenon au commandeur Gino.
701 — J. d'Arenthon d'Alex; avec la généal. de la maiſon d'Alex.
702. — Guichenon au commandeur d'Alex.
703. — Antoine de Savoie à Guichenon.
704-705. — Conſtantia.
706. — Le comte Morozzo, chancelier de Savoie.
707. — Guichenon au comte Morozzo.
708. — Louiſe, ducheſſe de Savoie, à Guichenon.
709. — Le duc Emmanuel de Savoie. 1661.

Le duc lui accuſe réception de deux exemplaires de ſon *Hiſtoire de la maiſon de Savoie*, & il ajoute : « Et vous prie de croire que je n'ay pas moins d'envie & de ſouvenir de changer votre qualité de chevallier en celle de commandeur que vous pourriez en avoir le deſir, qui n'eſt que peu de choſe a l'egal de ce que je dois, &c. » D'où il eſt facile de conclure que Guichenon, en envoyant les exemplaires au duc, avoit temoigné le deſir d'être nommé commandeur de l'ordre des SS. Maurice & Lazare ; mais il mourut avant d'avoir pu obtenir cette faveur.

LETTRES INEDITES

DU P. MENESTRIER A SAMUEL GUICHENON.

25.e fev

Monsieur

Je vous renuoye la chronique du Duc de Bourbon & vous remercie singulierement de la faueur que vous m'auez faite, il y a si longtemps que vous me faites du bien que ie n'ay plus de termes qui puissent vous exprimer ma reconnoissance. J'ay encore besoin pour quelque temps de Sanjouin que ie vous rendray auec vos trois autres cayers. Si vous auez le Roman du petit feintre Je vous prierois de me l'enuoyer pour quelques iours. Je suis sans reserue

Monsieur

Vostre tres acquis et mes obeissant seruiteur
Menestrier

LETTRES INEDITES

DU P. MENESTRIER A SAMUEL GUICHENON.

Le P. Meneſtrier a M' le Chevalier Guichenon, hiſtoriographe de France & de Savoye, a Bourg (1).

25 fevrier 1659.

Monſieur,

E vous renvoye la *Chronique du duc de Bourbon*, & vous remercie ſingulièrement de la faveur que vous m'avez faite. Il y a ſi longtemps que vous me faites du bien, que je n'ay plus de termes qui puiſſent vous exprimer ma reconnoiſſance. J'ay encore be-

---

(1) Lorſqu'on a reuni en deux volumes la *Correſpondance de Guichenon*, on a placé au haſard les lettres qui la compoſent, ſans ſe preoccuper des dates, & ſe bornant à ranger enſemble celles qui ſont ecrites de la même main. Celles du P. Meneſtrier ſont replacées ici dans l'ordre ou elles doivent être, du 25 fevrier 1659 au 18 janvier 1661

foin pour quelque temps de Sanfovin, que je vous rendray
avec vos trois autres cayers. Si vous aviez le Roman du
Petit Seintré (1), je vous prierois de me l'envoyer pour
quelques jours. Je fuis, &c.

MENESTRIER.

Au même

Lion, 4 mars 1659.

Monfieur,

On s'adreffe aux oracles pour la conduite des affaires
importantes, & c'eft fur leurs avis que les fages règlent leur
conduite. Vous en prononcez de fi juftes, qu'il ne faut
plus vous eftonner fi l'on vous oblige à parler. Voftre maifon
eft devenue un temple public depuis que vous y avez logé
les Mufes; vous n'en pouvez plus défendre l'entrée fans
injuftice, & vous devez laiffer la liberté aux fuppliants d'y
offrir des vœux & d'y faire des facrifices. Je fuis du nombre
de ceux-cy, & l'effort de mémoire que vous m'y fîtes faire,
m'oblige à en faire un fecond pour ne m'oublier jamais
des merveilles que je vis chez vous. Il faut que vous ayez la
bonté de fouffrir pour quelques heures la vifite d'un mauvais
autheur qui prend la liberté de fe dire en public voftre amy.
Ne permettez pas, je vous prie, qu'il ayt ufurpé en vain un
titre fi avantageux, & n'efpargnez pas deux chétifs cayers,
que je foumets à voftre cenfure. Je feray ravy d'avoir un
guide de voftre mérite, &, fi vous fouffrez que je me ferve
de vos lumières, j'efpère de faire un ouvrage moins dé-

(1) Jehan de Sintre.

réglé. Vous y remarquerez desjà quelques étincelles de ces lumières ; mais ce ne font encore que des jours échapez. Je vous prie de me les communiquer & de me faire part de quelques rayons de ce grand jour. Si voftre Hiftoire eftoit du domaine public, j'y trouverois de quoy m'enrichir en peu de temps, & je couronnerois la fource où j'aurois puifé fi abondament. Faites-moy la grace de me dire voftre avis fur une entreprife délicate en ce temps ; je vous conjure de ne la pas rendre encore publique. Je veux couvrir mes premières fautes, & eftre en liberté de défavouer un ouvrage mal poly. Je fuis en peine de la véritable caufe de la couronne fermée de Savoye, que quelques autheurs expliquent diverfement, & de fçavoir les armes de l'églife & de la ville de Nantua. Obligez-moi de me communiquer vos lumières fur ces deux points ; & comme vous avez une infinité de belles connoiffances, fi vous avez quelques remarques propres pour l'art que je traite, donnez-moy le moyen d'en obliger le public, pendant que je continueray à vous envoyer la fuite de mon ouvrage, fi vous me permettez d'eftre toujours, &c.

C.-F MENESTRIER

Si vous me faites la grace de m'écrire, je vous prie de le faire par la voye de Mr Barbier.

De Guichenon au P. Meneftrier

Mon révérend Père,

J'ay bien eu des joyes en ma vie, mais je n'en ay jamais eu de plus parfaite que celle que m'a donnée voftre lettre de l'honneur que vous me faites, de la confiance que vous prenés en moy & du généreux deſſein que vous avés de travailler ſur une ſi belle matière que celle des armoiries ; mais à meſme temps, j'ay bien eu de la confuſion de recevoir un honneur que je ne mérite point & que vous ayés voulu ſouſmettre voſtre ouvrage à mon jugement, moy qui ferois gloire de ſouſmettre tous les miens à voſtre cenſure (1). Vous avés eu raiſon en une ſeule choſe, qui eſt de vous eſtre voulu fier en moy d'une entrepriſe de laquelle vous ne voulés pas encore paroiſtre l'autheur ; car, comme j'ay eu une vénération particulière pour voſtre perſonne dès le premier jour que je vous ay connû, il n'eſt rien que je ne faſſe pour mériter voſtre amitié, & j'oſe dire qu'entre tant d'adorateurs de voſtre vertu & des talens extraordinaires que vous poſſédés ſi ſouverainement, il n'eſt perſonne en qui vous rencontriés jamais plus de candeur & de franchize qu'en moy qui ſuis tout à vous ſans réſerve. Ce n'eſt donc que par obéïſſance & non pas par préſomption que je vous diray mes ſentimens ſur votre Deſſein.

Je le loueray & l'admireray, & ne puis me laſſer de le lire. Qui eût cru qu'en une matière traittée par tant d'habiles gens vous euſſiés trouvé une ſi belle route & ſi peu connüe de ceux qui vous ont devancé ? Certes il n'appartient qu'à des héros de faire ces chefs-d'œuvre, & le commun des hommes n'y peut pas atteindre. Je ne vous flatte point ; ſi le reſte de voſtre livre va de l'air de ce que j'ay vû, comme je n'en doute point, vous ferés inimitable.

---

(1) Le P. Meneſtrier avoit alors vingt-neuf ans, & Guichenon en avoit cinquante-deux. Il avoit publié l'*Hiſtoire de Breſſe & de Bugey*, & le jeune homme qu'il prétendoit choiſir pour ariſtarque n'etoit encore connu par aucun travail important. Si ce n'etoit pas de la moquerie de la part de Guichenon, c'etoit pouſſer par trop loin la modeſtie & l'obſéquioſité.

Mais dites-moy, que veut dire que vous ne parlés point de l'Agricola *infulanus*, quel en eſt le motif?

Je vous envoye le premier ouvrage de La Colombière, où vous trouverés quelques remarques & obſervations que feu Mʳ de Saint-Mauris Saligny y avoit faites, qui peut-eſtre ne vous feront pas inutiles. J'ay auſſy un recueil des armes de la nobleſſe vénitienne, d'un autheur anonyme, que je vous offre ſi vous en avés beſoin, & un amas que je fis à Turin de quantité d'armoyries que je choiſis de cet excellent manuſcrit de Charles-Emanuel que j'ay cité en ſon Eloge, à la fin de ſa Vie, qui eſt l'unique copie qui en ſoit au monde.

Vous aurés au premier jour les armes de l'égliſe & de la ville de Nantua. Voulés-vous celles de Bourg pour la couronne fermée de Son Alteſſe Royale de Savoye? Je ne vous en puis donner d'autre raiſon que celle que vous verrés en la Vie de Victor-Amé que Mʳ Barbier vous monſtrera, à qui je ferois ravy que vous vouluſſiés confier l'impreſſion de voſtre livre, ſi vous n'eſtiés engagé avec quelqu'autre.

Au reſte, ſi dans le grand nombre d'armoyries que vous nous faites eſpérer vous voulés me donner quartier pour celles des familles nobles de Savoye, tant de çà que de là les Monts, je vous en auray obligation, ayant envie de faire dans quelque temps l'Armorial de Savoye avec trente ou quarante des meilleures généalogies, où j'auray beſoin de voſtre ſecours. Vous en eſtes pourtant le maiſtre, & de tout ce que j'ay, puiſque je ſuis à toute eſpreuve, mon Révérend Père, &c.

Le Chevalier GUICHENON.

Bourg, ce 10ᵉ de mars 1659

Le P. Menestrier à M. le Chevalier Guichenon.

Monsieur,

Je vous suis obligé de vos livres & de vostre médaillon de Constantin, que je vous renvoye avec protestation d'une véritable reconnoissance. J'ay peine de me persuader que ce monument soit antique; la forme des lettres & les termes de la légende, qui n'ont aucun rapport avec celles des médailles de cet empereur, me le font soupçonner. J'ay trouvé des choses rares pour les couronnes : celle-cy est la divine que nos autheurs ont appelée rayonnante. On luy donnoit douze pointes pour les douze mois de l'année, parce que c'estoit particulièrement celle d'Apollon. Nos roys l'ont portée quelque temps de cette forme, comme j'ay trouvé en divers monumens.

La paresse du graveur est cause que je ne vous envoye pas encore mon ouvrage qui est achevé d'imprimer pour la première partie (1). Il y manque encore deux planches; j'espère de l'avoir pour la semaine suivante. L'Agricola en a desjà fait acheter un sous-main en fueille ; je voudrois estre présent aux mouvemens que la lecture produira sur son esprit. Je pense à la seconde partie, qui ne sera pas moins curieuse que celle-cy. J'y mettray les divers changemens des armes de tous les souverains, & les causes de ces changemens. Les réflexions tirées de divers monumens en seront la pièce d'honneur, ainsi que la censure ou l'analyse de plus de cent autheurs dont je dresseray la biblio-

(1) *L'Art du Blason justifié.*

thèque du blason. Je commence par *le Héraut Sicile* & par *le Blason des armes*. Le premier estoit héraut d'armes d'Alphonse, roy d'Aragon, de Sicile, &c. ; le second est imprimé en lettres gothiques. Si vous en aviez d'aussi vieux, vous m'obligeriez de m'en faire part. Je vous demanderay, avec le temps, vostre *Upton* pour quelques jours; il n'y a rien qui me presse encore.

Pour les remarques de Dombes, l'évesque de Mascon dont je vous avois écrit est le mesme que vous me marquez. Je vous envoyeray bientôt les autres remarques que j'ay. Voicy le proverbe : *Esme* est tiré du latin *æstimatio* (1). On se sert de ce mot en ce pays, particulièrement à la boucherie, où quand on achète la chair sans peser, on dit acheter à l'*esme*, dont on a fait le proverbe : *Tu n'as point d'esme*, pour ceux qui se trompent en cette sorte d'achapt. On l'a depuis appliqué à diverses choses. La fabrique des liards de Trevols a donné occasion à l'autre proverbe. La maison de Montpensier à qui appartenoit cette souveraineté depuis Louis de Bourbon, premier duc de Montpensier, faisoit mettre sur ces liards la première lettre du nom de sa branche de Montpensier, & tous ces liards estoient à L. M., comme on en a fait depuis au G., pour Gaston. Cette lettre a fait naistre l'équivoque entre M & *esme*, en sorte que l'on disoit : *Il n'a point d'esme, qu'il aille à Trevols il en treuvera*. De ce proverbe ainsi formé est venu

---

(1) Dans sa *Recollection des merveilleuses choses advenues au noble royaume de France en notre tems, depuis l'an de grace mille quatre cens & quatre-vingtz*, imprime en 1530 & presente à Monseigneur Monsieur Jehan de Dinteville, seigneur de Polisy, bailly de Troyes, maistre d'hostel ordinaire du Roi, Pierre Grosnet ou Grognet dit :
Mais comme sceu cognoistre par mon esme,
Il fut porte devant le corps saint Edme.

celuy d'*aller querir d'esme à Trevols*. Vous verrez aux testons de ce prince un lambda grec couronné, qui est son chiffre de λοδοιχος.

Voicy la liste des livres de blason que je puis sçavoir. Ceux qui ont des croix à costé sont ceux que je n'ay point vus. Si vous en aviez quelqu'un de ceux-là, vous me ferez la grace de me les marquer, & les noms des autres que vous aurez vus.

Sicile, héraut d'armes du roi Alphonse d'Aragon
Le Blason des armes.
Bara (1).
Monet. Origine & pratique des armoiries.
Vulson. 1er & 2e ouvrage (2).
Faure des Charmettes. Science héraldique.
Louvan Geliot. Indice armorial.
Silvester Petra Sancta (3).
Favyn. Théatre d'honneur.
Schohier. Du comportement des armes.
Moreau (4).
Uptonus. De militari officio, avec deux ou trois autres (5).
Segoing. Mercure armorial (6).

(1) Hiérosme de Bara, *Le Blason des Armoiries*. Paris, 1581, in-4.

(2) Vulson de la Colombiere, *Recueil de plusieurs pieces & figures d'armoiries*, &c. Paris, 1639, in-fol. — *La Science héroique*, &c. Paris, 1644, in-fol. Il y a une deuxième edition beaucoup plus ample; Paris, 1669, aussi in-fol.

(3) *Tesseræ gentilitiæ*. Romæ, 1638, in-4.

(4) Philippe Moreau, *Tableau des Armoiries de France*. Paris, 1609, in-8, & 1630, in-fol.

(5) Avec le *Traité des Armes* de Joannes de Bado aureo & de Franciscus de Foveis & l'*Espilogia* de Spelmann.

(6) *Mercure armorial* enseignant les principes & élements du Blason des armoiries, par C. Segoin. Paris, 1648-50 & 79, in-4.

Cefar armorial (1).

Le Trophée d'armes héraldiques (2).

Agricola infulanus (3).

† Bartolus a Saxo Ferrato (4).

† Alciatus.

Le Promptuaire armorial, de Boiffeau.

Voilà ceux que j'ay vus pour les préceptes.

Voicy ceux qui en parlent par occafion :

Caffaneus. In *Catal. gloriæ mundi* (5).

Kirkerus. In *Ædipo Ægyptiaco*.

Binet. Aux *Effays des merveilles de nature*.

Le Père Léon, en fon Encyclopédie.

Tiraquellus. *De Nobilitate* (6).

Les Conférences du Bureau d'adreffe.

Voicy les catalogues des familles :

Salazar. *De los efcudos de armas de los mas nobles Señores de Efpaña* (7).

Blafon royal, du Père Labbe.

Fiori di blafoneria, de Chiefa (8).

---

(1) *Cefar Armorial*, par C. D. G. P. (Cefar de Grandpre). Paris, 1654, in-8.

(2) *Le Trophée d'armes heraldiques*, &c., par le fieur de Prade. Paris, 1650-55-59 & 71, in-4.

(3) Claude Le Laboureur, *Origine des armes*.

(4) *De Infignus & Armis*. Ce traite a ete donne par La Biffe, *Notes fur Upton*, pp. 4-17.

(5) Barthelemy de Chaffeneux, préfident du Parlement de Provence, auteur de *Catalogus gloriæ mundi*.

(6) C'eft un traité des privileges de la nobleffe. Andre Tiraqueau eut vingt ou trente enfants & il ecrivit un grand nombre de volumes. On pretendoit qu'il faifoit tous les ans un enfant & un livre. Un mauvais plaifant lui fit cette epitaphe : « Hic jacet qui, aquam bibendo, viginti liberos fufcepit, viginti libros edidit. Si merum bibiffet, totum orbem impleviffet. »

(7) Blas de Salazar, *El repartimiento de Sevilla con efcudos de armas*.

(8) François-Auguftin della Chiefa, evêque de Saluces, auteur de la *Corona reale di Savoya* & de divers autres ouvrages de blafon & de genealogie.

Le *Wappenbuck*. 2 volumes, figures.

Le *Parlement de Paris* (1).

Le *Parlement de Dijon*, par Paillot.

L'Hermite de Soliers. *La Toscane & la Ligurie françoises*.

Les *Estats de Languedoc*, par Bejar.

Le Feron. *Les Connestables*, &c., augmenté par Godefroy.

Augustin Fransoni. *Les Familles de Gênes*.

Le Laboureur. *Tombeaux des personnes illustres*.

Stumpff. *Chroniques suisses*.

Saint-Julien. *Remarques historiales* (2).

Martyrologe de Malthe, de Goussancourt.

Ciaconius. Des Papes & des Cardinaux.

Frison. *Gallia purpurata*.

Antiquitez de la noblesse de Flandres, de L'Espinoy (3).

Les Histoires des familles : de Vergy, de Chastillon, de Montmorency, Guines, Ardres, Coucy (4).

De Lynden, par Christophle Bulkens.

Lauriers de Nassaw.

De la Tour, par Justel (5).

GENEALOGIES.

Scipion Ammirato. *Delle famiglie fiorentine*.

Bucelini. *Germania topo-chrono-stemmatographica*.

---

(1) Par François Blanchard, bourbonnois. Paris, 1637, in-fol.

(2) Cet ouvrage m'est inconnu, a moins que le P. Menestrier n'ait designé ainsi les *Mélanges historiques*, &c., ou il est traité du blason & des familles nobles de Bourgogne. In-8

(3) Philippe de l'Espinoy, *Recherche des antiquitez & noblesse de Flandres*. Douay, 1632, in-fol.

(4) Par André Duchesne.

(5) Justel, *Hist. généalogique. de la maison d'Auvergne*, in-fol.

Theatrum genealogicum. 4 volumes.

Haro. *Nobiliario genealogico* (1).

† Petro de Portugal. *Linajes de España* (2).

Paradin. *Alliances généalogiques.*

CATALOGUES DES CHEVALIERS.

Chifflet. *Chevaliers de la Toifon d'or.*

Capré. *Chevaliers de l'Annonciade.*

† *Chevaliers de la Jarretière.*

D'Hofier. *Chevaliers du Saint-Efprit.* — † *Chevaliers de St-Eftienne de Florence.* — *Chevaliers de la Table ronde*

AUTRES LIVRES.

Origines de Saint-Julien (3).

† Le Préfident Fauchet (4).

Duchefne. *Des Maifons de Bourgogne; Dauphins, Poitiers,* &c.

Théâtre d'honneur & de chevalerie, de La Colombière. 2 vol.

Noftradamus. Des familles de Provence (5), en fon Hiftoire.

Saxi. Les armes des Archevefques d'Arles.

---

(1) Alonzo Lopez de Haro, *Nobiliario genealogico de los reyes y titulos de España.* Madrid, 1622, 2 vol. in-fol.

(2) *Nobiliario* de D. Pedro conde de Barcelos, fillo do rey D. Dionis de Portugal, ordenado e illuftrado con notas è indices. Roma, 1640, in-fol.

(3) *De l'Origine des Bourgongnons*, in-fol.

(4) *Antiquités gauloifes & françoifes.*

(5) Céfar de Noftredame, *Hiftoire de Provence.* Lyon, Rigaud, 1614, pour la Société Caldoriene.

Le P. Hilarion de Coste, en l'*Histoire des Dames illustres* (1).

J'ay vu autrefois l'Histoire de la famille de Naſſaw, en latin; mais j'en ay perdu toute la mémoire, auſſi bien que de celle de la maiſon de Bourbon l'ancien.

Sainte-Marthe. De la Maiſon de France.

Frère Eſtienne de Luzignan.

† La maiſon de Courtenay.

† La maiſon de Grimaldi.

J'ay vû quantité de manuſcrits, mais je ne crois pas que je doive les indiquer, puiſqu'ils ſont ſinguliers, & que cela ſerviroit plus à l'oſtentation qu'à l'utilité du public.

Ceux que je n'ay pas encore pû recouvrer :

Argote de Molina. *Nobleza de Andaluzia* (2).

Antonius Albiſſus. *Principum chriſtianorum ſtemmata.*

Fabricio Palmerio. *Delle inſegne del mondo.*

† Zazzera. *Della nobiltà d'Italia.*

Priorio. *De la nobleſſe de Florence & de Piſe.*

† Sanſovino. *Dell' origine delle caſe illuſtri d'Italia* (3).

Paolo Morigra. *La nobiltà di Milano.*

Paul Mini. *De la nobleſſe de Florence.*

Hollander. *De la nobleſſe des Armes.*

Lopez de Lezana. *Linajes de España.*

Diego Fernandez de Mendoza. *Linajes de España* (4).

Lucio Marino. *Della nobiltà d'Andaluzia.*

---

(1) *Les Eloges & les Vies des reynes, des princeſſes & des dames illuſtres,* &c. Paris, 1647, 2 vol. in-4.

(2) Gonzalo Argote de Molina, *Nobleza del Andaluzia.* Sevilla, 1588, in-fol. tres rare, avec la carte du royaume de Jaen.

(3) Fr. Sanſovino, *Origine e fatti delle famiglie illuſtri d'Italia.* Vinegia, 1582, in-4.

(4) Diego Hernandez de Mendoza, *Nobiliario de los linajes de Caſtilla.*

Nobiltà di Padova.

† Campanile. *Arme del regno di Napoli* (1).

Brook. *De la noblesse d'Angleterre.*

Vincentius Borghinius. *De Familiis florentinis.*

Jacobus Hericourt. *Speculum nobilitatis Haſtanicæ.*

Johannes Guillelmus Anglus. *Explicatio rei teſſerariæ.*

Je prétens de dire en peu de mots les choſes que chacun de ces autheurs a traitées, l'ordre qu'il a tenu, ſes fautes principales & ſes remarques particulières; c'eſt ce que j'appelle la bibliothèque & la cenſure du blaſon. A mon jugement, cette pièce ſera curieuſe. J'auray beſoin de vos lumières & de celles de tous mes amis pour l'exécuter. Je vous offre réciproquement le peu que je ſçay, & je vous prie de ſouffrir que je m'avoue, &c.

C.-F. MENESTRIER.

Au même.

Lion, 25 mars 1659.

Monſieur,

Je demandois des yeux ſévères ſur les premières fueilles de mon ouvrage, & vous n'avez que des yeux indulgens; vous faites des éloges au lieu de faire une cenſure, & vous couronnez un déſavoué qui ne mérite qu'un mauvais traitement.

---

(1) *Arme ovvero inſegne di nobili*, dal Filiberto Campanile Napoli, 1610, in-fol.

Je vous envoye la suite de mes fautes; je vous supplie de suspendre celle de vostre douceur ordinaire & d'affecter pour quelques heures une sévérité qui ne sera pas inutile. Vous verrez plus en particulier la route que je tiens & comme je m'éloigne du chemin battu, pour tascher d'en trouver de plus courts & de plus seürs.

J'attens de vous faire voir par la voye de Mr Barbier ce que j'estime l'honneur de la pièce; ce sont les réflexions sur la pratique particulière de chaque royaume & de chaque province, les maximes générales du blason & les remarques historiques sur les armes des familles. C'est ce qui reste à mettre sous la presse pour achever la première partie de l'ouvrage. Cependant il est juste que je vous éclaircisse de ma conduite. Ce n'est pas mon dessein de faire l'analyse des autheurs en cette première partie : vous verrez dans quinze jours, en la conclusion du premier ouvrage, la suite de mon entreprise. J'affecte de ne pas citer les endroits que je reprens maintenant en général, pour avoir lieu de le faire en particulier & par ordre, dans une autre partie. Je n'ay pas épargné en celle-ci l'Agricola *insulanus*, qui se plaignoit de ce qu'on ne le citoit point encore. Il en a au long & au large, & je crois que quand il aura vû mon livre, il voudroit que le sien fût encore à faire. Le dernier chapitre fait souvent mention de luy. Pour l'altération du nom de *Petra sancta*, j'ai cru que je devois suivre quelques autheurs qui m'ont précédé, qui le nomment ainsi. Il est vray que La Colombière le nomme à l'italienne, &, si je ne me fusse trouvé engagé, j'aurois fait le mesme sur vostre avis. Je n'ay pas dissimulé l'usurpation du premier ouvrage de La Colombière, & la vérité a prévalu fur les refpects que j'ay pour M⁰ le préfident de Boiffieu (1).

J'accepte l'offre que vous me faites de vos recueils finguliers d'armoiries, & je fufpens entièrement la Savoye, pour laquelle j'attendray l'impreffion de voftre livre, afin d'avoir occafion de vous prendre pour guide & de parler fouvent de vous. Cependant je vous offre le peu de lumières que j'ay fur la connaiffance des familles de ce pays-là. Le prieuré de Lemens & les cloiftres de l'abbaye de Hautecombe vous peuvent fournir de belles connoiffances. M⁰ de Pingon a auffi fa généalogie, où il y a de belles alliances. Au Bourget, il n'y a que les armes de Luyrieu, d'Aleman Mirabel, de La Balme, & quelques autres femblables. L'églife des Cordeliers de Chambéry en a quantité. Le baron de Péroges, à Annecy, a toutes les alliances de fa maifon peintes en une fale. Je vous pourray indiquer quantité de femblables lieux, quand vous en aurez befoin.

Il y a fix mois que le P. Labbé n'eft plus noftre recteur. Je fuis certain qu'il n'a point le manufcript du P. Bullioud, qui eft entre les mains de M⁰ Bullioud fon frère. J'en ay vû le brouillas entre les mains de quelque autre perfonne; je l'ay parcouru, & je n'y ay rien trouvé de Dombes que l'érection du Parlement en la ville de Trévoux : fi vous la voulez, je vous la feray tranfcrire. En vérité ce bon Père avoit un beau deffein, mais il exécutoit bien mal. Une partie de fon fait eft tirée de voftre *Hiftoire de Breffe*, & tout

---

(1) On a pretendu que cet ouvrage, qui avoit paru fous le nom de Vulfon de la Colombiere, etoit de M de Boiffieu Voyez · *Relation des principaux evenements de la vie de Salvaing de Boiffieu*, par M. de Terrebaffe Lyon, 1850, in-8

est si mal digéré que je ne pense pas qu'on se puisse guères servir de ses connoissances qu'il n'establit par aucun titre. Peut-estre aussi que ce brouillas n'est pas une fidèle idée de son dessein (1). Je m'informeray de mes amis s'il y auroit moyen d'avoir pour quelques jours les manuscripts de Mʳ Bullioud, que je parcourray pour voir s'ils vous peuvent servir.

Je suis marry de m'estre engagé pour l'impression de mon livre à un autre qu'à Mʳ Barbier (2); je luy réserveray le grand ouvrage in-fol. Il vous portera celuy-cy achevé la semaine-sainte, & vostre livre de La Colombière. Je ne suis pas pressé pour les autres que vous avez, & je crois qu'il aura bien la bonté de s'en charger à son retour de chez vous. Vous verrez si j'ay sceü profiter de vostre monument des Echelles qui est merveilleusement beau. Faites-moy la grace de me dire s'il estoit tel que vous l'avez fait graver, si vous en avez vû quelques restes, & d'où vous avez tiré la figure que vous en donnez.

Hélène de Tournon, mariée dans la maison de la Baume-Montrevel, estoit-elle de la maison de Tournon en Savoye ou de celle de Vivarets (3) ? Ses armes sont dans la chapelle de Montrevel, &, s'il m'en souvient, elles sont d'azur

---

(1) Cette idee auroit dù venir plus tot au P. Menestrier, elle l'auroit empêché d'emettre une opinion injuste, puisqu'il parloit avec dédain d'un ouvrage qu'il ne connoissoit que par un brouillon informe qui ne pouvoit le mettre a même de prononcer avec connoissance de cause sur le livre du P. Bullioud.

(2) Barbier etoit l'imprimeur de Guichenon; le P. Menestrier n'avoit pas d'autre raison pour le preférer a Coral.

(3) Voyez son article dans les Mazures de l'Isle-Barbe, t. II, p. 606. Elle etoit de la maison de Tournon en Vivarois, & non de celle de Tournon-Maillard, de Savoye, qui a donné aussi un cardinal a l'Eglise.

à la tour d'or, qui ne font pas celles de noftre Tournon. On m'a dit auffi que l'aigle des Montmayeur a efté autrefois d'azur, & qu'elle n'eft de gueules que depuis le préfident de Chambéry tué par un de cette famille. Avez-vous vû cet aigle d'azur en quelque lieu ? Tous nos livres de blafon l'arment feulement d'azur & la font de gueules ; je pourrois profiter de cette remarque fi elle eftoit vraye. Dites-moy voftre fentiment de la première planche de mon livre, & fi la penfée eft bonne. Je fuis, &c.

C.-F MENESTRIER.

Au même

Lion, 12 may 1659.

Monfieur,

Mes yeux ne m'ont pas encore permis d'aller voir nos églifes pour en tirer les épitaphes ; je le feray au plutôt. M. le comte Philippe m'a envoyé la *Defcription du carroufel fait aux nopces de la princeffe Marguerite*. C'eft une pièce digne de la force de fon efprit, & fa defcription mérite d'eftre un ornement de voftre Hiftoire ; je ne doute point qu'il ne vous l'ayt envoyée. En cas que vous en fiffiez un plat de voftre livre, j'y demande faulce, c'eft-à-dire que je vous prierois, en faifant l'éloge de l'autheur, d'y joindre une devife que j'ay faite pour luy avec fix vers qui l'expliquent. Vous la pûtes voir dans la lettre que je luy écrivis, que je vous envoyay ouverte, & je vous en envoyerois la copie.

J'ay recouvré une autre monnoye de Jean de Bourbon, de mesme empreinte que la première que je vous envoyay, mais mieux gravée & sur un meilleur métal. Je vous la feray tenir pour estre mise en vostre cabinet.

On m'a demandé de Paris les noms & les armes des familles alliées à la maison de Savoye, & on me marque de les tirer de vostre Histoire. C'est l'abbé Graneri qui me les demande. Faites-moy sçavoir si c'est chose qui se puisse faire, car autrement je trouveray défaite.

Je suis, &c.

C.-F. MENESTRIER.

Au même.

(1).

Monsieur,

Il faut que je profite doublement de vos lumières, & que vos avis particuliers me servent de guides aussi bien que vos livres. J'estime toutes vos remarques, & vos observations me sont des oracles que je reçois avec respect. Vous me donnez courage de pousser à bout mon entreprise, &, comme je crois vostre approbation sincère, je ne me deffie plus de mes forces. J'espère que mon second volume, qui contiendra toute la pratique du blason, ne cédera pas au premier qui ne traite que de la théorie. Vous verrez, en la suite des fueilles que je vous envoye, les réflexions que j'ay faites sur le tombeau des Echelles, & je me persuade que

(1) Sans date (1659).

vous les trouverez raifonnables & curieufes. J'expliqueray de cette manière une vingtaine de monumens anciens, en ma feconde partie, & les vitres de Brou y auront bonne part. J'ay cru que vous ne trouveriez pas mauvais le petit mot que j'en dis touchant voftre *Hiftoire de Breffe*, & que la liberté que je prennois n'eftoit pas licentieufe & au-delà du refpect. Voftre nom fera le fceau de ma première partie, & ce n'eft pas fans une fatisfaction particulière que j'ay vû qu'il fermoit le premier tome de mon ouvrage que j'efpère vous envoyer après feftes.

Je vous remercie de l'offre que vous me faites de la médaille de Conftantin ; j'en ay deux de Galien & une de Gordien, qui ont de femblables couronnes & qui font plus anciennes. Je crois mefme en avoir vû une de Vefpafien, dont le revers a la figure de Sérapis couronnée de cette forte de couronne. Jean-Baptifte Le Meneftrier, mon parent(1), qui a écrit des médailles des empereurs, en avoit une belle d'Hadrien, dont le revers avoit la figure de deux génies couronnez de mefme, avec la légende : *Genii Tripolitanorum*. Elles ont efté fi communes que je n'en veux pas faire une remarque.

Je feray mettre le nom d'Humbert au lieu de celuy de Jaques; je crois que c'eft Mʳ Capré qui m'a trompé, car j'ay en mes remarques le nom d'Humbert & fes armes que j'avois prifes à Hautecombe. Pour fa devife, je n'ay pas cru qu'il fût néceffaire de l'expliquer, quoyque j'en euffe l'interprétation. Pour La Palu, comme je ne traite pas de

---

(1) Le P Meneftrier n'etoit nullement de la famille de ce J -B. Le Meneftrier, dont le nom eft toujours écrit avec l'article

son origine & que la branche la plus illuftre de cette famille s'eft tenue en Bourgoigne, je n'y toucheray pas.

Faites-moy la grace de me faire tirer une copie du tombeau des Echelles ; cette pièce eft curieufe & mérite d'eftre conservée. Il faudra néantmoins que je faffe un avertiffement au bout de mon livre, touchant le reftabliffement de ce monument, afin qu'on n'ayt pas occafion de m'accufer d'infidélité, & que je garde un extrait de voftre planche pour ma juftification.

Si vous avez Scohier, Du *comportement des Armes*, vous m'obligerez de me le prefter pour quelques jours, lorfque le temps viendra que j'en auray befoin. On ne le trouve point par icy. Je vous renvoye voftre La Colombière ; les Remarques de Mr de Saint-Mauris font trop minces & fans beaucoup de fondement pour la plûpart. Je luy ay néantmoins rendu l'honneur que mérite la réputation qu'il s'eft acquife, & reconnu la main d'où m'eft venu ce bienfait.

Mr Barbier m'a demandé des poéfies pour la cour de Turin, & particulièrement pour l'alliance de Monaco & de Simiane : mon deffein eft de luy faire des pièces de la nature de celles qu'il préfenta au Roy. La cour de Piedmont prend plaifir aux devifes. J'avois penfé d'en faire pour S. A. Madame, les Princeffes & les principaux feigneurs, de Pianeffe (1), Saint-Germain, comte Philippe (2), & en les accompagnant de quelques vers. Je mettrois au bout ma poéfie latine de la maifon de Savoye, dont je vous avois

---

(1) Charles-Jean-Baptifte de Simiane, marquis de Pianezze, premier miniftre du duc de Savoie.

(2) Phil. d'Aglie, comte de Saint-Martin.

donné copie. Pour le mariage de Monaco, je ferois un petit poëme du mariage de l'Honneur & de la Vertu, à qui je donnerois pour dot la noblesse, la puissance, la valeur, la beauté, &c. Si le mariage de l'Infante se peut faire avec le Roy, je feray d'abord une couronne à l'Amour, tissue de lys & de marguerites; &, s'il me faut faire un ballet, la Majesté & l'Amour réconciliés seront le sujet. Je souhaite un couronnement de cette nature à vostre Histoire.

Pour celle de Dombes, j'ay fait quelques remarques que je vous envoyeray à la première occasion, d'un hommage fait par un seigneur de Beaujeu à Mrs de Saint-Jean (1), d'un évesque de Mascon né en Dombes d'une famille considérable. N'oubliez pas le proverbe de l'*Eme de Trevol*; je crois que vous en sçavez l'origine, &c.

Si vous avez de vieilles monnoyes de France, d'Espagne, de Savoye, d'Allemagne, &c., faites-le-moy sçavoir; j'ay desjà trouvé une trentaine de remarques curieuses sur de semblables pièces. N'auriez-vous point de pièce où fussent les armes de Ferdinand & Isabelle, de Charles VIII, de François II où fussent celles d'Escosse, d'Henry III où fussent celles de Poloigne, & de quelques-uns de nos Dauphins où fussent celles de Bretagne? Vous verrez bien d'autres béveües de l'Agricola (2), quand je vous auray envoyé la dernière fueille de mon livre où ses étymologies sont criblées. Son pairle, son goufset, ses rustres, ses otelles, son sautoir & sa croix cleschée y sont assez bien deschiffrés. Le pauvre homme, qui se plaignoit de ce qu'on ne le citoit point,

---

(1) Les Comtes de Lyon
(2) Le Laboureur, auteur de l'*Origine des armes*

aura fujet d'eftre content de cette part. C'eft en ce dernier chapitre où j'ay mis tout ce que je fçavois de plus curieux, & je crois d'avoir donné la véritable interprétation des termes les plus fcabreux de cet art. J'ay fait pour ces pièces ce que j'ay desjà fait pour les émaux, & j'ay cru que la curiofité des lecteurs demandoit de moy ces recherches. Je fuis fans réferve, &c

C.-F MENESTRIER.

Au même.

Lion, 19 may 1659

Monfieur,

Ce ne fera pas encore pour cette fois que vous aurez le *Véritable art du Blafon*, à caufe que toutes les figures ne font pas gravées. J'efpère que la femaine fuivante l'ouvrage pourra commencer à voir le jour. Je ne me preffe pas pour la feconde partie, je me réferve à la mettre fous la preffe au mois de feptembre; j'ay écrit en Efpagne, en Allemagne & en divers autres endroits pour avoir des mémoires.

Le P. Columbi m'a chargé de vous faire tenir le livre des évefques de Valence, pour le fujet que vous verrez dans la lettre qu'il vous écrit.

J'ay trouvé en cette ville l'épitaphe d'un de la maifon de la Baulme que je vous donneray pour la feconde édition de voftre *Hiftoire de Breffe*, avec fes armes brifées d'un lambeau. Pour les armes de Beaujeu, que quelques-uns croyent eftre celles de Flandres, je me perfuade avec plus d'apparence que ce font celles de Lion (1), dont les couleurs ont efté changées par un cadet feigneur de Beaujolois. L'hiftoire les fait fortir de nos anciens comtes ; le voifinage des terres favorife cette conjecture, & je voudrois voir fi les anciens monumens & les fceaux ont le lambeau qui pourroit eftre une fous-brifure retenue depuis par les puifnez, après le droit d'aifneffe dévolu en leur branche, comme Luzignan & Bar retinrent les leurs, quoyqu'ils fuffent devenus chefs du nom & des armes. Il ne refte rien du monument du premier de ces feigneurs, enfevely en l'églife de Saint-Irenée que j'ay vue avec foin pour ce fujet.

Il me fouvient d'avoir vû dans le *Cérimonial de France* un cardinal de Trévoux nommé ; je le chercheray pour m'en éclaircir & vous en donner avis (2). Le P. Compain m'a envoyé une généalogie de la maifon de la Chambre (3), qu'il vous aura fans doute communiquée. Le fceau de cette maifon y eft, où la devife n'eft pas *franc & léal*, comme Mr Capré la lui donne, mais *franc & féal*. Avez-vous mis en voftre Hiftoire le tombeau de cette famille qui eft en l'églife des Carmes, à la Rochelle ? C'eft l'un des beaux & des curieux que l'on puiffe voir.

---

(1) Dans fa lettre du 25 novembre 1659 ci-apres, il rectifie cette opinion

(2) Il y revient dans fa lettre du 7 juillet 1659.

(3) Maifon illuftre de Savoie, depuis longtemps eteinte. Le château & le village de ce nom font fitues fur la route d'Aiguebelle a Saint-Jean-de-Maurienne. Les La Chambre portoient d'azur, feme de fleurs de lis d'or fans nombre, au bâton de gueules brochant fur le tout. Cimier, un paon rouant au naturel. Devife : *Altiſſimus nos fundavit.* Cette devife fut remplacee par celle *franc & leal* fuivant Capre, ou *franc & féal* d'apres le P. Meneftrier, lorfque Charles-Emmanuel de La Chambre, marquis d'Aix, chevalier de l'ordre de l'Annonciade, porta de La Chambre parti de Seyffel.

J'accepte l'offre que vous me faites des œuvres d'Hoppingus (1); je feray bien aife de les voir pour quelques jours. J'ay vû Turturetus (2) que nous avons en noftre bibliothèque; c'eft peu de chofe que fon *Traité de la Nobleffe*. Il me fouvient auffi d'avoir vû les marques d'honneur de la maifon de Taffis.

Je traiteray Mr Capré avec tout l'honneur que mérite une perfonne qui a voftre amitié & voftre approbation. Je ne fçay comment reconnoiftre tant de graces que vous me faites, j'en feray du moins profeffion publique, & la poftérité fçaura que je fuis fans réferve, &c.

C.-F. MENESTRIER.

Au même.

Lion, 23 juillet 1659.

Monfieur,

Une retraite fpirituelle de quelques jours & nos actes publics de théologie & de philofophie font caufe que je n'ay pû vous écrire fi tôt que j'aurois fouhaité pour vous remercier de vos deux cayers de blafon & de voftre Hœpingus que je vous renvoye avec tous les fentimens de gratitude que je puis avoir. Le fieur Agricola fait feux & flammes contre moy, & les foudres du Vatican femblent moins terribles que fa fougue. Il prépare un volume d'injures contre mon *Art du Blafon*. Il va mettre en œuvre cinq ou fix bouteilles d'encre pour me noircir, fans le fiel & la bile qu'il y meflera. J'attens avec impatience cette

---

(1) Theod. Hœpingi *De infignium five Armorum prifco & novo jure Tractatus*. Norihergæ, 1642, in-fol.

(2) Vincentius Turturetus, *Horæ fubfcefivæ de Nobilitate gentilitia*, &c. Lugduni, 1624, in-4.

belle invective, qui n'aura rien de plus vray que le reproche qu'elle me fera d'avoir eu la témérité de me déclarer voftre amy. Je fçay que c'eft un des points de fa fatyre, & qu'il prétend de faire fçavoir au public qu'il vous eft défavantageux d'avoir un femblable amy qui *fait le fou en plufieurs langues :* c'eft ainfi qu'il nomme les authoritez dont je me fuis fervi. J'auray du moins la confolation que fes extravagances donneront de fortes attaques à fa bourfe, & que s'il veut faire des volumes fur chacune de mes parties, la penfion qu'il a réfervée fur fon ancienne prévofté ne fuffira pas à payer l'encre & le papier qu'il ufera. La lettre qu'il a écrite à mon libraire eft un original digne d'eftre vû des honneftes gens : je vous en pourray faire part à l'occafion.

J'ay laiffé des marques en voftre Hœpingus qui concernent la Dombes. Je vous envoyeray à la première occafion mes livres avec une lettre pour Mr Chifflet; vous m'avez promis d'eftre l'introducteur de cette pièce auprès de cet illuftre, & j'efpère que deux lignes de voftre main la feront recevoir avec honneur. Je l'attens de voftre bonté, quoy qu'en puiffe dire noftre Infulaire, dont les crieries ne m'empefcheront jamais de publier hautement l'honneur que vous me faites, pendant que vous fouffrirez que je me die, &c.

C.-F. MENESTRIER.

Au même.

Lion, 24 aouft 1659.

Monfieur,

Une incommodité de quelques jours eft caufe de mon filence. Quelque diligence que j'aye faite & quelque foin que j'aye pris, je n'ay sceü trouver l'épitaphe de Geoffroy de Chastillon ; je m'en tiens à ma première conjecture, & je me persuade qu'il fut enseveli dans l'église du concile. Il mourut pendant l'assemblée ; comme il estoit neveu du Pape & homme de condition, il est probable qu'on lui défera cet honneur. Cette église a esté renversée par les hérétiques. J'ay vû nos autres églises, & cette recherche ne m'a pas esté inutile, car j'ay remarqué de fort belles choses pour mes desseins. Je continue mon ouvrage, & j'ay presque la matière de ma seconde partie. Je lis toutes nos histoires en vieux gaulois pour découvrir les origines; n'auriez-vous point le roman de Prusse? M. le président de Boissieu m'a écrit que j'y trouverois des remarques pour la noblesse de Daufiné. Je suis en doute du voyage depuis le changement de recteur au collége de Bourg. Le P. Orset m'avoit invité, je ne sçay pas si celuy-cy le fera. Peut-estre le feray-je par autre voye.

Je n'ay pas encore pû écrire à Mrs Chifflet, je le feray mardy prochain & je donneray mes lettres à Mr Barbier. Je vous envoye cependant les deux copies de mon livre, que vous aurez la bonté de joindre aux lettres dont vous me ferez la grace d'écrire l'adresse. M^r d'Hozier doit maintenant avoir receü le livre. Je ne refuse pas, avec le temps, Campanile ny Sansovino. Je suis, &c.

C.-F MENESTRIER.

Au même.

Lion, 6 septembre 1659

Monsieur,

Je vous envoye une seconde lettre pour M^r l'abbé de Balerne (1), à laquelle vous m'obligerez de mettre l'adresse & de joindre un petit mot de vostre main qui luy serve de saufconduit.

Je vous remercie de la faveur que vous m'avez faite de m'envoyer le projet de vostre Histoire (2). J'en trouve la matière un peu stérile, & cet ouvrage tirera toute sa gloire des mains de l'autheur. De huit livres que vous nous promettez, il n'en est que quatre dont le sujet soit illustre : le second, le troisième, le quatrième & le dernier des preuves. Le premier est commun avec les voisins, le cinquième est de l'histoire du temps, & la Cour souveraine de Dombes n'est pas une des plus célèbres compagnies du royaume ; les villes, chasteaux & maisons nobles qui font la matière du sixième & du septième n'ont rien d'éclatant ; tout l'honneur vous en sera dû, &, si jamais il a esté loisible d'appliquer le vers du poète, *materiam superabit opus* (3), c'est en cette occasion. Il faut avouer que la manière dont vous vous y prenez est belle, vous n'omettez rien, & vos huit

---

(1) Jules Chifflet, chancelier de l'ordre de la Toison d'or, conseiller-clerc au Parlement de Dôle.

(2) C'est l'Histoire de la principauté de Dombes.

(3) Ovide, *Métam.*, lib. II, fab. 1, description du palais du Soleil *Materiem superabat opus*.

livres embraſſent tout ce qu'un pays peut avoir de plus
conſidérable.

Je continue mes recherches du blaſon (1), & je ſuis en
eſtat d'achever la cenſure de l'Agricola que je n'avois que
commencée. J'ay de quoy renverſer le reſte de ſes Origines qui ſont extravagantes; ſon eſſonnier, diapré, pery,
gueules, & ſes broyes, me donnent beau champ.

Je vais faire un petit imprimé de demy-feuille de mon
Deſſein pour le communiquer, afin que les ſçavans me
puiſſent ayder. C'eſt une choſe abſolument néceſſaire,
puiſque j'ay beſoin de plus de mémoires qu'un hiſtorien.
J'ay découvert de beaux pays, &, quand j'auray le bien de
vous voir en celuy-cy, je vous feray voir bon nombre de
remarques curieuſes. J'ay encore vos deux cayers d'Allemagne & de Poloigne, que je vous rendray fidèlement

Le changement du recteur de Bourg a rompu mon voyage; je me voulois faire inviter par le P. Orſet, qui eſt touſjours icy malade aprez vingt-deux accez de fièvre. Il faudra
me ſervir d'une autre voye pour voir vos livres, vos ſceaux
& vos monnoyes. M\ˢ Barbier m'a chargé de vous faire
ſçavoir le ſujet du livre de St-George, du P. Théophile (2);
c'eſt une défenſe de ce ſaint contre ceux qui en font une
perſonne fabuleuſe. Il juſtifie ſa réalité par les hymnes &
les ménologes grecs, par les ſentimens des anciens Pères,
par les honneurs que l'Egliſe luy a rendus depuis les premiers ſiècles; il développe l'occaſion de l'erreur de ceux
qui l'ont cru imaginaire, réfute leurs ſentimens & explique
les ſymboles des images de ce ſaint; il rapporte les illuſtres

---

(1) *L'Art du Blaſon juſtifié*   (2) Le P. Théophile Raynaud.

qui ont porté le mesme nom, & fait quelques réflexions sur sa vie. En voilà à peu près toute l'idée.

J'ay écrit à Mᵣ d'Hozier, & je luy ay envoyé une copie de mon livre. Je n'ay pas osé faire le mesme au comte Philippe, parce que je n'ay rien dit de sa famille qu'un petit mot en passant. Si vous jugez pourtant que cela ne le pique point, je le luy envoyeray & à Mʳ le marquis de Pianezze.

Vostre *Histoire de Savoye* est fort attendue à Grenoble, plusieurs de ces Messieurs m'en ont écrit. Mʳ le président de Boissieu se comporte fort généreusement en mon endroit; il m'a communiqué de belles choses, & m'a promis des mémoires de la Chambre des comptes. Il s'estoit un peu laissé coëffer à l'Agricola; mais il en est revenu, & il condamne hautement ses resveries.

N'auriez-vous point parmy vos livres le Roman de Saintré? J'aurois besoin de le voir pour mon Dessein; c'est un livre curieux, qui est fort rare à présent. Mʳ de Boissieu n'a plus le sien, & m'a écrit que peut-estre vous l'auriez. Si cela est, je vous demande la grace de le voir. Je suis, &c.

C.-F. MENESTRIER.

Au même.

Lion, 18 septembre 1659

Monsieur,

Je viens actuellement de la campagne où j'ay demeuré huit jours, & c'est de la maison de Mʳ Barbier que je vous écris après avoir lu l'obligeante lettre que vous m'écrivez.

Je vous envoyeray deux de mes livres accompagnez de deux lettres à M. le marquis de Pianezze & à M. le comte Philippe; ils les recevront plus favorablement quand ils auront passé par vos mains. Obligez-moy de leur témoigner les respects que j'ay pour eux & l'estime que je fais de la bonté qu'ils ont pour moy, quoyque je leur sois inconnu.

Vous ne manquerez pas de donner un beau tour à vostre *Histoire de Dombes*, & les ornemens qu'elle recevra de vos mains la rendront aussi illustre que les sujets les plus féconds. Je crois que l'excursion est libre en de semblables sujets, & qu'on peut s'étendre sur ses voisins quand on n'a pas dans son fond de quoy s'enrichir.

Je suis bien aise que mon livre ayt donné de l'impatience à beaucoup de gens d'avoir vostre Histoire. Quel sera leur transport quand ils verront toute la pièce, puisque de petits lambeaux les ont charmés ! J'en suis l'adorateur & je n'en parle jamais qu'avec éloge.

Je travaille à la suite de mon Dessein, & j'espère de donner dans un mois la justification des *Armes parlantes*.

Ma seconde partie des *Généalogies* & des *Preuves de noblesse* demande un in-folio, à cause des planches. Je suis, &c.

MENESTRIER.

Au même.

Lion, 1er octobre 1659.

Monsieur,

Huit jours de campagne & autant de retraite sont cause que je n'ay receü vos lettres que fort tard & que je n'ay pû vous envoyer plutôt les deux complimens pour vos ultramontains. J'en ay fait un d'un autre ftyle au fieur Agricola qui commence, à ce qu'on dit, à faire rouler la preffe contre moy. Je commence lundy une autre partie de mon ouvrage, pour eftre preft à luy faire ripofte huit jours après fon attaque. Je vous envoye par avance mon projet dont je vous envoyeray quelques copies pour vos amis, quand la planche fera tirée. Faites-moy la grace de m'en dire voftre fentiment & de remarquer en chemin faifant ce qui pourroit me fervir. J'ay de belles remarques pour cette entreprife, & j'efpère qu'elle me réuffira. Je vous remercie de voftre requefte de Dom Jofeph de Marguerit; les réflexions fur fes armes me ferviront. La lettre courte eft pour Mr de Pianezze, & je l'ay marquée au bas de la lettre P. pour la diftinguer de celle du comte Philippe. Je fuis, &c.

C.-F. MENESTRIER.

Au même.

Lion, 6 octobre 1659.

Monfieur,

Enfin mon projet eft en dûe forme pour vous eftre préfenté, il a fes habits de fefte. Je vous en donne plufieurs copies, afin que vous me faffiez la grace de les communiquer à vos amis. J'auray bientôt befoin de voftre Sanfovin pour la cinquième partie de mon ouvrage, que je vais mettre fous preffe. On me la demande inftamment, & je ne la puis refufer. Je luy donne pour titre : *Recherches hif-*

toriques des Armoiries (1). Outre les armes des souverains & des princes dont je donneray l'origine, je mettray les familles de Montmorency, Ailly, Damas, Moroges, Esternay, Estouteville, l'Estendart, l'Hermite, Boulainvilliers, Brulart, Bouteiller, Bouliers, Simiane, Chasteaubriant, Derval, Loheac, Raiz, Coucy, Chastillon, Joinville, La Haye, Pons, Clermont, Anglure, Vallin, Agoult, du Lys, Tournel, Chasteauneuf, Montalan, Choiseul, Montbreton, Villers, Libertat, Lopis, Goulaine, Acigné, Bossin, &c.; si vous en avez d'autres, vous m'obligerez de me les communiquer. Je demande l'occasion des armes comme celle des alérions de Montmorency, qui représentent pareil nombre d'estendarts. J'y mettray les armes des provinces, des villes, des églises & des communautez dont je trouveray les causes. J'ay découvert la vraye origine des armes de Hiérusalem, & je la justifieray par des monnoyes. C'est une remarque des plus curieuses de tout le blason. Vous pourrez avoir trouvé l'origine des blasons de plusieurs familles de Savoye & de Piedmont; j'ay celle des flèches des Saint-Martin d'Aglié, de l'estrier des Valpergue, du croissant & des estoiles de Sales; mais qu'en pensez-vous? ne jugez-vous pas que ce sont fables?

Souffrirez-vous que Mr Barbier me communique vostre Histoire, pour voir les changemens qui se sont faits dans l'écu de Savoye à divers temps, & pour donner sur les doigts à l'Agricola qui fait Charles-Emanuel autheur des quartiers de Saxe? Je feray sçavoir au public d'où je

---

(1) Je ne connois aucun livre du P. Menestrier sous ce titre, ou il ne l'a pas publié, ou il a paru plus tard avec un titre différent.

l'ay tiré, & je rendray tous les témoignages de reconnoiffance qu'exige une femblable faveur. Je vous envoyeray une autre fois davantage de copies de mon Deffein ; faites-moy la grace de l'envoyer aux Mrs Chifflet aufquels je n'ay pas cru devoir écrire une feconde fois avant qu'avoir une refponfe de mes premières lettres. Je fuis, &c.

MENESTRIER,
DE LA COMPAGNIE DE JESUS

Au même.

Lion, 15 octobre 1659

Monfieur,

Ce n'eft pas mon deffein de donner des généalogies en ma cinquième partie, ny je ne fuis pas fi téméraire que d'entreprendre fur Mr du Chefne & fur Mrs de Sainte-Marthe. Je ne fais que les recherches hiftoriques des armes, & je rends feulement raifon des pièces de leurs blafons. Par exemple, j'explique la caufe des clefs des Clermont, de la thiare, des bannières, &c., & prenant leur écu généalogique de feize quartiers, je dis qu'ils portent de l'Empire d'Orient à caufe d'une belle alliance, & qu'un de cette famille a pris de noftre temps le nom & les armes de Luxembourg, en ayant efpoufé l'héritière, &c.

Pour les villes, je dis, par exemple, que Bourdeaux porte la figure de fa maifon de ville, ce qui luy eft commun avec Valence, Romans, Tarafcon, Tolofe, Carcaffonne, &c., qui ont fur leur écu leurs portes, leurs chafteaux & leurs tours ; que la fafce ondée repréfente la Garonne ; le croissant, son port qui est fait en croissant & que les anciens géographes nomment *Portus Lunæ;* que le léopard est la marque qui nous apprend qu'elle est la capitale de Guyenne; & le chef de France, qu'elle a esté unie à la couronne. Je fais le mesme pour deux cents autres villes.

Pour les familles souveraines, je dis que Charles VIII a écartelé de Jérusalem ; Philippe-le-Long & Louis Hutin, de Navarre; François II, d'Escosse ; Henry III a tiercé de Pologne & de Lithuanie; Henry IV, accolé de Navarre; le fils de François Ier dauphin, écartelé, contre-écartelé de France & Dauphiné, France & Bretagne. Je le justifie par les monnoyes, les sceaux & les tombeaux, & je donne la cause de ces changemens. J'ay mesme remarqué que jamais nos roys n'ont écartelé des fiefs dépendans de la couronne, quoyqu'ils ayent esté réunis, & qu'ils n'ont jamais porté de Guyenne, de Bretagne, de Flandres, de Bourgogne. Ils quittent le quartier de Dauphiné aussitôt qu'ils sont roys. Ils ont écartelé des domaines estrangers de Pologne, de Navarre, d'Escosse, de Hiérusalem.

Je n'ay besoin de vostre Histoire que pour voir les monnoyes & les sceaux, pour justifier la pratique des armes des ducs (de Savoye) qui ont esté souvent changées par des additions ou soustractions de quartiers. Je marqueray quand ils ont commencé à écarteler de Saxe, quand ils ont pris Hiérusalem & Luzignan, quand ils ont quitté Vaux, Gex, Saluces, &c.

Le P. Maillet renvoye son cheval, vous m'obligeriez singulièrement de m'envoyer par cette voye Upton.

Je ne toucheray point à la généalogie de Simiane, je sçay qu'on y travaille; mais pour vous dire mon sentiment entre nous, je ne la crois pas en mains capables d'y bien réussir; celuy qui la fait est galant homme en autres choses (1), mais je le crois neuf en celle-cy. Cet ouvrage vous estoit dû. Je vous en ay dit mes soupçons autrefois, je n'en puis pas dire les véritables connoissances sans fausser le secret qu'a exigé de moy celuy qui l'entreprend; vous estes assez intelligent pour deviner. J'ay trouvé l'origine des tours des armes de cette famille (2), on sçait celle des fleurs de lys ; c'est tout ce que j'en prétens dire avec l'explication de la devise du marquis de Pianezze. Je dois à la maison d'Aglié & à celle de Valpergue un petit mot du trousseau de flèches, de l'estrier & de la plante de chanvre; après cela, je vous cède volontiers toute la gloire du Piedmont & de la Savoye. Vous sçavez la protestation que je vous ay faite, je la réitère. L'alphabet des familles de Savoye, celuy de Piedmont & celuy de Bresse & de Bugey ne doivent paroistre qu'en ma dernière partie qui ne sortira de quatre ans, & ils ne paroistront jamais qu'ils ne portent en teste ce titre : *Tiré de l'Histoire de Bresse & de Bugey & de l'Armorial de Savoye de M¹ le chevalier Guichenon.*

(1) Le P. Columbi ou Robert de Briançon, qui ont fait tous les deux la genealogie de la maison de Simiane. Je crois qu'il fait allusion ici au P. Columbi, jésuite comme lui, il eût parlé sans tant de detours & de façons de frere Dominique Robert de Briançon, qui n'etoit qu'un pauvre diable vivant des stations de l'Avent & du Carême qu'il obtenoit çà & là des cures de campagne, &, dans les intervalles, racolant des genealogies. Outre celle de Simiane, Lyon, 1680, in-12, on a de lui l'*Estat politique de Provence*, Paris, 1692, 3 vol in-12. La genealogie de Simiane (*de gente Simianaea*) du P Columbi se trouve dans ses *Opuscula varia;* Lugduni, 1668, in-fol

(2) Les armes de Simiane sont *d'or, semé de tours & de fleurs de lis d'azur,* la devise: *Sustentant lilia turres.*

On me dit que l'Agricola ne remuera pas; j'attens refponfe du cartel de deffy que je lui ay envoyé (1): je vous en feray part fi je la reçois. Je tafcheray de faire donner de la befogne à Mr Barbier; mais, entre vous & moy, il auroit befoin d'un amy qui l'avertît qu'il eft décrié près des libraires qui difent qu'il eft violent & qu'il fait le docteur. Les Jéfuites ajoutent qu'il eft trop tenant, peu reconnoiffant & ennemy des Jéfuites; on me querelle quand je l'employe. Je vous diray franchement, j'ay fait deux ou trois préfaces pour des livres qu'il a imprimez, il ne m'en a pas feulement préfenté une copie. Il m'en donna environ deux douzaines des pièces que je fis pour la Cour, encore les fallut-il prefque demander; cela eft caufe que je ne luy en ay plus donné. Il fembloit mefme, à l'ouïr parler, qu'il avoit perdu en l'impreffion de ces pièces; cela fafche un autheur. Je fçay pourtant qu'il en débita plufieurs; s'il a donné les autres, je n'en fuis pas garand. S'il eftoit un peu obligeant envers nos gens, il auroit bonne pratique; il faut quelquefois donner l'œuf pour avoir la poule. Je luy voulois donner un livre pour lequel j'avois dix-huit cents livres entre les mains, en piftoles; on m'en a empefché. J'ay avancé tout cet argent à Coral, qui y trouvera bien fon compte. Quand il fait des fueilles volantes, un ou deux exemplaires au collége ne le ruineroient pas, & il fe feroit des amis. Je le voudrois pouvoir fervir; je fçay la bonté qu'il a pour moy, mais j'aimerois mieux qu'elle s'eftendît fur les autres, & je ne veux pas donner

---

(1) Il eut cette reponfe, mais telle qu'il ne l'attendoit pas Voyez la premiere partie de ce volume, ou l'*Epyftre apologetique* de Le Laboureur, p. 11

des combats avec vingt ou trente personnes d'un sentiment différent. Je suis, &c.

C.-F. MENESTRIER.

Au même.

Lion, 29 octobre 1659.

Monsieur,

J'avois bien pensé que vos lettres serviroient de passeport aux miennes; mais je n'aurois jamais osé attendre les avantages que vous m'avez procurez. Les lettres du comte Philippe & de l'Abbé de Balerne sont si obligeantes que si je ne me connoissois, je croirois que vostre amitié m'a transformé & m'a changé en honneste homme (1). Puisque vous avez si bien réussi, il fault achever vostre entreprise. Je vous envoye une douzaine de mes *Desseins*, & quand j'en auray davantage de reliez, vous en recevrez une autre douzaine & deux si vous les voulez. J'y joins un de mes livres qui ne mérite pas d'avoir place en vostre cabinet; j'espère de le mettre bientôt en meilleure forme, mais faites-moy la

---

(1) Pour n'être pas choqué de cette façon de parler, il faut se souvenir qu'il etoit du beau langage en ce temps, de dire un honnête homme, pour un homme bien elevé, au-dessus du commun; comme on disoit il y a cinquante ans un galant homme, & de nos jours, un homme comme il faut, pour celui qui a des manieres polies & distinguees Nicolas Farel, de Bourg en Bresse, bel esprit du commencement du dix-septieme siecle, & membre de l'Academie françoise, avoit publié quelques annees auparavant, l'*Honneste homme*, livre dans lequel, imitant le *Parfait courtisan* du comte Balthazar Castiglione, il donnoit des conseils utiles aux personnes qui vouloient s'avancer a la Cour. Voici le titre de ce livre L'*Honeste homme, ou l'Art de plaire a la Cour*, par le sieur Faret A Lyon, chez Antoine Cellier, 1661, in-12 La premiere edition est de Paris, 1630, in-8.

grace de le relire avec des yeux de cruauté & de me marquer toutes les bévelies que j'y ay faites; M' de Boiſſieu m'a fait en partie cette faveur, M' Chorier y travaille & le P. Berthet. Je veux faire quelque choſe de bon ſi je puis, & il n'eſt perſonne qui me puiſſe mieux ayder que vous que je choiſis pour mon patron, quoy qu'en die une perſonne qui trouve mauvais que je vous aye nommé mon illuſtre amy, & qui ſe plaint de ce que je n'en ay pas autant dit de luy. Je vous entretiendray agréablement à la première vûe. L'Inſulaire me fait rechercher d'accord & m'a fait préſenter ſes ſervices; on dit qu'il va en Provence, où il prendra ſoin de voir les monumens les plus curieux pour me les communiquer. Je m'imagine que mon Deſſein l'a fait trembler; j'agis néantmoins en vieux renard. J'ay une pièce toute preſte contre ſes *Origines*, qui paroiſtroit deux jours après ſa reſponſe, s'il en faiſoit. Obligez-moy, ſi M' le conſeiller Ferreol eſt à Bourg, de l'aſſeurer de mes reſpects & de luy offrir de ma part la copie de mon livre que je joins à la voſtre, & un de mes Deſſeins. J'ay eſté malheureux icy toutes les fois que je le ſuis allé chercher. N'avez-vous point l'Hiſtoire armoriale, du Feron ? Je ne la trouve point icy. Je n'ay envoyé mon Deſſein à Paris qu'au Père Labbe & à huit ou dix autres de nos Pères. Je me diſpoſois à l'envoyer à Meſſieurs de Sainte-Marthe, mais vous m'obligerez de le faire, ils le recevront mieux de voſtre part que de la mienne. Je ne l'envoyeray à M. d'Hozier qu'après qu'il m'aura fait reſponſe; il y a un mois que je luy ay eſcrit. Le généalogiſte eſcrit en latin ; ſa langue maternelle eſt doublement provinciale, & je penſe que le patron veut eſtre connu pour le moins autant en Italie qu'en France.

Il faut attendre cet ouvrage qui ne fatisfera guères le politique, s'il a le gouft délicat. J'ay bien des chofes à vous dire du pays Alpin; quand vous ferez icy, une conférence de deux heures nous fuffira; je l'attens avec impatience, & fuis, &c.

C.-F. MENESTRIER.

J'ay reçu Sanfovino, que je vous rendray icy avec vos cayers des armes allemandes & polonoifes & la requefte de Dom Jofeph de Marguerit.

Au même

Lion, 25 novembre 1659.

Monfieur,

Voftre lettre de la femaine paffée me fut rendue fi tard que je n'eus pas le moyen de vous refpondre ny de vous remercier de l'envoy de mon projet. Je commence à fentir les effets de fa difperfion, & je ne doute point que les grandes fources ne s'ouvrent après vos follicitations.

Je vous envoye un livre pour Mr Capré, afin que vous le joigniez à voftre lettre & au projet. On mettra auffitôt après feftes ma première partie fous la preffe; elle fera in-folio & contiendra 1600 écuffons de toutes les figures ufitées en blafon (1). Mon alphabet des termes feuls eft

---

(1) Je ne connois pas cette premiere partie in-fol. Le feul livre fur le blafon publie dans ce format par le P. Meneftrier eft *Tableaux genealogiques, ou les feize Quartiers de nos rois depuis faint Louis*, qui parut vingt-quatre ans plus tard, en 1683 Tout ce qu'il a ecrit fur les armoiries forme une fuite de petits volumes in-12; je ne fais ce que pourroit être cet ou-

de quatre cents mots expliquez par autant de figures & de blasons de familles. Je mettray au bout en une seule planche les 150 chevaliers de la Table ronde, tirez d'un ancien manuscrit. Quoyque ce soient des armoiries fabuleuses, elles servent beaucoup à la pratique de blasonner & aux termes de l'art. Ce qui m'a mû à les donner au public, c'est que l'édition qui s'en fit en 1590 est toute corrompue, les blasons entièrement altérez, les termes changez, quelques figures omises, & je crois qu'il ne faut pas laisser perdre une pièce de cette nature, & qu'elle peut remplir un coin de mon livre. J'ay justifié sur le manuscrit de Mr de Sautereau 163 écussons pris par La Colombière. J'ajouteray à tout mon Dessein un dictionnaire fidelle de tous les termes de l'art en françois, latin, italien, espagnol, allemand & anglois, pour l'intelligence des livres, pour oster les occasions de beaucoup d'équivoques qui se commettent & pour faciliter à toutes ces nations la pratique de blasonner (1).

N'avez-vous rien trouvé à Cluny pour mon Dessein? n'avez-vous point vû de titres dont la clausule soit : « Sigillo nostri nominis munivimus? » Avez-vous trouvé l'usage des sceaux avant l'an 800, & de quelle forme estoient-ils?

Je reviens quasi de mon opinion du lion de Beaujeu,

---

vrage in-folio dont il dit formellement que la première partie va être mise sous presse. Elle n'a jamais vu le jour, & il n'en est fait mention dans aucun catalogue. Vraisemblablement il renonça à cette publication sur laquelle il ne revient plus dans ses lettres, & ce formidable appareil in-folio degenera en un modeste in-12, l'*Art du Blason justifié*. Lyon, 1661.

(1) Ce Dictionnaire n'a pas paru non plus. Peut-être le P. Menestrier en fut-il empêché, parce que Le Laboureur l'accusa de vouloir faire le fou en huit langues. (*Epistre apol.*, p 107.)

& le cry de guerre de cette famille me donne du fcrupule. Je trouve qu'ils ont crié « Flandres! » Il eft donc bien à craindre que les armes n'en foient auffi.

J'attens toujours le bien de vous voir en ce pays pour m'entretenir quelques heures avec vous, cependant je fuis toujours avec paffion, &c.

MENESTRIER

Au même.

Lion, 17 decembre 1659

Monfieur,

Il eft vray que je trouvay mon concurrent fur le chemin de Vienne, mais ce fut par la voie de terre, & nous nous tirafmes feulement le chapeau. Il réferve fes eftocades pour une autre occafion à laquelle il m'a donné moyen de me préparer.

J'ay un livre tout preft contre fes *Origines* plus gros que le fien; il eft de ftyle Balzac, & j'y ay mis toutes les gentilleffes que mon efprit m'a pû fournir pour le faire recevoir du public avec agrément : il n'y a rien qui fente la fatyre ny l'emportement; ma caufe eft trop bonne pour la trahir par de femblables lafchetez. Mais certes, s'il fait le fol, avant qu'il foit trois mois on jouera fur le théatre du Marais du Temple & de l'hoftel de Bourgogne *Les Changemens du Laboureur extravagant*, & j'en feray un prévoft dégradé, un docteur ignorant, un foldat dévalifé & un colporteur de fes œuvres. Ce feroit l'une des plaifantes comédies qui fe foient vues, & il apprendroit qu'il ne fait

pas bon s'en prendre à un poete. J'ay remarqué quatre-
vingt & dix-sept fautes confidérables en fon ouvrage, &
je luy feray une longue & cruelle guerre qu'il voudroit
n'avoir pas commencée.

J'ay vû icy fon neveu (1), qui eft bien d'une autre trempe
que luy. Il a condamné ma modeftie contre une fi méchante pièce que celle de fon oncle, c'eft ainfi qu'il la
qualifie. Vous rirez quand vous verrez les béveües qu'il
a faites en matière de langues, & il me donne beau champ
pour la raillerie fi je m'en veux fervir. Après tout, je crois
que les fréquentes faignées qu'il faudra faire à fa bourfe
pour imprimer fes fottifes lui feront tomber la plume des
mains. J'ay de quoy le blafonner en huit parties, & je
crois que mon ouvrage pourra le rendre célèbre chez la
poftérité. On commence à graver les planches pour mon
premier in-folio, qui fera de 150 feuilles & qui ne contiendra que ma première partie (2).

Vous m'avez ouvert un riche tréfor en me procurant
les fceaux de M^r Du Chefne ; je prieray un de mes amis
de Paris de les faire deffiner, je n'ay rien qui me preffe.
J'en prierois bien Mr de Brianville, & il a affez de bonté
pour moy pour s'en charger ; mais, quelqu'amy que je luy
fois, il faut que je diffimule à préfent cette amitié, pour
des raifons que vous pénétrez affez (3).

---

(1) Jean Le Laboureur. Il étoit oncle
& non pas neveu de l'ancien Prévôt.

(2) L'ancien Prevôt de l'Ile-Barbe
mit bon ordre a ces plans de campagne, qui reftèrent a l'etat de menace
lorfque le P. Meneftrier vit par l'*Epiftre apologetique* qu'au lieu de fe bor-
ner a fe defendre, fon adverfaire pre-
noit energiquement l'offenfive & ne le

menageoit pas. On doit croire que les
fupérieurs intervinrent dans le debat,
& obligerent le P. Meneftrier a avoir
plus de modération

(3) Il y avoit la rivalité de metier :
le P. Meneftrier craignoit qu'en s'a-
dreffant a Brianville, celui-ci ne mît
a profit fes decouvertes.

Je vous envoyeray le livre pour M' Capré, à qui je feray juſtice contre les attaques de l'Inſulaire. Son ancien concurrent m'envoya prier hier de luy faire la grace de l'aller voir : c'eſt le théologal de Saint-Jean (1), qui demeure chez noſtre archeveſque à qui il eſt, & pour lequel ce brave prélat a pris party contre cet ancien prévoſt. La maladie qui le tient au lit ne luy oſte rien de la vigueur de ſon eſprit ; il a fait taire autrefois mon aggreſſeur qui eſtoit le ſien, & je ne doute point que ce ne ſoit pour m'inſtruire des ruſes de mon ennemy.

Vous aurez bientôt un des fruits de ma plume, & vous verrez que je ne me tiens pas tellement ſur la défenſive que je ne ſçache attaquer ; je vais donner de l'occupation à l'autheur moderne (2) & exercer ſes yeux & ſes mains. J'ay pris ſon livre dès le titre, & je combats ſans réſerve tous ſes ſentimens qui ſont vrayment extravagans à qui prend le ſoin de les examiner avec attention. J'ay trouvé des contradictions manifeſtes dans ſa pièce ; c'eſt manquer au bon ſens que de commettre de ſemblables fautes, &, quelque fin qu'il ſoit, je le deffie d'y reſpondre.

Je n'ay rien qui me preſſe pour vos ſceaux. J'ay découvert en faveur du blaſon des myſtères inconnus à tous nos autheurs, &, quand j'auray le bien de vous voir, je vous communiqueray des choſes curieuſes. Je reçois des applaudiſſemens de toutes les provinces & meſme de delà les monts ; on me preſſe de donner bientôt au public ce que

---

(1) Bezian Arroy, qui avoit eu une querelle avec Le Laboureur au ſujet du Breviaire de Lyon.

(2) C'eſt ainſi qu'il affecte de deſigner Le Laboureur dans ſon *Veritable art du Blaſon* & dans l'*Art du Blaſon juſtifié*, lorſqu'il ne lui applique pas quelque ſobriquet injurieux.

j'ay promis. Je me serviray des preuves de votre Histoire pour drapper nostre homme & luy payer avec usure son *Sercus*. Mais que direz-vous quand vous verrez qu'il a pris en allemand le *Stercus* latin pour la stangue d'un anchre, ayant pris *stanck* pour *stange* qui signifie un pieu ? Il me fasche de finir par un mot de si mauvaise odeur, mais rien ne pue sur le papier. Je suis, &c.

MENESTRIER

Au même

21 janvier 1660

Monsieur,

Il y a quinze jours que je vous attens en ce pays, & les asseurances que Mr Barbier m'avoit données de vostre venue sont cause que je vous souhaite si tard une heureuse année. Je pensois vous embrasser & vous dire de bouche : *Buon capo d'anno e buone feste*, en vous renouvellant la sincère protestation de mes respects ; mais puisque le mauvais temps me prive de cette satisfaction, je me sers de la consolation qui me reste & je renoüe le commerce que cette attente avoit interrompu. Je suis gros de vous voir & j'ay cent choses à vous dire. Je vous envoye la copie de mon livre que je vous avois promise pour Mr Capré, & que j'avois oublié par mégarde de joindre à la lettre que je vous envoyai avant Noël. Je mets au net trois ou quatre de mes parties qu'on va mettre sous la presse, ce sont les quatre premières ; si vous avez de quoy les enrichir, vous m'obligerez. Rien ne viendra-t-il du cabinet de M^r d'Audeuil, & ne luy devrois-je point faire compliment pour ce sujet ?

On m'a promis quelque chofe de Paris, de Languedoc & de Provence, je l'attens en bonne dévotion. Je vous rendray en main propre voftre cayer de Pologne, celuy d'Allemagne, la requefte de Dom Jofeph de Marguerit & Sanfovin. N'avez-vous point la Chronique du duc troifième de Bourbon en vieil langage? j'en aurois befoin pour quelques jours : vous avez bien vû celle du duc Louis, écrite par Bouchet. Je vous donne la joye de la belle patente que Mademoifelle vous a envoyée; elle a fait juftice à voftre mérite, & le fervice que vous luy rendez mérite bien les éloges qu'elle vous donne en parchemin. Pour moy, je ne fuis pas feulement en papier, mais de cœur, &c.

C.-F. MENESTRIER

Mr Barbier m'a amené le graveur pour fçavoir de quelle manière il deffineroit les armes de Mr de Lamoignon (1). Je luy ay dit de les mettre fous un manteau de menu-vair ou de petit-gris femblable aux fourrures du manteau & de l'épitoge des préfidens, armoyé au dehors des pièces du blafon; la couronne de marquis fur l'écu, le cafque au-deffus, timbré d'un mortier, les deux fupports placés fous le pavillon. Mr Barbier placera l'eftampe à la première fueille, comme font les armes de Madame dans voftre Hiftoire.

---

(1) Pour la dedicace de la *Bibliotheca Sebufiana*

Au même

Lion, 28 janvier 1660.

Monsieur,

Vous estes le plus obligeant des hommes, & vous prévenez les demandes bien loin d'attendre des sollicitations. Je receü hier l'*Histoire de Louis duc de Bourbon*, & j'en ay dès-jà lû une bonne partie sans y avoir trouvé tout ce que je m'imaginois. Il y a cessation d'armes entre l'Insulaire & moy; le silence de l'un & de l'autre a esté jusqu'à présent une espèce de trève : je ne sçay pas si elle produira une paix entière. J'ay résolu de me tenir sur la pure défensive & d'observer sa mine. Je suis prest depuis longtemps pour le combat, & j'ay trois sortes de traitez sur les fameuses Origines.

J'ay vû Hœpingus *de Jure sigillorum;* mais, à mon jugement, il est aussi peu de chose que son traité *de Jure insignium*. Il est plein des resveries de Volfangus Lazius & d'une trentaine d'Allemands qui disent tout ce qu'ils veulent & qui font mystère de tout. Les jurisconsultes qu'il cite ne prouvent pas beaucoup, & je trouve la plupart de leurs maximes destruites par la pratique ordinaire. Leurs décisions sont plus pour les marques des marchands & des artisans que pour les armoiries, & tout ce que cet autheur a deviné après eux des armes des souverains est chimérique.

Les historiens me sont des sources plus pures & plus fidelles, & j'espère que les monumens m'instruiront plus que les livres des Allemands & des Italiens qui commencent à me dégoufter (1). Ce ne fera pas pourtant la moindre pièce de mon Deffein que la crife de deux cents autheurs en diverfes langues. Je n'avanceray rien que je n'appuye par des preuves irréprochables ; je me déchargeray des conjectures fur la foy de nos écrivains, & je ne m'expoferay à aucune cenfure que je n'engage un illuftre dans mes intérefts, & que je ne faffe d'un fçavant le garand de ma caufe. Les exemples feront des preuves vifibles des nouvelles réflexions que je feray, & j'en appelleray à la pratique commune pour l'eftabliffement de ma doctrine. Vous me ferez la grace d'eftre un de mes juges ; je vous foumettray tout l'ouvrage &, quand vous l'aurez aggréé, je n'auray plus à craindre les dents de l'envie ny la cenfure la plus fcrupuleufe. Vous fçavez avec quelle paffion je fuis , &c.

C.-F. MENESTRIER

Au meme.

Lion, 12 avril 1660

Monfieur,

Je n'appris voftre départ que dans voftre logis où j'allay pour vous voir le lendemain du jour que vous fûtes party. J'eus le déplaifir d'avoir manqué à ce devoir, & de n'avoir pû vous entretenir fur deux ou trois points que j'avois réfervé de vous dire en fecret.

---

(1) Le Laboureur avoit donc raifon lorfqu'il lui difoit, p. 24 de fon *Epiftre apologetique* « C'eft une impertinence d'aller chercher l'origine des termes d'un art nay en France, chez les Turcs, Arabes, Hebreux, Grecs, Efpagnols, comme vous faites affez fouvent . En matiere d'etymologie,

Mʳ Barbier ne m'a point donné la copie du livre que vous aviez eu la bonté de me deſtiner ; mais je crois que vous n'eſtes pas à ſçavoir la pièce qu'il m'a faite, & peut-eſtre s'en ſera-t-il expliqué à vous autrement que la choſe n'eſt. Pour imprimer une chétive relation de nos *Réjouiſſances* qu'il ne tient pas encore, il ne tint pas à luy de me mal mettre auprès du prévoſt des marchands, en luy diſant que je retenois la moitié de ma copie & que j'en avois diſpoſé contre ma parole engagée. Il publia enſuite que j'eſtois obligé de juſtice à luy faire réparer la perte qu'il avoit faite en imprimant mes vers pour la Cour, quoy-qu'il m'eût ſollicité luy-meſme de les faire & de les luy donner. Il ruina les eſpérances que mon libraire pouvoit avoir pour ſon *Hiſtoire de Lion*, il rendit un fort mauvais ſervice au peintre de la Maiſon de Ville, & s'en prit à tous deux à mon occaſion. Je ne ſçay pas ſi cette équipée luy réuſſira, &, pour avoir imprimé un de mes ouvrages contre mon gré, je ne ſçay pas s'il avancera beaucoup ſa fortune. Je ſçay bien du moins qu'une ſeconde édition augmentée de deux tiers paroîtra en meſme temps. La permiſſion en eſt donnée, & ma copie conſignée.

Je vous ſuis obligé de la connoiſſance de Mʳ Capré, il eſt galand homme & de ceux dont j'eſtime le ſçavoir.

J'ay découvert ces jours paſſez des tréſors. Mʳ de Liergue (1) m'a ouvert ſon cabinet, où j'ay vû toutes les mon-

---

il faut boire de l'eau de ſa ciſterne, ſelon le dire de l'Eſcriture. « Bibe « aquam de ciſterna tua, & fluenta « putei tui. » (*Proverb.* v, 15), &, comme il eſtoit deffendu aux Athéniens d'aller puiſer chez leurs voiſins, qu'ils n'euſſent fait auparavant toutes les diligences poſſibles pour trouver de l'eau dans leurs fonds, ainſi aurions-nous mauvaiſe grace d'emprunter de nos voiſins ce que peut-eſtre nous avons chez nous, outre que rarement nous y reuſſiſſons. »

(1) Gaſpard de Montconys

noyes de nos roys & grand nombre de fceaux dont il m'a donné trois qui ferviront d'un bel ornement à mon ouvrage.

Le généalogifte eftime beaucoup voftre bibliothèque (1), il s'en eft expliqué à moy dans toute la fincérité.

Je n'ay point dans mes remarques d'épitaphes des officiers du Parlement de Dombes; j'ay méprifé une denrée fi nouvelle, néantmoins je feray un tour de nos églifes pour l'amour de vous, & je tireray tous ceux que je pourray trouver.

Vous m'offrîtes tant de chofes de voftre bibliothèque & de voftre cabinet, que, quelque heureufe que foit ma mémoire, elle fe trouve courte fur ce point; mais je vous témoignay que rien ne me preffoit, & j'expérimente la vérité de ce que vous me dites que je ferois obligé d'attendre le mois de feptembre avant que pouvoir commencer mon entreprife. Ma première partie n'a guères befoin de recherches, & j'ay dès-jà à peu près tous les matériaux qui me font néceffaires pour la dreffer.

L'*Arbre des batailles*, dédié à Charles V roy de France (2), & recommandé par Sicile héraut du roy d'Aragon à tous les hérauts comme le livre de leur inftruction, dit : « Gueules eft la couleur de pourpre propre des roys, » & ne parle jamais de cette couleur comme particulière. Mr de Brianville qui avoit mis, à la première édition de fes cartes, le lion de Léon de pourpre, l'a corrigé en la nouvelle, & cite mon paffage efpagnol. Les Purpurat, dont les

(1) Il eft queftion ici de M. d'Hozier & de la *Bibliotheca Sebufiana* de Guichenon.

(2) Par Honoré Bonnot, prieur de Salons.

armes font trois coquilles de pourpre, les portent de gueules, & on ne les dit coquilles de pourpre qu'à cause du poisson de ce nom. Dans tout le Wappenbuck & tout la Chiesa, je ne trouve pas un blason qui ayt cet émail; dans tout Labbé, il n'y en a que quatre que je démonstre faux.

Je voulois vous rendre avant vostre départ vostre cayer des armes d'Allemagne & de Pologne & la requeste de Dom Joseph de Marguerit. Il me souvient que vous m'avez promis des devises & des blasons de lettres dont j'ay dès-jà une centaine. Je suis, &c.

MENESTRIER.

Au même

Lion, 28 avril 1660.

Monsieur,

Vous n'estes pas de ces libéraux qui ne donnent leurs biens que par pièces pour faire du bien plus longtemps; vous faites tous les jours des profusions, & vous ne vous espuisez point. Je pense que les Allemands sont de Sibmacker autheur du Wappenbuck, mais je serois bien aise de sçavoir d'où vous avez tiré les armes des familles catalanes. J'avois toutes celles de Venise, que j'ay confrontées à mes cayers. Je suis néantmoins ravy d'avoir connoissance de ce livret dont j'inséreray le titre dans ma *Bibliothèque du Blason;* j'avois aussi une partie des devises. Je vous envoye quelques épitaphes de nos officiers du Parlement de Dombes, avec une monnoye de Jean duc de Bourbon, chevalier de l'ordre de Saint-Michel : il prend en cette monnoye la qualité de seigneur de Trévoux. Sa devise d'une grenade allumée eſt dans le revers, à laquelle Paradin donne pour mot : « Zara a chi tocca (1). » Le médaillon du préſident de Lange ſçavant en médailles & antiques me ſemble curieux, vous le garderez ſi vous voulez ; pour la monnoye & les épitaphes, je n'ay fait que les emprunter, & vous m'obligerez de me les renvoyer. J'y joins un ſceau parfaitement beau d'une ligue du pape, du duc de Savoye, du roy de Sicile, du Dauphin, de l'archeveſque de Lion, de l'éveſque de Valence, de l'éveſque de Lauzanne, du prince d'Orange, du ſeigneur de Poitiers (2). La légende eſt S., c'eſt-à-dire : *Secretum* ou *ſigillum magnum comune Parlamenti generalis coſtit.*, c'eſt-à-dire *conſtituti*. Les armes de l'archeveſque de Lion & de l'éveſque de Valence ſemblent de Savoye ; celles de l'éveſque de Lauzanne ſont de Montfalcon, qui vous ſervira à reconnoiſtre les autres. Celuy dont la légende eſt à demy-effacée eſt ou le Chapitre de Vienne ou de Valence. S'il vous peut ſervir pour voſtre *Hiſtoire de Savoye*, je vous demande la grace que vous témoigniez que je vous l'ay communiqué, parce qu'il me doit ſervir & que je dois dire qu'il eſt en mon pouvoir ; ce n'eſt pourtant qu'une copie, comme vous voyez.

Touchant le tournois que le P. Compain vous a communiqué, j'ay une preuve infaillible contre Mr Capré que c'eſt un véritable tournois. Ce ſont les deviſes qui ſont vrayes deviſes de tournois, ſelon les formes de celles qui ſont dans Olivier de la Marche, & jamais on n'a vû pour des bienfacteurs d'égliſes mettre des armes en planchettes avec les noms & les deviſes ; ce qui ne s'eſt jamais

---

(1) *Deviſes heroiques*, p 54   (2) Le comte de Saint-Vallier

pratiqué que pour les chevaliers & les actions de chevalerie, comme font les tournois.

J'ay reçu de Mr Barbier voftre *Bibliothèque* dont je vous remercie ; j'en ai dès-jà lû une partie, & j'en trouve les titres fort beaux. Auffitôt que je feray libre de rouler nos églifes, vous aurez des épitaphes. On tient aujourd'huy confultation de quatre médecins, deux chirurgiens & un oculifte, pour mes yeux ; ainfi vous voyez que je fuis pillier d'infirmerie, & de la confrérie des Quinze-Vingts. Cela n'empefchera pas pourtant que je ne fois toujours, &c.

C.-F. MENESTRIER.

Au même

19 may (1).

Monfieur,

J'attens d'écrire à Monfieur le comte Philippe, après que mon livre de nos *Réjouiffances de la Paix* qui eft fous preffe fera achevé. Je ne manqueray pas d'y toucher adroitement le point que vous me marquez, & de luy témoigner comme toute la France eft en attente de voftre Hiftoire (2), & que le retardement qu'on apporte à la produire nuit à l'éclat d'une famille dont on a impatience d'attendre fi longtemps la connoiffance.

Je vous envoye la monnoye que j'ay recouvrée, & je chercheray le madrigal & la devife. J'ay auffi les noms de

---

(1) Bien que cette lettre ne porte que la date fans millefime, elle eft de 1660, puifque le P. Meneftrier y parle des *Réjouiffances de la paix*, Lyon, 1660, comme étant fous preffe

(2) *Hiftoire de la Maifon royale de Savoye.* Lyon, 2 vol. in-fol.

quelques Dombiftes efcrivains que vous ferez peut-eftre bien aife d'apprendre. Il y a auffi un François de Villars (1), officier au Parlement de Dombes, qui a fait un livre dont je vous envoyeray la note.

Faites-moy la grace d'affeurer Mr Capré de la continuation de mes refpects, quand vous luy efcrirez. J'attens de luy écrire, que mon livre foit imprimé.

Je me dégageray de l'abbé Graneri. Je penfe que vous avez touché le point; en effet, ayant relu fa lettre, j'ay vû qu'il demande feulement les familles de Savoye & de Piedmont alliées à la maifon de Savoye.

Je fuis, &c.

C.-F. MENESTRIER.

Au même

Lion, 23 juin 1660.

Monfieur,

Je vous envoye le livre de François de Villars (2), afin que vous en voyiez la note & ce que fon fils en dit dans l'épiftre. J'y joins un médaillon du prince de Condé, qui me femble affez beau. J'ay efté à Saint-George pour pren-

---

(1) Lieutenant particulier, civil & criminel du prefidial de Lyon. Il n'etoit pas officier au Parlement de Dombes, ce fut fon fils Balthazar, qui, ayant epoufe Louife de Langes, fille de Nicolas de Langes, fucceda a fon beaupere dans la charge de premier prefident au Parlement de Trevoux

(2) Je ne vois pas d'autre ouvrage de François de Villars que celui qui a pour titre : *Très utile abrégé contenant la doctrine catholique de l'inftitution, réalité, verité, tranffubftantiation, manducation, facrifice & préparation du Tres-Saint-Sacrement de l'autel.* Ce livre de François de Villars fut imprimé par les foins de Balthazar fon fils, en 1598

dre les épitaphes du président de Lange & des autres de la mesme famille, officiers au Parlement de Dombes. Mais je n'ay encore pû avoir la clef de la chapelle, qui est obscure & où il faudra avoir de la lumière pour lire. Je feray au premier jour le tour de nos églises pour ramasser ce que je pourray trouver, & je vous l'envoyeray avec tous vos papiers & la description de nos *Réjouissances* qui sera enfin achevée. J'ay un autre livre sous presse qui paroîtra un mois après, c'est l'*Art des Emblêmes* & un recueil de cinq cents devises (1). J'ay vû le livre de Palliot, qui ne m'a pas trompé : c'est un ouvrage de libraire où il y a beaucoup de lettres mal rangées, & ma pensée est que, de trois autheurs qui ont écrit de cette matière, on eût pû faire quelque chose de bon avec un quatrième. Bara, qui estoit peintre, auroit dessiné les figures ; Boisseau, qui est graveur, les auroit gravées ; & Palliot, qui est imprimeur, auroit imprimé la pièce ; mais il leur eût fallu un autheur (2).

A vostre advis, le titre auguste de *Vraye & parfaite science* (3) convient-il bien à un indice, & nos dictionnaires ne sont-ils pas à ce prix la science universelle? Je trouve que Palliot a omis cinquante termes, qu'il en a mis qu'il n'entendoit pas ; &, quand j'auray le bien de vous voir, je vous feray rire de ses béveües. Plus je vois de semblables ouvrages, plus je me confirme qu'on a besoin d'un livre méthodique & réglé sur cette matière : je ne sçay si je feray assez heureux pour le faire.

(1) L'*Art des Emblêmes* ne parut que deux ans après en 1662, & le Recueil de devises plus tard encore.

(2) On voit clairement par ce qui suit que, dans la pensée du P. Menestrier, cet auteur c'etoit lui.

(3) C'est le titre de l'ouvrage de Pierre Palliot, imprimeur à Dijon, qui a refait l'*Indice armorial* de Louvan Geliot.

J'ay écrit à Mʳ le comte Philippe touchant voſtre Hiſtoire, & je luy ay fait ſçavoir l'impatience de toute la France qui attend cette pièce ; mais certes je penſe qu'on veut qu'elle ſoit un préſent de nopces & que voſtre livre ſoit de la feſte.

J'ay vû par rencontre le manuſcrit du P. Compain touchant le tournoy de Chambéry dont Mʳ Capré vous parla icy. Je ne ſuis pas de ſon ſentiment, & j'ay des témoignages infaillibles que c'eſt un véritable tournoy. Ce qui le prouve irrécuſablement, ce ſont toutes les deviſes qui ne ſont pas celles des familles & qui ſont vrayes deviſes de tournoys, c'eſt-à-dire amoureuſes ou de deffi, comme : *C'eſt à mon tort.* — *Là où je puis.* — *Quoi?* Particulièrement celles de lettres qui eſtoient le ſecret d'amour. J'ay un chapitre curieux de ces deviſes de tournoy que quelques familles ont retenues. La conjecture de Mʳ Capré eſt nulle, puiſque, ſi c'eſtoient les armes des bienfacteurs de l'égliſe, le fondateur, de la maiſon de Clermont Saint-Jean, y ſeroit, les Beaumont-Carra qui y ont une chapelle, les Buttet & quantité d'autres. Secondement, les deviſes ſe trouvent différentes pour deux d'une meſme famille, comme Mallet ; l'un a : *Vert ſec*, & l'autre : *Haſteʒ-vous d'entendre.* A celle de Candie, de l'écreviſſe, il faut changer le C en Q & ajouter une L. qui eſtòient effacez. C'eſt un rébus : G. R. Q. L. : *Je recule.* Il manquera un ornement à voſtre Hiſtoire ſi cette pièce n'y eſt. Pour moy, j'ay réſolu de m'en bien ſervir, en corrigeant ce que le bon P. Compain a mal ajuſté, qui auſſi a fait faire à Palliot de belles fautes ; cecy ſoit entre nous.

L'éveſque de Saluces va imprimer l'*Armorial de Savoye*,

& il m'a écrit pour me demander les armes de soixante familles qu'il n'a pû trouver; j'en ay recouvré une partie dans mes papiers que je luy envoyeray. Prenez vos mesures pour le vostre. Je crois qu'il met le sien en figures de bois; du moins un chanoine de son église a écrit à Mr Coral pour avoir un de mes livres dont l'érudition, dit-il, luy est nécessaire pour le livre de Monseigneur della Chiesa, qu'il met en figures de bois. C'est sans doute le mesme ouvrage où il mettra Piedmont & Savoye. Je suis, &c.

C.-F. MENESTRIER.

Au même.

Lion, 7 juillet 1660.

Monsieur,

Je commence à vous renvoyer une partie de vos papiers, & cependant je n'y joins pas encore nos *Réjouissances*. Je pense que les graveurs arresteront autant ma pièce que les ultramontains font la vostre. Mr Barbier m'a donné de vostre part la *Généalogie de la maison de Saint-Aulaire;* je vous en remercie, & je prendrai soin de vous la renvoyer au plutôt avec vos autres papiers & Sansovin, dans lequel j'ay trouvé par rencontre une chose qui peut servir à vostre *Histoire de Dombes :* c'est l'origine des Trivulce, dont il dit :

« Antonio Tilesio Cosentino, nell' oratione ch'egli disse l'anno 1518 per la morte di Gianiacomo Trivulci, afferma che questa famiglia discese di Borgogna in Italia, da un castello chiamato Trivulcio, ne' tempi di Diocletiano imperatore, la quale denominatione alcuni dicono che deriva da *Tres vultus* & altri da *Tres ulcus*. »

Je ne fçache aucun autre Trevols que celuy de Dombes. La Dombes eſtoit en ce temps-là du royaume de Bourgogne. *Trevoltium* en latin peut venir de *Tres vultus* ou *Tres voltus*, comme l'écrivent les anciennes inſcriptions (1). Le Cérimonial de France nomme le cardinal Trivulce, de Trevoux (2); en tout cas on peut donner au public cette conjecture. Je ne fçay ce qu'il veut dire par *Tres ulcus*, & aſſeürément il y a faute, & peut-eſtre faut-il lire *Tres ultus*, ou plutôt *Tres vici* ou *Tres viæ*. Vous débrouillerez ce point.

Au reſte, j'ay appris aujourd'huy que l'Agricola a mis enfin ſous la preſſe ſon *Apologie*. Je ne fçay ſi elle ſera pure apologie ou ſatyre. Je l'attens avec grande dévotion; une perſonne de cette ville l'a deſjà receüe, mais on ne l'a pas

(1) Toutes ces etymologies tirees du latin, du grec ou de l'hebreu, & quelquefois de ces trois langues enſemble, ſuivant l'uſage & le goût de ce temps-là, ſont en général pueriles & très ſouvent abſurdes & extravagantes. Bien que la faine critique ait fait bonne juſtice de cette manie d'éplucher les origines les plus obſcures & de les expliquer arbitrairement, il ne manque pas de gens qui y tiennent encore, ne fût-ce que pour exercer aux dépens du bon ſens la ſubtilité de leur eſprit. Le *Tres vultus* & le *Tres ulcus* du bonhomme Sanſovin & de ſon auteur ne ſignifient rien. L'etymologie la plus vraiſemblable du nom de Trevoux ſemble devoir être *Trebium*, en vieux françois Treyve dont on a fait plus tard *Trévols*, *Trevoulx*, & enfin *Trevoux*, comme le P. Meneſtrier l'a reconnu dans ſes *Eclairciſſemens ſur la maiſon des Trivulces* (*Mem. de Trevoux*, 1703). Voyez Du Cange, *Gloſſ.*, au mot: *Trebium*

(2) Voyez le *Cérémonial de France*, in-4, ſacre & couronnement de la reine Leonor d'Autriche, 1530, page 253:

« A coſte d'elle & a main droite eſtoient aſſis ceulx qui s'enfuivent:

» Premierement Monſeigneur le legat, cardinal de Sens, un peu eſlongné de la chaize de ladicte dame, Monſeigneur le cardinal de Grandmont, Monſeigneur le cardinal de Trevoulx. » &c

pû tirer de fes mains. Je vous prie, en cas qu'il vous l'euft envoyée, de me la faire tenir au plutôt, car il va avoir ripofte plénière avant la Noftre-Dame d'aouft.

J'ay donné à Mʳ Barbier les armes de Parme, & je crois que vous avez receü un médaillon d'un prince de Bourbon que je vous envoyay avec le livre de François de Villars, que j'ay reçeü. Je tafcheray de recueillir tout ce qui pourra contribuer à voftre ouvrage, & de reconnoiftre par ce foin les obligations infinies que je vous ay, qui m'engagent par juftice à eftre toute ma vie, &c.

C.-F. MENESTRIER.

Je viens d'apprendre de quel ftyle eft la Satyre, & qu'elle contient une généalogie faite à plaifir. Il en aura le démenty authentique, & j'efpère que vous entendrez parler d'une comédie nouvelle intitulée : *Les Changemens du Laboureur extravagant.* J'efcriray à M. de Saluces (1) de la manière que vous fouhaitez.

J'ay une lettre de M. le marquis de Saint-Mauris de Mafcon, qui attefte de noftre famille comme officiers des eftats de Bourgogne, où un de mes parens eft fon collègue ; & Palliot (2) en a affez dit dans la table de fon livre pour faire paffer l'ancien Prévoft pour mefchant homme.

---

(1) François-Auguftin della Chiefa.

(2) Voici ce qu'on lit dans la table des familles de la *Vraie & parfaite fcience des Armoiries* de Palliot : « Meneftrier, d'azur, au lion d'or tenant de la pate droite un eftrier fufpendu a une eftrivière de mefme. Ce nom a produit d'excellents efprits en la connoiffance & recherche des medailles antiques, de l'un defquels après fa mort j'ay imprimé, fous le titre de *Médailles illuftrées des anciens empereurs & impératrices de Rome,* l'explication des médailles dont fon cabinet etoit orne. Il a laiffé un neveu, lequel paroift non-feulement parmy les Pères de la Compagnie de Jefus où il a porte

Au même

Lion, ce 26 juillet 1660

Monsieur,

Je suis enfin sorty des mains des graveurs & des imprimeurs, & je vous envoye une copie de la description de nos *Réjouissances*, avec une partie de vos bienfaits, qui sera bientoft suivie du reste.

J'ay enfin vû entre les mains d'un gentilhomme la satyre de l'Agricola, qui, estant plutôt une infamie qu'une response, ne mérite pas que l'on entreprenne une apologie. Je n'ay vû personne qui ne le condamne d'extravagance; je ne veux pas faire le fol comme luy (1). Il a mal parlé des prélats du royaume, &, si son livre va à l'Assemblée du clergé, il fera bruflé par la main du bourreau. Il a maltraité Mrs de Saint-Jean, Mr le chancelier, Mr de Vaugelas,

---

« ses vœux & sa devotion, mais encore
« est en haute reputation parmy les
« sçavans & curieux pour les ouvrages qu'il a donnés & donnera au
« public. » Ces armes parlantes sont celles des Le Menestrier de Dijon, qui n'avoient, ainsi que je l'ai deja dit, aucune parenté avec la famille du P. Menestrier. Palliot pouvoit s'y tromper; mais le P. Menestrier voulant se faire passer pour le neveu de J.-B. Le Menestrier, s'il étoit de bonne foi, etoit sous le charme d'une illusion bien etrange.

(1) Le P. Menestrier croyoit que son adversaire se défendroit timidement; mais Le Laboureur ne s'en tint pas a repousser ses attaques, il retourna contre lui les sarcasmes, les invectives & les accusations auxquelles il avoit eté d'abord en butte; il le flagella impitoyablement, & aucun côte vulnérable ne fut a l'abri de ses coups. L'*Epistre apologétique* changea les rôles, & les rieurs ne furent plus du côte du P. Menestrier. Il le comprit &, voyant qu'il n'etoit pas de force a se mesurer sur ce terrain avec un si rude joûteur, il garda le silence & rongea son frein. Ce ne fut que plus tard qu'il revint sur ce sujet, mais avec moins d'emportement, dans son *Art du Blason justifié*.

M⁰ˢ de Chaliot, le P. Bertet & toute noſtre Compagnie. Il dit rage contre le tombeau de Beatrix, & après avoir dit cent impertinences, parlant du lieu dont je l'ay tiré, il ajoute qu'il s'eſtonne qu'au préjudice de mes maximes, je préfère les eaux troubles & fangeuſes des relations eſtrangères à la vérité de noſtre hiſtoire toujours plus claire dans ſa ſource, &c. J'ay réſolu de luy faire en peu de mots une reſponſe ſolide & ſérieuſe qui le faſſe paſſer pour extravagant, &, ſi je puis avoir des copies de ſon livre, je l'envoyeray à Pontoiſe à Mʳˢ du clergé & à Mʳ le chancelier. Si Mʳ de Bouqueron le void, il luy ira arracher la barbe à Valence, & il pourroit porter du bois, car ce gentilhomme qu'il a choqué à outrance eſt un rude homme. Mʳ Chorier a trempé dans cet infâme livre, & j'attens ſon Hiſtoire pour le lui rendre : ſes *Antiquitez de Vienne* donnent desjà beau champ. Mʳ Barbier qui a eſté de la partie aura part à la leſſive, & j'auray des occaſions de reconnoiſtre ſes bons offices.

Je ne ſçay ſi je vous ay envoyé depuis Paſques mes *Additions à l'Art du Blaſon*; c'eſt un petit cayer qui donnera de l'exercice à l'Agricola qui ne l'a pas encore vû, autant que je puis connoiſtre par ſa lettre apologétique dont je cherche tousjours copie pour luy reſpondre. Il y a tant d'impertinences que, ſi je voulois railler, je ferois une agréable pièce ; mais je veux pouſſer mon chemin & mépriſer les folies d'un extravagant qui enrage de voir que ſon premier livre luy ſoit demeuré, & qui voudroit qu'une conteſtation le fit débiter. Je fais commencer la ſeconde édition de mon livre, j'eſpère que ce ſera la meilleure apologie que je puiſſe faire de ma doctrine ; l'habit que je porte fait celle de mes mœurs, les honneftes gens me connoiffent, & je ne me foucie guère des fentimens des écervelez; pourveü que je ne perde rien de voftre amitié, je feray toufjours heureux & je feray gloire d'eftre toute ma vie, &c.

C.-F. MENESTRIER.

Au même.

Lion, 29 aouft 1660.

Monfieur,

Voftre filence me feroit craindre que vous n'euffiez groffi le party de mon adverfaire, fi je ne connoiffois la bonté de voftre cœur & voftre générofité. Je l'attribue à toute autre chofe qui m'eft inconnue, &, quoyque Mr Capré ait efté de la foule des adorateurs des extravagances de l'Agricola, je fuis perfuadé qu'il n'a point receü d'encens de vos mains. Son épiftre ne m'a pas fait des bleffures fi dangereufes que s'imaginent ceux qui n'ont pas vû la refponfe que je vays donner au public. J'ay gagné à mes fentimens ceux qu'il avoit fafcinés dans Grenoble, & le voyage que j'y ay fait a fervi à me juftifier entièrement.

Je penfe que je fis une béveüe en mon dernier paquet, & qu'au lieu de mettre deux copies de mes *Additions*, je mis deux commencemens d'un livre d'emblêmes & de devifes que je fais imprimer; du moins je ne trouve plus ces commencemens, & je trouve ces deux copies d'*Additions*. Je vous les envoye maintenant, & je penfe qu'elles me juftifient defjà affez. Si j'euffe prévu que l'Agricola eût dû corrompre mes fentimens fur deux ou trois autres chofes, j'aurois entièrement paré à fes coups. Si vous jugez à propos d'en envoyer une copie à Mʳ Capré, faites-le, mais querellez-le du ſtyle d'amy, de ſon peu de fermeté. Il verra qu'il je l'ay traité civilement en ce cayer, & que j'ay fait une eſpèce de déſaveu pour le juſtifier. Cependant il conſeille à l'Agricola d'envoyer ſon livre à Mʳ de Saluces & à Mʳ le comte Philippe.

Enfin je commence la ſeconde édition de la bonne & belle manière, &, ſi mes amis ne me trompent pas, malgré l'Agricola & ſes ſectateurs, mon ouvrage ſera digne du public.

Je fais mettre pour deviſes en teſte (1) tout l'équipage d'un laboureur, un aiguillon : *Stimulat, non vulnerat* ; une charrue : *Hæret, ni trahitur* : je ſçay bien qui ſont les bœufs & les aſnes qui la tirent ; un ſoc qui déchire la terre : *Fœcundat dùm ſauciat* ; enfin, la mienne eſt une herſe qui applanit les ſillons : *Sulcos æquabit aratri* ; ſur les armes du docteur une ſcie qui repréſente le chef dentelé : *Mordendo avanẓa* ; une comète : *In luce lues*, « ſes livres ne ſont que venin. » Je dédie à Meſſieurs les prélats de France la reſponſe pour leur défenſe, où je maintiens leurs couronnes, leurs mitres, leurs armes & l'eſpée de leur juriſdiction temporelle (2). Cependant ma première partie

---

(1) Voyez la Preface de l'*Art du Blaſon juſtifié*.

(2) Le Laboureur avoit tancé le P. Meneſtrier de ce qu'il donnoit aux evêques des armoiries ſurmontées de la mitre & de la couronne appartenant aux dignités temporelles de leurs aînés : « adulation d'autant plus impertinente, ajoutoit-il, que ces véritables levites ont renoncé juſqu'au nom de leur famille, ſe contentant de celuy par lequel ils ſe ſont faits membres de celle de Jeſus-Chriſt au ſaint batefme. » L'ancien Prevôt l'avoit auſſi blâmé de donner une croix double aux archevêques. « En effet, dit-il encore, c'eſt aſſez d'une croix pour un prelat, encore n'eſt-elle que trop peſante a qui s'en veut bien acquitter. »

est en estat, & j'écris à Paris pour avoir privilége du Chancelier. Je suis bien avant dans les bonnes graces du surintendant, qui a demandé que je luy dédiasse mon *Art des Emblêmes* & mon *Recueil des Devises*. L'ouvrage sera prest dans un mois, & j'espère d'avoir en luy un patron qui abbatra les cornes au Laboureur quelque furieux qu'il se fasse

Voicy une remarque pour vostre *Histoire de Savoye*, que possible vous n'aurez pas faite. Elle est tirée de la *Poblacion de España*, de Rodrigo Mendez Silva, en la descripcion de Cataluña, cap. xxv, fol. 252, sous ce titre : *Villa de Blanes* (1).

« En la cuesta del Mediteraneo ocho leguas de Empurias esta plantada la Villa de Blanes con su castillo a lo alto ; produce algun pan, vino, pescado y demas mantenimientos : habitada de seicientos vezinos. Poblaron la, segun he observado, los mismos Griegos que a Empurias, llamando la Blanda, corrutto Blanes : lugar floreciente quando Anibal ; despues la amplificaron Romanos. Cupo en heredamiento en la conquista de Cataluña a Gines de Saboya, descendiente que era de los condes de Saboya ; el qual la acrecentò y lebantò su fortaleza, tomando apellido Blanes, de quien viene esta familla. Adelante, Pedro Garceran de Blanes sucessor suyo diò a la villa por armas las de Saboya, en escudo de plata una cruz colorada y quatro letras F. E. R. T. y suenan segun el Padre Guardiola, *Fortitudo Ejus Rhodum Tenuit.* » (Guardiola, *Nobleza de España*, cap. xx)

---

(1) *Poblacion general de España, su trofeos, blasone*, &c. Madrid, 1645, in-fol.

Voylà un beau témoignage de la grandeur de cette maison eſtendue juſque en ce pays-là (1).

Faites-moy la grace de m'envoyer voſtre Upton pour quelque temps. J'ay dit aujourd'huy ma première meſſe, où vous n'avez pas eſté oublié au *Memento*. Je ſuis, &c.

C.-F. MENESTRIER.

Au même.

Lion, 14 ſeptembre 1660.

Monſieur,

Après un ſi long ſilence, il ne faut pas moins de deux lettres pour m'entretenir avec vous; vous connoiſtrez par la première l'eſtime que je fais de voſtre amitié, puiſque l'interruption de noſtre commerce m'avoit mis en peine, Mr Barbier ne m'ayant rendu voſtre lettre que le 7e de ſeptembre. Je luy fis voir l'infidélité de Mr Capré en mon endroit, & je luy lû ſa lettre à l'Agricola. Je conſerve, vous le ſçavez, le reſpect que j'eus pour luy dès que je ſceu qu'il vous eſtoit amy, & vous verrez dans mes Additions une obligeante rétractation en ſa faveur ſur un point où j'avois

---

(1) Ceci eſt tout ſimplement abſurde, & le P. Meneſtrier auroit dû s'en aviſer au lieu de recommander etourdiment a Guichenon cet extrait du livre du P. Guardiola, rapporté par Rodrigo Mendez Silva, & de donner ainſi raiſon à Le Laboureur qui lui reprochoit d'aller puiſer ſes origines aux ſources etrangeres. La conquête de la Catalogne ſe fit en 801, le ſiege de Rhodes, d'ou l'on pretend que le *fert* du collier de l'Annonciade eſt venu, eut lieu en 1310. Comment le fils de ce prince de la maiſon de Savoie pouvoit-il donner, au neuvième ſiècle, a la ville de Blanes cette deviſe de *fert* qui n'a ete connue qu'au quatorzieme, s'il eſt vrai toutefois que cette deviſe faſſe alluſion au ſiege de Rhodes?

l'avantage des armes & où je l'avois obligé d'avouer son erreur ; cependant il a pris party avec un homme qui l'a maltraité, & il baise la main qui l'a frappé. Sa lettre a estonné un brave gentilhomme de vos amis qui s'est estonné d'y voir quatre contradictions manifestes, car au commencement il exhorte à la paix, & après il loüe sa pièce & le conjure de continuer ; il luy témoigne de nouveau qu'il eût voulu appaiser ce différend, & ensuite il dit que son Epistre est un livre qui vivra dans les cabinets, & il le presse d'en envoyer des copies au comte Philippe & à Mr de Saluces. Il ajoute : « Quittons, de grace, ces badineries ; » & peu après il loüe son éloquence naturelle, il luy dit de ne me point croire quand j'avanceray qu'il m'a donné carte blanche pour les cimiers de Savoye. Voilà, Monsieur, l'analyse de cette lettre qu'un de mes amis m'a remise entre les mains. Mr Capré ne connoist pas encore les artifices de l'Agricola ; il se sert de toutes voyes pour brouiller les honnestes gens, & vous avez vû par son Epistre qu'il est plus extravagant qu'intelligent. J'espère qu'il portera la peine de sa folie & qu'il aura sujet de se repentir. Pour Mr Capré, je luy feray connoistre par ma fidélité inviolable que je suis honneste homme, & ma civilité lui donnera peut-estre occasion de revenir (1). Je vous remercie de la manière

---

(1) Le P. Menestrier se feroit montré moins accommodant & moins empressé à l'egard de Capré s'il avoit su ce qu'il ecrivoit a Guichenon le 21 janvier 1660 : « Je vous prie de me faire office avec Menestrier, afin qu'il corrige les armes de mon Catalogue en quelques endroits, & ne me charge plus si brusquement comme il a fait, & de ceci j'en attends reponse de M. Le Laboureur, apres quoi je vous enverrai mon sentiment & vous prierai de faire reparer le mal de cet apoticaire Menestrier, qui est a vrai dire un faiseur de cataplasmes & un preneur de toutes sortes d'herbes, puisque

dont vous avez écrit à ce docteur; je pense que vostre lettre le troublera & qu'il est maintenant *chez Guillot*(1), voyant que tous les honnestes gens ont condamné son procédé.

Comme vous estes l'arbitre de mes Desseins, je demande tout ce qu'il fera sera un vrai epilogue de tout ce que les autres ont dit. »

Dans une lettre du 2 février, il parloit de lui sur le même ton : « Maintenant, pour en revenir a nos *flutes*, je vous dirai que l'Insulaire m'a donné les mains & m'a écrit qu'il n'y fera autre chose avec le Menestrier, & que je puis vous prier de faire mes plaintes a la *Flutte* (Menestrier), & faire dire tout ce que je voudrai pour réparer au peu d'amitié qu'il a eu pour moi. Ainsi, si vous l'agreez maintenant, nous lui enverrons ces Memoires, car il me semble que sa premiere partie contient les armes des familles de l'Europe, & ainsi, parlant de mon Catalogue, il me corrigera celles qu'il faut corriger & me pincera encore. C'est pourquoi prenez occasion de lui ecrire que vous m'avez envoye son livre & que je lui enverrai mes Memoires. » Et encore. « ... Mais que dira le Menestrier maintenant? Je ne baillerois pas un niquet de son livre apres celui-ci (l'*Epistre apologetique*), parce qu'il n'y a plus rien a dire. Mais pour mon sentiment il y a plus d'erudition dans le livre de M. Le Laboureur que dans tous, au fait de l'*Origine des armes;* & , après ça, il a grand feu & talent, & il y a, ma foi, bien a rire sur son *Apologie*, car il a drapé comme il faut la Menestrerie. Vous faites bien de vous en tenir a l'écart, mais il faut nager entre deux eaux. Je ne vois

pourtant pas que les Révérences de Lyon répondent à l'Epistre de Jane la Jolie, que Le Laboureur dit qu'il ne connoît point & qu'il ne voudroit point la leur confier. » (*Corresp. de Guichenon*, lettres de Capré, n°ˢ 388 à 410 de l'Inventaire). On voit par ces citations que les rivalites de ces gens de lettres n'étoient rien moins qu'edifiantes. Ils se trompoient, se flagornoient & se dechiroient, suivant que leur vanité d'auteur y trouvoit son compte. Guichenon lui-même, sur l'amitie de qui le P. Menestrier croyoit pouvoir compter, jouoit un double jeu avec les deux champions qui le prenoient pour arbitre, & les cajoleries de celui-ci n'empêchoient pas qu'il ne le tournât en derision dans ses lettres à Capre, où il le designoit par le sobriquet de la *Flûte*, a cause de son nom de Menestrier.

(1) C'etoit un dicton proverbial pour signifier qu'un homme s'etoit pris dans ses propres filets. Il est chez Guillot, c'est-a-dire, il est pris.

Tal penso guiller Guillot
Que Guillot lou guille

proverbe provençal cite par Borel, *Tresor des recherches & antiquités gauloises & françoises.* « Tel pensoit tromper Guillot, & Guillot le trompe. » Voyez Leroux de Lincy, *le Livre des Proverbes françois*, t. II, pp. 36 & 350. au mot Guillot.

voftre fentiment fur celuy de la réponfe que je dois faire Il y a un mois & demy que j'en ay trois toutes preftes, mais mes amys de ce pays m'ont diffuadé de les produire, me difant qu'il falloit méprifer une pièce extravagante qui fe détruifoit d'elle-mefme, & que, puifque je réimprimois mon livre, il falloit bien l'y drapper fans m'amufer à faire un livre exprez. Voicy donc ma réfolution : je vais réimprimer mon projet avec une réponfe fuccincte aux points particuliers de fon Epiftre, & j'en feray tirer mille copies pour envoyer partout. Après je fais imprimer deux volumes in-8, dont l'un porte pour titre : *Le véritable Art du Blafon;* l'autre : *Les véritables Origines des Armoiries* (1). Dans ce dernier, je le cite au moins cent fois pour le réfuter, fous le nom d'autheur extravagant. Vous voyez que j'entreprens fes Origines & fon Epiftre. Cette pièce fera divifée en quinze chapitres, dont le premier fera des diverfes opinions qu'on a eues touchant le temps de l'origine des armes ; le deuxième montrera qu'elles n'ont point efté du temps des Egyptiens ny des Grecs, & réfutera toutes les inventions de Bara & les citations de Paufanias alléguées par l'Agricola ; au troifième je montreray qu'elles ne furent pas en ufage du temps, contre le fentiment du P. Monet; au quatrième j'eftabliray leur origine; au cinquième je chercheray à quelle occafion elles ont commencé; au fixième, en quel pays & fucceffivement aufquels elles ont depuis paffé; au feptième, du

---

(1) Ces deux ouvrages ne parurent qu'en 1671 Le P. Meneftrier fe reconcilia avec Le Laboureur apres la publication de l'*Art du Blafon juftifié* Lyon, 1661 Puis il fut abforbe par les folemnites de la canonifation de faint François de Sales & par les fetes du mariage du duc de Savoie, de la conduite defquelles il fut chargé, il n'a donne dans l intervalle, fur le Blafon, que l'*Abrege methodique des principes heraldiques*, 1661

choix des quatre couleurs & des deux métaux & pannes ;
au huitième, du choix des pièces ; au neuvième, si c'est
par la cotte d'armes, par les drappeaux, par les houssures,
par les habits ou par les boucliers que les armes ont commencé ; au dixième, en quel temps furent establies les lois
héraldiques ; au onzième, ce que chaque siècle a ajouté
au blason ; au douzième, l'origine des termes du blason &
leurs étymologies ; au treizième, en quel temps les armes
des souverains ont commencé à estre mises dans les monnoies ; au quatorzième, quand on a commencé à s'en servir
aux funérailles & à les mettre sur les tombeaux ; au quinzième, en quel estat est à présent l'art héraldique & ce qui
nous reste à développer sur cette matière.

Voilà une partie entière ajoutée à mon Projet, qui sera
la préliminaire de mon ouvrage & mon apologie. Je pense
que c'est ainsi qu'il faut respondre en instruisant le public
& en faisant chemin. Voicy l'ordre de la petite responce :
Je commence par ce trait de l'ancien apologiste latin :
« Certus equidem eram senem notissimæ temeritatis accusationem mei prius apud se cœptam quàm cogitatam, penuria criminum solis conviciis impleturum (1). » Je mets
ensuite tous les endroits de mon livre où j'ay parlé de luy ;

---

(1) Le P. Menestrier a vraisemblablement fait cette citation de memoire,
où il n'a pris du texte que ce qui lui
convenoit. Voici le passage entier de
l'auteur latin dont il a oublié de donner le nom « Certus equidem eram,
proque vero obtinebam, Sicinium Æmi-
lianum, senem notissimæ temeritatis,
accusationem mei, prius apud te ap-
tam, quam apud se cogitatam, penuria
criminum, solis convitiis impleturum.
Quippe insimulari quivis innocens potest revinci, nisi nocens, non potest. »
(Luc. Apuleius, Apologia.)

« Je sçavor d'avance, & je n'en
doutois pas, comment Sicinius Æmi-
lianus, vieillard d'une insigne effron-
terie, procederoit dans son accusation

après, laissant les quinze premières pages farcies d'injures & de sottises, je viens à son origine de gueules tiré de *conchylium*, où je dis seulement que *conchylium* signifie le pourpre & non pas le gueules qui est couleur de graine (grenat) & non pas de coquille. Mes Additions ont déjà éclaircy ce point aussi bien que celuy de sable, sur sa p. 16 Page 17, pour l'hermine, je prends toutes les anciennes faites en épis renversez ou en bout de queües, comme vous aurez remarqué en plusieurs endroits, & nullement faites comme on les représente maintenant; de plus, tous les blasonneurs nomment les hermines mouchetures, quand elles sont en petit nombre.

Je suis marri de ce qu'on me presse de fermer ma lettre sans achever, ce sera à une autre fois. Je suis, &c.

C.-F MENESTRIER

Au meme.

Saint-Moris en Maconnois, 8 octobre 1660.

Monsieur,

Je ne sçaurois vous renouveller plus avantageusement les assurances de mes respects que d'un lieu où l'on a de la vénération pour vostre mérite, & où vous estes souvent le sujet des doux entretiens que j'ay avec M^r le vicomte de Saint-Moris qui m'a desbauché pour quelques jours &

contre moi, accusation portée avant même d'y avoir reflechi, & dans laquelle, a defaut de griefs veritables, il a eu recours a l'injure & à la calomnie Mais s'il est permis d'accuser un innocent, le criminel seul peut être atteint & convaincu »

qui fut hier mon introducteur dans l'abbaye de Clugny où j'ay fait conqueſte pour mon ouvrage. Je ſuis ravy du délay de voſtre voyage pour Lion où j'eſpère d'avoir le bien de vous voir, eſtant dans le deſſein de m'y rendre ſur la fin de la ſemaine ſuivante. Je retourneray demain à Maſcon, pour aller de là à la Ferté, à Chalons & à quelqu'autre ancienne égliſe voiſine.

Je n'ay pû encore voir Upton qui me fut donné dans l'infirmerie que je tins huit jours entiers; cette incommodité m'empeſcha de vous écrire, & mon départ de Lion fut ſi imprévu qu'il ne me laiſſa pas le moyen de le faire. J'avois quelque deſſein de paſſer à Paineſſuyt (1) & d'aller eſtre voſtre hoſte pour un jour, mais la Saint-Luc me rappellera & me privera de cette ſatisfaction. Vous y aurez bientoſt le fils de M. d'Hozier qui commence à ſe dépayſer. Je n'ay fait que courre depuis trois mois, cela recule l'impreſſion de mon ouvrage, que je vais faire marcher tout de bon après mon retour. Je n'ay pas de quoy me repentir de mon retardement, j'ay vû beaucoup de choſes qui me ſerviront & qui eſtoient néceſſaires à mon deſſein. Si je trouve à Tournus, à la Ferté ou à Chalons quelque choſe de voſtre gibier, je vous en donneray advis; pour Clugny, vous en eſtes mieux inſtruit que moy. Je ſuis, &c.

C.-F. MENESTRIER.

(1) Habitation de Guichenon, en Bugey.

Au même

Lion, 20 octobre 1660

Monsieur,

Me voicy de retour de mes courvées, & je reviens chargé de dépouilles. Je ne fçay fi elles ferviront de trophées à l'Infulaire, ou d'armes pour le battre. Il y a affez d'apparence qu'il aura peine à tenir contre une troupe de morts fi redoutables, & que j'auray de quoy l'accabler des écuffons que le temps a refpectez. Je vous attens en bonne dévotion, & avant que m'entretenir avec vous, je veux vous faire part d'une de mes refveries. Il m'eft venu en penfée que l'origine du nom de Dombes pourroit bien eftre *Dominium baffum*, Domaine bas (1). C'eft un pays de plaine; on a changé l'ancien nom de *Dominus* en Dom : pourquoy non *Dominus baffus* en *Dombas*, dont on auroit fait Dombes? Il y a près de Grenoble une terre qu'on nomme Domaine; Dampville eft *Domini villa*. Vous jugerez fi j'ay donné au but & fi ma conjecture eft raifonnable. Je fuis, &c.

C.-F. MENESTRIER.

(1) Toujours les mêmes rêveries. Ces bonnes gens croyoient leur honneur engagé a produire des etymologies ; plus elles etoient abfurdes & tirées par les cheveux, plus elles etoient inintelligibles & contraires au bon fens, & plus ils fe piquoient de paroître doués d'une rare perfpicacité, puifqu'ils voyoient ou croyoient voir clairement ce qui n'etoit que tenebres pour les autres.

Au même

Lion, 16 novembre 1660.

Monsieur,

Depuis que vous me fîtes la grace de m'offrir voftre amitié, j'ay pris part dans tous vos intérefts, &, comme j'ay eu de la joye du fuccez de vos entreprifes, je reffens de la douleur des accidens qui vous affligent. La perte que vous venez de faire (1) eft fi confidérable, que je ne doute point que vous n'ayez befoin de toute la fermeté de voftre efprit pour vous foutenir en cette occafion. Il eft vray que la Providence vous a difpofé depuis longtemps à ce coup, mais auffy il femble que ce n'a efté que pour en rendre les atteintes plus fenfibles, & la crainte que cette perte ne fût fuivie d'une autre (2) a efté un furcroît de douleur. Dieu traite fes amis de la forte, & les gens de bien font exercez tandis que les méchans femblent heureux. Je ferois tort à voftre vertu & à voftre fermeté fi j'entreprenois de vous confoler; je me contente d'avoir fait ce que vous pouviez attendre de moy en cette occafion : je luy ay procuré des meffes & des prières, & nos Pères l'ont fait volontiers, n'y ayant icy perfonne qui n'ayt du refpect pour voftre mérite. On a dit encore aujourd'huy huit meffes pour le repos de fon ame, & je feray continuer le refte de cette femaine. Pour moy, je la diray fouvent pour voftre confervation qui eft profitable au public, &, dans toutes

---

(1) Il avoit perdu fa femme.   (2) Celle de fon fils

les occasions qui se présenteront, vous verrez avec quelle passion je suis, &c.

C.-F. MENESTRIER

Au meme

Lion, 22 decembre 1660.

Monsieur,

Il ne faut pas laisser partir Mr Barbier sans me servir de cette occasion pour vous saluer & pour vous témoigner l'empressement que j'ay de vous voir & de vous communiquer mes petits desseins. Je vous prie cependant de prendre la peine de me chercher dans vostre *Petra Sancta* trois à quatre passages où il se soit servi de ces termes : « Maculis muris Pontici asperfi, » ou semblables, pourvû que le terme de *macula* y soit ou celuy de *cauda*. Je vous diray à quoy je m'en veux servir, & vous trouverez une pièce toute preste quand j'auray le bien de vous voir. Je vous rendray icy tous vos livres; mais je vous prieray de me prester vos *Trophées de Brabant*. Vous sçavez que l'Agricola est icy; il témoigne, à ce qu'on m'a dit, du repentir de ses extravagances. Tant de gens luy en ont fait des reproches, qu'il en est honteux; ce ne sera pas la seule pénitence qu'il en fera. La mort du bon M^r d'Hozier m'a bien affligé, j'en donnay la triste nouvelle à son fils qui partit aussitôt après pour Paris. Je suis, &c.

C.-F MENESTRIER.

Au même.

Lion, 18 janvier 1661.

Monsieur,

J'ay receü vos *Trophées de Brabant* & la Pompe funèbre d'Anne de Bretagne, dont je vous remercie.

Je vous renvoye la copie de voſtre lettre à l'Agricola; j'en ay remarqué les chaſſes pour m'en ſervir, mais je ſuis marry d'y avoir vû que vous vous y faites partiſan de *Bronchant*, & j'ay du déplaiſir d'avoir écrit ce que j'en ay écrit, car j'ay dit en mon *Art du Blaſon juſtifié* que l'autheur moderne avoit eu raiſon de reprendre Mʳ Capré, & j'ay donné l'origine entière de ce terme, que j'aurois paſſé ſous ſilence ſi j'euſſe eu le moindre ſoupçon que vous l'approuvaſſiez. Je vous ay été fidelle en la promeſſe que je vous avois faite autrefois d'épargner le catalogue de Mʳ Capré; mais je penſe que vous ne trouverez pas mauvais, puiſqu'il a le premier manqué à l'amitié que j'avois nouée avec luy, que je rétracte ce que j'ay dit en ſa faveur dans mes *Additions*, & que je le charge de la confuſion que mérite ſon infidélité. Je fais imprimer une partie de ſa lettre au Prévoſt, avec des réflexions dignes de ſon texte. J'avois remarqué dix fautes conſidérables en ſon *Catalogue* (de l'ordre de l'Annonciade), entre autres qu'il prend des deviſes pour des ſupports, & j'aurois beau champ à le battre; mais quelqu'occaſion que j'euſſe de ne luy rien pardonner, je vous tiendray parole ſur ce point. Je fais graver les bonnets de Saxe, & je prouve démonſtrativement que ce ſont bon-

nets. L'ouvrage eft bien avancé, & j'efpère qu'il réuffira ;
on en tire quinze cens copies, & j'eftime que ce nombre
fuffira contre les cinq cens de l'Agricola. Je ne doute point
qu'il ne vous ayt dit de plaifantes chofes durant l'entretien
que vous euftes avec luy fur le fujet des lettres qu'il vous
montra; mais on m'a dit que ces lettres ne font pas toutes
d'une main. Ne vous en apperçûtes-vous point? Je penfe
qu'il fera furpris d'en reçevoir dans trois femaines une qu'il
n'attend pas & dont je n'attends pas refponfe par l'ordinaire fuivant. Je feray fuivre d'abord mon traité des Origines, & après celuy-là mon Véritable art de nouvelle
méthode, dont il y a desjà vingt planches gravées. Tant
de chofes l'eftourdiront.

Pour Sarcus, fi vous aviez La Morlière (1), je vous prierois d'en faire tirer une vingtaine de lignes du chapitre où
il parle de cette maifon fous le mefme nom. Il me fouvient
de l'avoir lû autrefois; cette authorité feroit forte. Pour
Saxe, je ne puis que le renvoyer à voftre Hiftoire, de mefme
que pour la Croix de Savoye. Pour la trangle, je luy en ay
donné de refte en mon *Art du Blafon*, & il a été contraint

---

(1) *Nobiliaire de Picardie.* — Sarcus ou Sarcuz fignifioit autrefois un
cercueil; c'étoit le nom d'une famille
confidérable de cette province. En
reconnoiffance du fecours donne a
Peronne en 1536 par MM. de Sarcus
& de Saiffeval qui commandoient
chacun mille hommes de la legion de
Picardie, la ville gardoit une banniere
qu'elle portoit en proceffion tous les
ans le 11 feptembre, & fur laquelle
etoit repréfenté d'un côté le fiege avec
les attaques & les brèches, & aux quatre
coins les armes du maréchal de la
Marck-Bouillon, du comte de Dain-
martin, de MM. de Sarcus & de Saiffeval. Cette bannière etoit en foie, or
& argent. Elle fut refaite en 1705,
d'apres l'ancienne qui etoit tout ufée;
leurs armes y etoient brodees. Sarcus
portoit . *de gueules, au fautoir d'argent, accompagné de quatre merlettes
de même.*

d'avouer ce terme en son *Epiſtre apologétique*. Je battray bien les eaux bourbeuses, &, comme Sarcus sera l'unique chose dont je parleray avec ces eaux, & que j'allégueray La Morlière pour ce premier, il ne sçauroit soupçonner nostre intelligence sur ce point (1).

Je fais un chapitre des autheurs justifiés où vous aurez la bonne part, mais je n'y fais aucune mention de vostre amy des Alpes (Capré) qui ne le mérite pas.

J'ay fait civilité à Mr de Saluces sur le point de l'Epistre de l'Agricola. J'insère un éloge du comte Philippe dans ma pièce, à l'occasion de la béveüe du docteur pour le marquis de Saint-Maurice qu'il a fait marquis de Saint-Germain. Mr Capré devoit avoir eu la charité de l'en avertir, non pas louer son éloquence. Vous verrez un chapitre galand des réflexions de cette éloquence. Enfin, malgré l'envie, je me glorifieray toujours d'avoir en vous un illustre amy, & vous seul me tiendrez lieu d'académie.

---

(1) Ce que dit ici le P. Menestrier des précautions qu'il prendra pour ne rien avancer, en combattant l'opinion de Le Laboureur, qui puisse lui faire soupçonner qu'il est d'intelligence avec Guichenon, vient à l'appui de la remarque déja faite (*), que ce dernier voyoit sans peine les mortifications auxquelles l'ancien prevôt de l'Ile-Barbe etoit en butte de la part de ses adversaires. Mais comme il craignoit de se mettre en hostilité ouverte avec lui, il affectoit de conserver les dehors de la bienveillance pour éviter ses boutades & la rudesse de sa critique, dont sa vanité d'auteur avoit eu à souffrir plus d'une fois (**). En d'autres termes, tout en mettant à profit la fougue de l'âge du jeune Menestrier pour l'exciter contre Le Laboureur, Guichenon se tenoit prudemment à l'écart & se cachoit derrière lui. Il avoit joué le même rôle avec le P. Menestrier lui-même, dans ses demêlés avec Capré, comme on a pu le voir plus haut : cette tactique peu honorable donne une mediocre idée de Guichenon, & pourroit faire croire que la loyauté & la sincerité n'etoient pas les qualités distinctives de son caractere.

(*) Page 36.
(**) Voyez la lettre de Guichenon à Le Laboureur, ci-après p. 329.

Le P. Columbi a fçeu que vous aviez quelque fujet de vous plaindre de luy; j'apprens que c'eft du P. Théophile qu'il le tient, & il m'en eft venu interroger. Je luy ay dit nettement que vous m'aviez témoigné que vous aviez deffein de luy demander de but en blanc ce qu'il avoit contre vous; il en a efté extrêmement furpris, & m'a affeuré qu'il ne pouvoit pas s'imaginer qu'il eût rien fait ny dit qui vous pût déplaire; & comme il craignoit que ce ne fût peut-eftre en fon livre de *Noctes blancalandanæ* où il parle fouvent de vous, il me pria de le parcourre. Je connus, par l'empreffement qu'il avoit, que voftre amitié ne luy eft pas chofe indifférente. Pour moy, je fuis, &c.

C.-F. MENESTRIER.

D'apres les renfeignements qui m'avoient ete fournis, j'ai efperé un inftant trouver une feconde ferie de lettres du P. Meneftrier, dans les innombrables cartons du cabinet des Manufcrits de la B. imperiale, & je me rejouïffois d'avance de cette bonne fortune inattendue; mais au premier examen des lettres qui m'avoient ete fignalees, j'ai reconnu que je ne pouvois les utilifer en aucune façon. En effet, ces lettres écrites de Rome font de l'antiquaire Claude Meneftrier, bibliothécaire du cardinal Barberin, qui eft tout-a-fait etranger a l'hiftoire litteraire de Lyon. Il fuffit de voir les dates pour s'affurer qu'il n'étoit pas poffible de trouver des lettres du P. Meneftrier, né en 1631, parmi les pieces compofant les volumineux recueils du fonds de Peirefc, mort en 1638, & des frères du Puy, morts quelques annees plus tard a cette époque, le jeune Meneftrier n'etoit encore connu que des regents du College de la Trinite. A cette occafion, je ferai une remarque que je n'ai vue confignee nulle part: toutes ces lettres de l'antiquaire font fignees *Menetrié*. Devroit-on en conclure, fi l'on admet que celui qui les ecrivoit connoiffoit l'orthographe de fon nom, qu'il n'etoit pas plus de la famille de notre P. Meneftrier que celui-ci n'appartenoit a celle de J.-B. Le Meneftrier, de Dijon? Je n'ai garde de decider la queftion au préjudice du P. Meneftrier, & de le dépouiller des aieux qu'il recherchoit avec tant de foin, quoiqu'il leur ait fait plus d'honneur qu'il n'en a reçu d'eux; toujours eft-il que le bibliothécaire du cardinal Barberin, cité par les biographes fous le nom de Meneftrier, fignoit invariablement *Menetrié*, ainfi qu'il eft facile de s'en edifier au cabinet des Manufcrits de la

B. impériale, & dans le titre de ses œuvres latines il est appelé *Menestreius*. Évidemment, si son nom avoit été Menestrier, il en auroit fait *Menestrerius*. (Voyez ci-dessus, p. 10, note 3, & p. 162.)

Quoi qu'il en soit, le P. Menestrier, qui a eu pendant plus de quarante ans une correspondance suivie avec tous les savants de son temps, a dû écrire un grand nombre de lettres, & cependant rien n'est plus difficile à rencontrer qu'une lettre de lui. La B. de la ville n'en possède point, non plus que celle des PP. Jésuites ; je n'en connois point dans les portefeuilles des collecteurs d'authographes à Lyon, & pendant ces dernières années il n'en est passé qu'une seule, à ma connoissance, dans les ventes publiques : le P. Menestrier y donne son opinion sur l'Histoire manuscrite du Beaujolois attribuée à Louvet, qui faisoit pour l'histoire des provinces de France ce que Tristan l'Hermite de Soliers faisoit pour les généalogies & le blason.

LETTRES INEDITES DE QUELQUES SAVANTS

A S. GUICHENON.

Ces Lettres, comme les precedentes, font extraites de la Correfpondance de Guichenon. Bien qu'il y foit à peine queftion du P. Meneftrier, j'ai cru que je pouvois les publier, les matières qui y font traitées ayant un rapport immediat avec les études & les travaux de notre favant Jefuite, & offrant de plus quelque interêt pour l'hiftoire litteraire du xviie fiècle dans nos provinces.

Le préfident de Boiffieu, de qui on trouvera ci-apres deux lettres parmi celles de quelques autres favants, qui tous auffi avoient des relations avec le P. Meneftrier, a été un des plus doctes hommes de fon temps ; tous les gens de lettres recherchoient fon patronage, plus encore pour fes vaftes connoiffances & pour les lumières qu'il favoit répandre fur les faits les plus obfcurs de nos annales, qu'en raifon de fon rang élevé & de fa grande fortune. Outre les excellentes remarques critiques dont ces lettres font remplies, la premiere contient une preuve de plus de fon foible à l'endroit de fa maifon. Inceffamment occupé de rechercher les titres & les documents qui pouvoient l'illuftrer & faire remonter fon origine jufque dans la nuit des temps les plus recules, il les fabriquoit au befoin lorfqu'il ne les trouvoit pas, ou lorfque la complaifance des erudits qu'il protégeoit ne lui en fourniffoit pas des copies plus ou moins fufpectes, mais desquelles fa vanite s'accommodoit aveuglement fans s'inquiéter de vérifier leur authenticite. Il ne refte plus rien à dire fur ce travers d'un homme confiderable d'ailleurs a tant d'egards, depuis que M. A. de Terrebaffe, dans un livre rempli de curieufes recherches & d'appreciations fûres (1), nous a revelé les moyens dont le préfident de Boiffieu fe fervoit pour fe creer des aieux & accroître ainfi la nobleffe & l'illuftration d'une race qui devoit s'éteindre avec lui, car fon fils unique mourut fans poftérité.

J'ai hefite d'abord a reproduire les lettres qui terminent ce travail, dans la crainte qu'on ne m'accufât d'avoir groffi ce volume outre mefure avec les

---

(1) *Relation des principaux evenements de la vie de Salvaing de Boiffieu, premier prefident en la Chambre des comptes de Dauphine*, fuivie d'une critique de fa genealogie, & precedee d'une Notice hiftorique par Alfred de Terrebaffe. Lyon, imprimerie de Louis Perrin, 1850, in-8.

ecrits d'autrui & sans profit pour personne. Si l'on en jugeoit ainsi, voici ce que j'aurois à répondre pour mon excuse : D'abord, les noms de Salvaing de Boissieu, de Guichenon, de Le Laboureur, de Chorier, de Fine-Brianville, ne sont point étrangers au sujet que j'ai essayé de traiter ; tous ces hommes, eminents par quelque côté, ont connu le P. Menestrier, & il n'est pas un seul d'entre eux qu'il ne mentionne frequemment dans ses ouvrages. En second lieu, on n'oubliera pas que ce travail a été entrepris uniquement pour ceux de mes compatriotes qui s'occupent de l'histoire litteraire de Lyon ; à ceux-la, tous les noms que je viens de rapporter sont familiers : l'*Usage des fiefs*, l'*Histoire de Bresse & de Bugey*, les *Masures de l'Isle-Barbe*, l'*Histoire de Dauphiné*, sont dans toutes les bibliothèques lyonnoises & leurs auteurs ont droit de cité parmi nous. Ce qui vient d'eux ne sauroit donc être sans intérêt pour nous, & ici au moins, je l'espère, on me pardonnera d'avoir un peu élargi mon cadre pour y introduire des documents qui ont tous leur valeur, ce me semble, au point de vue ou je me suis place

Salvaing de Boissieu a Guichenon.

A Grenoble, ce 12 juillet 1659.

Monsieur,

Je vous dois un très humble remercîment de la part qu'il vous a pleu me faire de vos Recherches touchant nos anciens Dauphins, à quoy j'aurois plustost satisfait sans le séjour d'un mois que j'ay fait à la campagne. Je voy que vous en avez descouvert un par dessus feu Mr Blondel, comme celluy-cy en avoit trouvé trois inconnus à feu Mr du Chesne ; & c'est, à mon advis, jusques où la plus exacte recherche peut aller, puisqu'il est difficile de remonter plus haut dans les archives des abbayes qui nous fournissent les plus anciens titres. Je vous en félicite, & prens la part que je dois à l'obligation que vous a l'histoire de cette province. J'avois creu autrefois qu'un des premiers comtes d'Albon s'appelloit Dauphin, dont il s'estoit fait un nom de famille comme enfin il s'en eft fait un de dignité Mais comme ils s'appellent tous Guigues, je ne puis deviner qui le premier s'eft appellé Dauphin ; car je trouve par des titres authentiques que Guigues VI, furnommé le Gras, portoit déjà le nom de Dauphin, contre ce que vous croyez, que ce fut feulement Guigues VII. Quoy qu il en foit, il eft certain que leurs anciennes armes n'eftoient pas un dauphin, comme il fc juftifie par des fceaux anciens dont j'en ay quelques-uns dans mes archives particulières. Vous dittes auffy que Béatrix d'Albon, fille de Guigues VIII, fut mariée en troifièmes nopces à Hugues, fire de Coligny & de Revermont, en quoy j'apréhende que vous & Mr Blondel & Mr Juftel n'ayez point d'autre autheur que Mr Bouchet, qui, ayant trouvé une Béatrix mariée à cet Hugues de Coligny, s'eft imaginé que c'eftoit Béatrix d'Albon, ou peut-eftre il a voulu donner par complaifance cet ornement-là à fa généalogie. Néantmoins vous en devez eftre mieux inftruit que luy ; mais jufqu'à ce que j'en voye la preuve il feroit difficile de me le perfuader, puifque nous fçavons le tems de la mort d'Hugues III, duc de Bourgoigne, fon fecond mary, qui fut bientoft fuivye de celle de Béatrix fa vefve, dont nous avons le teftament fait à Vizile, à deux lieues de Grenoble, où elle a paffé le tems de fa viduité, fans avoir fait mention dans fon teftament du fire de Coligny ny de fes enfants, ce que fans doute elle auroit fait. Obligez-moy, Monfieur, de m'en dire au vray ce qui eft de voftre créance maintenant, nonobftant ce que vous en pouvez avoir efcrit. Il eft aifé de fe mefconter en femblable matière, où la conjecture a fouvent beaucoup de part.

On me dit que vous eftes après fueilleter les archives de

Saint-Jean de Lion, où il est croyable que vous trouverez beaucoup de choses dignes de remarque. Mr Chorier m'a dit qu'il me donneroit la copie d'un titre qu'il y a trouvé de l'an 1157, si je ne me trompe, où il est fait mention d'un Guichard de Salvaing, chevallier. Il est en cette ville depuis deux jours pour voir s'il ne pourroit traiter avec un libraire de l'impression de son Histoire; mais comme il n'a pas fait la dernière partie qui sera la plus belle, & qui estant plus proche de nostre aage sera sans doute plus recherchée, il n'y trouvera pas si bien son compte qu'il auroit fait si tout l'ouvrage estoit prest. Je ne manque pas de luy rendre tout le service que je dois à sa vertu.

Je ne sçay pourquoy l'on diffère tant la publication de vostre Histoire de Savoye, mais je m'imagine qu'on attend le mariage du Roy pour voir comme vous parlerez des promesses de Lion.

Je ne doute pas que vous n'ayez descouvert des princes de Maurienne au-dessus de Humbert I, auffy bien que Mr Blondel, mais c'eût esté détruire la fable de Berald qu'on veut bien authoriser. Cella est un entretien de confiance. Je souhaiterois bien que quelque sujet vous obligeât de passer quelques jours en cette ville pour vous y asseurer de vive voix, comme je fais par cette lettre, que je suis, autant que je le dois à vostre mérite,

   Monsieur,
  Vostre très humble & obéissant serviteur.
      BOISSIEU.

(Avec le cachet de ses armes qui sont de l'Empire, a la bordure de France).

  A Monsieur,
Monsieur Guichenon, chevalier de l'ordre de St-Maurice,
    a Bourg.

Au même.

A Grenoble, ce 24 mars 1660.

Monsieur,

Je vous dois un très humble remerciment du beau présent que vous m'avez fait qui devroit convier tous les curieux de chaque province de vous imiter, parce qu'il y a grande satisfaction de voir les sources de l'histoire qui nous garentissent de beaucoup de mescontes & de parachronismes. Je puis vous asseurer, Monsieur, que j'ay pris tant de goût à la lecture de ces vieux titres que vous avez recueillis, qu'il n'en est point que je n'aye veu d'un bout à l'autre dans moins de trois jours. Mais comme vous en avés bien plus que vous n'avés fait imprimer, & qu'en tout cas vos amis vous en auroient pû fournir plus grand nombre, je souhaitterois que vous en eussiez donné quatre centuries dans un volume in-folio, parce que ces sortes de livres ne demeurent point dans le magasin d'un libraire, n'y ayant personne qui fasse bibliothèque qui ne les veuille avoir. Si j'avois quelques années de moins & un peu plus de loisir, il me seroit aisé de faire un recueil très beau de beaucoup de titres anciens de cette province, tirés non-seulement de la Chambre des comptes, mais aussy des chartulaires des évefchés & des abbayes & des archives particulières des maisons nobles. Je vous demande la continuation de l'honneur de voſtre bienveillance, & vous ſupplie de me croire,

   Monſieur,

     Voſtre, &c.

        BOISSIEU.

Guichenon a M¹ Le Laboureur, ancien prevoſt de l'Iſle-Barbe.

Le 29 de juillet 1658.

  Monſieur,

J'envoyeray à Monſieur Capré la lettre que vous lui deſtinez, de laquelle je crois qu'il ſera autant ſatisfait qu'il avoit eſté choqué de ce que vous aviez dit de luy dans voſtre ouvrage, puiſqu'elle eſt dans des termes ſi obligeants que vous me marquez. C'eſt un fort galant homme, & je ſuis certain, ſi vous l'aviez connu comme je fais, que vous en euſſiez uſé plus doucement avec luy. Quand les autheurs ſont vivants, il eſt extrémement chatouilleux de les reprendre; pour les morts, on leur donne ſur les doits impunément. Vous verrez avec quelle retenue j'ay parlé en la Préface de mon Hiſt. de Savoye, où je fais le jugement de touts les hiſtoriens qui ont traitté le meſme ſujet. Enfin il ſe faut faire juſtice; vous ne ſeriez pas bien ayſe que l'on vous donnaſt quelque pinçade, car cela n'eſt pas plaiſant, & ainſy vous ne devez pas treuver eſtrange ſi Monſieur Capré, qui n'eſt point un homme du commun, s'eſt formaliſé de voſtre critique, tout autre en auroit autant fait que luy, & n'auroit pas eu ma modéra-

Monsieur

Il y a une
se tracte
l'explicati[on]
Apologetiq[ue]
traicté qu[e]
S. de Sr. q[ue]
vend... se
s'affectio[n]
l'a marct p[our]
f... texte
qu'il a veu...
Ds ou, qu'il e[st]
se sai solli[citer]
ma lzan ce se
d'anger en se...
que jusqu'à...
rejett an... ve...
l'Equipmit est
que sa saff...
l'a marct que
vertu qu'il n...
... d... s... afv...

Monsieur

Monsieur

Il y a une année entière que je me donnay l'honneur de vous offrir
le Traicté de l'origine des Armes et des termes receus & usitez pour
l'explication de la science des Armes, a quoy je joignis une Epistre
Apologetique pour cette piece a v.s. Je suis qui m'avoit aussi mal
traicté qu'un mon ouvrage Monsieur Camaret qui m'avoit tesmoigné
le desir que vous auriez de voir cette oeuvre, et devoit vous
vendre le tout. Mais je ne sçavois pas qu'il fut de suite
d'affection et d'inclination estant frere ou parent proche du R.P.
Camaret provincial du vostre compagnie comme j'ay appris depuis
peu de cela Monsieur je n'aurois pas voulu luy donner le desplaisir
qu'il a receu sans doubte de la lecture d'une piece comme celle-là
si non qu'il estoit Monsieur depuis ce temps dont il estoit s'Autheur
je l'ay sollicité a diverses fois de m'apprendre la lecture de vostre
malayse en sa production & toujours inutilement car ou vous estiez
d'un grand sérieux malade ou autrement occupé & affairé de tres sortes
que jusque'à present il m'a fallu ronger mon frein m'en taisant &
n'y est en vueue m'acquer sur ma propre impertinence. Mais Maintenant
Seigneur est expliqué & si ne vous au ch'rois pas de vostre si dire —
que la suppression du paquet s'en est suivi, expliqué a Monsieur —
Camaret qui vous a fait de cesser & vous pouvez asseurer en la
vérité qu'il n'y a personne qui vous honore plus que moy, que suis
& veux estre avec passion

Monsieur
Monsieur J'ay pris la liberté de vous
addresser la lettre a Monsieur Camaret
& vous sçavez pourquoy.

vostre tres humble & tres obeissant
serviteur
Labouveur.

Monsieur

Il y a une année entière que je me donnay l'honneur de vous offrir
le Traicté de l'origine des armes et des termes receus et usitez pour
l'explication de la Science des armes, à quoy je joignis une Epistre
apologetique pour ceste piece a v. R. Je sçeu to[ut] qui m'auoit aussi mal
traicté qu'à mon usage. Monsieur Camaret qui m'auoit tesmoigné
le desir que vous auiez de voir ceste œuure au dehors deuoit vous
rendre le tout. Mais je ne sçauoir par quil subtil site
d'affection et d'inclination, estant frere ou parent proche du R. P.
Camaret prouincial du v[ot]re compagnie comme j'ay appris despuis
peu de jours, Monsieur. Ne nauroir pas voulu se desmener de s'exposer
qu'il a receu sans doubte de la lecture d'une piece comme celle la par
le noy qu'il estoit. Monsieur depuis, et tres noy dont il estoit s'Autheur
je l'ay sollicité a diuerses fois de m'apprendre la fortune de vostre
ma[nuscrit] et sa production et toussourts Inutilement car ou vous estiez
d'auenture fort malade ou autrement occupé et affairé de telle sorte
qu'jusques au present Il n'a fallu ronger mon frein maintenant et
rejetter un reneu malgré sur ma propre impertinence. Mais Maintenant
L'Enigme est expliqué et se ne vous auois rempli de vostre Il dire
que la suppression du pacquet se m'est expliqué a Monsieur
Camaret qui vous est fort proche et vous pouues asseurer au
veritté qu'il n'y a personne qui vous honore plus que moy qui suis
de votre estre aux passiez

Monsieur
Monsieur J'ay pris la liberté de vous   Vostre treshumble et tresobeissant
adresser la lettre a Monsieur Camaret   Seruiteur
et vous sçauez pourquoy   La bouvier

Pour

Monsieur le Prieur Grossi
de Samaujo
A. Apt.

tion ; car, quoique de mon cofté je n'aye point formé de plainte contre vous, je crois pourtant d'en avoir eu le fujet ; & je vous fupplie de ne point treuver mauvais fi par occafion je vous explique ce que je voudrois diffimuler par confidération. En la page de voftre livre 80, vous débattez indirectement l'origine de Saxe de la maifon de Savoye en contredifant l'efcartelure que ces princes font de leurs armes, & vous préparez des contredits à mon ouvrage avant de l'avoir veu, ce qui, à mon advis, eft hors de propos, du moins, hors de faifon.

Pag. 172 & 173, vous blafmez le mot de trangle quoiqu'il foit juftifiable par l'éthimologie que vous luy donnez.

Pag. 175, vous confondez les maifons de Sarcus & de Tiercelin, & leur donnez mefmes armes fur ce fondement ; & pourtant, au dire des meilleurs généalogiftes, ce font familles différentes. Ainfy il n'y a pas lieu de corriger les armes de Sarcus dans mon *Indice armoirial*.

Pag. 178, le terme de Bronchant que vous avez condamné pour adopter le Brochant ne méritoit pas une fi rude cenfure, à caufe de fon age & de l'authorité que tant de perfonnes de mérite luy avoient donnée. Vous pouviez bien publier voftre opinion, fans rendre celle-là fi fort ridicule. Je ne veux pas nyer que je n'aye moy-mefme affectionné cefte dernière façon de parler, & me femble de vous l'avoir ainfy efcrit. Néantmoins il y avoit moyen d'en fortir plus civilement & avec des parolles moins aigres, & je voy bien que vous m'avez voulu efpargner en ce paffage, en ne me nommant point. Mais les bons entendeurs ont bien connu que vous aviez jetté la pierre contre moy auffy bien que contre Monfieur Capré, & que vous aviez caché le bras. Outre tout cela, je ne vois pas qu'en plufieurs rencontres d'armoiries vous m'ayez cité, car vous le pouviez faire fans affectation, puifque vous les avez tirées de mon Hift. de Breffe : ce qui eftoit pluftoft juftice que faveur.

Voilà, Monfieur, ce que je n'avois pas réfolu de vous efcrire ni de vous dire, fi vous-mefme ne m'en euffiez fourny la matière. Mais je vous fupplie très humblement de croyre que cela n'a fait aucune finiftre impreffion fur mon efprit, ni la moindre altération de l'amitié que je vous ay voüée, laquelle demeurera inviolable s'il vous plaift. Mes amys de Paris en ont efté plus choqués que moy, & ont fait quelque bruit à ce fujet. Je leur pardonne cette tendreffe, & vous me pardonnerez bien la franchife & la candeur avec laquelle je vous ay eftalé tout cecy, puifque je fuis fyncèrement, .&c.,

 Monfieur,
  Voftre, &c.

(Cette lettre ou plutôt cette copie, quoique tout entière de la main de Guichenon, n'eft pas fignee.)

20 de Janvier
1662

Monsieur,

Puis que nous sces encore dans le premier mois de l'année,
Il est encor dela bienseance et dela civilité dela vous
souhaitter heureusse. et Con say touj.s fait une estime
particuliere de vostre personne et de v.re amitié et que
je vous ay des obligations infinies J'ay veu ql je nevous
en pouvoir point donner de meilleures marques qu'en
vous offrant un Exemplaire de mon Histoire de Sauze
agnes. Je donc Monsieur s'il vous plaist a me faire
la grace de l'accepter, vous n'avez personne au Monde
qui vous soit plus acquise, que moy q'y suis a toute
espreuve

Monsieur   vostre treshumble
                                    et tres obeissant serviteur
J'ay rec.u à deux fois les deux Lettres   Loys de Guicheron
de M.r de Bordeaux dont je vous
rends treshumblement

Monsieur

Monsieur Dugeat Prieur
de la Mure et d'Auriol.

A Lyon.

Claude Le Laboureur a Guichenon.

A l'Ifle, ce dernier juillet 1658.

Monfieur,

Si je ne croyois avoir pleinement fatisfait Mons. Capré, je ne craindrois point de vous prendre pour arbitre de noftre différent, encore qu'il femble que vous me preniez à partie & que vous aimiez mieux tenir le lieu d'accufateur que de juge. Quoi qu'il en foit, je vous affure que ma confcience ne me reproche rien ; & pour ce qui eft de Mons. Capré, fur cefte fatisfaction qui de cinq chefs de plainte qu'il forme contre moi, les 4 ont efté trouvés extrémement délicats, & pour le cinq^e je vous fupplie de croire & luy auffi que tout ce que j'ay dit du terme Bronchant ne vient que de l'averfion que j'en ay ; car, pour l'autheur que je n'avois pas l'honneur de connoiftre, je n'ay jamais eu l'intention de luy defplaire, & beaucoup moins à vous que j'avois confulté & duquel depuis j'avois tiré voftre fuffrage pour l'exclufion de ce mot. Ce qu'eftant ainfi, quelle apparence que je vous aie voulu porter un coup au travers de Mr Capré ? Vous le voulez pourtant, & fans m'ouïr vous prononcez contre moi en faveur de mond. fieur Capré, ce que je ne veux fouffrir, à caufe de fon mérite & de voftre authorité que je confidère comme je dois, quelque penfée que vous ayez de certains lieux de mon Difcours fur lefquels vous me ferez bien l'honneur de m'entendre.

Vous jugez donc qu'en la page 80 (*Discours de l'Origine des armes*), j'impugne indirectement l'origine de la maison de Savoye, ce que je ne veux pas dénier. Mais en cela je ne vous sçaurois offenser, car d'un cofté je ne fuis pas le premier, &, fans parler de de Rubys, vous n'ignorez pas ce qu'en a escrit l'incomparable Du Chesne, l'authorité duquel m'est un mur d'airin (*sic*) & *novissimè* Monfieur le P. de Boissieu qui tranche vertement ce que Mons. Du Chesne n'avoit fait qu'effleurer.

Ce qui fuit est un peu plus fensible, que je prépare des contredits à vostre ouvrage; ce qui ne peut estre, n'ayant veu ni sceu quel peut estre vostre dessein. Que ce que j'ay dit soit hors de propos, je le veux bien, puisque vous le jugez ainsi hors de saison; vous m'excuserez si je n'en demeure pas d'accord, car si la vérité est l'ame de l'histoire, il est impossible de la dissimuler sans la perdre. Et en ce faict particulier de l'origine des princes, il en fault establir hautement tout ce qui faict à leur avantage pourveu qu'il soit bien folide, finon c'est mesler des morceaux de verre avec des émeraudes & des fables à la vérité, qui ne servent que pour nous faire douter du tout.

Pag. 172, je vous fais juge de ce que j'ay dit de la trangle, & je vous tiens si équitable que, quelque intérest que vous ayez pour la conservation de ce terme, vous ne laisserez de reconnoistre qu'il n'est ni françois ni armorial que depuis le sieur Wulson qui a bien forgé d'autres monstres. J'en ay donné pourtant l'étimologie, ce qui ne vous oblige pas de le recevoir. Prenez garde toutefois que je ne décide rien dans mon Discours, où je me contente de marquer la nouveauté du terme, de peur de me rendre odieux.

Pag. 175, j'avoüe ingénuement que ma façon de parler est un peu crue, mais je vous prie de considérer la matière, laquelle estant très légère, la faulte ne peut estre que vénielle quand bien mesme il seroit vray que Sarcus fust un nom de famille & non d'une terre appartenant à ceux de Tiercelin, ce que je ne veux point examiner. Suffit que je vouldrois avoir écrit ceçy autrement, puisqu'il vous a despleu.

Enfin vous m'accusez d'ingratitude pour ce que je ne me suis pas souvenu de vous avec éloge toutes les fois que l'occasion s'en est présentée, & en cela je connois que vous estes fasché tout de bon, puisque vous ne voulez pas agréer ce que je dis en la pag. 11 de ma Préface, où je vous rends graces à dessein de la faveur que vous m'avez faite de me fier vostre Ms. de la Marche, lequel en ce lieu n'a rien que les imprimez n'aient rapporté très fidellement, & marqué touts vos tiltres, au moins ceux qui vous doivent estre plus chers, puisqu'ils sont la source & l'origine de touts les aultres. Je vous traite d'un nom de respect qu'on ne donne qu'aux autheurs classiques, ce que le Sr Ruffi ne fait pas ni touts les PP. de la Société qui vous citent fort souvent. Et si je n'ay parlé de vous à l'occasion des armes de Montbré, Montrichard & aultres, qui ne voit que je le fais par discrétion? Quelle gloire, je vous prie, de dire que je les tiens de vous, & où en serois-je s'il avoit fallu nommer touts les lieux où j'ay pris tant d'aultres escussons que je considère comme des fleurs qui naissent dans les champs & qui partant sont exposées à touts ceux qui les veulent cueillir? Aultre chose seroit si ces escussons nous donnoient quelque lumière particulière, comme celui d'Onas & de S. Porcher (en Bresse), où j'ay bien veu que je vous devois rendre ce qui vous est deu & en quelle manière vous l'avez veu.

Conclusion. Je vous répète encore une fois que mon intention est très innocente, quoiqu'elle ne soit pas jugée telle. Après cela, si l'on me pince avec fondement, je n'en serai pas plus marri que je serois d'une bonne saignée qui me tireroit bien du sang, mais gasté & corrompu. Quelquefois en voulant tuer on sauve la vie, comme il advint à ce soldat qu'un heureux coup d'espée guarit d'un ulcère incurable pour ce qu'il estoit inconu. C'est ce que vous avez voulu faire en ceste occasion. Vous avez creu me descouvrir mes faultes, & je vous déclare que je vous en ay autant d'obligation que j'ay sujet de me plaindre de quelques personnes auxquelles j'ay communiqué mon manuscrit, auxquelles j'eusse souhaité plus de vigueur & de fermeté, que je ne die plus de fidélité, n'y ayant personne plus soumise & plus dégagée que moi en pareil rencontre. Je vous asseure que je leur ay hoché la bride en quelques lieux qui m'estoient suspects à moy-mesme, comme celuy où je parle des autheurs des chaînes de Navarre desquels j'ay considéré André Favin principalement. Il estoit sçavant à la vérité, mais grand parleur, confus & inconstant en beaucoup de lieux, amateur ou plustost admirateur de la fabuleuse antiquité, ce que je vous dis à dessein parce que vous me marquez que quelques personnes de vos amis se trouvent offensez de cette méchante & malheureuse petite pièce (le *Discours de l'Origine des armes*). Je vous supplie, Monsieur, de me les indiquer, car je n'auray point de repos que je ne sçache comment & pourquoy j'aurois despleu à tant d'honneftes gents, car je n'en peux parler aultrement puifqu'ils font de vos amis. Délivrez-moi de cette peine, je vous en conjure, & me faictes connoiftre par voftre refponfe que vous aimez autant que je fuis, &c.

LE LABOURUER (sic).

Au même

Monfieur,

Si je ne voulois entretenir avec vous toute bonne intelligence, je ne vous defcouvrirois pas fi franchement toutes mes penfées comme j'ay fait à l'occafion du tiltre de Payerne. Vous ne le trouverez donc point mauvais, au contraire; comme vous préparez une feconde édition de cet ouvrage, vous prendrez garde que *Chunradus filius regis* eft appelé deux fois dans la charte *Chunradus rex*; & ainfi la différence que vous me propofez n'eft que dans les termes & non dans la perfonne qui eft la mefme, comme il eft juftifié par la clofture de cefte charte où ce roy Chonrad, du confentement de qui Berthe fa mère donne le contenu d'icelle, la figne immédiatement aprez elle & fe qualifie *filius regis*, parce qu'il l'eftoit en effet & de cette reyne Berthe.

Dans ce mefme efprit d'union & de concorde, je vous donne advis que les yperpires ne peuvent eftre les afpres qui en font éloignés *toto cœlo*. Les afpres de Turquie font d'argent, & viennent du grec ασπρος, c'eft-à-dire blanc, comme qui diroit monnoye blanche, & il y a bien de l'apparence que les aultres eſtoient d'or (1). Théodore, fille d'Iſaac Comnène, frère aiſné de l'empereur de Conſtantinople, & femme de Baudouin III, roy de Hiéruſalem, fut dotée de cent mille yperpires comptants, qui euſt eſté peu de choſe ſi c'euſt eſté des aſpres qui ne valent que quelques ſols la pièce. Et par la meſme raiſon, la vente de l'iſle de Candie, dont il eſt parlé dans voſtre tiltre, euſt eſté choſe ridicule ſi les aſpres ou yperperes ou yperpyres euſſent eſté la meſme choſe. J'ay eſcrit à Marſeille pour avoir de ces aſpres, où je ſçay qu'ils ſont fort fréquents & très vils.

Enfin, je ne ſçay ſi je n'abonde point trop en mon ſens, mais je crois que Lyon n'a eu qu'un archeveſque du nom de Burchard, celui de Lauſanne n'aiant jamais changé de tiltre que je ſçache, non plus que ſon neveu dont le grand aage a donné occaſion à l'opinion contraire. Voilà, Monſieur, comme je traicte mes amis, uſez en de meſme à mon endroict & je le tiendray à faveur.

Pour voſtre Hiſtoire de Dombes, ſi j'en ſçavois un peu le deſſein & l'œconomie, peut-eſtre vous y pourrois-je ſervir. Toutefois je ne laiſſerai de vous dire que j'ay veu l'extraict des tiltres de la terre de Beaujeu tiré de la Chambre des comptes. Je dis l'extraict, car je crois que les originaux ſont dans le thréſor de Beaujollois qui eſt à Villefranche.

C'eſt dans cet extraict que j'ay veu que l'an 1402 Pierre

---

(1) Voyez du Cange, *Gloſſ.*, au mot *Hyperperum*: — « *Moneta imperatorum Byzantinorum aurea, ſic appellata quaſi ex auro eximie rutilo & recocto confecta effet, &c.* » — Voyez auſſi *Diſſertatio de imperatorum Conſtantinopolitanorum nummis*.

de Norry & l'Hermite de la Faye acheptèrent au nom du duc de Bourbon les villes & chafteaux de Trévoulx, Ambérieu, le Chaftelard, pour la fomme de 30,000 l. Il ne dit point de qui : je crois que c'eft du feigneur de Villars qui les tenoit de l'Eglife de Lyon. Tout cela ne vous fera pas nouveau, il y a apparence que vous l'aurez traicté dans voftre Hiftoire de Brefle. J'ai trouvé auffi que l'abbé, convent & religieux de St-Rambert, *pro laboribus & vexationibus tyrannorum & inimicorum ecclefiæ evitandis*, donnèrent à meffire Humbert, fire de Beaujeu, le droict qu'ils avoient en la ville du Bourg St-Chriftophle, fur l'églife, cimetière, décimes & aultres droicts fpirituels. De l'an 1226.

Il y a quantité d'aultres chofes qui ne regardent que le Beaujollois, & je ne doute point que tout cela ne vous foit exibé en original *toties quoties*. Néantmoins, fi vous le défirez, je vous donnerai tout, puifque je fuis tout entièrement, &c.

CL. LE LABOUREUR

A Valence, ce 16 feptembre 1660.

Au même (s l. n. d.).

Monfieur,

Je ne fçay pourquoi vous dites que je vous ay engagé dans le démeflé que j'ay avec le P. Meneftrier; vous n'y avez ni aurez, je vous affeure, aucune part que celle que vous y vouldrez prendre. J'ay dit que le tombeau de Béatrix de Savoye étoit une happelourde, voilà qui va bien ;

mais ce n'eſt pas à voſtre eſgard, ſi ce n'eſtoit que vous
euſſiez voulu eſcrire de ce tombeau en homme de cour
pluſtoſt qu'en hiſtorien. Je l'appelle auſſi un cénotaphe,
ce qui eſt évident, d'autant que ces maſſes de pierres ſont
pluſtoſt des monuments érigez à la mémoire des perſonnes
illuſtres que des urnes pour leurs cendres, ou de ces ar-
ches à l'antique où l'on mettoit les corps entiers. Et ce
que ce jeune homme (le P. Meneſtrier) a eſcrit du nombre
des enfants de Béatrix, du nom, des armes & de l'ordre
de naiſſance de ceux de ſa fille aiſnée m'en eſt une preuve
ſi convaincante qu'il eſt impoſſible d'aller au contraire;
de ſorte que je l'ay pouſſé avec juſtice, mais lui tout ſeul,
& je ne penſe pas qu'en l'eſtat qu'il a mis les choſes,
j'euſſe pû recevoir information du contraire. En effet, que
conclure de la ſépulture de Béatrix en ce lieu? Je vous
l'accorderai, mais non pas que le monument ait eſté baſti
ſur le lieu de cette ſépulture, ni au meſme temps, qui
n'auroit pas ſouffert les impertinences que j'ay remarquées
& qui demeureront ſans réplique, quoy que vous diſiez.

Certes, Monſieur, je ne ſuis pas impeccable, & je ne
doute point que ces doctes plumes dont vous me parlez
ne trouvent à dire ſur les *Origines* & quelqu'autres baga-
telles qui ſont ſorties de mon cabinet; mais pour l'*Apo-
logét.*, je vous aviſe que leurs répliques ne demeureront
pas ſans reſponſe. Au reſte, j'ay reçeu & vous remercie de
voſtre recueil où j'ay bien plus de part que vous ne m'y
en avez donné. Je ſerai obligé de les publier encore une
fois & d'indiquer le lieu d'où elles ſont ſorties. J'y expli-
querai meſme voſtre première charte pour l'abbaye de
Payerne, où vous n'avez pas pris garde que ce Chonrad,

fils de Berthe, n'eſt autre que le Pacifique, & je ſuis obligé à retoucher ceſte généalogie à cauſe d'un diſcours que je vous ay autrefois communiqué & que je fais entrer dans mes Mémoires ſur l'Iſle-Barbe, le tout avec la candeur & humilité que vous pouvez déſirer de celui qui eſt véritablement, &c.

LE LABOUREUR.

Du même à Antoine Groſſi (1).

Lyon, ce 16 mars 1677.

Monſieur,

Encore que je n'aye pas l'honneur d'eſtre connu de vous, me confiant néantmoins ſur voſtre courtoiſie de laquelle j'ay reſſenti divers effects par le moyen de Mr de Camaret, je prenz encore la liberté de vous demander une grace, ſans laquelle il eſt bien malaiſé de développer toutes les difficultez qui ſe rencontrent dans la généalogie de la maiſon d'Agout. La première eſt de ſçavoir comment

---

(1) Antoine de Groſſi, prieur de Lioux, né à Apt vers 1604, d'une famille noble & ancienne, mort en 1687, fut un des hommes les plus érudits de ſon ſiècle. Toujours à la recherche de ce qui pouvoit jeter quelque jour ſur les faits hiſtoriques, fixer la chronologie, débrouiller les fables ou remplir les lacunes qui ſe trouvoient dans la généalogie des grandes maiſons de la Provence & du Comtat, dont l'hiſtoire eſt mêlée à celle du pays, il avoit fait un recueil conſidérable de chartes, de titres anciens, de documents authentiques de toute ſorte, qu'il avoit extraits des archives particulières des ſeigneurs, des cartulaires des égliſes & des abbayes. Son plus grand plaiſir etoit de communiquer liberalement ſes richeſſes littéraires aux écrivains

la terre de Sault eſt entrée dans la maiſon d'Agout, & la ſeconde de joindre, en remontant, Raymond d'Agout, mary d'Iſoarde de Die qui vivoit l'an 1184, avec Roſtain d'Agout, mary de Giſlo, fille d'un certain Raimbault & d'Atalexis ſa femme. Vous voyez bien, Monſieur, que je ne reçoiz pas les fables ridicules de l'hiſtorien de Grenoble (1), ni la prétendue inféodation de la terre de Sault faicte en faveur de Faucher d'Agout du Loup, dans laquelle il y a preſqu'autant d'inepties & d'ignorances que de périodes. Que vous en ſemble donc, Monſieur, la terre de Sault n'auroit-elle point eſté la dot d'Odile, ayeule de la femme de Roſtain d'Agout, laquelle eſtant unique,

qui avoient recours à ſes lumières & le conſultoient ſur les difficultés hiſtoriques qu'ils ne pouvoient reſoudre qu'à l'aide de ſes immenſes connoiſſances. Groſſi etoit pour les ſavants, en province, ce que Wion d'Herouval étoit pour ceux de Paris, auſſi etoit-il en correſpondance avec tous les hommes de lettres de ſon temps, avec Honoré Bouche, auteur de l'*Hiſtoire & Chorographie de Provence*, Antoine de Ruffi, le P. Pagi, le P. Columbi, l'evêque de Vaiſon, Joſeph-Marie Suarez, le P. Robert de Briançon, Le Laboureur, Chorier, &c. Groſſi, a ſa mort, laiſſa au Chapitre de ſa ville natale le Cartulaire d'Apt & tous les documents qui pouvoient intereſſer cette égliſe; ſa correſpondance & ſes recueils de titres ſur les familles tomberent après lui entre les mains de M. de Remerville de Saint-Quentin, qui continua ſon œuvre de patience & de critique.

Preſque tous les Mss. de M. de Remerville ſont aujourd'hui à la B. de Carpentras, où ſans doute on doit trouver auſſi la plupart de ceux de Groſſi. Quelques-uns étoient devenus, par ſucceſſion, la propriété de M. le comte de Tournon-Simiane, de la bienveillance de qui je les tiens. Ce ſont des notes precieuſes de M. de Remerville ſur l'hiſtoire eccleſiaſtique & civile d'Apt, quelques lettres de lui en forme de diſſertation ſur des inſcriptions romaines & ſur diverſes autres antiquités; & les lettres adreſſées par un grand nombre de ſavants au prieur Groſſi, avec les copies ou brouillons de ſes réponſes, & quelques chartes copiées par ſes ſoins ſur les originaux. C'eſt de ce recueil que j'ai extrait les lettres de Le Laboureur au prieur de Lioux, & celles de Chorier, qu'on trouvera ci-apres à leur rang.

(1) Chorier.

la lui auroit apportée en mariage ? Si cela eſtoit, nous aurions desjà faict un grand pas, meſſieurs de Ste-Marthe auroient parlé comme il fault de Léger d'Agout, d'Apt; mais pour cela, nous ne ferions pas hors d'affaires. Permettez-moi donc de vous demander ſi Humbert filz aiſné de noſtre Rôſtain n'auroit pas eſté marié, & ſi de lui ne feroit point fortie quelque poſtérité maſculine qui auroit eſté partagée de la terre de Sault, & laquelle par conſéquent auroit conſervé le droit d'aiſneſſe fur la maiſon de Simiane.

Voylà, Monſieur, tout ce qu'il y a de ſcabreux dans l'hiſtoire de la maiſon d'Agout; car tout le reſte n'eſt rien, à mon advis. En effet, que cette maiſon ſoit provencealle & indigène, il n'y a pas lieu d'en doubter, quoy que dient nos conteurs de fables; que Simiane ſoit un rameau de celle-là, encore moins : l'hiſtorien de Grenoble ne le vouldroit pas, mais il s'en deffend très mal. Le P. Colombi, qui eſt beaucoup plus ſincère, ne s'y oppoſe pas; au contraire, il donne de bonne foy touts les tiltres ſur leſquels on s'eſt appuyé de l'identité de ces deux races qui commencent à ſe faire connoiſtre en la perſonne du grand Roſtain, de Raimbault & Léger ſes enfants, & de deux aultres Roſtains que l'on a mis à la torture pour les faire changer de nom. Il eût eſté à ſouhaiter que Humbert l'ancien & Guillaume ſon aiſné euſſent porté cette livrée; mais cela n'eſtoit pas l'uſage en leur ſiècle, & ainſi cela ne porte aucune conſéquence.

J'abuſe, Monſieur, de voſtre loiſir qui eſt prétieux, & je ne doubte point que mes conjectures ne vous facent rire. Excuſez, Monſieur, mon eſloignement & mon aage, celuy-là m'empeſchant de pénétrer les ſecrets d'une maiſon ſi eſloignée, & ma caducité, d'aller moy-meſme vous conſulter en perſonne avec Mr de Camaret qui a déſormais intéreſt dans ma curioſité par l'alliance qu'il a contractée avec la maiſon de Simiane, & par celle-là à la maiſon d'Agout alliée avec noſtre Iſle-Barbe par le moyen de Jan d'Agout, moyne de l'Iſle & prieur Sancti Marii, en l'an 1414. Quoy qu'il en ſoit, je croys qu'il aura la bonté de vous rendre celle-cy & de vous offrir touts mes devoirs. Agréez-les, Monſieur, je vous en conjure, & me croyez, s'il vous plaiſt,

Voſtre très humble & très obéiſſant ſerviteur.

CL. LE LABOUREUR.

Monſieur le Prieur de Groſſi, docteur en droit, à Apt.

Au même

A Lyon, ce 24 avril 1677.

Après avoir leu avec beaucoup de joye celle qu'il vous a pleu m'eſcrire & de laquelle je vous reſterai toute ma vie très eſtroitement obligé, je me donneray l'honneur de vous dire que je ne dois plus avoir de chagrin d'ignorer des choſes que le plus eſclairé de la province de Provence n'a peu encore deſcouvrir. En effet, Monſieur, il faut advouer que dans ceſte ſorte d'eſtude il y a pour le moins autant de bonheur que de ſcience, & il n'eſt pas nouveau qu'on rencontre dans la boutique d'un apotiquaire des choses qui manquent quelques fois aux archives des princes. Quoy qu'il en soit, Monsieur, je proteste bien de marcher tousjours sur vos pas dans l'histoire de la maison de Sault, & encore qu'il s'y rencontre beaucoup d'endroicts desquels on peut parler plustost négativement qu'affirmativement, néantmoins il y en a d'aultres qu'on doit supposer comme des principes dont il n'est plus permis de douter : le premier, que la maison d'Agout est pure provencealle, & par ce moyen l'on ferme la bouche à touts les fabulateurs qui l'ont esté chercher dans le fonds de la Poméranie, pour l'amener en Provence où elle reçoit l'inféodation de la Val de Sault par un empereur non empereur qui n'eut jamais de sa vie un pouce de terre en Provence ; dans un pays & en une ville à laquelle il avoit droict à la vérité, mais de laquelle il avoit esté chassé en la personne de son lieutenant, car quant à lui, il en estoit bien esloigné : & cela, la veille, pour ainsi dire, de cette inféodation. Il fauldroit dire tout cecy, avec le triple vice de la date du Règne, de l'Empire & de l'indiction, à un novice, & non pas à vous, Monsieur, qui n'ignorez rien. On pourroit encore observer ce chancelier, archevesque de Cologne, qui ne fut jamais, & à qui on fait occuper la place du grand saint Héribert qui a rempli tout le règne de Henri. Tant y a qu'on peust dire qu'il ne s'est jamais veu rien de si impertinent que ceste prétendue inféodation. Celui qui l'a publiée, ne veult pas que Simiane & Agout soient la mesme chose. Et moy, Monsieur, si vous me le permettiez, je m'en ferois un principe qui s'insinue de soy-mesme & nous force de le recevoir & le reconnoistre. Et quelle

meilleure preuve en pourrai-je donner, que vous-mefme
& ces beaux tiltres que vous avez donnés au R. P. Colombi? Il les a publiés dans fon *Hiftoire de Simiane*, fans
vous nommer (1), encore qu'il vous honore beaucoup,
car c'eft lui qui a faict connoiftre en ce pays voftre rare
traicté de la Seigneurie de la ville d'Avignon, dans lequel
vous n'avez rien oublié de ce qui fe pouvoit dire, & cela
avec tant de prudence que vous n'offenfez perfonne. Vous
avez eu la bonté de me parler de mes Mafures qui ne
feront jamais que des mafures, & moy je dis de ceft ouvrage que c'eft un palais magnifique, digne de la majefté
& de la fainteté des fouverains Pontifes & de nos plus
grands Roys.

 Mais pour revenir à notre propos, Simiane ayant efté
Agout devant qu'eftre Simiane qui en eft forti, & ces Si-
mianes ayant faict quantité d'aultres Agouts que l'hiftorien de Grenoble a voulu defpouiller de ce beau nom,
contre la foy des tiltres, qu'y a-t-il de plus naturel qu'un
Agout engendre un Agout, encore que quelqu'un de cefte
famille, par quelque paction, deftination ou aultre raifon
moins connue, ait pris le nom de Simiane, jufques à lui
inconu à fa maifon? Le refpect que j'ay pour vos occupations m'empefche de refpondre aux objections de ce
docte de Daufiné auquel je pardonne volontiers, puifqu'il
reconnoit de bonne foy que plufieurs perfonnes croyent
l'identité des deux maifons d'Agout & de Simiane. Et

---

(1) C'eft ce qu'ont fait prefque tous les ecrivains qui, apres s'être enrichis de la fcience du prieur de Groffi, n'ont pas daigné reconnoître publi- quement qu'ils lui etoient redevables de tout ce qui donnoit quelque valeur a leurs ecrits

pour vous dire la vérité, je m'y attache, parce que cefte opinion favorife l'antiquité de l'une & de l'aultre dont la defcouverte vous eft deüe, & en mefme temps ruine la fable d'Agout du Loup, qui eft une imitation de celle des fondateurs de Rome. Que s'il eftoit permis de couldre les conjectures là où l'hiftoire manque, je dirois avec ceux qui veullent que les Agouts de Sault foient cadets de Simiane, que ces illuftres cadets ne voulant pas céder à leurs aifnez, eftant devenus plus puiffants qu'eux, auroient affecté une origine eftrangère & un blafon oppofé à celuy de leurs parents, pour leur monftrer que, quoyque cadets, ils avoient affez de cœur & de valleur pour abbatre les cornes du bellier de Simiane. Cecy, Monfieur, eft une fable. Mais puifque le P. Colombi en a donné une de fa profeffion, & le fieur Allard (1) une aultre, peut-eftre fouffrirez-vous celle-cy, en attendant vos décifions qui me feront des oracles. C'eft ce que je vous prie de croyre, n'y ayant perfonne qui vous eftime & vous honore plus que moy qui fuis en tout refpect, &c.

Cl. LE LABOUREUR.

A Monfieur le Prieur de Groffi, à Api.

---

(1) Gui Allard, qui a fait le *Nobiliaire de Dauphiné* & la *Généalogie des principales familles de cette province.*

Chorier à Guichenon.

A Monſieur Guichenon, chevalier de l'ordre de St-Lazare, &c., à Lyon.

Monſieur,

Je vous envoye les deux diſtiques que je vous ay promis. Je ſuſpens le jugement que j'en dois faire juſqu'à ce que j'en ſçache le voſtre. J'en feray cas s'ils vous agréent, & j'eſpère néantmoins que s'ils ne le font pas, vous ne m'eſtimerez pas moins. Je ne ſuis poëte que pour mes amis, & je ne connois d'autre Parnaſſe que l'affection & le zelle. Si vous vous en ſervez, je ſeray ravy, Monſieur, que vous y laiſſiez mon nom comme je l'ay mis : il ſera à la poſtérité un teſmoignage de noſtre amitié mutuelle, & je ne puis rien déſirer qui me ſoit plus avantageux. Je vous prie de vous ſouvenir de ma Topographie de Vienne, & de ne pas douter que je ne ſois de toutes les forces de mon ame, &c.

CHORIER.

A Vienne, le 12 decembre 1658.

Monsieur

Vostre lettre et vostre particulaire m'ont
esté fidellement rendus par Monsieur
de la garde. je vous rends treshumbles
graces de l'un et de l'autres. Vostre nom
Monsieur, sera honneur a mon ouvrage
et vous devez estre persuadé qu'en parlant
de vous le temoignage que je rendray de
vostre merite, et de vostre erudition
satisfera la verité et ne vous deplaira
pas. il faut bien que je tache de quelque
maniere de vous donner des preuves de
l'estime pure et syncere que j'ay pour vous
et de mes ressentimens pour la grace que vous
me faittes de me vouloir du bien. Vous
n'aurez pas sujet de m'accuser d'ingratitude
Nous nous sommes fort entretenu de vous
ces jours passés Monsieur Juvenis et moy
et je suis ravi que ses sentimens, a vostre
esgard soient si conformes aux miens. il
vous connoit depuis plus long temps que moy;
je vous assure neanmoins qu'il ne vous estime
pas plus et que je suis autant qu'on peut l'estre
  Monsieur   vostre treshumble et
                     tresobeissant serviteur
a grenoble   Chorier
Le 21 d'octobre
1678

A Monsieur
Monsieur le prieur Groffi

Du même.

A Monſieur Guichenon, conſeiller du Roy, &c., a Bourg.

Monſieur,

J'ay recouvré quelques pièces qui peut-eſtre ne ſeront pas inutiles à voſtre deſſein de l'Hiſtoire de Dombes. Je vous les envoye, & j'en feray autant de ce qui me pourra tomber dans les mains à l'avenir ſur cette matière. L'abbé Talleman eſtant à Lyon, me fit voir beaucoup de vieux actes où il eſt parlé des anciens ſeigneurs de Beaujeu : vous les trouverez dans les archives du prioré de Saint-Irenée, & ſi vous le déſirez, je m'enquerray à qui il en a donné la charge & le ſoing. Je ſuis obligé à prendre intérêt en ce qui vous touche, & par la bonté que vous avez pour moy & par l'eſtime que je fais de vous. Enfin, Monſieur, j'ay achevé le premier volume de mon Hiſtoire compoſée de dix livres, & bientôt je le donneray au public. Je partiray pour Grenoble dans dix à douze jours, ne pouvant le publier que je n'aye fait ce voyage. A mon retour j'eſpère de vous aller voir. Cependant je vous prie de ne point douter que je ne ſois de tout mon cœur, &c.

CHORIER.

A Vienne, le 27 d'avril 1659.

Du même a Antoine de Groffi.

Monſieur,

J'oſe non-ſeulement vous demander voſtre amitié, mais auſſy eſpérer que vous ne me la reſſuſerez pas. Les idées que Mʳ Juvenis & Mʳ de la Garde m'ont données de voſtre vertu, comme elles ſont le ſuppôt de la liberté que je prens, en ſeront encore la juſtification. Je ſay, Monſieur, que vous eſtes dans une élévation extraordinaire entre les gens de lettres, & par celle de voſtre naiſſance, & par celle de voſtre éminent ſavoir : de ſorte que, ſi vous m'accordez la grace que je vous demande, vous ne devez pas trouver mauvais qu'elle ne trouve dans moy tous les reſpects qui luy ſont dûs & une parfaite reconnoiſſance. Je ne ſay pas ſi mon nom ſera allé juſques à vous. Peut-eſtre, Monſieur, que vous aurez déjà appris que, ſi dans la République des lettres je ne ſuis pas de ceux qui comme vous y paroiſſent dans les plus hauts rangs, j'y fais du moins nombre dans la populaſſe. J'ay donné au public des ouvrages à qui d'excellens hommes ont donné quelque prix par leur approbation. J'auray l'honneur un jour, ſi vous l'aggréez, d'en faire préſent à voſtre bibliothèque. J'achevay ces jours paſſés l'*Hiſtoire généalogique de la Maiſon de la Tour-d'Auvergne*, que j'ay écritte en latin ; je travaille préſentement à un autre ouvrage en ceſte meſme langue, dont le tiltre vous apprendra le ſujet, le voicy : *Nic. Chorerj Viennenſis J. C. de Statu progreſſuque litterarum, ac de claris, qua eruditione, qua magistratu viris, ætate sua, & de rebus suis commentariorum libri duo* (1). J'y suy le canal de ma vie & j'y parle de la manière que je dois, (sans rien donner à la passion), de tous les hommes que je trouve sur ses bords, dignes de quelqu'éloge. Cella estant, vous jugez bien, Monsieur, que je ne saurois me dispenser d'y parler de vous, & pour cella vous ne pouvez non plus vous dispenser vous-mesme de me donner les Mémoires qui me sont nécessaires. Nul de mes amis de Paris, & ce sont les plus célèbres dans les lettres, n'a fait difficulté de m'en mander ce qui le regardoit. Ils ont assez de bonne opinion de moy pour estre persuadés de se fier à moy de leur réputation. N'apréhendez pas, Monsieur, que je gaste une si belle matière par la forme que je luy donneray. Vous en serez assurément satisfait, & pour éviter de rien laisser à la postérité qui ne réponde pas bien à ma pensée, je vous envoyray vostre éloge d'abord qu'il sera fait, pour en retrancher ou pour y ajouter tout ce que vous jugerez à propos (2).

On me donna il y a quelques années une histoire Ms.

(1) C'est, sous un autre titre, l'ouvrage de Chorier qui a été publié à Grenoble en 1845, & qui est cité dans la première partie de ces Recherches, p. 46, note 1.

(2) On verra dans la lettre suivante que Chorier revient encore à la charge pour obtenir du prieur de Lioux les Mémoires dont il avoit besoin pour sa Biographie; mais celui-ci declina, en ce qui le concernoit, toute participation au projet pour l'execution duquel Chorier reclamoit son concours & lui refusa obstinement tous les renseignements qu'il lui demandoit. Peut-être fut-ce par un louable sentiment de modestie; peut-être aussi parce que, aussi pieux & exemplaire dans ses mœurs qu'il etoit savant, il lui répugnoit d'être loué par l'homme qui avoit fouillé effrontement la memoire de la chaste & docte Aloisia Sigæa, en publiant sous le nom de cette jeune femme tout ce qu'il avoit pu trouver de turpitudes & d'obscenités dans la fentine d'un cœur corrompu par ce que le vice & la crapule ont de plus vil & de plus revoltant.

mais fabuleuſe de l'ancienne ville d'Apt, que l'autheur qui a ſuivi l'exemple d'Annius de Viterbe & ſes fictions attribue à T. Junius Fronto. Il ne ſe peut qu'après les curieuſes & ſavantes recherches que vous avez faittes des antiquités de cette ville, le véritable autheur vous en ſoit inconnu (1). Je vous prie de me l'apprendre. Vous n'eſtes

Voici en quels termes Groſſi motive ſon refus dans ſa réponſe à Chorier, datée du 17 mai 1678 : « Pour ce que « vous me marquez de mon Eloge, « je vous protefte ingenuement que « je ne ſuis pas en eſtat de pouvoir « dreſſer des mémoires pour ce ſujet ; « & d'ailleurs n'ayant rien paru de « conſidérable ſous mon nom, il me « ſemble que ce feroit faire tort en « quelque façon a tant de celebres « autheurs auxquels le public a tant « d'obligation pour l'excellence de « leurs ouvrages, ſi on me mettoit « de leur nombre. » Quoi qu'il en ſoit, Chorier, qui a mentionné dans ſes Commentaires tant de gens de lettres, y a gardé le ſilence ſur Groſſi.

(1) Le Ms. dont parle Chorier étoit intitulé Annales urbanæ: c'étoit l'hiſtoire abrégée des premiers habitants des Gaules, où ſe trouvoit celle des commencements de la ville d'Apt. L'auteur avoit pris le nom de Marcus Uxellicus Baſſus, & la qualité de Patrice d'Apt ; il prétendoit tenir les particularités contenues dans ces Annales, du barde Timuſcates & d'Euphron, prince des Druides. A la ſuite, étoit une lettre de Titus Junius Fronto à ſon frere Caius Fronto. M. l'abbé Boze (Hiſtoire d'Apt) dit, d'après M. de Remerville qui faiſoit grand cas de ce Ms. & qui s'en étoit ſervi pour ſon Hiſtoire d'Apt reſtée manuſcrite & aujourd'hui a la B. de Carpentras, que l'ecriture annonçoit huit a neuf cents ans d'ancienneté, que le ſtyle n'avoit rien de barbare, & ſe reſſentoit au contraire de la plus ancienne latinité ; enfin, que le plan étoit ſi bien conçu, que les parties qui le compoſoient correſpondoient ſi bien entre elles, que la plupart des faits énoncés par l'auteur ſe rapportoient ſi bien a ce qu'en ont dit les ecrivains poſtérieurs, qu'il n'eſt guere poſſible qu'il ait prétendu ne donner que des fictions. Quoique le prieur de Groſſi & M. de Remerville aient regardé cette pièce comme tres véridique, cependant, malgré les raiſons alléguées ci-deſſus, peut-être par ces raiſons mêmes, il eſt probable que le pretendu Ms. d'Uxellicus n'etoit qu'un paſuche dans le genre de celui qui a été publié en 1828 par M. Mermet, t. 1 de ſon Hiſtoire de Vienne, ſous le nom de Trebonius Rufinus, Senateur & ancien Duumvir de cette ville.

On decouvrit, vers le dix-ſeptième ſiècle, a Marſeille, dans l'egliſe de la Major, une pierre dont l'inſcription contenoit le nom de T-J. Fronto,

pas homme à donner dans ces chimères, voftre favoir eft trop grand & trop folide, & vous vous eftes fervi d'aydes trop fidelles pour en eftre trompé. Ce font les Cartulaires & les autres Mss. que vous avez eu le foing d'affembler. Il eft vray qu'ils font les principaux dépofitaires des vérités de l'hiftoire des derniers fiècles & *Medii ævi*, comme l'on

& au-deffous une urne avec des medailles de Brutus & de Cefar : ce fut fans doute cette decouverte qui donna l'idée a quelque fauffaire bel-efprit de fuppofer la lettre de T.-J. Fronto a fon frere, & de la joindre au Ms. d'Uxellicus qui provenoit vraifemblablement de la même fource. A cette époque on etoit tres difpofé a prendre au ferieux ces fictions menfongères, dont les favants eux-mêmes ont été plus d'une fois la dupe, & qui eurent cours jufques au jour ou leurs auteurs furent démafqués & ftigmatifés comme de vils impofteurs.

L'extrait fuivant de la lettre de Groffi a Chorier, citée ci-deffus, completera ce qui a ete dit du Ms. d'Uxellicus par l'abbé Boze (*Hift. d'Apt*) & par M. Barjavel (*Bio-Bibliographie Vauclufienne*) : « Je voudrois de tout
« mon cœur, dit le prieur de Lioux
« a Chorier, avoir de quoy fatis-
« faire pleinement a voftre curio-
« fité ; mais la trop grande facilité
« que j'ay toufjours eue à communi-
« quer ce que j'avois pû légitime-
« ment ramaffer de curieux, parti-
« culièrement dans le temps que mes
« incommoditez m'oftoient la penfee
« de retirer ce que j'avois prefté, m'a
« privé prefque de tout ce que j'avois
« pû trouver & mefme de ce que je
« tenois de mes anceftres, qui avoient
« confervé entre autres chofes un ma-
« nufcrit qui marquoit grande an-
« cienneté, & dans lequel eftoient
« des chofes très curieufes, quoy-
« qu'il y eût quelques fables parmy
« ce qui paroiffoit de veritable Ce
« manufcrit, que je perdis l'an 1640
« ou 41, eftoit un ramas de diverfes
« pieces dont le nom des autheurs
« n'eftoit pas oublié, rangees & dif-
« pofees pour la plufpart fuivant
« l'ordre des temps. Le nom de celuy
« qui les avoit ainfi difpofées, fi la
« memoire ne me trompe, eftoit
« Uxelicus. On voyoit dans ce ma-
« nufcrit la fondation d'un grand
« nombre de villes, principalement
« de celles des vieux Celtes, avec les
« commencemens & l'eftabliffement
« de ce peuple & des autres qui en font
« defcendus, leurs mœurs, police,
« religion & gouvernement, leurs
« princes & fouverains, les divifions
« diverfes de leurs eftatz avec le
« nom des princes des autres eftatz
« qui en provenoient ; comme encore
« les guerres que tant ce peuple que
« les autres qui en font defcendus
« avoient eues entre eux & avec les
« Grecs, les Romains & autres, qui

parle. C'est là où j'ay trouvé la conviction infaillible de bien des faussetez que l'on débitoit pour véritez indubitables ; & je say qu'on n'en sauroit jamais avoir assez leu & examiné, puisque c'est d'eux que se tirent les esclaircissemens qu'on attendroit inutilement d'ailleurs. Vous en estes persuadé aussy bien que moy, & c'est ce qui me fait

« est tout ce qui peut me ressouvenir de ce manuscrit, duquel j'avois copié dans ma plus tendre jeunesse ce que vous pouvez en avoir veu, & qui n'en estoit pas très assurément le meilleur, comme vous pouvez bien juger ; mais c'estoit ce qui me flattoit en quelque façon pour le regard de ma patrie, dans un aage auquel je n'estois pas encore capable de faire un véritable discernement des choses. Et comme j'ay fait tout ce qu'il m'a esté possible durant plus de vingt ans pour tascher de recouvrer ce manuscrit, ou a tout le moins pour sçavoir en quel endroit il pouvoit estre, je ne fis pas difficulté d'envoyer ce que vous me marquez d'avoir veu, en diverses partz a mes amys, pour pouvoir leur faire reconnoistre l'ancien Ms. en cas qu'on pût le rencontrer. Mais j'ay esté assez malheureux que de n'avoir jamais peu apprendre ce qu'il estoit devenu. Ce qui fut la cause qu'en 1664, que je fus affligé d'un debord de cerveau depuis lequel j'ay traisné une vie languissante, le plustost qu'il fut en mon pouvoir de me tirer du lit, je bruslay un travail que j'avois fait de l'histoire de nos Saints & de nos Evesques, où j'avois mis beaucoup de choses curieuses tant de cette province que des pays voisins, dont le principal fondement estoit appuyé sur cet ancien manuscrit. Ce que je fis dans un temps que ma vie, suivant toutes les apparences, ne paroissoit pas devoir estre longue, de peur qu'après ma mort on ne fit imprimer cette histoire, & que ce manuscrit, qui me servoit de garant, ne paroissant pas, on ne m'imputast d'avoir inventé ce qui ne pouvoit estre soutenu d'autre part. J'ay creu estre obligé de vous escrire cecy, Monsieur, tant pour vous faire connoistre que je n'ay pas inventé ce que vous avez veu de l'ancienneté de la ville d'Apt, & que j'en suis tout-à-fait incapable, n'y ayant personne au monde qui abhorre plus que moy les impostures & suppositions, comme tous ceux qui me connoissent peuvent tesmoigner ; je l'ay escrit aussi pour vous donner quelque connoissance de ce vieux manuscrit, dans lequel, s'il venoit à eschapper des tenebres de quelque chiche cabinet, vous trouveriez très assurement beaucoup de choses qui ne sont pas de la nature de celles que vous avez

croire que vous ne condamnerez pas la liberté que je prens de vous supplier très humblement comme je fais, d'avoir la bonté de me communiquer les vostres. Je rendray publique l'obligation que je vous auray des secours que j'y auray trouvés. Mʳ de la Garde s'en chargera si vous me faites la faveur de vouloir me les faire tenir par luy, & ne doutez pas que je ne vous en rende bon compte. Je fais en ces occasions profession d'une très exacte fidélité. Vous n'aurez pas sujet de vous plaindre de moy qui en auray tant de me louer de vous. Je n'auray qu'à suivre mon inclination naturelle pour vous faire estimer ma bonne foy & l'estime que je fais de vous, pour éviter de perdre par

« veues par ce mauvais eschantillon, les diverses pieces qui composent le tout estant bien différentes les unes des autres. Mon dessein estoit de le « faire imprimer tout au long, au « commencement ou à la fin de mon « histoire, *in puris naturalibus*, pour « que les curieux en pûssent faire un « juste discernement & séparer le bon « du mauvais.

« Il me restoit un recueil manuscrit de 128 chartes qui monstre plus de 500 ans d'ancienneté, &, comme la pluspart de ces chartes traitent de choses concernant les églises d'Apt, je l'ay donné au Chapitre de cette ville. Mais je m'en suis réservé une copie juste que j'en fis au long & que j'ay promis de laisser au mesme endroit après moy, pour fa-

« tisfaire ceux qui n'ont pas l'habitude de lire ces vieux documens. Je vous en envoye une note bien ample pour voir s'il y a quelque chose qui puisse vous servir, avec une table par laquelle je range ces chartes suivant l'ordre des temps, le mieux que je puis. S'il s'y peut trouver quelque chose qui fasse pour vous, faites-moy la grace de me le faire sçavoir, & je vous envoyeray les copies que vous en désirerez. Que si vous voulez voir la copie totale que j'en ay faite, ayez la bonté de me le marquer, & je vous la feray tenir par l'adresse que vous me donnerez, espérant de vostre bonté que vous aurez soin qu'elle ne se gaste, pour que je puisse accomplir ma promesse. »

un mauvais procédé le titre que vous me permettrez de prendre de,

Monfieur,

Voftre très humble & très obéiffant ferviteur.

CHORIER.

A Grenoble, le 29 feptembre 1677

Au même.

Monfieur,

Les maux ne devroient eftre que pour ceux qui les méritent. Vous en feriez exent, & vos fortes applications feroient un bien qui, fans vous incommoder, feroient de l'honneur à la République des lettres. Cependant, Monfieu, je me réjouis du reftabliffement de voftre fanté, & je vous conjure d'en avoir plus de foin à l'avenir : c'eft un bien qu'il ne faut jamais prodiguer, parce qu'il eft le fuppôt de tous les autres biens que fans luy on ne fauroit goûter. Voftre lettre m'apprend que vous commencez à n'en pas douter, & je ferois affligé très fenfiblement fi le défir de m'obliger vous portoit à rien qui pût vous incommoder. C'eft pourquoy, Monfieur, ne vous mettez point en peine de recouvrer le Ms. d'Uxellius (*Uxellicus*). Si tout ce qu'il contenoit avoit du rapport à la pièce que j'en ay veüe, ce n'eftoit qu'un ramas de fables comme celles qu'Annius de Viterbe a publiées fous ces grands noms de Berofe, de Manethon & de Metafthene : je n'en fais

nulle eftime ; mais j'en fais beaucoup du Cartulaire d'Apt.
Obligez-moy, je vous en prie, Monfieur, de m'en communiquer la copie que vous vous eftes réfervée. Mr de la Garde me l'apportera ou me la fera tenir fidellement, & je vous promets que je ne la garderay que fort peu ; vous n'aurez pas fujet de vous plaindre de voftre honnefteté. Il y a des chartes de Louis, fils de Bofon, que je feray bien aife & que mefmes il m'importe de voir, & quelques autres encore qu'il vous feroit trop incommode de tranfcrire. C'eft une grace que vous m'offrez & que j'accepte. Mais vous me refufez celle que j'attendois avec impatience, je veux dire les Mémoires qui me font néceffaires pour faire mention de vous dans mes Commentaires latins. Ayez, s'il vous plaît, cefte complaifance pour moy que touts les gens de lettres mes amis ont eüe. Apprenez-moy voftre nom propre, vos occupations, voftre eftude, vos employs, & enfin ce que vous voudrez que la République des lettres fache de vous & de ce qui vous regarde. J'auray du refpect pour cefte matière & je la traitteray le mieux qu'il me fera poffible. Vous y confentirez fans doute, fi vous jugez favorablement de,

Monfieur,

Voftre très humble & très obéiffant ferviteur.

CHORIER

A Grenoble, le 8 juillet 1678.

A Monfieur le Prieur de Groffi, à Apt.

G. de La Pize à Guichenon.

A Grenoble, ce 28 may 1659.

Monſieur,

Vous ſerés ſurpris ſans doute d'un nom qui vous eſt encore incognu & qui cerche d'honnorer voſtre perſonne qui ne luy eſt cognue que par réputation & par eſtime. Je ne ſçavois pas meſmes, Monſieur, où voſtre vertu qui fait tant de bruict ſe trouvoit fixée, & ç'a eſté par hazard que, conférant avec Monſieur le préſident de Boiſſieu de pluſieurs choſes curieuſes, j'ay appris de luy que vous eſtiez le véritable original où l'on pouvoit trouver ce qui défailloit partout ailleurs ; c'eſt de luy auſſi, Monſieur, que j'ay eu cognoiſſance des grandes lumières que vous avez apportées en l'hiſtoire de Savoye, & que s'il y avoit quelque choſe de commun avec celle des princes d'Orange à laquelle j'ay mis après feu mon père & feu mon ayeul la troiſième main, c'eſtoit de vous que je le pourrois ſçavoir avecque clarté. Je ne doubte pas, Monſieur, que vous n'ayés pris garde que cela a eſté ainſi en pluſieurs façons, & que, des quatre maiſons qui nous ont donné quarantehuict princes depuis Guillaume au Cornet, celle de Savoye n'ayt ſouvent pris & donné des alliances à celle des Baux & à celle de Chalon qui nous ont régis depuis l'an 1173 juſqu'en 1570. J'ignore encore qu'il y ayt quelque choſe de ſemblable avec noſtre première maiſon d'Orange ou *de Arauſica*, laquelle ayant tenu la principauté ſous le nom de comtes & puis de princes durant plus de 400 ans, c'eft-à-dire depuis l'année 793 jufques en 1210, ne me donne pourtant que peu d'alliances bien prouvées dans les plus grandes maifons du royaume d'Arles ou de Provence. Si j'eftois affez heureux que de pouvoir mériter quelque chofe de voftre bonté, j'en pourrois eftre fans doubte mieux efclairé.... &c. (1).

G DE LA PIZE.

Claude Oronce Fine a Guichenon (2)

A Lyon, 28 avril 1659

Monfieur,

Vous m'avez toujours témoigné trop de franchife & de bonté pour craindre que vous changiez ces fentimens obligeans parce que je n'ay pû m'empefcher de changer de robe. Je ne vous en donne pas la nouvelle que je crois que vous avez fçeüe d'ailleurs. Je ne vous en fais pas auffi une apologie, parce que j'ofe efpérer de voftre bonté que vous me croyez incapable d'une action mauvaife, & en tout cas j'ofe efpérer auffi de vous rendre içy un compte exact de toute mon affaire, fi vous y venez bientôt.....

---

(1) Il y a dans la Correfpondance de Guichenon huit lettres de La Pize d'une très belle ecriture, toutes intéreffantes pour l'hiftoire.

(2) J'ai dit dans une note au n. CXVI des *Recherches bibliographiques*, p. 187, que, fuivant Chorier, Finé auroit été d'abord jéfuite. Ce qu'on ne pouvoit qu'infinuer fur la foi de Chorier, on peut l'affirmer d'après la lettre fuivante dans laquelle Fine lui-même rend compte à Guichenon des motifs qu'il a eus pour quitter la Compagnie de Jéfus.

Tant y a, Monsieur, que je vous redemande, en cette conjoncture, que vous m'honoriez toujours, s'il vous plaît, de l'honneur de voſtre prétieuſe amitié, & que vous me faſſiez la grace de vous ſervir abſolument de la liberté que j'ay maintenant de vous rendre mes très humbles ſervices en tout ce que je pourrai pour cela. Je n'ay pû voir encore Mr Barbier pour le prier de vous les offrir, parce que je ſuis aprez à pourvoir à mon petit eſtabliſſement; & comme tous les commencemens ſont rudes, je ſuis pour quelque temps encore tout à mon petit meſnage.

J'ay eu le bonheur de trouver icy un ancien & véritable ami qui n'a pas mal fait ſes affaires en la correction des livres; je me ſuis mis avec luy, & j'y trouve du moins, dans ces commencemens, à me mettre à couvert avec ma ſubſiſtance..... &c.

FINE.

Il ajoute dans un poſt-ſcriptum ·

« En attendant de vous rendre un compte plus exact avec le temps, je vous dirai ſeulement pour mon affaire, que les eſtranges violences qu'on m'a faites m'ont obligé à me ſervir de la liberté que j'avois, & d'obtenir, comme j'ay fait, ma démiſſion. Ces Meſſieurs que j'ay quittez m'en ont témoigné bien du regret, & m'ont traité plus honorablement qu'on n'a pas couſtume en ſemblables affaires. Du moins ſuis-je aſſeüré qu'ils ne ſçauroient me flétrir de la moindre choſe qui me pût rendre indigne de l'amitié des gens d'honneur. »

Fine écrivoit a Guichenon, le 17 mars 1659 : « Il me ſemble vous avoir dit a Lyon qu'on n'a jamais bien ſçeu qui a herité des Mémoires du P. Bulhoud.

DE QUELQUES SAVANTS. 361

Le bruit commun des noftres (les Jéfuites) eft que le P. Labbé, qui étoit à Paris avec lui lorfqu'il mourut, s'en faifit, quoiqu'il s'en défende ; mais conftamment depuis on n'en a jamais pû rien voir. »

On apprend par plufieurs de fes lettres qu'il avoit profeffé la rhétorique au collége de la Trinite. J'y trouve encore que Triftan l'Hermite de Soliers reçut une fomme de huit cents livres du Confulat à qui il avoit dédié fon volume des *Forces de Lyon*.

Lucrèce-Chreftienne de Harlay à Guichenon.

Au Coudray, ce 9ᵉ avril 1660 (1).

Monfieur,

Le deffein de faire mettre mes quartiers dans l'Hiftoire généalogique de la maifon de Courtenay ne peut eftre effectué fans avoir plus d'inftruction que je ne fuis capable de moy-mefmes : ayant efté efloignée de ma mère dez ma première enfance, je n'ay pû tirer d'elle les connoiffances des alliances de fa maifon & particulièrement de celle de ma grand'mère Lucrèce Cofta (2). Je fçay feulement qu'elle eftoit fille de Ludovic Cofta, comte de Bene, & d'Aurelia Spinola, ainfy que nous en avons parlé à Lyon ; & ma mère n'eftant pas l'aifnée des trois filles reftées de toute la maifon de Bethune & Lucrèce

---

(1) Je donne cette lettre & celle qui fuit, parce qu'elles montrent de quelle confideration Guichenon étoit entouré non-feulement par les favants, mais encore par les perfonnes de la plus haute qualité. Celle de d'Urfé offre, de plus, un curieux echantillon du ftyle & furtout de l'orthographe des grands feigneurs de ce temps-la.

(2) La maifon de Cofta, a laquelle Lucrèce de Harlay appartenoit par fon aieule, eft originaire de Gênes, ou elle etoit confiderable dès le xiiᵉ fiecle. Ses armes étoient *d'azur, à trois bandes d'or* Vincent Cofta y ajouta, par conceffion du roi Charles VII, le 17 avril 1428, & pour fervices fignalés rendus à la France, *deux fleurs de lis d'or accof-*

cy-deffus nommée, il ne nous refte aucuns enfeignemens comme fa fœur aifnée a pû avoir, qui puiffe apprendre quel eftoit le nom du père de Ludovic Cofta. Pour la mère, il me femble qu'elle eftoit de la maifon de Villaftillone, & nous ignorons tout-à-fait le nom des père & mère d'Aurelia Spinola. C'eft pourquoy, Monfieur, j'ay recours à vous en mon befoing. Sçachant voftre grande capacité, je fuis perfuadée que vous avez des lumières dont vous aurez la bonté de me faire part, qui fera une grace de laquelle je me tiendray voftre redevable……

Voftre très affectionnée fervante,

LUCRECE-CHRESTIEÑE DE HARLAY

A Paris, fe 15 juillet 1658.

Monfieur,

Je fuis tres fouuant içy auec un prince de la maifon de Sauoye quy eft Monfeigneur le ch^{er} de Nemours auquel jay parle de uoftre ouurage fur le fuiet de fette roialle maifon, & luy aiant fait fauoir conbien feft que uous y aues dignemant trauaille, je lay mis dans une impatiance extreme de fauoir fy fette euure eft an eftat de la luy faire uoir, & ma donc ordone de uous an ecrire & de uous temoigner conbien il prant de part aus foins

tant une etoile de même, en chef. Louis XIV, par lettres-patentes de 1654, permit a Jean-Baptifte Cofta, comte de Villars, dont la branche a fait fouche en Savoie, d'ajouter une troifieme fleur de lis au chef de fes armes (Voyez La Chefnaye-des-Bois)

que uous aues pris an fette illuftre hiftoire & de uous coniurer de fa part de luy an faire auoir des examplaires le plus toft que uous poures. Je me fuis charge tres uolontiers de fette comiffion pour auoir lieu de uous pouuoir affurer an mon particulier que je fuis de tout mon cœur,

Monfieur, v^{tre} tres afectione feruiteur

URFE (1).

(1) Ce d'Urfé etoit vraifemblablement Charles-Emmanuel de Lafcaris, marquis d'Urfé & de Beaugé, comte de Sommerive & de Saint-Juft, feigneur de la Baftie, marechal de camp, bailli de Forez, mort le 2 novembre 1685, âgé de 81 ans; fils de Jacques II du nom, dit Paillart, marquis d'Urfé & de Beauge, chevalier de l'ordre de l'Annonciade, de la création du 2 fevrier 1618, marechal de la Religion des SS. Maurice & Lazare, genéral des Galeres, grand écuyer de Savoye, bailli de Forez. Charles-Emmanuel laiffa un fils, Jofeph-Marie de Lafcaris d'Urfé, lieutenant de roi du haut & du bas Limoufin, grand bailli de Forez, mort en 1724, en qui s'eteignit cette noble & antique lignée d'Urfé.

Le chevalier de Nemours pouvoit être le frère de Marie-Jeanne-Baptifte de Savoye (Mademoifelle de Nemours), mariée en 1665 au duc de Savoye Charles-Emmanuel.

Les d'Urfe s'étoient attaches a la cour de Savoye par fuite du mariage de Jacques, feigneur d'Urfé, avec Rénee de Savoye, marquife de Beauge, de laquelle il eut Honore, l'auteur de l'*Aftrée*, & Anne, qui a écrit la paftorale de *Sylvanire* en vers blancs, Paris, 1627, in-8, & le roman de *Philocarite* refté inédit, dont on ne connoît que quelques fragments (1).

(1) Voyez ce que M. Aug. Bernard en a dit dans *les d'Urfé*

FIN.

ADDITIONS ET CORRECTIONS.

Pag. 24, note 2, à propos des Rébus de Picardie, j'ai dit que Le Laboureur avoit ainsi qualifié les devises inventées par le P. Menestrier, pour faire entendre qu'elles étoient triviales & amassées sans goût ni discernement. J'aurois dû ajouter que les Rébus de Picardie consistoient en un jeu d'esprit sur des mots coupés ou joints ensemble, ou sur quelque peinture qui les représentoit, comme cela a été fait pour la devise de Bernardin II de Savoye-Raconis, qui étoit : « Tout net. » Quelque mauvais plaisant fit dessiner au-dessous de ces deux mots un chou cabus, pour exprimer en Rébus cette sentence : « Tout n'est qu'abus. »

On a appelé ces jeux de mots Rébus de Picardie, parce que certains clercs de la Bazoche, de je ne sais plus quelle ville de Picardie, avoient coutume de répandre dans le public, tous les ans à l'époque du carnaval, des libelles ou nouvelles à la main qu'ils intituloient : *De Rebus quæ geruntur*, & qui étoient remplis de railleries non-seulement sur les événements du jour, mais encore contre les personnes. Ces divertissements, qui n'étoient d'abord que des plaisanteries innocentes, devinrent par la suite si scandaleux que l'autorité fut obligée d'intervenir & de les supprimer. De ces publications éphémères il ne reste plus qu'un des mots latins du titre sous lequel elles avoient paru : ce mot, passé dans notre langue, a été adopté par l'Académie françoise, qui lui a donné place dans son Dictionnaire.

Guillaume Tabourot a fait un ample recueil de ces Rébus de Picardie : c'est le chap. II, fol. 15-33 des *Bigarrures du Seigneur des Accords;* Rouen, Jean Bauchu, 1595, in-12.

Pag. 132, lign. dernière, & pag. 133, lign. 14, lisez : de Chevriers (de Caprarus, dans les titres anciens).

Pag. 144, N. XLIII, ajoutez : in-4 de 21 pp., le titre compris.

<small>On doit trouver au commencement une planche gravée contenant 20 Emblemes avec leurs devises.</small>

Pag. 181, lign. 5, lisez : aliam.
Pag. 254, note 5, lisez : Aspilogia.

Etsi defint vires, tamen est laudanda voluntas

TABLE

DES

OEUVRES DU P. MENESTRIER

PAR ORDRE DE MATIERES.

Le chiffre romain renvoie au n° d'ordre de chaque article de la Defcription raifonnee.

BLASON, ARMOIRIES, NOBLESSE.

Le Veritable art du Blafon, où les armoiries font traitées d'une nouvelle méthode, &c. . . . . N.	VIII
Deffein de la Science du Blafon.	IX
Additions & corrections au Veritable art du Blafon.	X
L'Art du Blafon juftifie, &c.	XIII
Abrégé methodique des principes heraldiques, &c.	XIV
Le Veritable art du Blafon & la Pratique des armoiries, &c. . . .	LVIII
Le Véritable art du Blafon & l'Origine des armoiries.	LIX
Le Véritable art du Blafon, ou l'Ufage des armoiries.	LX
Les Recherches du Blafon, feconde partie de l'Ufage des armoiries.	LXI
Origine des armoiries.	LXVIII
Origine des ornemens des armoiries.	LXIX
Les Diverses efpèces de nobleffe & la manière d'en dreffer les preuves.	LXXIV
De la Chevalerie ancienne & moderne, &c. . .	LXXXII

Le Blafon de la nobleffe, ou les Preuves de nobleffe de toutes les
nations de l'Europe. . . . . N. LXXXVI
Tableaux généalogiques, ou les feize Quartiers de nos rois, depuis
faint Louis jufqu'à prefent, &c. LXXXIX
La Methode du Blafon (1689). CIII
La Sience de la nobleffe, ou la Nouvelle méthode du Blafon, &c. CVI
Le Jeu de cartes du Blafon, &c. CXVI
La nouvelle Méthode raifonnée du Blafon, &c. (1696.) . . . CXVIII
La nouvelle Methode raifonnée du Blafon, &c. (1770.) . . CXXXIX

DEVISES, EMBLEMES, ALLEGORIES

Devife au Roy, Devife à la Reine. . . . . N. IV
Les genereux Exercices de la Majefte, ou la Montre paifible de la
valeur, &c. V
Eftreines de la Cour en devifes & madrigaux, &c. VI
Devifes, emblêmes & anagrammes à Monfeigneur le Chancelier. VII
L'Art des Emblêmes (1662). XXIII
Le Temple de la Sageffe, allegorie repréfentee par les efcoliers du
College de la Trinité. XXXIII
Soixante Devifes fur les mifteres de la Vie de Jéfus-Chrift & de la
Sainte-Vierge. XXXV
Eftreines préfentées aux Gouverneurs & Magiftrats de la ville de
Lion. XLIII
Le fecond Mariage du duc de Savoye, fous l'allégorie des nopces
d'Alpin & de Nemorine. XLV
La Devife du Roy juftifiee, &c. LXVI
La Philofophie des images, compofée d'un ample recueil de de-
vifes, &c LXXIX
Devifes des princes, cavaliers, dames, fçavans, &c. . . . LXXX
L'Art des Emblêmes, où s'enfeigne la morale par les figures de la
fable, &c. (1684). XCII
La Science & l'Art des devifes, &c. XCIV
S'il eft permis d'employer les devifes dans les decorations funèbres XCV
La Philofophie des images énigmatiques, &c. CXIII
Au Roy, fondateur & protecteur de l'Academie des infcriptions,
devife, madrigal & fonnet. CXXVI

TABLE.

DECORATIONS FUNEBRES, ENTREES, BALLETS, FETES ET TOURNOIS.

Ballet des Destinées de Lyon, &c.	N II
L'Autel de Lyon consacré à Louis-Auguste, & place dans le Temple de la Gloire, Ballet, &c.	II
Les Réjouissances de la paix	XI & XII
Description de la machine du feu d'artifice pour la naissance de Mgr le Dauphin, &c.	XV
Description des cérémonies & réjouissances faites a Chambéry pour la béatification de saint François de Sales, &c.	XX
Les Ceremonies & Resjouissances faites en la ville d Annessy (a la même occasion).	XXI
Le Feu des Vestales renouvellé.	XXII
Description de l'Arc de la porte du Chasteau.	XXIV
Description de l'Arc dressé par les soins de la Chambre des comptes de Savoye, &c.	XXV
Description de l'Arc dressé par les soins du Sénat de Savoye, &c.	XXVI
Dessein de la Course à cheval faite à l'occasion des nopces de Françoise d'Orléans-Valois & de Charles-Emmanuel II, duc de Savoye.	XXVII
Dessein de la Machine du feu d'artifice pour les nopces de Leurs Altesses Royales. — Les nœuds de l'Amour & de la Joie.	XXVIII
Le Phare d'Amour, &c.	XXIX
Les Nœuds de l'Amour, &c.	XXX
L'Amour autheur & conservateur du monde, &c.	XXXI
Le Temple de la Sagesse ouvert à tous les peuples, &c.	XXXII
Relation de l'entrée de l'Eminentissime cardinal Flavio Chigi, &c., dans la ville de Lyon.	XXXVII
Description de l'Arc de triomphe dressé à la porte du pont du Rhosne, &c.	XXXVIII
Description de l'Arc de triomphe dressé à l'entrée de la rue de Portefroc, &c.	XXXIX
Ad R. P. J. P. Olivam, &c. Epistola de triumphali ingressu Em. Flavii Chigii.	XL
Les Devoirs funè- ⎰ L'Apothéose de l'Heroïne chrestienne, &c.	XLI
bres, &c. ⎱ Les Larmes de l'Amour & de la Majeste, &c.	XLII

L'Affemblee des Sçavans & les Prefens des Mufes pour les nopces de Charles-Emmanuel avec Marie-Jeanne-Baptifte de Savoye, princeffe de Nemours. . . . . N. XLIV

La Naiffance du Heros, Deffein du feu d'artifice dreffé à Chambery, &c., pour la naiffance du Prince de Piedmont, &c. . XLVI

Le Nouvel Aftre du ciel de l'Eglife, &c. XLVII

Relation des Cérémonies faites à Grenoble dans les deux monafteres de la Vifitation, &c. XLVIII

Les Graces pleurantes fur le tombeau de la Reine tres chreftienne. LI

Relation des Ceremonies faites dans la ville d'Anneffy, à l'occafion de la canonifation de faint François de Sales, &c. LII

La Nouvelle naiffance du Phenix, &c. LIII

Le Cours de la fainte Vie, ou les Triomphes facrez des vertus, Carroufel pour la canonifation de faint François de Sales. . . LIV

Traite des tournois, jouftes, carroufels, &c. LVI

Les Vertus chreftiennes & les Vertus militaires en dueil, &c. . LXII

L'Efpagne en fête pour l'heureux mariage de la Reine d'Efpagne. LXVII

L'Alliance facree de l'honneur & de la vertu au mariage de Mgr le Dauphin avec Madame la Princeffe electorale de Bavière. . LXX

L'Illumination de la galerie du Louvre pour les refjouiffances de la naiffance de Mgr le duc de Bourgogne. LXXVI

Defcription de la Décoration funèbre faite à Saint-Denis pour les obfeques de la Reine. LXXXIII

Les Funerailles de la Reine, faites au Collége Louis-le-Grand. . LXXXIV

Maufolée dreffé dans l'églife de N.-D. de Paris, au Service folemnel pour le repos de la Reine Marie-Thérèfe, &c. LXXXV

Les Decorations funebres, &c. XC

Les Juftes devoirs rendus a la mémoire de la princeffe Louife-Charlotte de la Tour-d'Auvergne. XCIII

Sujet de l'appareil funèbre du cœur de Mr le Prince. . . . XCVI

Les Honneurs funèbres rendus à la mémoire de Mgr Louis de Bourbon, prince de Conde, &c. XCVII

La Statue de Louis-le-Grand placée dans le Temple de l'Honneur. XCVIII

Lettre a M*** fur la defcription du feu d'artifice de l'Hoftel-de-Ville, &c. XCIX

Deuxième Lettre pour juftifier l'infcription latine du Temple de l'Honneur. C

Explication de la machine expofée pour le feu de joye de la Saint-Jean-Baptifte fur le pont de Saône, &c. CXII

TABLE. 371

Les Portes du fanctuaire de l'Eglife de Lyon ouvertes à Meffire Claude de Saint-Georges, archevêque, &c.	N. CXV
La Statue équeftre de Louis-le-Grand placée dans le Temple de la Gloire, &c.	CXXI
Décorations faites a Grenoble pour la reception des ducs de Bourgogne & de Berry.	CXXIV
Relation de la Fête donnée au palais abbatial de Saint-Germain-des-Prez par le cardinal d'Eftrees.	CXXXVII

HISTOIRE.

Les Devoirs de la ville de Lyon envers fes Saints.	N. I
Epître dedicatoire aux Prevòt des marchands & Echevins, & Préfaces des tom. I & II de l'Hiftoire de la Ville de Lyon, par le P. Jean de Saint-Aubin.	L
Eloge hiftorique de la ville de Lyon.	LVII
Hiftoire du roy Louis-le-Grand par les médailles, &c.	CIV
Les Divers caractères des ouvrages hiftoriques.	CXIV
Hiftoire civile & confulaire de la ville de Lyon, &c.	CXVII
Projet de l'Hiftoire de l'ordre de la Vifitation.	CXXVII
Extrait d'une Differtation fur les livres attribués a Florus, touchant l'affaire de Gotefcalc.	CXXXV

MELANGES.

Fefti natales Delphini.	N. XVI
La Naiffance du Dauphin à Fontainebleau.	XVII
L'Horofcope des lettres à la naiffance de Mgr le Dauphin.	XVIII
Ad Clariffimum virum Nicolaum Chorier.	XIX
Novæ & veteris eloquentiæ Placita, &c.	XXXIV
In præmaturam mortem Joannis Verjufii.	XXXVI
Difcours funèbre prononcé aux obfeques de la reine-mere Anne d'Autriche.	LV
Oraifon funèbre de Henry de la Tour-d'Auvergne, vicomte de Turenne, &c.	LXIII

Hiftoire & portrait de Louis-le-Grand.	N. LXIV
Ludovico magno Thefes dicat & confecrat Ludovicus a Turre Arverniæ, princeps Turenius.	LXV
Relation du Parnaffe fur les cérémonies du Baptême de Mgr le duc de Bourgogne.	LXXI
Relation du Parnaffe fur les ceremonies du Baptême de Mgr le duc de Bourbon.	LXXII
Les Repréfentations en mufique anciennes & modernes.	LXXIII
Lettre d'un gentilhomme de province à une dame de qualité fur le fujet de la comète	LXXV
Les Ballets anciens & modernes, &c.	LXXVII
Le Temple du Mont-Claros, &c.	LXXVIII
Explication d'une grande Thèfe de théologie, de philofophie & de mathématiques	LXXXI
Explication de la Médaille de Louis-le-Grand pour l'affiche du College.	LXXXVII
Infcriptions pour les Globes célefte & terreftre du P. Coronelli.	LXXXVIII
Bouquet au Roy, pour le jour de Saint-Louis	XCI
Refutation des prophéties fauffement attribuées à S. Malachie, &c.	CI
Examen de la fuite des Papes, fur les prophéties attribuees a faint Malachie.	CII
Les Refpects de la ville de Paris en l'erection de la Statue de Louis-le-Grand, juftifiés contre les ignorances & les calomnies d'un héretique françois.	CV
Lettre d'un academicien à l'occafion d'une Momie apportée d'Egypte.	CVII
Deuxième Lettre d'un academicien, où font expliquez les hieroglyphiques d'une Momie apportée d'Egypte.	CVIII
Lettre à Marc Mayer fur une pièce antique.	CIX
Seconde Lettre a Mr Mayer fur une autre piece antique.	CX
Factum juftificatif.	CXI
Le Gouvernement géneral & militaire du Lyonnois, &c.	CXIX
Lettres a Philibert Collet.	CXX
Differtation des Lotteries.	CXXII
Lettre touchant les découvertes faites par le P. Meneftrier fur les antiquites de Lyon.	CXXIII
A Mgr Louis-Augufte, prince fouverain de Dombes, fur fon imprimerie de Trévoux.	CXXV
Mercurii Statua fub Hermæ nomine olim in Triviis pofita.	id.
Hermatenæ Dumbenfis Vocabulario utentibus Admonitio.	id

Lettre a Mr de Camps, abbé dé Signy, fur une médaille de Jeanne d'Albret.	N. CXXVIII
Defcription de la Colonne dreffée a l'honneur de l'empereur Théodofe, &c.	CXXIX
Eclairciffemens fur la maifon des Trivulces.	CXXX
Regi ob recens natum Philippo filio Aurelianenfium Duci Carnotenfem filium gratulatio.	CXXXI
A S. A. S. le duc d'Orléans, fur la naiffance de fon fils.	CXXXII
Explication d'une médaille en argent de Louis de Bourbon de Montpenfier, prince de Dombes.	CXXXIII
Differtation fur l'ufage de fe faire porter la queue, &c.	CXXXIV
Bibliothèque curieufe & inftructive, &c.	CXXXVI
Explication d'une médaille de Catherine de Médicis.	CXXXVIII
Lettre à M Pianelli de la Valette, fur diverfes pièces rares & curieufes, &c.	CXL
Sonnet pour l'Arfenal de Breft	CXLI
Au peintre Lebrun. Sonnet.	CXLII
Ludovico Magno Epinicion.	CXLIII
Deux Sonnets en langue italienne traduits en françois.	CXLIV

OUVRAGES MANUSCRITS ET INEDITS.

Projet & plan de l'Hiftoire de l'Eglife de Lyon.	N I
Hiftoire de l'Eglife de Lyon.	II
Notes fur l'Hiftoire de Lyon.	III
Entrees & Réceptions folemnelles.	IV
Mélanges hiftoriques fur Lyon.	V
Noms & furnoms des principaux maîtres-gardes des metiers, &c.	VI
Hiftoire de la Fondation du premier monaftère de la Vifitation, a Annecy.	VII
Documenta abbatiæ Athanacenfis.	VIII
Epoques de la ville de Lyon.	IX

FIN DE LA TABLE.

TABLE GENERALE

DES

MATIÈRES CONTENUES DANS CE VOLUME.

Notice hiftorique fur le Collége de la Très-Sainte
    Trinité. . . . . I à xxx
Recherches fur la vie du P. C.-F. Meneftrier. .   1
Defcription raifonnée des ouvrages, tant im-
    primés que manufcrits, du P. Meneftrier . .   125
Lettre fur les Antiquités découvertes à Lyon, par
    le P. Meneftrier   209
Hommage de Louis II, duc de Bourbon, pour le
    comté de Clermont, au roi Charles V. . .   217
Entrevue d'Ifabeau de Valois, douairière de Bour-
    bon, avec la reine Jeanne fa fille. . . .   221
Ouvrages de fculpture dans les rues de Lyon. .   225
Inventaire de la Correfpondance de Guichenon.
    (B. de l'Inftitut.)   229
Lettres inédites du P. Meneftrier à Guichenon. .   247
Lettres de Salvaing de Boiffieu au même. . .   326
Lettre de Guichenon à Cl. Le Laboureur. . .   330

Lettres de Le Laboureur à Guichenon. 333
— de Le Laboureur à Antoine de Groffi. . 341
— de Chorier à Guichenon. 348
— de Chorier à Antoine de Groffi. . 350
Lettre de G. de La Pize à Guichenon. . . . 358
— de Cl. Oronce Finé de Brianville au même. 359
— de Lucrèce-Chreftienne de Harlay au même 361
— de d'Urfé au même . . . 362
Additions & corrections . . . 365
Table des œuvres du P. Mèneftrier, par ordre de
  matières 367

FIN DE LA TABLE GENERALE

Acheve d'imprimer le 8 octobre M D CCC LVI